W0048969

ERNST BÄUMLER

Paul Ehrlich

Forscher für das Leben

BASTEI-LÜBBE-TASCHENBUCH
Band 61 163

Dem Andenken meines Vaters
Alois Bäumler
gewidmet

Inhalt

ERSTER TEIL

Paul Ehrlich – Forscher für das Leben

SECHSTER TEIL

Das Leben neigt sich . . .

ANHANG

Paul Ehrlich –
Forscher für das Leben

Frankfurt/M., Dezember 1910

Einige Tage vor Weihnachten klettern Bauarbeiter an der Sandhofstraße im Stadtteil Sachsenhausen auf eine Leiter und wechseln das Straßenschild: Aus der Sandhofstraße wird die Paul-Ehrlich-Straße.

Die Freie Reichsstadt Frankfurt ehrt damit ihren derzeit wohl bekanntesten Bürger: Paul Ehrlich, den Schöpfer der Chemotherapie, dessen »Salvarsan« bald zur entscheidenden Waffe im Kampf gegen eine der heimtückischsten Krankheiten der Menschheit – der Syphilis – werden wird.

Erst das Jahr 1910 brachte in der Therapie dieser Seuche einen aufsehenerregenden Wandel: Paul Ehrlich hatte mit dem Arsenobenzol »Salvarsan« ein Präparat zur Behandlung der Syphilis geschaffen und damit gleichzeitig überdies den Grundstein für die Ära der Chemotherapie infektiöser Erkrankungen gelegt.

Paul Ehrlich steht jetzt auf der Höhe seines Ruhms. Zwei Jahre vorher, 1908, hat er für seine bahnbrechenden Arbeiten auf dem Gebiet der Immunologie und seinen Beitrag zur Herstellung des Diphterieserums den Nobel-

11

preis bekommen. Kaiser Wilhelm II. wird 1911 in Bad Homburg ein Dekret unterzeichnen, wonach Ehrlich der Titel »Wirklicher Geheimer Rat« mit dem Prädikat »Exzellenz« verliehen wird – die höchste Auszeichnung, die der preußische Staat einem Gelehrten zu vergeben hat.

Am Tage nach jener Straßenumbenennung kurz vor Weihnachten 1910 berichten die Zeitungen über die Ehrung dieses »Fürsten der Wissenschaft«, der in seinem Institut in der Sandhofstraße, nun also Paul-Ehrlich-Straße, so Großes geleistet hat und sicher auch künftig noch leisten wird.

Achtundzwanzig Jahre danach freilich, im August 1938, nehmen Bauarbeiter das Schild »Paul-Ehrlich-Straße« wieder ab und ersetzen es durch »Ludwig-Rehn-Straße«. Diesmal schreibt keine Zeitung darüber. Ein solches Schweigen ist auch im Sinne der gegenwärtigen Machthaber. Nach ihrem Willen soll der Name Paul Ehrlich rasch vergessen sein. Der 1915 verstorbene Ehrlich ist nämlich Jude gewesen, ein Umstand, der ihn – ungeachtet aller Leistung – im Deutschland des Nationalsozialismus für immer disqualifiziert.

August 1945, nach dem Zusammenbruch des »Tausendjährigen Reiches«, wechseln Arbeiter das Straßenschild an dieser Stelle zum dritten Mal aus: Nach Ludwig Rehn, dem hochverdienten Frankfurter Chirurgen, wird ganz in der Nähe eine andere Straße benannt; die einstige Sandhofstraße aber wird wieder zur Paul-Ehrlich-Straße. Und das Institut für experimentelle Therapie heißt jetzt Paul-Ehrlich-Institut; schließlich stiften Wissenschaftler und Industrielle auch einen Paul-Ehrlich-Preis.

Ehrlich wurde am 14. März 1854 geboren. Der Ort liegt 37 Kilometer südlich von Breslau, steht seit Kriegsende unter polnischer Verwaltung und heißt »Strzelin«. Dort, in einem recht geräumigen Haus »Am Ring Nr. 24«, wohnte einst die Familie Ehrlich. Fotografien zeigen das Wohnzimmer, es ist das damals übliche bürgerliche Interieur mit Sofa und Großvaterstühlen, alles reich mit Spitzendeckchen verziert. An der Wand ein Bild von Großvater Heymann Ehrlich.

Der Zweite Weltkrieg ist auch über Schlesien und Strehlen nicht ohne Spuren hinweggegangen, das Haus am Ring ist zerstört.

Lebenswege, die sich kreuzen werden

Emil Behring ist nicht weniger berühmt geworden. Nur einen Tag »jünger« als Ehrlich, ist er am 15. März 1854 in Hansdorf, heute ebenfalls unter polnischer Verwaltung, als Sohn eines armen Dorfschullehrers geboren. Und sein Schicksal sollte sich später eng mit dem Ehrlichs verknüpfen. Zwei Wissenschaftler von höchstem Rang, zwei Freunde, die zusammenarbeiten und – etwa bei der Entwicklung des Diphterieserums – unvergängliche Leistungen vollbringen, sich dennoch im menschlichen Widerstreit trennen und erst im Blick der Nachwelt wieder Seite an Seite in die Medizingeschichte eingehen werden.

Da Behring kein Jude war, ist die Erinnerung an sein Werk auch in der nationalsozialistischen Ära gepflegt, sein Name auch in jenen Jahren des Ungeistes als der eines Wohltäters der Menschheit geehrt worden.

Paul Ehrlich ist in eine Zeit hineingeboren worden, in der Medizin und Naturwissenschaft bedeutende Schritte nach vorn tun sollten: Im Verlauf kaum eines halben Jahrhunderts sind Bakteriologie, Mikrobiologie und Immunologie, die Wissenschaft von den natürlichen Abwehrkräften, auf völlig neue Grundlagen gestellt worden. Louis Pasteur in Frankreich und das »Dreigestirn« in

Deutschland – Robert Koch, Emil von Behring und Paul Ehrlich – haben die wissenschaftliche Welt verändert und die Heilkunde in ungeahntem Ausmaß bereichert.

Louis Pasteur und die »Urzeugung«

Noch Mitte des vergangenen Jahrhunderts glaubten die meisten Ärzte – trotz der Arbeit der vielen Vorkämpfer der Mikrobiologie – nicht an einen unmittelbaren Zusammenhang zwischen Mikroorganismen, deren Existenz von vielen schlechthin bestritten wurde, und den verschiedenen Krankheiten.

Die Ansicht von einer Urzeugung ist sogar in der ersten Hälfte des 19. Jahrhunderts noch weit verbreitet. Sie geht bis auf Aristoteles zurück, der gelehrt hatte, Tiere könnten auch aus Erde, Pflanzen und anderen nicht-tierischen Stoffen entstehen. Man glaubte deshalb noch in Ehrlichs Jugendtagen, Frösche z.B. entstünden aus Schlamm oder Maden aus Fleisch, wenn es längere Zeit der Luft oder Wärme ausgesetzt ist.

Erst Louis Pasteur wird dem Glauben an die »generatio spontanea« ein Ende bereiten und das Fundament für die neue Lehre von der Mikrobiochemie legen. Pasteur ist im Geburtsjahr Paul Ehrlichs, also 1854, schon Dekan der chemischen Fakultät der Universität Lille. Er ist 1822 in Dôle, einer kleinen Stadt im Osten Frankreichs, ein Jahr nach Napoleons Tod geboren.

Pasteurs Vater war ein einfacher Lohgerber. In der Schule fällt der junge Pasteur kaum auf. Selbst sein Interesse für Chemie ist nicht groß. Am liebsten würde er sich später einmal seinen Neigungen für die Malerei widmen, in der er schon in jungen Jahren Bemerkenswertes leistet.

Als er dann jedoch in Paris an der Ecole Normale Supérieure die Chemiker Dumas und Balard hört, die ihr Fach hinreißend darzustellen wissen, entschließt Pasteur sich, die Chemie als seinen Beruf zu wählen.

Schon dem Fünfundzwanzigjährigen glücken erste Forschungsarbeiten über Kristallographie, mit denen er weit über den Kreis seiner Lehrer hinaus Aufsehen erregen wird. Es klingt fast unglaublich, daß ein Wissenschaftler vom Format Pasteurs auch ein ausgeprägter Romantiker, hin und wieder sogar ein Phantast ist. Ja, das gelegentlich starke Schwanken »zwischen strengem wissenschaftlichem Denken und schier phantastisch anmutenden Träumen über die Mysterien des Lebens« war für ihn wohl überhaupt der Treibstoff immer neuer großer Ideen.

Biographen, auch jene, die das Phänomen Pasteur psychologisch zu deuten suchten, sind davon überzeugt, daß gerade auf diesem Spannungsfeld eine Persönlichkeit von solchen Dimensionen wachsen konnte.

Mikroskop und alkoholische Gärung

In den kommenden Jahren wird er sich vor allem mit der Milchsäure und der Alkoholgärung befassen. Tag und Nacht saß er am Mikroskop. Zu seinem Glück wurde gerade damals fieberhaft an der Verbesserung der optischen Systeme gearbeitet. Zwischen 1825 und 1880 konnte man die Vergrößerungsmöglichkeiten der Mikroskope verzwanzigfachen. Für Pasteurs Untersuchungen war die Einführung der Öl-Immersionslinse von Dollond im Jahre 1844 von größter Bedeutung. Mit ihrer Hilfe konnte er nun in der Milch kleine Körperchen, sehr kurze Stäbchen, erkennen.

Unter seinem Mikroskop sah Pasteur, wie diese Stäbchen Knospen trieben, sich abspalteten und auf diese Art vermehrten. Dasselbe hatte er früher schon bei der Bierhefe beobachtet. Und nicht viel später kann er der Akademie der Wissenschaften berichten: »Ich habe die alkoholische Gärung mit der gleichen experimentellen Methode untersucht. Die Aufspaltung des Zuckers in Alkohol und Kohlensäure ist eine vitale Erscheinung und durch kleine Körperchen verursacht«.

Mit 26 Jahren, 1848, wird Pasteur Professor der Chemie an der Universität Straßburg – der Universität, auf der Paul Ehrlich 30 Jahre später entscheidende Anregungen erfahren wird. In Straßburg heiratet Pasteur Mademoiselle Marie Laurent. Seine Frau ist ihm über Jahre auch seine zuverlässigste Mitarbeiterin.

Emile Roux, Schüler Pasteurs und ebenfalls einer der ganz großen Bakteriologen, von dem in diesem Buch noch ausführlich die Rede sein wird, hat später einmal die Rolle dieser Frau – stellvertretend für so viele Frauen großer Forscher – gewürdigt: »Sie wußte vom ersten Tag ihres gemeinsamen Lebens an, was für einen Mann sie in Pasteur geheiratet hatte. Sie tat alles, um ihn vor Schwierigkeiten zu schützen, damit er voll und ganz seiner wissenschaftlichen Arbeit leben konnte. Sie liebte ihren Mann so, daß sie ihm volle Freiheit für seine Studien gewährte. Sie schrieb nach seinem Diktat und bat ihn um Erklärungen, wenn ihr etwas nicht ganz klar war. Madame Pasteur war ihrem Gatten mehr als eine unvergleichliche Gefährtin, sie war seine beste Mitarbeiterin.«

In Paris beschäftigt Pasteur sich Anfang der sechziger Jahre mit der Urzeugung. Er glaubt nicht daran, daß alles Leben aus einer Art »Urschlamm« entstanden sein soll. Er weist schließlich nach, daß sich in einer Nährlösung, von der alles, was Mikroorganismus heißt und von außen kommt, sorgfältig ferngehalten wird, nichts von selbst erzeugen kann, also auch keine Mikroorganismen.

Am 7. April 1864 hält Pasteur seinen historischen Vortrag an der Sorbonne, der mit den Worten endet: »Nein, es gibt hier keinen einzigen Grund mehr, der annehmen ließe, daß mikroskopisch kleine Wesen ohne Keime entstehen könnten, ohne Eltern, die ihnen gleichen. Die, welche noch daran glauben, sind Opfer von Illusionen geworden, von schlecht ausgeführten Experimenten, und stecken in Irrtümern, die sie nicht zu bemerken oder nicht zu vermeiden gewußt haben.«

Später wird Pasteur sich noch viele Jahrzehnte mit der Rolle der Keime im menschlichen und tierischen Leben beschäftigen. Er wird zum ersten Mal nach Edward Jenner gegen eine der am meisten gefürchteten Krankheiten, nämlich die Tollwut, eine Schutzimpfung entwickeln.

Bei der Beweisführung, daß bestimmte Krankheiten eindeutig und ausschließlich auf pathogene Keime zurückzuführen sind, wird ihm allerdings ein Deutscher zuvorkommen: Robert Koch.

Robert Koch – Ehrlichs großes Vorbild

Robert Koch, zusammen mit Pasteur Begründer der modernen Bakteriologie, ist ein Mann, der nicht nur große Entdeckungen gemacht, sondern eine wohl einmalige Schule geschaffen hat. Noch lange nach seinem Tod werden seine ehemaligen Mitarbeiter und Schüler die Medizingeschichte um wichtige Erkenntnisse bereichern. Als die großen Schüler Kochs gelten Emil von Behring und Paul Ehrlich. Ehrlich hat sein Leben lang die Bewunderung und Dankbarkeit für Robert Koch bewahrt. Ob in seinem Studierzimmer in der Frankfurter Westendstraße oder am Arbeitsplatz im Institut, stets hängt ein Bild seines großen Lehrers an der Wand.

Robert Koch ist 1843 geboren. Er ist elf Jahre älter als Ehrlich. Als Ehrlich geboren wird, drückt Koch die Schulbank in seiner Heimatstadt Clausthal im Harz.

Als elfjähriger Junge denkt Koch freilich noch nicht daran, Medizin zu studieren. Er will vielmehr Weltreisender und ein großer Entdecker werden. Nach dem keineswegs glänzend bestandenen Abitur hört Koch zunächst ein Semester Naturwissenschaften an der Universität Göttingen, ehe er zur Medizin überwechselt.

Ehrlichs Vorfahren:
Destillateure und Schankpächter

Kochs Vater hatte anfangs als einfacher Bergmann gearbeitet, später brachte er es zum höheren Bergwerksbeamten in Clausthal. Behrings Vater wirkte als Schullehrer in Hansdorf in Westpreußen. Ehrlichs Vater, Ismar Ehrlich, betreibt eine kleine Likörfabrik in Strehlen.

Ehrlichs Großvater väterlicherseits war Destillateur und Schankpächter, dazu noch Getreidehändler. Aber auch die übrigen Vorfahren verdienten sich den Lebensunterhalt zumeist in diesen Berufen. Sie lassen sich in der Familie Ehrlich im übrigen bis auf das Jahr 1700 zurückführen. Damals gehörte Schlesien noch zum Habsburger Reich. Friedrich der Große hat es Maria Theresia bekanntlich erst in den schlesischen Kriegen, endgültig im Siebenjährigen Krieg abgenommen.

Strehlen – idyllisch gewissermaßen noch in Reichweite des Riesengebirges gelegen – hatte sich im Lauf seiner Geschichte dann zu einem betriebsamen Industriestädtchen entwickelt. Es gab nicht nur eine Zuckerfabrik, die vor allem zur Zeit der »Kampagne« im Spätherbst Saisonarbeit zu vergeben hatte. Strehlen beherbergte innerhalb seiner Bannmeile auch die größten Steinbrüche Europas. Es versteht sich, daß unter solchen Umständen Wirtsleute und Schankstuben zu Feierabend lebhaften Zuspruch fanden. Ein Gewerbe also, das etwas eintrug.

Nun waren Schankpächter und Schnapsbrenner damals bei Juden keine ungewöhnlichen Berufe. So heißt es zum Beispiel in der Schrift »Jüdische Familienforschung« über Ehrlichs Ahnen: »Hier liegt kein Zufall vor, sondern eine allgemeine und typische Erscheinung. In ganz Osteuropa nämlich, in allen Schlesien teils unmittelbar benachbarten, teils im weiteren Umkreis vorgelagerten Ländern, vor allem Litauen, Polen, den russischen Provinzen Weißrußland und Ukraine, der Tschechoslowakei, war für viele Juden das Gewerbe des Schankpächters und Branntweinbrenners – des ›arrendators‹ – Jahrhunderte hindurch ähnlich typisch wie in West- und Mitteleuropa der Beruf des Pfandleihers, Trödlers und Hausierers.«

Ehrlichs Großvater Heymann (1784-1873) wie auch Vater Ismar Ehrlich (1818-1898) bringen es zu einer gewissen Wohlhabenheit. Der Großvater, ein großer Verehrer Alexander von Humboldts, hat überdies schöngeistige Neigungen und Interesse an naturwissenschaftlichen Fragen. 1817 hatte er Caroline Leubuscher geheiratet, eine Frau, die ihm zeitlebens eine gute Stütze war und gelehrig zu ihm aufschaute. Großvaters Bibliothek befriedigte denn auch des Enkels erste Lesebedürfnisse.

Alle Ehrlichs sind geachtete Bürger im kleinen Strehlen, das damals knapp fünftausend Einwohner zählt: über 3400 davon sind katholisch, 1380 evangelisch, 133 Juden. Antisemitische Strömungen, in Polen und Rußland zu jener Zeit sehr verbreitet, scheint es in Schlesien kaum gegeben zu haben. Die kleine jüdische Gemeinde besitzt in der Zwingerstraße später sogar eine kleine Synagoge aus rotem Ziegelstein.

Großvater mütterlicherseits ist Abraham Weigert (1785-1868). Er war Tuchmacher, Pottasche-Sieder, Destillateur und Bierbrauer zu Rosenberg in Oberschlesien. Ehrlichs Mutter Rosa (1826-1909), geborene Weigert, ist eine sehr praktisch veranlagte, tüchtige Frau, die ihren Sohn vergöttert.

Sind die Ehrlichs fromme oder gar orthodoxe Juden? Leider fehlen uns für so manche Abschnitte im privaten Leben Ehrlichs eingehende Unterlagen. Sie sind, nachdem Frau Hedwig Deutschland 1939 verlassen mußte, teilweise in Frankfurt zurückgeblieben und trotz intensiver Nachforschungen, die fast einer Detektivarbeit ähneln, nicht mehr auffindbar.

Liebenswürdige Legenden . . .

Was Ehrlich selbst angeht, so wissen wir von seiner Sekretärin Martha Marquardt, daß er zwar an seinem Glauben festhielt, die jüdischen Gebräuche und Vorschriften jedoch nicht sehr pflegte. Dazu hätte ihm, dem so ganz der Wissenschaft Hingegebenen, wohl auch die Zeit gefehlt. In jedem Fall aber ist die Anhänglichkeit an den Glauben seiner Väter bei Ehrlich so stark, daß ihn der Gedanke an eine Konversion zum Christentum wohl nie ernsthaft beschäftigt hat.

Wie bei allen berühmten Männern, so wird auch Paul Ehrlichs Leben von kleinen, liebenswürdigen Legenden umrankt, die seine frühe Genialität belegen sollen. So habe er schon als Neunjähriger in der Apotheke Hustenbonbons nach eigenem Rezept anfertigen lassen. Später habe der kleine Paul sich in einer ehemaligen Küche des Hauses in der Ringgasse ein kleines Laboratorium eingerichtet und darin mit Hilfe von Kochkesseln, Milchtöpfen, Einmachgläsern und vielen Chemikalien nach Herzenslust experimentiert.

Eine amüsante kleine Geschichte erzählt von einer Leidenschaft des Zwölfjährigen für Münzen. Es war die Zeit des Krieges von 1866, der Junge verbrachte gerade seine Ferien in Strehlen. Man befürchtete, die Österreicher könnten auch bis dorthin vorstoßen. Da vergrub Paul seine Münzsammlung draußen vor der Stadt unter einem Baum. Nach Königgrätz aber war alle Gefahr vorüber, stolz trug der Junge seinen »über den Krieg hinweggeretteten« Schatz wieder nach Hause.

Einmal, so heißt es, hat Ehrlich – schon damals von Farbstoffen fasziniert – zum Ärger von Mutter und Schwestern sogar zwei schneeweiße Tauben blau gefärbt.

Man wird demgegenüber vielleicht skeptisch sein dürfen. Es paßt allzu gut in die obligaten Berichte von den Kinder- und Jugendjahren großer Forscher. Fest steht wohl nur eines, und dafür haben wir das Zeugnis eines seiner Lehrer: Paul Ehrlich war ein ausgezeichneter Schüler. Zuerst in der kleinen Volksschule in Strehlen, dann im Maria-Magdalena-Gymnasium in Breslau – ein grauer, ehrwürdiger Bau neben der berühmten Maria-Magdalena-Kirche.

Professor Rudolf Tardy, Ehrlichs Lehrer von Obersekunda bis Unterprima, berichtete später über seinen Schüler: »An Fleiß, Aufmerksamkeit und Wissen überragte er die meisten und – was ich immer am meisten an ihm geschätzt habe – an Bescheidenheit vielleicht alle. Ich wäre ganz zufrieden mit ihm gewesen, wenn ich nicht neben dem griechischen Unterricht auch den deutschen gehabt hätte. In diesem versagte er. Er schrieb Aufsätze, die wirklich nicht erquicklich zu lesen waren.«

Ehrlich selbst hielt sich nicht für besonders gut in der Schule. »Ich war nur ein recht indifferenter Schüler«, schreibt er in einer autobiographischen Skizze, »mir erging es immer so wie Ostwald, der die Schule als eine bedrückende Last empfand, vor allem, da ich schon sehr früh einen starken Freiheitsdrang entwickelte und mein ganzes Leben lang behielt.«

Ehrlich, der später beispielhaft klare wissenschaftliche Arbeiten schrieb, hatte vor allem Schwierigkeiten mit dem deutschen Aufsatz. Das schaffte ihm einige Probleme beim Abitur.

Wegen seiner guten Leistungen in vielen Fächern, vor allem in Latein und Griechisch wie in den – damals freilich noch wenig gepflegten – naturwissenschaftlichen Fächern, galt es schon als sicher, daß Ehrlich vom mündlichen Examen befreit würde. Da aber war noch ein deutscher Aufsatz. »Das Leben – ein Traum« hieß das Thema.

Der Oberprimaner Ehrlich verfehlte es nach Ansicht seiner Lehrer total. Er setzte in dem Aufsatz nämlich kühn auseinander, daß alles Leben auf normaler Oxydation beruhe, und darum natürlich auch die Hirntätigkeit. So sei auch der Traum nur eine Art Oxydation, eine »Phosphoreszenz des Gehirns«. »Ungenügend« lautete die Zensur.

Immerhin, die gestrenge Prüfungskommission hatte ein Einsehen, und als glücklicher junger Mann verließ Ehrlich Ostern 1872 das Magdalenum.

In all den Jahren seiner Zeit als »höherer Schüler« wohnte Ehrlich in einer kleinen Pension. Dr. Munk, ein Lehrer, hatte sie für auswärtige israelitische Schüler eingerichtet. Einer der Freunde Ehrlichs mußte ihm stets, wenn Ehrlich etwa zu den Ferien nach Hause fuhr, den Koffer packen, denn in den praktischen Dingen des Lebens war Ehrlich ungeschickt. Was manche gemeinhin gern als Zerstreutheit auffassen, kann allerdings auch Zeichen höchster Konzentration auf ein alles beherrschendes Thema sein.

Es gibt zahlreiche Anekdoten über Ehrlichs Zerstreutheit; viele mögen mehr oder minder wahr sein. Eine der hübschesten soll hier gleich vorweggenommen werden: »Ich kann mir nie merken«, klagte Ehrlich einmal, nachdem er schon ein weltberühmter Mann geworden war, »ob sich eigentlich die Erde um die Sonne oder die Sonne um die Erde dreht.«

Farbstoffe – die große Leidenschaft

Schon als Schüler entdeckt Ehrlich eine neue Vorliebe, die bald zu einer großen Leidenschaft wird.

»Schuld« daran hat sein Vetter Carl Weigert, ein bedeutender Wissenschaftler, der auf Ehrlichs Leben einen großen Einfluß besitzen wird. Weigert stammt aus Münsterberg, einem kleinen Ort in Schlesien, nur wenige Kilometer von Strehlen entfernt. Er ist am 10. März 1845 geboren, also neun Jahre älter als Ehrlich. Nach dem Besuch des Magdalenums in Breslau studierte Weigert in Breslau, Wien und Berlin Medizin. Er hat als Militärarzt am Krieg von 1870/71 teilgenommen. Später arbeitete er als Assistenzarzt an der Inneren Klinik des Allerheiligenhospitals in Breslau. Sein Chef ist damals Professor Lebert, ein angesehener Internist.

Weigerts großes Steckenpferd ist die Bakterienkunde. Er will die Geheimnisse der Zellen ergründen, und er benutzt zu diesem Zweck Farbstoffe. Das hat vor ihm bereits ein Erlanger Anatom, Joseph von Gerlach, getan. Er hatte kurz vor Mitte des Jahrhunderts gezeigt, daß sich die mikroskopischen Feinheiten des Gewebes unvergleichlich besser erkennen lassen, wenn man die Zellen anfärbt. Von Joseph von Gerlach stammt der Satz: »Arte tingendi innititur histologica« – auf der Färbekunst beruht die Histologie, die Kunde von den Geweben des Körpers. Je nach dem Farbstoff konnte Gerlach die Kerne in den Zellen dunkelblau oder rot, Muskelgewebe rosa oder gelb und die Blutkörperchen, von denen man damals noch wenig wußte, orangefarben färben.

Im Gegensatz zu Gerlach, der in erster Linie mit aus Pflanzen gewonnenen Farbstoffen arbeitete, benützt Weigert die neuen Anilinfarben, die von der chemischen Industrie, die sich jetzt in der zweiten Hälfte des Jahrhunderts mächtig entwickelt, in zahlreichen Variationen hergestellt werden.

Damals waren auch gerade die ersten Mikrotome konstruiert worden, besondere Geräte, um Gewebe – bevor es gefärbt wurde – hauchdünn zu schneiden. Weigert war einer der ersten, dem ein solches Mikro-Schneidegerät zur Verfügung stand. Man mußte dabei allerdings das zu untersuchende Gewebe vorher härten, denn ohne Härtung kann man keine dünnen Schnitte machen. Je dicker ein solcher Schnitt, desto weniger läßt sich unter dem Mikroskop erkennen, weil zu viele Zellschichten übereinander liegen.

Die federleichten, durchsichtigen Scheibchen, als die man sich einen histologischen Schnitt, einen Feingewebeschnitt, vorstellen muß, klebt man dann auf eine Glasscheibe, einen Objektträger. Dann erst kann man beginnen zu färben.

Weigert hatte vor allem die neuen Anilinfarbstoffe wie das Methylenviolett und andere sofort in seine Versuche einbezogen. Später wird das von dem Chemiker Heinrich Caro hergestellte Eosin, das Methylenblau und Fuchsin dazukommen.

Als der junge Ehrlich einmal seinen Vetter besucht, hat

Weigert gerade solche gefärbten Gewebeschnitte unter seinem Mikroskop.

Ehrlich blickt ins Mikroskop und sieht zum ersten Mal den grandiosen Mikrokosmos der Zellen. Diese Zellen waren gefärbt. Ihre verschiedenen Teile aber hatten den Farbstoff nicht gleichmäßig aufgenommen. Gewisse Bereiche der Zelle waren stark, andere nur schwach oder überhaupt nicht gefärbt worden. Warum?

Ehrlich fand heraus, daß dies mit besonderen »Wahlverwandtschaften« zwischen Farbstoff und Zellen zusammenhing. Anders ausgedrückt: Farbstoffe und Zellen besaßen besondere Affinitäten zueinander. Diese verschiedenen Affinitäten erklärten, warum jeweils nur bestimmte Farbstoffe sich an bestimmte Zellbestandteile binden.

Wenn dem so ist, folgerte Ehrlich, dann müßte es möglich sein, die verschiedenen Teile einer Zelle mit Hilfe mehrerer Farbstoffe voneinander zu unterscheiden, sie also zu »ordnen«.

Farbstoffe waren offenbar der ideale Reiseführer durch die geheimnisvolle Landschaft der Zellen. Schon als Schüler beschäftigt Ehrlich sich mit ihnen.

Waldeyer – der verehrte Lehrer

Im Sommer 1872 verbringt Ehrlich das erste Semester in Breslau. Dann geht es im September 1872 an die Universität von Straßburg als Schüler des Anatomen Waldeyer. Ehrlichs polizeiliche Meldekarte ist heute noch im Stadtarchiv Straßburgs erhalten. Danach wohnte der Student Ehrlich, Paul, vom 25. September 1872 bis zum 10. Juni 1874 in den Nikolausstaden 10.

Seinen ersten Lehrstuhl bekommt Waldeyer 1872 an der

Universität Straßburg. Sie war nach dem Krieg von 1870/71 wieder eröffnet worden. Die von ihm übernommene Anatomische Anstalt lag am Spitaltor, sie bestand aus einer ehemaligen Kirche, in der der Hörsaal und der Sammlungsraum untergebracht waren, aus dem Präpariersaal und einigen kleinen Arbeitszimmern. »Das ganze war nur sehr bescheiden ausgestattet und in sehr dürftigem Zustand«, berichtet Waldeyer in seinen 1921 erschienenen Lebenserinnerungen.

In Berlin war er Schüler von Jakob Henle gewesen, dem größten deutschen Histologen seiner Zeit und einem der bedeutendsten Anatomen überhaupt.

Elf Jahre später folgt Waldeyer dem Ruf auf den gleichen Lehrstuhl in Berlin, wo er bis zu seinem Tod 1921 bleibt. Waldeyer hat zahlreiche anatomische Entdeckungen gemacht.

Jeder Medizinstudent kennt Waldeyers Namen heute und wird auf dem Präparierboden immer wieder an ihn erinnert.

Dem Feinbau der Nerven hat er sich ebenso gewidmet wie der Beschreibung einzelner Zellarten. Die Plasmazellen zeugen ebenfalls heute noch von diesem genialen Anatomen.

Waldeyer berichtete in den Lebenserinnerungen:

»Im ersten Semester ihres neuerweckten deutschen Bestandes zählte die Straßburger Universität rund 250 Studierende. Ich hielt eine Vorlesung über die Anatomie des Zentralnervensystems vor 12 Zuhörern und gab einen mikroskopisch-anatomischen Kursus. Im darauffolgenden Winterhalbjahr fing dann der volle Betrieb an. Langsam aber stetig wuchs die Zahl der Studierenden in allen Fakultäten... Aber auch aus dem übrigen Deutschen Reiche kam uns guter Zuwachs, aus dem ich sechser hier gedenken will, des späteren Berliner Anatomen Hans

26

Virchow, des Berliner Chirurgen Werner Körte, des Berliner Urologen Karl Posner, des Frankfurter Neurologen Ludwig Edinger und Paul Ehrlichs. Die beiden Letztgenannten zusammen mit Carl Weigert bildeten mein ›Frankfurter Kleeblatt‹, wie ich sie gern nannte, da sie später alle drei sich in Frankfurt a.M. zusammenfanden. Als sechsten der Straßburger Schüler führe ich den späteren Hamburger Dermatologen Paul Unna hier an. Alle Genannten waren meine Schüler in Straßburg, außer Weigert, den ich schon in Breslau, wie berichtet, gewonnen hatte. Hans Virchow, Edinger und Unna arbeiteten auch in meinem Laboratorium. Paul Ehrlich aus Strehlen in Schlesien ging, als Siebzehnjähriger schon mit dem Reifezeugnis vom Gymnasium entlassen, mit mir nach Straßburg. Sein Vater hatte ihn mir empfohlen und ich gab ihm gern Zutritt in mein Haus. Er nahm an meinen Vorlesungen und an meinem mikroskopischen Übungskursus teil.«

Jeder Teilnehmer an Waldeyers Vorlesungen bekam einen eigenen Arbeitstisch mit Mikroskop und den nötigsten Materialien. »Viermal wöchentlich wurde in zwei aufeinanderfolgenden Stunden von mir und meinem Assistenten den Studierenden die nötige Anleitung gegeben; sie konnten dann täglich an ihrem Arbeitstisch freihändig weiter arbeiten, so oft sie von morgens 9 bis abends 6 Uhr wollten. Auch in dieser Zeit wurde von mir und vom Assistenten zu den Stunden, in denen von der freien Arbeit am meisten Gebrauch gemacht zu werden pflegte, noch Unterweisung erteilt.«

Waldeyer bemerkte bald, daß Ehrlich jeden Tag stundenlang an seinem Tisch arbeitete, völlig in seine mikroskopischen Beobachtungen vertieft. »Sein Tisch bedeckte sich dabei nach und nach mit Flecken in allen Farben. Als ich ihn eines Tages wieder so sitzen sah, ging ich auf ihn zu und fragte ihn, was er da mache, da sein Tisch so in allen Regenbogenfarben schillere. Da sagte der junge Student des ersten Semesters, der in diesem Kursus seinen ersten akademischen Unterricht genoß: ›Ich probiere.‹ Ich sagte darauf, ihm freundlich zunickend: ›Na, dann probieren Sie nur weiter!‹«

Bei der Durchsicht der von Ehrlich ohne besondere Unterweisung hergestellten Präparate sah Waldeyer bald, »daß ich in Ehrlich einen außergewöhnlich begabten Schüler hatte. Er verlangte auch sehr selten einen Rat, sondern arbeitete gleich von Anfang an fast ganz selbständig. Solchen Schülern braucht man nur den Anfang des gebahnten Weges zu zeigen, sie durchlaufen ihn rasch, ohne weitere Führung und bahnen sich bald neue Wege«.

»Ehrlich färbt am längsten«

Von seinen Kommilitonen, die das Leben in der schönen Stadt und die Umgebung der Vogesen sehr genießen, erntet er ob seiner Arbeitswut bald gutmütigen Spott. »Ehrlich färbt am längsten«, witzeln sie.

Er selbst wußte freilich ganz genau, was er wollte. Der große Erfolg in der Wissenschaft setzt voraus, daß man, wie Ehrlich es später formulierte, nicht in zu vielen Wassern fischt.

»Ich bin praktisch«, erklärte er einmal, als er schon weltberühmt war, »ich habe immer nur gelesen, was mir nutzen konnte; ich erkannte sofort, was aus einem Buch für mich herausspringt. Im zweiten Semester wußte ich meinen Weg. Schon damals schlug ich die Richtung der Therapie ein, die ich jetzt noch habe. Ich verfolgte nur meine eigenen Gedanken und ging nicht mehr ins Kolleg. Ich fragte nie, was im Augenblick getrieben wurde. Die *Unterströmung* muß man erkennen, das ist die Hauptsache.«

In Straßburg legte Ehrlich im März 1874 nach dem vierten Semester das Physikum mit der Note »Sehr Gut« ab. Darin war auch die Chemie eingeschlossen.

Sein Examinator auf diesem Gebiet war Professor Adolf von Baeyer, der seinerseits ein Schüler von August von Kekulé gewesen war, der die Farbstoffchemie durch die Darstellung des Benzolringes aufs Großartigste bereichert hat.

Baeyer hat übrigens nur einige Jahre in Straßburg verbracht. Später, als Professor in München, wurde er durch die Synthese des »Indigo«, des Königs der Farbstoffe, weltberühmt.

Baeyer meinte in Straßburg einmal zu dem Kollegen Waldeyer, er könne sich nicht erinnern, den Studenten Ehrlich je in einer seiner Vorlesungen gesehen zu haben. Der Ruf von den färberischen Fertigkeiten Ehrlichs sei aber auch so zu ihm gedrungen. Ehrlich müsse eine große Begabung für die Chemie besitzen. »Ich selbst glaube auch«, so wird später Ehrlich von sich selber sagen, »daß meine eigentliche Begabung auf dem Gebiet der Chemie liegt. Die Benzol-Ringe und die Strukturformel stellen sich mir vor meinem geistigen Auge räumlich dar und meine chemische Phantasie entwickelte sich so stark, daß ich manchmal Dinge vorhersehen konnte, die von den Jüngern der wissenschaftlichen Chemie erst viel später erkannt werden konnten.«

Eine Arbeit über Bleivergiftungen

Im dritten Semester seines Studiums in Straßburg wurde auch die nächste Weiche seiner wissenschaftlichen Laufbahn gestellt. Ehrlich las eine Ausarbeitung von Emil Heubel, einem Dozenten der Universität Kiew, die sich mit einem merkwürdigen Phänomen bei Bleivergiftungen befaßte.

Ehrlich las eine kurze, 144 Seiten umfassende Monographie von Emil Heubel über »Pathogenese und Symptome der chronischen Bleivergiftung«. Heubel vertrat die Hypothese: »Es unterliegt wohl kaum einem Zweifel, daß zwischen den differenten Substanzen, die man als Arzneimittel und Gifte bezeichnet, einerseits, und den Körpergeweben andererseits gewisse Beziehungen in der Weise bestehen, daß bestimmte Stoffe auf bestimmte organische Gewebe mit besonderer und größerer Intensität als auf andere einwirken, zu gewissen Organen oder Organtheilen eine ganz vorzügliche und specifische Affinität zeigen und daß eben hierdurch der Character, die Eigenthümlichkeit, das Wesen der Einwirkung der Arzneisubstanzen auf den Organismus überhaupt sich kundgiebt und bestimmt.«

Heubel hatte seine Versuche an zehn Hunden durchgeführt. Bemerkenswert ist die außerordentliche Exaktheit, mit der er experimentiert und seine Ergebnisse dokumentiert hat.

Heubel hatte herausgefunden, daß Blei im Gewebe bestimmter Organe zu unterschiedlicher Konzentration gespeichert wird und sich so auch die unterschiedliche Giftwirkung auf die einzelnen Organe erklärt. Selbst im Reagenzglas sind es nur bestimmte Gewebeteile, die das Metall gewissermaßen aus seiner Lösung reißen und bevorzugt an sich ziehen.

Ehrlich erkannte: Hier mußte eine spezielle Affinität bestehen zwischen Gewebezellen und dem Gift. Diese »Zuneigung« war ausschlaggebend für die Wirkung des Bleis.

In solchen Schlußfolgerungen kristallisieren sich schon die Grundzüge Ehrlichs, daß nur Stoffe, die in irgendeine Beziehung zueinander treten, Wirkungen erzeugen. »Corpora non agunt nisi fixata« – so formuliert Ehrlich seine Theorie. (»Stoffe wirken nur, wenn sie gebunden werden.«)

»Es ist ein Gedanke«, schreibt später Ehrlichs Freund, der berühmte Serologe August Wassermann, »den wir von diesem Moment an bis zu den therapeutischen Arbeiten wenige Tage vor seinem Tod als alle Ehrlichschen Arbeiten einheitlich beherrschend verfolgen können«.

In der Tat: Wie ein Ariadnefaden – so der Chemiker Paul Oppenheimer in einem Essay – wird sich durch das ganze wissenschaftliche Werk Ehrlichs der Gedanke ziehen, »daß die biologische Wirksamkeit irgendwelcher Stoffe im weitesten Sinne abhängig sein muß von ihrer eigenen chemischen Konstitution und von der chemischen Konstitution der Zelle, auf welche sie einwirken sollen«.

Weitere Studien in Breslau

Nach dem vierten Semester in Straßburg geht Ehrlich nach Breslau zurück. Die Szene an der Universität hat sich nur wenig geändert. Im pflanzenphysiologischen Institut lehrt weiterhin Professor Ferdinand Cohn, ein ebenso liebenswerter wie bedeutender jüdischer Gelehrter, dessen Kollegs Ehrlich eifrig besucht.

Cohns Vater war einst aus dem alten Judenviertel in

31

Breslau ausgezogen und hatte ein Handelsgeschäft in der Ohlauer Straße eröffnet, um dem am 24. Januar 1828 geborenen Sohn eine akademische Laufbahn zu ermöglichen, wie sie erst vor kurzem für die deutschen Bürger mosaischer Konfession möglich geworden war. Ferdinand Cohn war ein schwächlicher, stets kränkelnder Schüler, dessen Auffassungsfähigkeit freilich die Lehrer faszinierte.

Ferdinand Cohn, der mit sechzehn Jahren einen glänzenden Abituraufsatz schreibt, der heute noch lesenswert ist, dachte ursprünglich keineswegs daran, ein naturwissenschaftliches Fach an der Breslauer Universität zu wählen. Cohn fühlte sich vielmehr mächtig von der deutschen Nationalliteratur, insbesondere von Friedrich Schiller, angezogen. Er verfaßt bemerkenswerte, sehr gefühlvolle Gedichte und Oden.

Unter dem Einfluß des Botanikers Göppert entscheidet sich Cohn dann doch für die Pflanzenkunde, die er um wesentliche Erkenntnisse bereichern wird. Nachdem Cohn sich ursprünglich besonders mit der Entwicklungsgeschichte der niederen Algen und Pilze beschäftigt hat, geht er daran, in das noch recht diffuse Reich der Mikroorganismen Ordnung zu bringen. In seinen »Neuen Untersuchungen über Bakterien« verweist er diese Mikroorganismen in das Pflanzenreich – im Gegensatz zu den einzelligen »Urtierchen«, den Protozoen, die dem Tierreich zugeordnet werden.

Bakterien üben die Kunst des Überlebens

Cohn löst auch das Geheimnis, warum bestimmte Bakterien auch unter ungünstigsten Bedingungen überleben können und selbst große Hitze oder Kälte im Gegensatz zu manchen ihrer Artgenossen zu überstehen vermögen. Diese Bakterien bilden besonders widerstandsfähige Formen, sogenannte Sporen, die gewissermaßen Spezialisten in der »Kunst des Überlebens« sind. Weder extreme Temperaturen noch Trockenheit kann ihnen etwas anhaben.

Bei einer seiner Exkursionen im Jahre 1864 weilte Ferdinand Cohn einige Wochen auf der Insel Helgoland, um die dortige Flora zu studieren. Bei dieser Gelegenheit trifft er auf einen jungen Russen, der später einmal weltberühmt werden soll und 1908 – zusammen mit Paul Ehrlich – den Nobelpreis für Medizin erhalten wird: Es ist der 1845 geborene Elias Metschnikoff aus Panassovka bei Charkow, den die Meeresfauna im Umkreis der Insel besonders interessiert.

Der stille Cohn und der junge »Feuerkopf« Metschnikoff, ebenfalls jüdischen Glaubens, können sich auf Anhieb gut leiden. Cohn spürt die große wissenschaftliche Begabung des jungen Forschers, die leidenschaftliche Hingabe an die Wissenschaft.

Noch wichtiger als Cohn werden für Ehrlich zwei andere Lehrer, an deren Instituten er die folgenden Jahre arbeitet. Der eine ist der Physiologe Professor Rudolf Heidenhain (1834-1897), ein Schüler des berühmten Physiologen Du Bois-Reymond in Berlin, seit 1859 Ordinarius für Physiologie in Breslau.

Bei Heidenhain hat Wilhelm Waldeyer als Assistent gearbeitet, ehe er sich als Dozent für pathologische Anatomie habilitierte und als Ordinarius nach Straßburg ging.

Der andere große Lehrer Ehrlichs ist Professor Julius Cohnheim. Cohnheim, 1839 in Demmin in Pommern geboren, war sieben Jahre lang Assistent bei Virchow in Berlin, ehe er im Alter von neunundzwanzig Jahre ohne Habilitation als Ordinarius nach Kiel berufen wurde.

Cohnheim hat ebenfalls wie Weigert den Krieg von 1870/71 mitgemacht; sein jüngerer Bruder ist in Frankreich gefallen. Cohnheim fühlt sich ungeachtet seiner jüdischen Konfession durch und durch als Deutscher. In Kiel ist er zum Protestantismus übergetreten – kein seltenes Ereignis in einer Zeit, in der die Assimilierung des Judentums in Deutschland beginnt.

Im Oktober 1872 folgte Cohnheim einem Ruf als Ordinarius für Pathologie nach Breslau. Knapp zwei Jahre später wird Carl Weigert, der »Meister der Färbekunst«, wie ihn Ehrlich nennt, sein Assistent. Unter Cohnheim kann sich Weigert 1874, gerade als Ehrlich aus Straßburg zurückkommt, habilitieren.

Natürlich sieht Ehrlich in diesen beiden Meistern des pathologischen Experiments seine idealen Lehrer. Er ist glücklich, als es ihm gelingt, in Cohnheims Institut einen Arbeitsplatz zu erhalten. Cohnheim imponiert ihm nicht nur als Wissenschaftler, sondern auch durch seinen sprühenden Geist und sein glänzendes Urteil in vielen Fragen der Kultur.

Ehrlich kann jetzt von Breslau aus wieder häufiger nach Strehlen fahren, für seine Familie ist es jedesmal ein besonderer Tag, wenn der junge Gelehrte, von dem der Vetter Carl Weigert so viel Schmeichelhaftes berichtet, zu Hause in Strehlen weilt. Carl hat den Ehrlichs gesagt, daß es Paul mit Sicherheit noch zum Professor bringen wird, wenn er weiterhin mit solcher Besessenheit seinen Studien obliegt.

Professor – das ist für eine einfache, wenn auch recht wohlhabende jüdische Familie der Höhepunkt jeglicher beruflichen Laufbahn, weit über dem Handelsgeschäft stehend, dem man sich seit Generationen wohl oder übel widmen muß.

Ehrlichs Schwester Anna – er hat noch drei weitere

Schwestern: Bertha, Clara und Elise – muß bei solchen Besuchen dem Bruder stundenlang am Klavier leichte Melodien vorspielen. Ehrlich wandert unterdessen vergnügt im Zimmer umher, summt ein wenig von den Melodien mit und murmelt für Anna unverständliche Sätze, reich mit lateinischen Vokabeln gespickt.

Die Entdeckung der »Mastzellen«

Das achte, das vorletzte Semester, verbringt Ehrlich in Freiburg im Breisgau. Er besucht zwar dort einige Vorlesungen, in erster Linie aber will Ehrlich in Freiburg seine erste wissenschaftliche Arbeit vollenden, die natürlich der Gewebe- und Zellenforschung mit Hilfe seiner geliebten Farbstoffe gilt. Denn das Interesse an den Farbstoffen und ihrer Bindung an bestimmte Zell-Elemente ist und bleibt bei Ehrlich vorherrschend.

Ehrlich studiert die Wirkung verschiedener Farbstoffe, die ihm der Apotheker J. Frank in Freiburg besorgt hat, an den Geweben verschiedener Tierarten, angefangen beim Frosch über das Kaninchen oder Meerschweinchen bis zu den menschlichen Zellen.

Von sechs verschiedenen Farbstoffen, Primula, Jodviolett, Methylviolett, Purpurin, Saffranin, Fuchsin und dem extra erwähnten Dahlia färben die vier erstgenannten besonders schön Körnchen im Leib von bestimmten Zellen an.

Zunächst bezeichnet Ehrlich sie als Art der von Waldeyer 1875 beschriebenen Plasmazellen, obschon er weiß, daß Waldeyer darunter körnchenlose (nicht granulierte) Zellen verstanden hat.

Erst später, in seiner Dissertation, unterscheidet Ehrlich seine granulierten Zellen eindeutig von den Waldeyerschen Plasmazellen und nennt sie Mastzellen. Der Unterschied ist durch die chemische Reaktion auf bestimmte Farbstoffe bedingt, nicht etwa durch die Form.

Die Mastzellen sind ein sehr wesentlicher Bestandteil des Zellsystems. Heute wissen wir, welche bedeutende Rolle sie bei der Entstehung einer anaphylaktischen Reaktion spielen, jener Antigen-Antikörperreaktion, die ihrem Wirt nicht nützt, sondern ihm schadet, ja ihn sogar töten kann.

Trifft nämlich auf sensibilisierte Mastzellen erneut das entsprechende Antigen, dann setzen sie Histamin frei. Histamin ist ein biogenes Amin. Darunter versteht man natürlich vorkommende Abbauprodukte von Aminosäuren, die dem Organismus schaden.

Eine solche Histaminausschüttung als Ausdruck einer anaphylaktischen Reaktion kann ausgelöst werden z.B. durch Pferdesera gegen Diphterie oder Tetanus, wenn der betreffende Patient früher schon einmal damit behandelt worden ist. Aber auch Pollen-Extrakte – man braucht nur an den Heuschnupfen zu denken oder an Gifte von Bienen, Wespen oder Schlangen – können eine solche Reaktion auslösen. Das gilt auch für unzählige andere Stoffe. Ehrlich vermochte diese Zusammenhänge natürlich nur zu ahnen. Die dabei involvierte Zellart, eben die »Mastzellen«, hat er bereits abgrenzen können.

»Aus ferner, froher Jugendzeit«

Von Freiburg kehrt Ehrlich nach Breslau zurück, um sein letztes Semester zu absolvieren und das Staatsexamen abzulegen. Über dieses Sommersemester 1877 wird später – zu Ehrlichs 60. Geburtstag – der bedeutende dänische Immunologe Professor Carl Julius Salomonsen

36

einen hübschen Artikel in der Deutschen Medizinischen Wochenschrift verfassen. Er schreibt: »Auf der Grundlage von alten Briefen habe ich die Zeit ins Gedächtnis zurückgerufen, da wir uns zum ersten Mal in Julius Cohnheims Laboratorium trafen und mit Weigert, Neisser, Lichtheim, Rosenbach, Welch, Lassar, Senftleben, Unverricht und vielen anderen uns um den Lehrstuhl des jungen Breslauer Meisters scharten«. Als »Schilderungen ... aus ferner, froher Jugendzeit«, meint Salomonsen, »sollten sie den mittlerweile hochberühmten Freund Paul erfreuen.

Weigert, der beliebte und geschätzte erste Assistent Cohnheims, kam von der Ferienreise zurück. Bei seiner Ankunft hatte Lassar seine beiden Mikroskope bekränzt, seinen Stuhl mit Blumengirlanden geschmückt; an dem Fenster hatte er mit Pikrinsäure, Fuchsin und vielen anderen Anilinfarben ein großes ›Willkommen‹ gemalt. Unter Weigerts Leitung wurde nämlich im Breslauer Institut das mikroskopische Färben besonders fanatisch betrieben, und die älteren Arbeiter im Laboratorium sprachen immer mit einem gewissen Stolze von den schönen ›Breslauer Präparaten‹. Nur Cohnheim selbst sah sich die großen technischen Fortschritte, die mit der riesigen Entwicklung der Anilinfarbenfabrikation zusammenhingen, etwas ruhiger an. ›Ach! malen Sie schon wieder!‹ ›Aber Sie sind ja ein Hauptfärber!‹ sagte er bisweilen ironisch.

Der wirkliche ›Hauptfärber‹ im Laboratorium war ein nur 22jähriger blondlockiger Jüngling, Paul Ehrlich, der immer mit nervösem Eifer arbeitete. Schon vor vielen Jahren, als Ehrlichs Stern in raschem Steigen war, sagte mir einmal in Berlin ein alter Breslauer Kommilitone: ›Erinnern Sie sich Ehrlichs als Studiosus in Breslau? Wir lachten ihn aus, weil er immer mit blauen, gelben, roten und grünen Fingern zwischen uns herumlief – und er hat doch Recht behalten.‹ Gewiß hat er Recht behalten! Vielleicht keimte schon damals in seinem jungen Gehirn der stolze und fruchtbare Gedanke, durch sinnreiche Applikation der Farbstoffe die größten Rätsel und die schwierigsten Aufgaben der Biologie zu lösen; und was hat er später nicht alles mit der Farbstoffchemie als Ausgangspunkt beleuchtet, gedeutet, erfunden und erschaffen!

Weigert war der pathologische Anatom des Institutes, sowohl Prosektor wie Mikroskopiker. Cohnheim selbst hatte das Prosektorentum satt, er war ganz und gar Experimentator geworden. Er kam erst in das Sektionslokal, wenn alle Obduktionen fertig waren, dann suchte er sich für seine Kurse etwas heraus, nur einmal, am ersten Tage nach den Ferien, hatten wir Gelegenheit, die Eleganz und Fertigkeit zu bewundern, mit welcher er auf einmal sezierte und dozierte; sonst überließ er gern sowohl Leichenöffnungen wie mikroskopische Untersuchungen Weigert, der ihm als Prosektor ebenbürtig, als Mikroskopiker vielleicht sogar überlegen – jedenfalls mehr ›modern‹ war. Eifrig, begeistert, hilfreich und selbstlos war Weigert als Lehrer und Mensch, wurde aber von irdischen und himmlischen Autoritäten schlecht behandelt; als er endlich nach vielen Enttäuschungen und vielen Sorgen sich in einer schönen Stellung am Senkenberg-'schen Institute zurechtgesetzt hatte, und die deutsche und außerdeutsche medizinische Welt sich vorbereitete, ihn an seinem sechzigsten Geburtstage durch eine Ausgabe seiner gesammelten Arbeiten, durch das Prägen einer Plakette usw. zu feiern – starb er plötzlich kurz vor seinem Ehrentage!

Gleichzeitig mit Weigert kam William Welch aus New York ins Institut. Er hatte ein Semester bei Waldeyer in Straßburg und später 8 Monate bei Ludwig studiert. Wir hatten viele Berührungspunkte: wie ich war er Sohn eines Arztes, wie ich hoffte er gleich nach seiner Rückkehr in die Heimat als Prosektor in einem großen kommunalen Krankenhaus angestellt zu werden, wie ich betrachtete er es als etwas Selbstverständliches, daß ein angehender Pathologe in Cohnheims Institut gehen sollte. Und wir waren eigentlich stolz darauf, daß wir im Jahre 1877 die einzigen nichtdeutschen Mediziner waren, die Cohnheim aufgesucht hatten. Als Ausländer schlossen wir uns eng aneinander, waren von morgens früh bis nachmittags spät zusammen, gingen jeden Tag miteinander zu Mittag, und gleichzeitig wurden wir von allen unseren deutschen Kollegen in der liebenswürdigsten Weise behandelt – verzogen möchte ich sagen – und mit kollegialer Freundlichkeit in ihren Kreis aufgenommen. – Daß ich zufälligerweise einen als Mensch und Forscher so ausgezeichneten Studienkameraden wie Welch in Breslau fand, habe ich damals und später immer als ein großes Glück empfunden. Cohnheim wußte Welch zu schätzen. Er tat das Seinige, um Welch die pathologische Professur an der John Hopkins University zu verschaffen, wo er einen entscheidenden und fördernden Einfluß auf die Entwicklung der gesamten Medizin in den Vereinigten Staaten ausgeübt hat, und wo er von der jetzigen Generation amerikanischer Pathologen als Altmeister verehrt wird.«

»Von den Breslauer Universitätsinstituten war ich sehr eingenommen. In Kopenhagen war es nämlich um unsere medizinischen Institute sehr schlecht bestellt. Als Panum 1863 nach Kopenhagen gerufen wurde, setzte er die Errichtung eines physiologischen Laboratoriums durch, und zu diesem sehr spartanisch ausgestatteten Institut strömten alle hin – Physiologen, Pathologen, Botaniker, usw. –, die experimentell-biologisch arbeiten wollten.«

»Als die Abreise nahte, entdeckte ich, daß ich Breslau

eigentlich noch nicht kannte; seine vielen Sehenswürdigkeiten waren mir entgangen, Institut und Studien hatten mich ganz verschlungen. Mehr als die Stadt waren mir Umgegend und Riesengebirge vertraut, da fuhren wir hin – Welch und ich – bisweilen mit befreundeten deutschen Kollegen, sobald wir Zeit hatten. Einmal über Kamenz nach Landeck, wo wir in hellem Mondschein auf offenem Wagen den ›Ring‹ passierten, während die Uhr auf dem schönen alten Rathaus eben Zwei schlug, und wir in der Nacht, vier Mann hoch, in Bad Landeck von Hotel zu Hotel herumlaufen mußten und erst nach langem Suchen ein sehr bescheidenes Nachtlager erhielten, um am nächsten Tage einen prächtigen Eilmarsch über Seidenberg und Wölfelsfall vorzunehmen.«

»In treasure with the keenest delight the memory of the wonderful days in Breslau‹, schrieb mir Welch vor einigen Monaten. Auch mir ist das inhaltsschwere Sommersemester 77 noch immer ins Herz geschrieben; und ich bin fest überzeugt, daß, wenn Ehrlich an diesem Tage auf seine Studentenzeit zurückblickt, da wird er mit derselben Liebe und Bewunderung wie Welch und ich unseres gemeinschaftlichen Lehrers gedenken. Die Begeisterung, die er seinen Schülern einflößte, und das rege Forscherleben, das sich unter seinen Fittichen im Breslauer Pathologicum entfaltete, knüpfte die Seinigen nicht nur wissenschaftlich, sondern auch menschlich persönlich zusammen.

Weigert und Lassar, mit denen ich im Laboratorium tagtäglich früh und spät verkehrte, blieben bis zu ihrem Tode meine nahen Freunde; aber auch mein flüchtiges Beisammensein mit Rob. Koch, Neisser, Lichtheim und anderen keimte später zu freundschaftlichen Beziehungen aus. Und so ist es mir auch mit Ehrlich ergangen. Als alter, ausländischer Herr hatte ich mit dem jungen schlesischen Studenten nicht eben sehr viel zu tun, und in den folgenden Jahren trafen wir uns gar nicht. Als ich ihn wiedersah, war er bei Frerichs Assistent. Ich besuchte ihn in seiner bescheidenen Wohnung – in der Charité, glaube ich – wo der Tisch mit einem mächtigen Haufen pêle-mêle zwischen zusammengeworfenen mikroskopischen Präparaten bedeckt war, in dem kleinen Hospitalslaboratorium, wo er mir die prachtvollsten neuen Vitalfärbungen demonstrierte, und auf der Abendvisite, wo es deutlich war, daß ihm auch der klinische Scharfblick nicht fehlte.«

In der Biographie von Simon und James Thomas Flexner über William Henry Welch, der einer der berühmtesten Mediziner der Staaten werden sollte, wird die Breslauer Zeit ausführlich geschildert. Hier nur ein kurzer Ausschnitt: »... Als Welch ... in Breslau ankam, fand er, daß Weigert und Ehrlich Anilinfarben zum Färben von Gewebe-Elementen und Bakterien benutzten, und daß Weigert vor kurzem seine Studien über Pocken abgeschlossen hatte, in deren Verlauf er durch das Färbeverfahren die Mikrokokken-Massen in den Pusteln aufgezeigt hatte. Ehrlich, dieses geniale Original, wanderte im Laboratorium umher mit Händen, die bis auf die Gelenke hinauf in unzähligen Farbtöpfen gesteckt zu haben schienen ...«

Aus dieser Zeit ist eine Fotografie erhalten geblieben, die den 24jährigen Studenten Ehrlich (rechts) mit seinem Vetter Carl Weigert bei der Arbeit am Tisch im Labor zeigt. Dieser Vetter ist 33 Jahre alt und um jene Zeit Assistent bei Cohnheim, also auch deshalb für den jungen Paul ein interessanter Diskussionspartner.

Zwar sind auf diesem Bild nicht die oft erwähnten blauen Augen Ehrlichs zu sehen, doch verrät die Gestalt gewissermaßen schon die spätere typische Statur mit dem stets leicht vorgebeugten Rücken.

Während Vetter Weigert seine reichliche Barttracht sichtlich bereits seiner akademischen Würde anzugleichen bemüht ist, scheint Ehrlich damit zufrieden, diese »Zierde des Mannes« so gediegen zu lassen, wie sie ist. Daran wird er nie etwas ändern, zumal über die Jahre hin der Bart wie auch die Haare ganz von selbst schütter sein werden.

Von einigem Reiz ist wohl auch ein Vergleich der Erscheinung Ehrlichs etwa mit der von Behring oder Robert Koch; hier zeigen sich bemerkenswerte Verschiedenheiten: hier Koch, der stets in sich gekehrte, sehr ernst ins Leben schauende und doch väterliche Typ; dort Behring, der weder seine Erziehung in einem preußischen Lehrerhaus noch erst recht den Stabsarzt in sich verleugnen kann. Gewissermaßen zwischen den beiden dann Ehrlich, der seine Naivität den Dingen des Lebens gegenüber weder verbergen will noch kann. Er hätte ganz sicher nicht zum Stabsarzt getaugt, ebensowenig aber auch die Gelassenheit und innere Ruhe Kochs zeitlebens bewahren können.

Erste Begegnung mit Robert Koch

Paul Ehrlich lernt in jenen Studententagen auch sein Vorbild kennen: Es ist keiner der berühmten Professoren an einer großen Universität, die Studenten massenweise anzuziehen pflegen, vielmehr ein einfacher Landarzt in Wollstein: Robert Koch.

Koch, der ja ursprünglich Entdeckungsreisender werden wollte, hat noch während seines Medizinstudiums intensiv mit dem Gedanken geliebäugelt, Schiffsarzt zu werden. Auch Auswanderungspläne nach Amerika hegte er zum Kummer seiner Familie.

Daß Koch nach dem medizinischen Examen 1866 und einer kurzen Tätigkeit im Allgemeinen Krankenhaus in Hamburg diese weitgespannten Pläne aufgibt, daran hat neben seiner Mutter noch eine andere Frau schuld: Fräulein Emmy Fraatz, die hübsche Tochter des Generalsuperintendenten in Clausthal. Koch ist seit 1866 mit ihr verlobt. Emmy gelingt es schließlich, ihren Bräutigam dafür zu gewinnen, im Lande zu bleiben und hier als Arzt sein Auskommen zu suchen.

Sehr eindrucksvoll ist Kochs Start zunächst freilich nicht: Er erhält den Posten eines Anstaltsarztes in einer »Erziehungs- und Pflegeanstalt für geistesschwache Kinder« in der kleinen Gemeinde Langenhagen bei Hannover. Neben seiner offiziellen Aufgabe darf der 23jährige Arzt auch noch seine Landpraxis ausüben.

Koch, der zeit seines Lebens ein eifriger und gewissenhaft auch jedes Detail berichtender Briefschreiber gewesen ist, berichtet über sein Leben in Langenhagen seiner Braut und seinen Eltern recht ausführlich.

Am 28. November 1866:
»Meine Praxis wird allmählich etwas besser; ich werde mich im ersten Jahre meines Hierseins wohl mit meinem Gehalt und allem auf 400 bis 500 Thaler stehen; natürlich wird dies in den folgenden Jahren rasch zunehmen.«

Am 11. Januar 1867:
»Seit einigen Tagen bin ich eifrig damit beschäftigt, das Reiten zu erlernen. Ich reite nun aber schon auf meinem eigenen Pferde, ein Umstand, der nicht gering anzuschlagen ist; denn ich bin um hundert Procent wenigstens in der Achtung der hiesigen Bauern gestiegen, seitdem ich Pferdebesitzer bin, und ich hoffe, bald die Wirkung hiervon an der Ausdehnung der Praxis zu bemerken. Das

Pferdchen gefällt mir ausgezeichnet, und wenn es so bleibt, werde ich Dir im nächsten Briefe eine genaue Beschreibung nebst einer langen Lobrede auf dasselbe zukommen lassen.«

Im April 1867 kauft sich Koch ein zweites Reitpferd, um seine sich kräftig vergrößernde Praxis besser versehen zu können. Er gibt auch die kleinen Zimmer in der Anstalt auf und mietet in einem Bauernhaus in der Walsroder Straße einige große Zimmer. Jetzt steht der Heirat mit seiner Braut Emmy nichts mehr im Wege.

Am 16. Juli 1867 findet in der Marktkirche in Clausthal die Hochzeit zwischen dem Doktor der Medizin, Robert Koch, und Fräulein Emmy Fraatz statt. Der Generalsuperintendent und Schwiegervater vollzieht selbst die Trauung.

Die weiteren Stationen des jungen Landarztes waren nicht eben großartiger als Langenhagen: es ist eine kleine Gemeinde namens Braetz, dann ein Ort in der Nähe von Berlin, Niemegk und schließlich Rackwitz nahe der polnischen Grenze.

Das Ehepaar Koch, dem 1868 eine Tochter, Gertrud, geboren wurde, lebt mehr recht als schlecht an diesen Orten; wissenschaftliche Arbeiten sind für den jungen Landarzt zunächst nicht möglich.

Nachdem Koch trotz seiner Kurzsichtigkeit als Militärarzt am deutsch-französischen Krieg 1870/71 teilgenommen hat, erhält er 1872 die Stelle als Kreisphysikus in Wollstein, ebenso wie das nahe Rackwitz in der preußischen Provinz Posen gelegen.

Kochs damaliges Wohnhaus, in dem nun seine großartigen Forschungen beginnen, in der »Straße zum weißen Berge«, Nr. 12, ist noch heute erhalten. In dem Haus befindet sich seit den 30er Jahren ein kleines Museum, das auch unter polnischer Verwaltung weitergeführt wird. Die Straße, in der das Haus steht, heißt heute: Ulicka Kocha.

In Wollstein, fern jeder Universität oder anderer wissenschaftlicher Stätten, beschäftigt sich nun Koch – neben seiner Landpraxis – mit wissenschaftlicher Forschung. Noch ist es nicht die Ätiologie der Tuberkulose oder der Cholera, der Koch schon so oft begegnet ist, sondern eine Tierseuche, auf die ihn die Bauern aufmerksam machen: der Milzbrand, wissenschaftlich: Anthrax, weil das Blut der verendeten Tiere schwarz aussieht. Hunderte von Tieren gehen in der Provinz Posen Jahr für Jahr an dieser Seuche zugrunde.

Wird sie von lebenden Erregern hervorgerufen? Der deutsche Aloys Pollender und sein französischer Kollege Casimir Davaine wollen im Blut verendeter Tiere merkwürdige, stäbchenförmige Mikroorganismen gesehen haben. Sie haben diese Stäbchen auch ausführlich beschrieben.

Aber sind die Stäbchen wirklich die Ursache des Milzbrandes?

Koch ist bei allem Forschungsdrang ein ungeheuer vorsichtiger Mann. Für ihn zählen keine halben, unfertigen Resultate.

Er schafft sich zunächst ein Mikroskop an, eines der besten und teuersten, die damals erhältlich sind, ein großes finanzielles Opfer für die Familie, die immer noch in recht beengten Verhältnissen lebt. Dann trägt er dazu bei, mit Hilfe sogenannter Immersionslinsen und dem Abbeschen Beleuchtungsapparat die Leistungskraft des Mikroskops zu verbessern.

Danach macht sich Koch mit den neuesten Färbemethoden für Mikroorganismen vertraut. Nun kann die Untersuchung des Blutes und Gewebes verendeter Tiere beginnen.

Nachdem er untertags seine Patienten betreut hat, arbeitet Koch fast jede Nacht in einer Ecke seines Untersuchungszimmers, das Frau Emmy mit einer Decke von dem übrigen Raum abgetrennt hat.

Koch ist jetzt knapp dreißig Jahre alt; er ist jedoch keineswegs von jener bärenstarken Gesundheit, wie er in Filmen und Büchern manchmal geschildert wird. Seine Konstitution ist nicht sehr kräftig, und häufig suchen ihn kleinere Krankheiten heim. Doch in Wollstein, wie später in Ägypten oder im tropischen Afrika, gestattet sich Koch kaum eine Pause, wenn er einem Erreger der großen Seuchen auf der Spur ist.

Nach vielen Monaten nächtlicher Arbeit, die ihn völlig erschöpft, findet Koch im Blut kranker Tiere unter dem Mikroskop winzige Stäbchen, die sich freilich völlig unbeweglich verhalten.

Nach vielen weiteren Beobachtungen und Prüfungen ist sich Koch sicher: die von ihm gefundenen Bazillen sind tatsächlich die Erreger des Milzbrandes. Doch an wen soll er sich wenden? Wer besitzt die Autorität, um seine Untersuchungen zu prüfen und zu bestätigen?

Rudolf Virchow – der »regierende« Mediziner

In Berlin residiert der »Papst der Mediziner« jener Zeit, Rudolf Virchow, Direktor des Pathologischen Instituts der Berliner Charité. »Wir standen vor dem Allmächtigen«, so wird der Dichter-Arzt Carl Ludwig Schleich später einmal einen Besuch bei Virchow beschreiben, »einem kleinen, gelbhäutigen, eulengesichtigen Mann mit dem eigentümlich stechenden und doch leicht verschleierten Auge, an dem die Armut von Wimpern auffiel ... Er zehrte gerade an einer Schrippe. Neben dem Teller stand eine kleine Weiße. Das war das einzige Frühstück, welches dieser Heros des Beobachtens und Registrierens nach dem Morgenimbiß bis in die späten Nachmittagsstunden trotz Kolleghalten, Empfängen, Examen, Sektionsprotokollen, anthropologischen Messungen, Parlamentssitzungen usw. einnahm.«

Virchow – am 13. Oktober 1821 in Schivelbein in Pommern geboren –, von zarter Konstitution, aber ungeheurer Aktivität, ist, wie so viele andere berühmte Ärzte seiner Zeit, ein Schüler des großen Physiologen Johannes Müller (1801-58). Er hat in Berlin studiert und war 1846 Prosektor an der Charité geworden. Während der Revolution 1848 hatte er eine recht aktive und radikale Rolle gespielt. Danach war er für sieben Jahre nach Würzburg gegangen. Dort begründete er seinen wissenschaftlichen Ruhm, ehe er als Professor der pathologischen Anatomie nach Berlin zurückkehrte, wo er fast ein halbes Jahrhundert, bis zu seinem Tode im Jahre 1902, in der Medizin wie ein absoluter Monarch herrschte.

Als Mitbegründer der Fortschrittspartei gehörte Virchow dem preußischen Abgeordnetenhaus, von 1880 bis 1893 sogar dem Reichstag an. Dort war er einer der unerschrockensten und scharfzüngigsten Widersacher Bismarcks.

Virchows medizinisches Hauptwerk ist die Zellularpathologie. Im Gegensatz zu dem Biologen Theodor Schwann hat Virchow schon in seiner Würzburger Zeit nachgewiesen, daß Pflanzen und Tiere gleicherweise aus Zellen zusammengesetzt sind.

Für Virchow lag damit der Schluß nahe: die stets gleichgeartete Zelle muß die Grundgestalt allen Lebens, muß der Elementarbaustein sein. An und in dieser Zelle müssen sich demnach auch die elementaren Funktionen des

Lebens abspielen. Sie, die Zellen, hat man ins Visier zu nehmen, wenn man wissen will, wie Leben sich verhält – also auch, wie die Krankheit »funktioniert«.

Virchow lehrt: eine Zelle kann nur aus einer Zelle entstehen. Das Leben ist eine unaufhörliche Aufeinanderfolge von Zellbildungen. Weder ein einzelnes Organ als solches ist Sitz der Krankheit, noch ein Gewebe. Vielmehr ist die Zelle jene Pforte, durch die Krankheit in den Körper kommt, sie allein reagiert auf abnorme Reize.

Krankheit ist nichts anderes, als daß solch abnorme Reize den Organismus – also ganz konkret die lebende Zelle – treffen. Dort, an oder in der Zelle, kommt es zu einer Schädigung, zu einer Störung oder auch zur Lahmlegung der Funktion, der Zellernährung oder gar zur Zerstörung der Zellform bis zum Zelltod.

Mit dieser »Zellularpathologie« war einst von Virchow nicht nur das alte Weltbild von der Entstehung der Krankheiten gestürzt, Virchow hatte zugleich auch die Grundlinien für ein neues aufgezeichnet. Ehedem dergestalt selbst zu »revolutionären« Ideen geneigt, ist der berühmte Pathologe mittlerweile freilich selbst ein »Klassiker« geworden und neuen Ideen, die sich nicht ohne weiteres in seine Zellularpathologie einfügen, nur schwer aufgeschlossen.

Als Koch seine Präparate mit den gefärbten Milzbrandbazillen vorführen will, gibt sich Virchow schwierig. Die Mikroorganismen sind mit dem neuen Beleuchtungsapparat zu erkennen, den Abbe bei Zeiß geschaffen hat. Virchow aber besteht darauf, sie mit seinem alten, für diesen Zweck untauglichen Mikroskop zu untersuchen.

Das Unternehmen muß auf solche Weise mißlingen. Später, als es um die Rolle der Tuberkelbazillen bei der Schwindsucht geht, wird sich Virchow ebenfalls sperren.

Die neuen Tatsachen von den unsichtbaren Krankheitserregern passen ihm nicht in das Lehrgebäude der Zellularpathologie.

Koch wendet sich an Cohn

Ein anderer schaut sich die Ergebnisse des Wollsteiner
Landarztes jedoch sehr genau an: es ist der hier schon
mehrfach erwähnte Professor Ferdinand Cohn, Botaniker an der Universität Breslau.
Er hat am 22. April 1876 einen Brief aus Wollstein (Provinz Posen) erhalten.
Absender: Dr. Robert Koch, Kreisphysikus:

»Hochgeehrter Herr Professor!
Durch Ihre in den Beiträgen zur Biologie der Pflanzen
veröffentlichte Arbeit über Bakterien angeregt, habe ich,
da ich mehrfach das nöthige Material bekommen konnte,
mich längere Zeit mit der Untersuchung des Milzbrand-
contagiums beschäftigt. Nach vielen vergeblichen Versuchen ist es mir endlich gelungen, den Entwicklungsgang
des reinen Bazillus anthracis vollständig aufzufinden.
Durch vielfache Untersuchungen glaube ich dem Resultat meiner Untersuchungen eine genügende Sicherheit
gegeben zu haben. Bevor ich jedoch damit an die Öffentlichkeit trete, würde ich Sie, hochgeehrter Herr Professor,
als den besten Kenner der Bakterien ganz ergebenst bitten, mir gestatten zu wollen, daß ich Ihnen vielleicht im
pflanzenphysiologischen Institut während einiger Tage
die nothwendigen Experimente zeige. Wenn Sie, hochgeehrter Herr Professor, geneigt sind, diese ergebenste Bitte
zu erfüllen, dann bestimmen Sie gefälligst die Zeit, wann
ich nach Breslau kommen soll.«

Ferdinand Cohn hat später in der »Breslauer Zeitung« (am 17. Dezember 1890) berichtet, wie skeptisch er ursprünglich auf diesen Brief reagierte: »... ich hatte mich damals schon seit einer Reihe von Jahren mit bacteriologischen Untersuchungen beschäftigt und erhielt in Folge dessen nicht selten Ankündigungen von Dilettanten auf diesem damals noch wenig exakt bearbeiteten Gebiete; ich hegte daher auch sehr geringe Erwartungen von jener Zuschrift eines völlig unbekannten Arztes aus einer polnischen Landstadt. Indessen schrieb ich natürlich, daß es mich sehr freuen würde, wenn Herr Koch seinen Besuch ausführen und mir seine Sachen zeigen wolle. Koch kam am 30. April in mein Institut, und ich kann mich wohl rühmen, daß ich in der ersten Stunde in ihm den unerreichten Meister wissenschaftlicher Forschung erkannt habe.«

Für Cohn gibt es keinen Zweifel: dieser Kreisphysikus hat die Ursache des Milzbrandes gefunden, seine Arbeiten sind unangreifbar und voll überzeugend.

Professor Cohn macht sofort seine Breslauer Kollegen aus dem medizinischen Bereich mit Koch bekannt. Er bittet Koch, auch ihnen seine Entdeckungen zu demonstrieren. Im Tagebuch des pflanzenphysiologischen Instituts werden diese Demonstrationen, die vom 30. April bis zum 2. Mai dauern, genau festgehalten:

»April 30.: Kreisphysikus Koch aus Wollstein macht Demonstrationen und Versuche über Milzbrandbazillen. Durch Cultur des frisch aus einer vom Milzbrand getöteten Maus entnommenen Milzblutes in feuchter Kammer auf dem Schuttzischen Tisch. Die Bazillen wachsen aus in langen Fäden, in denen sich am folgenden Tag Sporenketten bilden. Die Beobachtung geschieht in Humor aqueus des Rindauges. Die feuchten Kammern sind zum

Theil aus Paraffinringen gemacht, die mit Olivenöl verschlossen sind, z.Th. sind es hochgeschliffene Gläschen. Die Sporen dienen zur Infektion neuer Tiere (Mäuse, Kaninchen). Einem Frosch ist ein Stück kranker Milz unter die Haut verpflanzt, wo sich die Bazillen auch entwickeln und z.Th. in die Zellen eindringen (wohl Epithelzellen), Dr. Traube ist Zeuge.
Mai 1.: Koch setzt die Untersuchungen fort . . .«

»Lassen Sie alles liegen und stehen . . .«

Cohns Kollege und Freund, Professor Julius Cohnheim, ist von den Demonstrationen des Wollsteiner Landarztes so begeistert, daß er zu seinen Assistenten und Studenten ins pathologische Institut eilt und ihnen zuruft: » . . . alles liegen und stehen lassen, kommen Sie mit zu Robert Koch, dieser Mann hat eine großartige Entdeckung gemacht.«
Auf diese Weise sieht Paul Ehrlich zum ersten Mal Robert Koch. Ehrlich ist tief beeindruckt von dem erst 32jährigen Arzt. »Schon damals dokumentierte sich«, so schreibt Ehrlich, »jener weitsichtige Scharfblick, der Koch später zum Führer der Seuchenbekämpfung werden ließ, indem jene aus bescheidener Zurückgezogenheit hervorgegangene Arbeit bereits die wichtigen Tatsachen über epidemiologische Verbreitung und Prophylaxe der Milzbranderkrankung ergab«.

Ehrlich über Koch

Eine weitere Abhandlung, die ebenfalls aus Kochs Woll-steiner Zeit stammt, die Entstehungsursachen der Wund-infektionen, nennt Ehrlich ein »Meisterwerk, das in strenger Selbstkritik, die bereits von dem großen Henle aufgestellte Trias der Postulate ›konstanter Nachweis, Isolierung und Prüfung der Mikroorganismen‹ in präziser und erweiterter Form erfüllte«.

Überdies gelingt es Koch gleichzeitig zu beweisen, daß jede einzelne Infektionskrankheit durch einen wohlcha-rakterisierten Parasiten hervorgerufen wird.

Man müsse sich in die damalige Zeit zurückversetzen, schreibt Ehrlich in einem großen Aufsatz über Koch, »um die Größe von Kochs Erstlingsarbeiten nach Ge-bühr zu bewerten«: »Die besten Köpfe in den medizini-schen Wissenschaften beschäftigten sich mit der Frage nach den Ursachen der Infektionskrankheiten; dennoch herrschte ein solches Chaos in den Befunden und Auffas-sungen, daß eine Klärung die erlösende Tat sein mußte. Zwar hatte schon der berühmte Anatom Jacob Henle im Jahre 1840 die Hypothese ausgesprochen, daß belebte Mikroorganismen die Krankheitserreger wären, und in scharfer Konsequenz ihren konstanten Nachweis, ihre Isolierung und Prüfung im isolierten Zustande als Postu-late für die Beweisführung gefordert«.

Aber wie weit man von dem gesteckten Ziel entfernt war, das zeigt in Ehrlichs Augen schon die Tatsache, »daß es noch zweier Jahrzehnte bedurfte, bis Louis Pasteur der Lehre von der Urzeugung ein Ende machte«.

Zwar hatte die Lehre Pasteurs, daß die Fäulnis- und Gärungserscheinungen durch die Lebenstätigkeit von Mikroorganismen bedingt seien, zu der Einführung der Antisepsis durch Joseph Lister geführt, aber der Kampf

der Meinungen dauerte fort, und gerade die Anhänger derjenigen Theorie, welche verschiedene, streng unterschiedliche Bakterienarten als Ursache der Infektionskrankheiten annahmen und an deren Spitze Ferdinand Cohn stand, hatten noch immer mit einer Reihe hervorragender Gegner zu rechen, die stringente Beweise verlangten. So konnte noch 1874 Billroth, der berühmte Chirurg, eine bestimmte Bakterienform, die er als Coccobacteria septica bezeichnete, als Ursache der verschiedensten Infektionskrankheiten verantwortlich machen. »Was aber«, so hebt Ehrlich hervor, »diesem Widerstreit der Meinungen definitiv ein Ende machte und die Frage im Sinne der Spezifität der Bakterienarten und ihrer alleinigen Verantwortlichkeit für die Entstehung der Infektionskrankheiten löste, waren die epochemachenden Arbeiten des jungen Wollsteiner Arztes, Robert Koch.«
Die beiden Monographien Kochs, »Zur Ätiologie des Milzbrandes«, abgedruckt in Ferdinand Cohns »Beiträgen zur Physiologie der Pflanzen« (1876), und die »Untersuchungen über die Ätiologie der Wundinfektionskrankheiten« empfand Ehrlich als einmalig, »sie begründeten die Bakteriologie, die Lehre von den Infektionskrankheiten als Wissenschaft.«

Dank an Cohn

Robert Koch hat es Ferdinand Cohn nie vergessen, daß dieser als erster ihm die uneingeschränkte wissenschaftliche Anerkennung aussprach: »Ganz besonderes Gewicht«, so schreibt er, »lege ich übrigens noch darauf, daß Herr Prof. F. Cohn sich auf meine Bitte der mich zu besonderem Dank verpflichtenden Mühe unterzog, meine Angaben über die Entwicklungsgeschichte des

Bacillus Antracis eingehend an einer Reihe von Präparaten und von mir im pflanzenphysiologischen Institut angestellten Experimenten zu prüfen und in allen Punkten zu bestätigen«.

Nach einem kurzen Zwischenspiel in Breslau, das unbefriedigend verläuft, und nach der Rückkehr nach Wollstein findet Koch endlich die verdiente Anerkennung. Im Jahre 1880 wird er als Regierungsrat an das Kaiserliche Gesundheitsamt nach Berlin gerufen, das unter der Leitung von Geheimrat Struck, dem Leibarzt Bismarcks, steht.

Der neue Regierungsrat erhält ein Monatsgehalt von knapp 500 Mark, ein eigenes Labor, das er freilich zunächst mit zwei Assistenten teilen muß, die es selber eines Tages zur Berühmtheit bringen werden: Georg Gaffky und Friedrich Loeffler. Mit Kochs Einzug beginnt die erfolgreiche Mikrobenjagd in Berlin.

Das Examen droht

Auch Paul Ehrlich würde gern in Berlin arbeiten. Doch zuerst muß er sein Staatsexamen machen. Er hat sich in den letzten Jahren ganz auf seine Färbungen konzentriert und viele Kollegs auf anderen medizinischen Gebieten geschwänzt. Cohnheim hat ihn deshalb angeblich Robert Koch bei einem Rundgang durch das pathologische Institut mit den Worten vorgestellt: »Das ist der kleine Ehrlich – ein tüchtiger Färber, aber sein Examen wird er wohl nie machen«.

So sind die Sorgen, die sich Ehrlich wegen seines Examens macht, wohl nicht ganz unbegründet, wenngleich es sich sicher um ein typisches Ehrlichsches »Understatement« handelt, wenn er später sagen wird, er habe sich durchs Examen gerade »so durchgemogelt«.

Wie Ehrlich erzählt, kam ihm beim Examen freilich ein wenig das Glück zu Hilfe. Einer seiner Lehrer und Examinatoren, der aus Bayern stammende Professor Anton Biermer (1827-1892), ein angesehener Internist, gibt Ehrlich eine schwierige Aufgabe: es handelt sich um einen Nervenkranken. Über die Diagnose seines Leidens befindet sich Professor Biermer mit seinem jüngeren Kollegen, dem Neurologen Oskar Berger, in scharfem Disput.

Auch der Kandidat Ehrlich kommt zu keiner klaren Diagnose. Da trifft er zufällig Professor Berger. Berger – er ist zehn Jahre älter als Ehrlich und ein aus Münsterberg, nahe bei Strehlen, stammender Landsmann – erzählt ihm, vermutlich nichtsahnend von Ehrlichs Prüfungsnöten, daß er sich mit dem Kollegen Biermer über die Natur dieses Nervenleidens nicht einigen könne.

Als Berger erkennt, daß dieser Fall Ehrlich als Prüfungsaufgabe gegeben ist, setzt er ihm ausführlich den – von ihm abgelehnten – Standpunkt Biermers auseinander.

Natürlich besteht Ehrlich so am nächsten Tag die Prüfung mit Auszeichnung. Mehr noch: Professor Biermer berichtet dem Kollegen Berger hoch zufrieden, auch der Kandidat Ehrlich habe sich im Fall jener schwierigen Diagnose ganz seinem, dem Biermerschen Standpunkt angeschlossen.

Seine Doktorarbeit legt Ehrlich im Jahre 1878 der medizinischen Fakultät der Universität Leipzig vor. Sie heißt – wie konnte es anders sein? – »Beiträge zur Theorie und Praxis der histologischen Färbung«. Teil 1: »Die chemische Auffassung der Färbung«; Teil 2: »Die Anilinfarben in chemischer, technologischer und histologischer Beziehung«.

Man kann fast sicher sein, daß in Cohnheims und Weigerts Übersiedlung nach Leipzig im Jahre 1878 der Grund zu suchen ist, warum Ehrlich in Leipzig und nicht in Breslau promoviert. Schließlich haben beide gerade seine Leidenschaft für Färbungen doch geweckt und wesentlich gefördert.

In seiner Dissertation beschäftigt sich Ehrlich zunächst einmal mit dem Unterschied technologischer und histologischer Färbungen.

Damals brauchten die technischen Färber nur auf wenige Fasern, Wolle, Baumwolle und Seide, Rücksicht zu nehmen. Deshalb ist das Interesse der Techniker an der Aufhellung der wissenschaftlichen Grundlagen einer Färbung auch gering. Anders die Histologen, die eine Vielzahl von verschiedenen Materialien, Zellen von Knochen, Muskeln oder Drüsen, von Blutbestandteilen und von Inhaltsstoffen wie Zellkern und anderen Teilen der Zelle durch die Färbung voneinander trennen, differenzieren wollen.

Ein Hindernis bildeten die unreinen, zusammengesetzten Farbstoffe. Deshalb waren die Ergebnisse schlecht vergleichbar.

Ehrlich, obwohl Mediziner, hat sich ein enormes chemisches Wissen erarbeitet. Das befähigt ihn, die Farbstoffe von ihrem chemischen Aufbau her gezielt einzusetzen. Er unterteilt die primären Farbammoniake in die Fuchsin-, die Mauvein- und die Chrysoidinreihe und setzt sich mit den färberischen Eigenschaften der verschiedensten Abkömmlinge auseinander.

Entscheidend für den Fortschritt ist auch hier sein chemisch-analytisches Denken, das er auf die Farbstoffe und deren mögliches Verhalten überträgt.

In seiner ersten Arbeit aus Freiburg hatte er Zellen beschrieben, die nach Färbung mit Dahlia eine starke Granulierung zeigten. Er hatte sie auch als Plasmazellen bezeichnet, obwohl sie sich eindeutig von den Plasmazellen seines verehrten Lehrers Waldeyer unterscheiden. In der Zwischenzeit ist er deswegen angegriffen worden. Und so beschreibt er diese granulierten Zellen noch einmal ganz genau und bezeichnet sie als »Mastzellen«. Charakteristisch ist die schwache Anfärbbarkeit der Kerne und im Gegensatz dazu die intensive Farbaufnahme durch die Granula.

Bei diesen Untersuchungen kann er große Unterschiede der »haptogenen« Eigenschaften verschiedenster Farbstoffe konstatieren, auch daß Bismarckbraun für allgemeine Färbungszwecke aufgrund der hohen Färbkraft besonders geeignet sei. Damit bestätigt er ausdrücklich frühere Befunde seines Vetters Carl Weigert.

Es ist bewundernswert, mit welchem Fleiß Ehrlich die verschiedensten Farbstoffgruppen untersucht hat, seien es wasserlösliche Schwefelsäureabkömmlinge, zu denen die verschiedenen Rosanilinsulfosäuren gehören, als auch Farbstoffe der Pikrinsäure und der Eosinreihe. Hier fiel ihm besonders das eigenartige Verhalten von Eosin gegenüber dem Hämoglobin, also dem Farbstoff der roten Blutkörperchen, auf. Und er kündigt an, daß er weitere Versuche anstellen werde, um das Verhältnis dieser beiden Farbstoffe abzuklären.

Der frisch promovierte Doktor der Medizin, schon als Student eine Kapazität auf dem Gebiet der histologischen Färbung, braucht nicht lange auf eine Anstellung zu warten in einer Zeit, da sich Medizin und Chemie zum großen, segensreichen Bündnis formieren. Professor Friedrich Theodor Frerichs holt Ehrlich noch 1878 an das größte und berühmteste Krankenhaus in Berlin, an die Charité.

» . . . und wurde in die Charité gebracht.«

Eine anschauliche Darstellung des denkwürdigen Milieus jenes berühmten Hauses gibt Friedrich von Müller in seinen Lebenserinnerungen:

»Die Charité gehörte zu den militärärztlichen Bildungsanstalten. Sie stand unter der Leitung eines Generalarztes, des gestrengen, aber doch gutherzigen Generalarztes Mehlhausen. Ihm war ein hoher Zivilbeamter, Geheimrat Spinola, beigegeben. Diese beiden Direktoren saßen sich im Direktorialzimmer am selben Tisch gegenüber und führten einträchtig das ganze große Charité-Krankenhaus mit altpreußischer Sparsamkeit. – Die Ärzte vom Tagesdienst, also die Stabsärzte und die Ziviloberärzte, hatten sich des Morgens mit zusammengeklappten Absätzen in militärischer Form ›gehorsamst zu melden‹. Dieser Tagesdienst war auf alle Stabsärzte und Ziviloberärzte verteilt und erstreckte sich auf sämtliche Krankenstationen, also nicht bloß auf die medizinischen, sondern auch auf die chirurgischen Abteilungen, ferner auf die pädiatrische, die geburtshilfliche und die psychiatrische Station. Dementsprechend war der Dujour-Dienst besonders reich an schwierigen Aufgaben. Auf der Kinderabteilung mußten des Nachts häufig Tracheotomien bei den schweren Diphtheriefällen ausgeführt werden, eine traurige Aufgabe, denn von den tracheotomierten Kindern kam trotz der momentanen Erleichterung aus der Erstickungsgefahr nur selten eines mit dem Leben davon.

Die Polizeiberichte über nächtliche Unfälle schlossen damals immer mit der lakonischen Formel: ›. . . und wurde in die Charité gebracht.‹ Deshalb hatte der Arzt du jour oft komplizierte Knochenbrüche und die Verletzungen der Selbstmörder zu betreuen, auch mußte er eingeklemmte Hernien operieren.

Am gefürchtetsten waren aber die geburtshilflichen Aufgaben, denn nur wenige von uns Charité-Ärzten hatten eine genügende geburtshilfliche Übung: Wenn in tiefer Nacht der diensttuende Wärter mit der Blendlaterne an mein Bett trat, um mich aus dem Schlaf zu wecken: ›Bitte Herrn Dujour-Arzt, sofort auf die geburtshilfliche Station zu kommen‹, so eilte ich mit übeln Ahnungen auf den Gebärsaal.

Zwar hatte mir Ehrlich einen guten Rat gegeben: ›Müller, wenn Sie auf diese Station gerufen werden, dann waschen und desinfizieren Sie sich die Hände so lange, bis der Stabsarzt der Abteilung nach Hause kommt‹, aber manchmal war dieser auch in den frühen Morgenstunden noch nicht im Hause, und nun mußte der Dujour-Arzt selbst die Entbindung ausführen.

Die Mittags- und Abendmahlzeiten wurden in der Speiseanstalt der Charité unter dem Vorsitz des Hausstabsarztes von uns Abteilungsärzten, den Apothekern und sämtlichen Unterärzten gemeinschaftlich eingenommen. Mein Platz war neben den Stühlen der beiden Oberärzte der neurologischen und psychiatrischen Abteilung, Oppenheim und Siemerling. Der Verkehr mit diesen beiden hervorragenden Forschern war für mich eine Quelle der Belehrung und erweckte mein lebhaftes Interesse für die Neurologie und speziell für die von den beiden Freunden gepflegte pathologische Histologie des Nervensystems.«

»Die Kost in dieser Speiseanstalt war reichlich, aber eintönig und ganz nach norddeutschem Zuschnitt, wobei die Kartoffel der einzige Vertreter der Kohlehydrate war. Ich hatte zunächst einige Mühe, meinen süddeutschen Appetit auf Mehlspeisen damit zu stillen. Zu kulinarischen oder sonstigen Extravaganzen fehlte uns sowohl das Geld als auch die Zeit. Nach dem Abendessen saßen die meisten von uns allein am stillen Schreibtisch bis in die tiefe

Nacht. Den einzigen Festtag in diesem Kreise stellte des Kaisers Geburtstag dar, an dem der Hausstabsarzt in militärischer Kürze das Hoch auf den Kaiser ausbrachte und eine Flasche Wein geleert wurde. Der Abend vereinigte alle nach Berlin kommandierten Stabsärzte, unter denen ich auch Loeffler, Gaffky und vor allem Behring kennenlernte. Eine lange Diskussion mit diesem großen Manne sollte den Anfang bilden für eine treue Freundschaft, die er mir bis zu seinem Tode bewahrt hat.«

Erfolgreiche Jahre in Berlin

Berlin ist in den Gründerjahren stürmisch gewachsen. Die Milliarden aus der französischen Kriegsentschädigung regten die Konjunktur mächtig an. Fast fieberhaft wird Industrie aus dem Boden gestampft, entwickelt sich Geschäftsleben in neuen Größenordnungen. Um den Rand des alten Stadtkerns werden Arbeiter- und Villenvororte gebaut.

Die »Wilhelminische Zeit« entfaltet ihren Sog. Die Bevölkerungzahl überschreitet Anfang der 80er Jahre – durch ständigen Zuzug aus Brandenburg, Schlesien und den östlichen Landesteilen – die Millionengrenze. Mehr und mehr bestimmt das Bürgertum das Schicksal seiner neuen Stadt.

Zuzug bekommt Berlin aber auch aus dem Kultur- und Geistesleben der deutschen Provinzen, zunehmend auch aus den geistigen Zentren des Auslandes. In der Kunst beherrscht vorerst noch der Naturalismus die Galerien und Salons. Doch der Impressionismus greift schon aus Frankreich herüber, und ein paar Expressionisten wagen ihre ersten zaghaften Schritte.

Der junge Mediziner Paul Ehrlich interessiert sich für

künstlerische Ereignisse nur am Rande. Er sagt von sich selbst, er sei amusisch, nur für leichte Musik hat er schon seit seiner Schülerzeit eine Schwäche. In Berlin könnte man ihn deshalb sogar für einen etwas leichtlebigen jungen Mann halten, denn er besucht gerne Lokale, in denen man flotte Operettenmusik spielt. »Am grünen Strand der Spree« ist sein Lieblingslied.

Ehrlich kann besser über seine wissenschaftlichen Probleme nachdenken, wenn er flotte Weisen hört. Leierkastenmänner, die im Hof seines späteren Steglitzer und Frankfurter Institutes spielen, können immer mit reichlichem Trinkgeld rechnen. Und seine Frau Hedwig wird ihm stets eine große Freude bereiten, wenn sie sich nach dem Abendessen ans Klavier setzt, um einen kleinen Melodienreigen zu improvisieren, am liebsten von Paul Lincke.

Als Paul Ehrlich 1878 als 24jähriger Assistent in die Charité eintritt, besitzt die Klinik im Osten der Stadt, die König Friedrich Wilhelm I., der Vater Friedrichs des Großen, einst als Pesthaus gegründet hat, schon einen großen Ruf.

Studenten und Ärzte aus aller Welt kommen an die Charité, um die Kapazitäten der Zeit zu hören.

Ehedem waren die jungen Mediziner nach Paris gegangen. Dort lehrten Männer wie Baron Jean Nicolas Corvisart und René Théophile Laennec. Laennec hatte 1816 das Hörrohr, das Stethoskop, erfunden. Beide haben die Klinik der Herz- und Lungenkrankheiten wesentlich bereichert.

Mit Johannes Müller und Johann Lucas Schönlein begann in Deutschland eine Ära der medizinischen Grundlagenforschung, die von so glänzenden Vertretern wie Hermann von Helmholtz, Emil Du Bois-Reymond oder Virchow fortgesetzt wurde. Die Ergebnisse ihrer

Arbeiten wurden in die Klinik übertragen von Chirurgen wie Bernhard von Langenbeck oder Ernst von Bergmann. Ihnen standen große Internisten zur Seite wie Ludwig Traube oder Friedrich Theodor von Frerichs.

Durch die Erfindung des Stethoskops und die Wiederentdeckung der Perkussion, also des Abklopfens, das Leopold Auenbrugger fast 100 Jahre früher, 1761, beschrieben hatte, wurden die diagnostischen Möglichkeiten wesentlich erweitert.

Doch in der Therapie – wenn man von der Chirurgie absieht, deren Glanzperiode freilich auch erst beginnen sollte – sah es noch recht dürftig aus.

Vor allem das pharmazeutische Reservoir der Ärzte ist arg beschränkt: Man kennt das Chinin gegen die Malaria, das Quecksilber gegen die Syphilis, Opium gegen starke Schmerzzustände und Digitalis, das Gift des Fingerhuts, für die Behandlung von Herzerkrankungen.

All diese Mittel entstammten der praktischen Erfahrung. Man wußte nichts darüber, wie sie wirkten, warum sie wirkten. Das durchschnittliche Lebensalter um die Mitte des vergangenen Jahrhunderts war niedrig. Es betrug etwa 40 Jahre.

Die Infektionskrankheiten trugen hauptsächlich die Schuld, daß die Menschen so früh starben. Seuchen wie Pest, Cholera, Fleckfieber und Typhus flackerten immer wieder auf. Wundinfektionen verliefen meist schwer oder gar tödlich. Chronische Erkrankungen wie Schwindsucht oder Syphilis waren weit verbreitet.

Die Pest ist es übrigens, die 1879 die Berliner schreckt: in Rußland, in Astrachan, ist sie ausgebrochen. Die Zeitungen melden, daß sie über die Grenze nach Westen wandern werde.

»Pest« – allein das Wort verbreitet Furcht. Selbst die Ärzte wissen um diese Zeit noch nicht viel über diese

Seuche. Erst fünfzehn Jahre später, 1894, werden zwei Mediziner den Pestbazillus aufspüren: der Japaner Shibasaburo Kitasato, der übrigens jetzt, 1879, bei Robert Koch als Assistent arbeitet, und der Schweizer Alexandre Yersin. Beide sind 1894 in Hongkong, wo die Pest wütet. Aber sie betreuen an ganz verschiedenen Orten der Insel die Kranken. Und unabhängig voneinander entdecken sie in einem Abstand von vier Tagen den Bazillus.

Jetzt, wie gesagt, 1879 werden überall in Preußen, natürlich vor allem in Berlin, Quarantäne-Maßnahmen getroffen. Glücklicherweise bleibt die Seuche dann doch auf Rußland beschränkt.

Es scheint, als sei dies überhaupt das letzte Aufflackern der Pest in Europa gewesen. Das »Ende« der Krankheit wird von einigen Autoren vor allem auf den Rückgang der Kriegszüge und der Beziehungen zum Orient, dann auf allgemeine Hebung von Sitte, Kultur und Zivilisation, schließlich auf zunehmend hygienische Verhältnisse und wachsende medizinische Kenntnisse – besonders von der gefährlichen Rolle des Rattenflohs – zurückgeführt.

Frerichs – ein ungewöhnlicher Mann

Professor Frerichs, Ehrlichs Chef, Direktor der II. Medizinischen Klinik der Charité, ist damals eine Kapazität vor allem auf dem Gebiet der Leberkrankheiten.

Friedrich Theodor Frerichs stammte aus Ostfriesland. Er wurde 1819 geboren. Mit 22 Jahren in Göttingen promoviert, ließ er sich als Arzt in seiner Vaterstadt nieder. Diese Tätigkeit befriedigte ihn aber nicht, und so kehrte er nach Göttingen zurück, um sich ganz der wissenschaftlichen Laufbahn zu widmen. Wie um die Zeit üblich, angeregt vor allem durch Johann Lucas Schönlein und Rudolf Wagner, beschäftigte er sich sehr intensiv mit physiologisch-chemischen Untersuchungen. Schon um diese Zeit, etwa 1847, verfaßte er weithin anerkannte Arbeiten. »Verdauung« bildete die Grundlage für mehrere Berufungen, die er aber ablehnte. Erst 1850 ging er als Direktor der medizinischen Klinik nach Kiel.

Frerichs gilt als Vater der experimentellen klinischen Medizin. Nur zwei Jahre blieb er in Kiel; dann folgte er einem Ruf nach Breslau. Im Jahr 1852 konnte noch ein Mann gleichzeitig ordentlicher Professor für Pathologie und Therapie sein und Direktor der medizinischen Klinik. Frerichs füllte beide Funktionen sieben Jahre lang aus und konnte doch noch bahnbrechende wissenschaftliche Untersuchungen anstellen, als deren Frucht seine »Klinik der Leberkrankheiten« gilt.

Frerichs beobachtete seine Patienten meisterhaft. Wenn es keine Heilung mehr gegeben hatte, versuchte er sich wenigstens durch die Obduktion Klarheit zu verschaffen. Seine chemischen Kenntnisse erlaubten ihm, Aminosäuren wie Leuzin und Tyrosin im Harn bei akuter gelber Leberatrophie nachzuweisen. Er selbst hat seine Breslauer Jahre als die schönsten seines Lebens bezeichnet. Natürlich lehnte er den Ruf nach Berlin nicht ab, wurde er doch Nachfolger von Johann Lucas Schönlein, dem seinerzeit berühmtesten deutschen Kliniker. Hier in Berlin vollendete Frerichs seine »Klinik der Leberkrankheiten« und schrieb ein großes Werk »Über den Diabetes«. Als diese hervorragende Beschreibung von mehreren hundert Krankheitsfällen erschien, konnte niemand ahnen, daß ihr Schöpfer ein Jahr später, 1885, nicht mehr leben würde.

»Frerichs«, so schreibt einer seiner bedeutendsten Schüler, Bernhard Naunyn, »war eine eindrucksvolle Persönlichkeit. Patienten und Ärzte, Laien und Gelehrte, darunter sehr urteilsfähige Männer, entzogen sich dem nicht. Neben seinem gewaltigen Selbstgefühl trug hierzu nicht wenig bei seine unerschütterliche Ruhe überraschenden Vorkommnissen gegenüber, ebenso den ernsten wie den kleinen Unfällen des Daseins. Es überrascht ihn auf einem Spaziergang im Berliner Tiergarten mit einem Herrn, dessen Glaubwürdigkeit mir sicher ist, ein gewaltiger Regenguß. Kein Regenschirm, kein Obdach. Sie wandeln in ungestörter Unterhaltung weiter. Endlich bleiben sie, bis auf die Haut durchnäßt, stehen, und Frerichs sagt ernsthaft: ›Ich glaube gar, es regnet‹.«

»Jeden nahm Frerichs vom Tage seines Eintritts als einen Mann, von dem es selbstverständlich sei, daß er alles leisten könne und alles leiste, was seine Stellung von ihm verlangte, leider so selbstverständlich, daß er uns nie eine Anweisung gab, wie wir etwas zu machen hatten, ja kaum äußerte, was er haben wollte, und er setzte es wirklich durch, daß, auch ohne dies, alles so ging, wie er es wünschte. Der Neueingetretene hielt sich bescheiden zurück, bis er das, was ihm fehlte, gelernt hatte. Im allgemeinen führte der erste Assistent gegenüber dem Chef das Wort. Frerichs war klug genug, seinerseits aus jener Selbstverständlichkeit die Konsequenz zu ziehen, daß er uns nie ein Zeichen von Mißtrauen gab, keine Zurechtweisung, keinen Tadel – so wenig wie Anerkennung. Am allerwenigstens kam es ihm bei, uns für Geschehenes verantwortlich zu machen. Napoleon hat seinen ›Pas de récrimination‹ nicht stolzer durchgeführt.«

Ehrlichs erste Arbeit an der Charité

Frerichs erwartet von seinen Assistenten, daß sie mit eigenen wissenschaftlichen Arbeiten hervortreten. Er erhofft sich dies besonders von Paul Ehrlich, der offensichtlich für die naturwissenschaftliche Methodik in der Medizin so begabt ist, wie seine ersten Arbeiten bereits bewiesen. Er räumt deshalb Ehrlich viel Zeit für die Arbeit im Labor ein und gewährt ihm noch mehr Freiheit als den anderen Assistenten. »Gefangene Vögel singen nicht«, meint er.

Ehrlich wird derlei Hoffnungen nicht enttäuschen. Seine erste Arbeit ist ein rein klinisches Thema: »Über syphilitische Herzinfarcte«.

Ehrlich, der spätere Schöpfer des Antisyphilitikums »Salvarsan«, beschäftigt sich mit dieser damals in Berlin in nahezu allen Schichten der Gesellschaft verbreiteten Krankheit nicht mehr als die meisten übrigen Ärzte. Doch jener Fall schien ihm ungewöhnlich interessant, weil syphilitische Erkrankungen des Herzfleisches außerordentlich selten waren.

Die Leukozyten sind kein Omnibus

Dann aber schlägt Ehrlich in seinen weiteren Arbeiten das Leitthema an, auf das ihn seine Arbeiten mit den Farbstoffen führen: die Morphologie der Zellen, besonders jene der weißen Blutkörperchen.

Um richtig würdigen zu können, welche Bedeutung die Ehrlichschen Befunde für die Hämatologie, also die Lehre vom Blut, haben werden, muß man sich vor Augen halten, was damals, eben um 1875, überhaupt bekannt war.

Man wußte aus Untersuchungen von Wharton Jones (1846) und Max Schultze (1865) an ungefärbten Präparaten einige Einzelheiten, z.B. an roten Blutkörperchen. Sie verändern ihre Form bei verschiedenen Krankheiten. Edwin Klebs und Friedrich von Recklinghausen hatten entdeckt, daß es außer den kernlosen auch kernhaltige rote Blutkörperchen gäbe. Beide waren übrigens Pathologen. Ehrlich ist Recklinghausen, einem der besten Freunde Waldeyers, in Straßburg begegnet.

Von den weißen Blutkörperchen wußte man, daß sie sicher sehr unterschiedlich seien, es mußte verschiedene Gruppen geben. Mit der Funktion hatte sich noch niemand befassen können.

Rudolf Virchow hatte schon erkannt, daß weiße Blutkörperchen mit der Eiterung oder besser dem Eiter etwas zu tun haben mußten, ja er hatte 1846 in seiner zweiten Arbeit über Leukämie mit dem Titel »Weißes Blut und Milztumoren« geschrieben: »Ich vindiziere für die farblosen Blutkörperchen eine Stelle in der Pathologie«.

Und der Würzburger Pathologe Eduard Rindfleisch hatte geklagt: »Die Leukozyten sind eine Art Omnibus, in welcher alles mögliche mitfährt«.

Ehrlich entdeckte im Protoplasma einer Gruppe von Bindegewebszellen eine mit basischen Farbstoffen darstellbare Körnelung: diese Granula tingierten sich »metachromatisch«, d.h. in einer anderen Farbnuance als der Kern. In der Annahme, daß diese Zellen ein Attribut eines lokal gesteigerten Ernährungszustandes seien, nannte er sie »Mastzellen«. Die elektive Darstellung der basophilen Mastzellen-Granulation gelang ihm dadurch, daß er die Färbekraft des basischen Farbstoffs durch ein Extraktionsmittel (Alkohol, Glycerin, Säuren) herabsetzte. Nun nahm der Kern den Farbstoff gar nicht oder nur wenig an, während die Granula mit ihrer viel stärkeren Affinität zu dem Farbstoff sich intensiv tingierten. Dies war die erste elektive Färbung, und es geschah zum ersten Mal, daß ein Farbstoff als mikrochemisches Reagenz benutzt wurde.

Mit der neugewonnenen Erkenntnis, daß das verschiedenartige färberische Verhalten von Kern und Protoplasmakörnelung auf chemischen Differenzen beruhen müsse, begann Ehrlich das systematische Studium der Blutmorphologie.

Hier war also noch viel Neuland zu erschließen. Die Kliniker hatten sich bisher hauptsächlich mit den roten Blutkörperchen beschäftigt. Sie waren ihrer typischen Form wegen leicht zu analysieren.

»Indem Virchow«, so schreibt Ehrlich, »im Laufe dieser Untersuchung die Lehre von der lymphatischen und linealen Leukämie begründete und indem er nachwies, daß jede dieser Formen durch eine besondere Art weißer Blutkörperchen charakterisiert ist, schuf er die Unterlage der lokalisierenden Diagnostik der Blutuntersuchung, deren Endzweck es ist, aus den Formen und Verhältnissen der weißen Blutkörperchen Rückschlüsse auf die in den verschiedenen Provinzen des hämatopoetischen Systems sich abspielenden Vorgänge zu machen. Der Ende der sechziger Jahre von Neumann und Bizozzero erbrachte Nachweis, daß außer den Lymphdrüsen und der Milz auch noch ein drittes Organ, das Knochenmark, in bedeutungsvoller Weise an der Bildung geformter Blutbestandteile beteiligt sei, hat, wie sich leicht nachweisen läßt, diese Aufgabe in hohem Grade erschwert.«

Lympho- und Leukozyten getrennt

Die weißen Blutkörperchen weisen neben dem Protoplasma und dem Kern in ihrem Innern also verschiedenartige Körnchen, sogenannte Granula, auf. Die einzelnen Bestandteile nehmen die Farbstoffe recht unterschiedlich auf. Manche Granula z.B. bevorzugen saure, andere basische Farbstoffe. Die meisten Leukozyten verhalten sich jedoch sowohl gegen basische wie saure Farbstoffe ablehnend oder, wie Ehrlich es bezeichnet, neutral.

Um diese Indifferenz zu überwinden, benützt er Farbsalze, die aus sauren und basischen Farbstoffen zusammengesetzt sind. Hatte man vordem geglaubt, diese »neutralen« Leukozyten besäßen überhaupt keine Granula, so kann Ehrlich jetzt diese Anschauung widerlegen. Er kann die weißen Blutkörperchen klassifizieren und mit Hilfe der neutralen Farbstoffe nachweisen, daß die Leukozyten aus dem Knochenmark stammen.

Der Hauptgrund für Ehrlichs Erfolg, die weißen Blutkörperchen in mehrere Gruppen zu unterteilen, differenzieren zu können, lag in einem von ihm angewendeten Trick. Darüber berichtet er: »Bei der Gewinnung der Blutpräparate habe ich mein Augenmerk besonders darauf gerichtet, das Blut in möglichst dünnen Schichten anzutrocknen, und zwar darum, weil nur an solchen die feineren Strukturverhältnisse der weißen Blutkörperchen genauer erforscht werden können.«

Damit konnte er die Lymphozyten und die Leukozyten räumlich voneinander trennen, sie nebeneinander beobachten und vergleichen.

Seinen wissenschaftlichen Vorgängern hatten nicht nur die Farbkenntnisse gefehlt, sie hatten in dicken Blutpräparaten natürlich keine Einzelheiten, z.B. der Zellkerne oder der Körnungen im Protoplasma, erkennen können.

Zu jeder Erkenntnis gehört die entsprechende Methode. Daß aber eine Methode nicht unbedingt systematisch erarbeitet werden muß, schildert er in einem Brief an seinen amerikanischen Freund Christian Herter. Er schreibt dort: »Glück und Zufall spielen natürlich oft eine wichtige Rolle bei allen experimentellen Forschungen. So hatte ich einem Zufall die Entdeckung der Fixierung roter Körperchen durch Wärme zu verdanken; in dem kleinen Labor waren die Präparate auf den Eisendeckel des Ofens gelegt worden, weil kein anderer Platz für sie vorhanden war. Als ich dann am nächsten Tag mit ihrer Färbung begann, erhielt ich die herrlichsten Bilder, nachdem der Ofen tatsächlich in der Zwischenzeit angeheizt worden war!«

Und mit dieser Methode war es nun eigentlich nicht mehr so schwierig, Lymphozyten zu erkennen, Blutzellen mit einem runden Kern ohne jede Granula, oder große weiße Blutkörperchen mit einem einheitlichen Kern, die mononukleären Leukozyten.

Eine andere Gruppe wiederum hat einen Zellkern, der verschiedene Lappen aufweist, so daß man meint, er bestehe aus mehreren Kernen. Das sind die polynukleären Leukozyten. Außer den schon erwähnten stark granulierten Mastzellen beschreibt Ehrlich schließlich noch die Gruppe, die sich besonders mit Eosin anfärbt und die er deshalb als Eosinophile bezeichnet.

Zu diesen verschiedenen Zelltypen, die man in jedem normalen Blutstropfen findet, kommen noch solche, die nur in bestimmten Krankheitsfällen auftreten. Auch davon hat Ehrlich bereits einige beschrieben. Schließlich muß der Hämatologe aber das zahlenmäßige Verhältnis der einzelnen Leukozyten zueinander beachten, und das tut er genauso heute, wie Paul Ehrlich es damals beobachtet und beschrieben hat.

Der junge Assistenzarzt und spätere Oberarzt von Professor Frerichs ist in den Jahren 1879 bis 1882 so sehr mit seinen Blutuntersuchungen beschäftigt, daß er nur selten die Charité verläßt. Nur eine bestimmte unter den zahlreichen Gaststätten in der Nähe der Charité besucht er öfters. Dort hat er den Berliner Vertreter einer Fabrik kennengelernt, die Farbstoffe herstellt. Sein neuer Freund versorgt ihn von nun an regelmäßig mit Proben neu hergestellter Farbstoffe.

Wie die meisten Assistenten wohnt er ohnehin in der Klinik. Ihm steht ein winziger Raum als erste »Bleibe« zur Verfügung. Gelegentlich besuchen ihn seine Eltern und seine Schwester. Auch sein Schulfreund aus Breslauer Tagen, Albert Neisser, stellt sich manchmal ein.

Neisser hat von 1872 bis zu seiner Approbation an der Universität Breslau studiert, danach arbeitete er unter dem berühmten Dermatologen Professor Oscar Simon am Breslauer Allerheiligen-Hospital. Dort glückte es ihm mit 24 Jahren, den Erreger der Gonorrhoe zu entdecken. So zählte Neisser bald zu den bekanntesten Dermatologen Deutschlands.

Neissers nächstes großes Ziel ist es, auch noch den Erreger der Syphilis aufzufinden, der überall grassierenden »Krankheit, von der man nicht spricht«.

Kleines Zimmer – großer Forscher

Der Internist Adolf von Strümpell kommt ebenfalls gelegentlich auf einen Sprung bei Ehrlich vorbei. Er berichtete darüber in seinen Erinnerungen: »Als ich ihn (in der Charité) einmal besuchte, fand ich ihn in dem ihm zur Verfügung stehenden Arbeitszimmer, das kaum einige Quadratmeter groß war. Sein Arbeitstisch, auf dem sein

Mikroskop stand, war bedeckt mit übereinandergehäuften gefärbten mikroskopischen Blut-Trockenpräparaten. Niemand hätte sich in ihnen zurechtfinden können außer ihm selbst. Ehrlichs Finger zeigten meist die Spuren der zahlreichen Anilinfarben, mit denen er damals an den weißen Blutzellen seine zu so grundlegenden neuen Ergebnissen führenden Studien machte. Ich muß noch jetzt zuweilen an das kleine, enge damalige Arbeitszimmer des großen Forschers denken. Wie so häufig steht die Größe des Arbeitsraumes im umgekehrten Verhältnis zur Größe der Entdeckungen, die darin gemacht wurden.«

Die Granula als Wegweiser

Die verschiedenen Granula der weißen Blutzellen und die unterschiedliche Art, wie sie Farbstoffe aufnehmen, bleibt für Ehrlich der Hauptwegweiser bei der Erforschung der Physiologie und Pathologie der Leukozyten.
In einer Abhandlung für die Zeitschrift für klinische Medizin »Methodologische Beiträge zur Physiologie und Pathologie der Leukozyten« faßt er seine bisherigen Ergebnisse recht anschaulich zusammen: » . . . daß es in der Tat gelingt, auf tinktorialem Wege die Klasse der Leukozyten in mehrere scharf charakterisierte Gruppen einzuteilen. Die Mittel, welche mir gestatteten, einerseits morphologisch übereinstimmende Elemente voneinander zu trennen, andererseits Zellen von verschiedenem Habitus als zusammengehörig zu erachten, lieferte mir der Umstand, daß sich in dem Protoplasma der weißen Blutkörperchen eigenartige, bald feinere, bald gröbere Körnungen nachweisen ließen, welche durch ihr Verhalten gegen gewisse Farben bzw. Farbstoffgruppen ausgezeichnet waren und die sich auch in ihren sonstigen Ver-

hältnissen scharf von den gewöhnlichen Eiweißstoffen der Zelle unterscheiden. Außerdem konnte ich nachweisen, daß die von mir aufgefundene Körnung nur ganz bestimmten Zellelementen zukäme und dieselben etwa in der Weise charakterisierten, wie das Pigment die Pigmentzellen und das Glykogen die Knorpelzelle . . .«

Ehrlich unterscheidet anschließend die verschiedenen Körnungen je nach dem Verhalten gegen Lösungsmittel, im Hinblick auf ihre Größe, Form und Lichtbrechung, in der Beeinflussung durch höhere Temperaturen und durch die Art ihrer Verteilung im Zellkörper.

Die von ihm aufgefundenen fünf Körnungen bezeichnet Ehrlich als alpha-, beta- bis eta-Körnungen. Mit Hilfe der Farbenanalyse gelingt es, diese Granula voneinander zu unterscheiden und sie zusammen mit den Zellen, denen sie angehören, bis zu den blutbildenden Organen hin zu verfolgen.

»Ich bin umso geneigter«, schreibt Ehrlich weiter, »diese Färbungen, in denen ich das Resultat eines chemischen, dem der Doppelsalzbildung analogen Prozesses sehe, für eine fundamentale chemische Differenzierung zu verwerten, als ich constatierte, daß sich jede der Körnungen nur mit Farbkörpern von ganz bestimmten Eigenschaften verbände.« Anschließend beschreibt Ehrlich noch einmal – und deswegen soll es an dieser Stelle ausführlich zitiert werden, »daß die große Klasse der Teerfarben in zwei Hauptgruppen zerfällt, die in gleicher Weise durch chemische und histologische Eigentümlichkeiten scharf geschieden sind. Die eine Gruppe, welche das Fuchsin und seine Derivate, Bismarckbraun, Safranin, und noch viele andere enthält, die der *basischen* Anilinfarben, umfaßt Körper, welche, wie das essigsaure Rosanilin, durch den Zusammentritt einer Farbbase mit einer indifferenten Säure entstanden ist. Die andere Gruppe, die der *sauren*

Farbstoffe, enthält Verbindungen, in welchen, wie im pikrinsauren Ammon, eine Säure das färbende Prinzip darstellt.«

Ehrlich fand heraus, daß die eine der von ihm aufgefundenen Körnungen, die er als eosinophile oder alpha-Granulation schon früher beschrieben hatte, sich in allen sauren Farbkörpern intensiv färbte. Gerade unterschiedlich verhielt sich die Gamma-Granulation.

Robert Koch sucht den Tuberkulose-Erreger

Die Verbindung zwischen Paul Ehrlich und dem Regierungsrat Robert Koch, seit 1880 am Kaiserlichen Gesundheitsamt in der Luisenstraße 57, beschränkt sich in jener Zeit auf wenige Begegnungen.

Koch hat seit seiner Rückkehr vom Londoner Kongreß für Infektionskrankheiten nur ein großes Ziel: den Erreger der Schwindsucht zu finden. Er glaubt nicht, daß die Tuberkulose, Volkskrankheit Nr. 1, auf chronischem Ernährungsmangel beruht, wie damals viele Ärzte einschließlich Rudolf Virchow annehmen. Koch ist überzeugt, daß die Tuberkulose von einem spezifischen Erreger verursacht wird.

Die Tuberkulose war und ist eine Erkrankung, die durch die Zerstörung des Organs gekennzeichnet wird, das von ihr befallen ist. Bei der Lungentuberkulose also kommt es zwar erst zu einer Knötchenbildung – Tuberkel heißt Knötchen auf lateinisch –, die aber zerfallen im weiteren Verlauf, das Gewebe wird zerstört, es entstehen Höhlen. Der Kranke baut sichtlich ab, nicht nur sein Lungengewebe, sondern – da er ohne Appetit ist und meist erhöhte Temperatur hat – er nimmt auch an Körpergewicht ab, bis er an Auszehrung, an seiner Schwindsucht stirbt. Je jünger der Patient, desto schneller verläuft die Krankheit. Besonders Menschen in schlechtem Ernährungszustand, also die ärmere Bevölkerung, hat der Schwindsucht nichts entgegenzusetzen.

Gerade die Häufung bestimmter Symptome und ihre Begrenzung auf gewisse Gruppen waren für Robert Koch mit ein wichtiges Argument für den ansteckenden Charakter dieser Krankheit.

Deshalb war er so interessiert an Infektionsversuchen. Am 18. August 1881 infiziert Koch die ersten zwei Meerschweinchen mit tuberkulösem Material. Er möchte den Erreger der Krankheit im Tierversuch nachweisen und ihn direkt unter das Mikroskop bekommen. Während er darauf wartet, ob die infizierten Tiere erkranken, fertigt er Hunderte von Präparaten aus tuberkulösem Material an, färbt sie stunden- oder tagelang, betrachtet sie unter dem Mikroskop. Doch nirgends sieht Koch Bazillen in den tuberkulösen Ausstrichen. Er denkt sich neue Farbmischungen aus, färbt die Präparate bei Zimmertemperatur, bei Körperwärme, bei großer Hitze, gibt Alkalien dazu mit Karbolsäure. Seine Hände werden fleckig von den Farben, runzlig vom Sublimat, mit dem er sich sorgfältig nach seiner Arbeit desinfiziert.

Koch und seine Frau Emmy wohnen seit 1880 in einer Fünfzimmer-Wohnung in der Berliner Chausseestraße im zweiten Stock. Doch Frau Koch bekommt ihren Mann selten zu sehen. Wenn er wirklich einmal früher nach Hause kommt, ist er einsilbig, hört ihr nicht zu, ist ständig gereizt. Selbst Tochter Trudchen, der Liebling des Vaters, kann ihn nicht dazu bewegen, mit ihr zu spielen.

Vielleicht wäre es gut, wenn Koch jetzt einen Mann wie Paul Ehrlich zur Seite hätte, der mühelos neue Färbetechniken entwickelt.

Aber am liebsten ist Koch bei seiner Arbeit allein. Er

schließt sich für ganze Tage in sein Laboratorium ein. Nicht einmal seine engsten Mitarbeiter, die Stabsärzte Georg Gaffky und Friedrich Loeffler, dürfen zu ihm. Es sei denn, es handle sich um allerdringendste Sachen des Amtes.

Koch mischt konzentrierte alkoholische Methylenblaulösungen mit destilliertem Wasser und zehnprozentiger Kalilauge, läßt die Präparate einen Tag darin liegen, dann gibt er eine braune Farblösung dazu.

Da endlich, beim 271. Präparat, sieht Koch unter dem Mikroskop winzige, schlanke, leicht gekrümmte Stäbchen. Sie sind auffallend dünn, höchstens halb so groß wie der Durchmesser eines roten Blutkörperchens. An den Enden scheinen sie zugespitzt.

Koch hat diese Stäbchen bisher noch nie gesehen. Sind das die lange gesuchten Tuberkulose-Erreger?

Koch ist viel zu vorsichtig, um voreilige Schlüsse zu ziehen. Es könnte sich um nur zufällig gefundene Schmarotzer handeln, die nichts mit der Tuberkulose zu tun haben. Von ihm selbst stammt die Regel: eine Beweiskette ist nur dann überzeugend, wenn der Mikroorganismus bei jeder Erkrankung anzutreffen ist, wenn er sich auf Tiere weiter übertragen und züchten läßt und wenn man mit ihm dann bei neuen, gesunden Versuchstieren die Krankheit erzeugen kann.

Verbirgt sich der Erreger in den Tuberkeln?

Koch weiß also, was er zu tun hat. Er muß in die Krankenhäuser Berlins. Er muß an Tuberkulose Gestorbene untersuchen, muß in den Tuberkeln der Lungen und im Gehirn nach den Erregern suchen. Und dann muß es gelingen, die Bazillen – und Koch findet sie tatsächlich im

Körper der Toten – in einer Nährlösung weiterzuzüchten.

Er bereitet zahlreiche Nährflüssigkeiten und beimpft sie mit tuberkulösem Material. Er läßt sich nicht beirren, als die Tuberkelbazillen offenbar nicht wachsen wollen. Die Bazillen sind sichtlich »Feinschmecker«. Gewöhnliche Nährböden sagen ihnen nicht zu. Koch versucht, die »Speisekarten« zu variieren, den Bazillen verschiedene andere Nährböden anzubieten.

Doch all das bringt keinen Erfolg!

Schließlich probiert er es mit dem Serum aus Rinder- oder Schafblut. Sechs Tage lang wird das Serum täglich eine Stunde auf 56 Grad Celsius erwärmt, um es vollkommen keimfrei zu machen. Danach steigert Koch die Temperatur auf 65 Grad, dann erstarrt das Serum.

Das Produkt ist eine gallertartige, bernsteinfarbige, durchsichtige Substanz, die ein Reagenzglas zur Hälfte bedeckt, wenn man das Röhrchen während des Erstarrungsvorganges schräg hinlegt. So ähnlich würde auch eine »Götterspeise« im Reagenzglas aussehen, wenn man das Glas nach dem Aufkochen des Inhalts schräglegt.

Durch diesen Trick gewinnt Koch eine große Oberfläche, auf der er Untersuchungsmaterial verteilen kann. Gleichzeitig hat das Material beim Wachsen viel mehr Luft zum Atmen.

Koch bringt nun einen winzigen Teil eines tuberkulösen Knotens von einem kranken Meerschweinchen auf den Nährboden. Anschließend kommt das Ganze in den Brutapparat, wo es bei Körpertemperatur, also 37 Grad Celsius, bebrütet wird. In der zweiten Woche zeigt sich das erste Wachstum. Koch beobachtet an der Oberfläche der Nährböden zahlreiche kleine Pünktchen. Sie wachsen, vergrößern sich, entwickeln sich zu schuppenartigen Gebilden.

Am 14. Tag werden aus diesen Kolonien winzige Teile auf frische Nährböden übertragen. Sie sind genauso zusammengesetzt wie die anderen. Am 30. Tag untersucht er einen gefärbten Ausstrich von Kolonien auf den neuen Nährböden unter dem Mikroskop.

Und bei nur dreißig- bis vierzigfacher Vergrößerung sieht er seine Tuberkelbakterien wieder: zierliche, spindelförmige und meist stäbchenförmige Gebilde.

Damit ist die Züchtung der Bakterien in Reinkultur also gelungen. Nun überträgt Koch Bakterien aus den Nährböden auf gesunde Tiere. Wenn seine bisherigen Ergebnisse richtig sind, müßten die Tiere an Tuberkulose erkranken und sterben.

Auch dieses Experiment verläuft erwartungsgemäß.

Koch selbst berichtet: »Von sechs eben angekauften und im gleichen Käfig gehaltenen Meerschweinchen wurden vier am Bauch mit Bazillenkultur geimpft, welche aus menschlichen Lungen mit Miliartuberkulose gewonnen und 54 Tage lang in fünf Umzüchtungen kultiviert war. Zwei Tiere blieben ungeimpft. Nach 32 Tagen starb das erste der geimpften Tiere. Nach 35 wurden die übrigen getötet. Die geimpften Meerschweinchen wiesen hochgradige Tuberkulose der Milz, Leber und Lungen auf. Die beiden nicht geimpften Tiere zeigten keine Spur von Tuberkulose.«

Ehrlichs »größtes wissenschaftliches Erlebnis«

Am 24. März 1882, einem grauen kalten Tag, hält Robert Koch im Bibliothekszimmer der Berliner Physiologischen Gesellschaft seinen berühmten Vortrag »Über Tuberkulose«. Daß dies nicht in der Medizinischen Gesellschaft geschieht, hängt wohl mit der Animosität zwischen Koch und Virchow zusammen, der in der dortigen Gesellschaft den Ton angibt.

Unter den Anwesenden im Bibliothekszimmer ist Paul Ehrlich. Er berichtet darüber: »Es war in einem kleinen Raum des Physiologischen Instituts, als Koch in schlichten und klaren Worten unter Vorlegung zahlreicher Präparate und Beweisstücke die Entstehung der Tuberkulose mit überzeugender Kraft darlegte. Jeder, der diesem Vortrag beigewohnt hat, war ergriffen, und ich muß sagen, daß mir jener Abend stets als mein größtes wissenschaftliches Erlebnis in Erinnerung geblieben ist.«

Kochs Vortrag, wenig später in der »Berliner Klinischen Wochenschrift« unter dem Titel »Die Ätiologie der Tuberkulose« erschienen, und seine Darlegungen zum gleichen Thema im April auf dem Kongreß für Innere Medizin erregen ungeheures Aufsehen. Endlich – so scheint es – ist der Sieg über die gefährlichste Volksseuche nahe.

Kaiser Wilhelm I. ernennt Robert Koch zum Geheimen Regierungsrat, zahlreiche andere Ehrungen folgen.

Koch hat den Tuberkelbazillus zwar anfärben können, er ist jedoch bei dieser Färbung nur schwer zu erkennen. Paul Ehrlich versucht deshalb sofort nach dem unvergeßlichen Abend im Physiologischen Institut, die Färbetechnik zu verbessern. Es gelingt ihm tatsächlich, ein wesentlich besseres Verfahren zur Färbung des Tuberkelbazillus zu entwickeln, und zwar mit Methylviolett.

Er berichtet darüber in der Deutschen Medizinischen Wochenschrift 1882: » ... Für mich, der ich damals schon längere Zeit mit farbenanalytischen Studien beschäftigt war, bot zunächst gerade das Problem der Tuberkelbazillenfärbung eine mächtige Anregung, und ich begann mich gleich am nächsten Tag mit der Färbung der Tuberkelbazillen zu beschäftigen. Am folgenden Tag konnte ich dem Entdecker des Tuberkelbazillus eine neue Methode der Tuberkelbazillenfärbung demonstrieren, welche die Originalmethode übertraf und sofort von Robert Koch, dem ich seit 1878 persönlich näherzukommen das Glück hatte, rückhaltlos anerkannt wurde. Es gelang mit diesem Verfahren, einerseits fast in jedem tuberkulösen Sputum den Nachweis der Tuberkelbazillen zu führen, anderseits aber auch die Färbung intensiver zu gestalten.«

Ehrlich hatte bei der Untersuchung einer größeren Reihe von basischen Farbstoffen übereinstimmend das Kochsche Gesetz bestätigt gefunden, daß die Farbstoffe an und für sich ungeeignet sind und erst nach Alkalizusatz eine Färbung des Tuberkelbazillus ermöglichen. »Aber ich fand dann in gewissen aromatischen Substanzen alkalischer Natur, insbesondere dem Anilin, ein ausgezeichnetes Mittel, um die Färbung der Tuberkelbazillen außerordentlich zu begünstigen. Leitend waren damals für mich lange zurückliegende und fast in der Erinnerung entschwundene Erfahrungen, die ich bei der Amyloidfärbung gemacht hatte. Es erwies sich mir damals für die Färbung des Amyloids ein dem Handel entnommenes Methylviolett besser geeignet als chemisch reine Farbstoffe. Ich glaubte als Ursache hierfür eine Verunreinigung durch das Ausgangsmaterial Anilin annehmen zu dürfen und erhielt, von dieser Voraussetzung ausgehend, tatsächlich durch Zusatz von Anilin zu reinem Methylviolett eine Verbesserung des Färbungsvermögens.«

»In gleicher Weise wurde dann die Frage der primären Färbung der Tuberkelbazillen durch die Verwendung basischer Farbstoffe (Fuchsin und Methylviolett) in Anilinwasser gelöst«, berichtet Ehrlich. »Allerdings zeigte sich mir, daß das Anilin hierbei in doppelter Art wirken kann. In manchen Kombinationen, wie z.B. im Verein mit Methylenblau, macht es augenscheinlich die Bazillenhülle durchgängiger für den Farbstoff, in anderen Fällen, wie auch bei der Heranziehung des Fuchsins, treten aber Doppelverbindungen ein, die das eigentlich färberische Prinzip darstellen. Es zeigte sich nämlich, daß Verbindungen, die an Alkaleszenz das Anilin übertrafen, wie z.B. Tolulendiamin oder Dimethylparaphenylendiamin, die Farbprägnanz der ursprünglichen Methode nicht erreichten. Andererseits erhielt ich aber mit Verbindungen, in denen die Ammoniakgruppe wie im Phenol durch Hydroxyl ersetzt war, die gleichen Resultate wie mit der Anilinmethode. Als wesentliches Moment erkannte ich dann, daß die Voraussetzung zu einer intensiven Färbung des Tuberkelbazillus das Entstehen einer sich ölig abscheidenden Verbindung zwischen Farbstoff und dem Adjuvans darstellte.«

Durch Ehrlichs einfachere Färbemethode wird Robert Kochs Entdeckung leichter in der Praxis zu handhaben sein.

Diazoreaktion im Urin

Im Jahr zuvor, 1881, hatte Ehrlich eine neue Untersuchungsreaktion für den Harn, die sogenannte Diazoreaktion, veröffentlicht. Sie wird für viele Jahrzehnte ein wichtiges Mittel bei der Diagnose fieberhafter Erkrankungen. Besonders bei der Differentialdiagnose von Typhus, Fleckfieber, Masern, Sepsis und der Lymphogranulomatose spielt sie eine wesentliche Rolle.

Diese Entdeckung hat bis in die heutige Zeit ihre Gültigkeit behalten. In den Charité-Annalen erschien die Arbeit unter dem Titel »Über eine neue Harnprobe«. Seine Erfahrungen mit der Farbenchemie haben ihn dazu veranlaßt, besonders reaktionsfähige Verbindungen zu untersuchen, wie sie die Diazoverbindungen darstellen.

Es kommt ihm vor allem darauf an, eine leicht ausführbare Reaktion zu finden, damit sie möglichst in jedem einfachen Labor angestellt werden kann. Dazu mischte er etwas Sulfanilsäure, Salpetersäure und Säuren von Natriumnitrit. Wenn er diese heute noch Ehrlichs Reagenz genannte Mischung in einem Reagenzglas mit Urin zusammenbrachte, Ammoniak darüber schichtete und dann beobachtete, konnte er drei verschiedene Farbreaktionen feststellen.

Stammte der Urin von einem Leberkranken und enthielt Gallenfarbstoffe, traten zuerst dunkelbraune Wolken auf, die später in ein schönes Rotviolett umschlugen. Im Urin von Herzkranken oder von Patienten mit einer Lungenentzündung findet man eine tief gesättigte gelbe Färbung nach der Zugabe von Ammoniak. Am häufigsten aber ist der Urin zunächst schwach gelblich und nach Ammoniakzugabe außerordentlich rot. Abhängig von der Schwere der Erkrankung variiert diese Rotfärbung zwischen Scharlachrot bis zum rotstichigen Orange.

Ehrlich hat seine Harnprobe dadurch noch empfindlicher gemacht, indem er das Urinreagenzgemisch stehen ließ. Dann setzt sich am Boden des Reagenzröhrchens ein Niederschlag ab, dessen oberste Schichten brillantgrün aussehen oder ins Violette übergehen.

Ehrlich konnte selber noch nachweisen, daß die Reaktion bei hochfieberhaften Erkrankungen auftritt, vor allem bei Bauchtyphus, bei Fleckfieber, bei einer Sepsis. Aber auch bei Masern, Tuberkulose, bei der Lymphogranulomatose oder bei Erkrankungen, die durch Trichinen verursacht werden, ist die Diazoreaktion nach Paul Ehrlich positiv. Bis heute ist nicht bekannt, welche Dia-

zokörper nun wirklich nachgewiesen werden, als diagnostische Reaktion ist sie noch immer in der Klinik
gebräuchlich.

Hedwig Pinkus wird Frau Ehrlich

Es ist erstaunlich, daß ihm seine sprichwörtliche Arbeitswut, beflügelt von schweren Zigarren und beachtlichen
Mengen an Mineralwasser, noch Zeit für Privates läßt.
Für sehr wichtiges Privates: Paul Ehrlich wandelt auf
Freiersfüßen.
Er ist jetzt achtundzwanzig. Bei Verwandten in Berlin
lernt er eine junge Dame kennen: Hedwig Pinkus. Sie ist
achtzehn. Ihr Vater, Kommerzienrat Joseph Pinkus,
besitzt in Neustadt in Schlesien eine große Fabrik für
Leinenwaren. Die Familie Pinkus ist ein bemerkenswertes Beispiel dafür, wie kaufmännische Initiative sich während des 19. Jahrhunderts – schon vor den Gründerjahren – in Deutschland zu entfalten wußte.
Da war um 1830 ein junger Mann nach Neustadt zuge-
wandert. Er stammte aus Zülz in Oberschlesien, war Jude
und gerade dreißig. Kurz entschlossen richtete er sich in
Neustadt eine Schnittwarenhandlung ein. Seine Lieferan-
ten waren anfangs die Handweber, die in diesem Gebiet
schon jahrhundertelang ihrem Gewerbe nachgingen.
Samuel Fraenkel, so hieß der junge Mann, hatte offenbar
viel Sinn für kommende Entwicklungen. Er kaufte zwei
Webstühle, investierte eine Menge Fleiß, war sparsam
und gewitzt zugleich. So war bis 1867 aus einem Kleinbetrieb bereits eine stattliche Fabrik für Leinen- und
Damaststoffe geworden.
Um eine Vorstellung von Sparsamkeit zu geben, wie man
sie in jener Zeit noch schätzte: bei den Fraenkels wurde

eine Apfelsine zum Nachtisch in zwölf Scheiben geschnitten, weil in der Familie zwölf Mitglieder bei Tische saßen.

1846 war wiederum ein junger Mann nach Neustadt zugezogen: Joseph Pinkus, der aus Neisse kam, wo er 1829 geboren worden war. Er trat in Fraenkels Firma ein, sein Anteil an der bedeutenden Entwicklung ist nicht gering gewesen. Zweihundert maschinelle und zweitausend Handwebstühle fertigten bald Waren, die in alle Welt geliefert wurden. Und mit dem Tod Fraenkels übernahm Pinkus das Unternehmen.

Aus diesem Hause also stammt Hedwig Pinkus, der Ehrlich bei seinen Berliner Verwandten öfter begegnet. Sie hat eine ausgezeichnete Lyzeumserziehung genossen, besitzt ein großes Interesse für moderne Sprachen und Literatur. Romantische Schwärmerei hingegen, Gefühlsseligkeit, wie bei jungen Damen damals nicht unüblich, lehnt Hedwig Pinkus ab. Sie ist eine sehr kluge, sehr zielbewußte Dame, die diese Welt mit klarem Blick mustert. Sie weiß sehr bald, daß der junge vielversprechende Wissenschaftler – an dessen Begegnung mit ihr ihre Eltern wohl nicht ganz unschuldig waren – in Zukunft sie sehr notwendig brauchen wird, denn Paul Ehrlich gehört zu jenen idealistischen Naturen, die von anderen immer nur das Beste anzunehmen geneigt sind, zumindest solange sie nicht sehr drastisch vom Gegenteil überzeugt worden sind. Auch in finanziellen Fragen wird die künftige Frau Ehrlich in der Ehe nach dem Rechten sehen, da ihr Mann, wie er selbst sagt, mit einigen Tropfen »Verschwenderöl« gesalbt ist. Das bezieht sich freilich neben den Kosten für Bücher und Zigarren nur auf Ausgaben für wissenschaftliche Dinge, denn anderes, etwa Kleidung, interessiert Ehrlich nur wenig. Er ist zwar stets sehr korrekt gekleidet, Anzug und Schuhe sind jedoch meist etwas größer, da

Ehrlich nicht viel Zeit mit dem Wechseln dieser unerläß-
lichen »Gebrauchsgegenstände« vertun will.

Ehrlichs Enkel, Günther Schwerin, besitzt einen Brief,
den Ehrlich kurz nach den Begegnungen in Berlin an das
Mädchen seines Herzens schreibt: »... Zwar war die
Zeit, in der es mir vergönnt war, in Ihrer Nähe zu weilen,
eine räumlich kurze: nicht aber für mich, der ich schon in
der ersten Stunde der vollen Empfindung Ihres Wesens
teilhaftig wurde. Ich habe in diesen wenigen Tagen viel
erlebt, eine neue Welt kennengelernt, an der ich früher
gezweifelt...« Schwerin bewahrt auch den Verlobungs-
brief Ehrlichs auf: »... Es ist doch ein eigenes, süßes
Gefühl, zum erstenmal Worte lesen, auf sich beziehen zu
dürfen, die eine empfindungstiefe zarte Mädchenseele,
die Seele einer Braut, gespendet. Daß ich diesen Genuß in
seiner ganzen Schönheit und Reinheit voll und ganz in
mich aufnehme, wirst Du, geliebte Hedwig, mir glauben,
und es freut mich selbst nicht am wenigsten. Habe ich
auch lange auf exponiertem Posten gestanden, angefein-
det und anfeindend, habe ich auch im Kampfe um Wissenschaft und Stellung die ethische Seite des Lebens, die
der Familie, mehr als billig vernachlässigt, so hat der
Blick Deines Auges mir gezeigt, daß das Gezänk des
Tages und der Jahre mein Herz nicht geschädigt, ihm
nicht die Begeisterung für das Gute und Schöne geraubt.
Daß Du, innig geliebte Hedwig, es warst, die mich dies
entdecken läßt, erfüllt mich immer und immer mit Ent-
zücken, und ich verspreche der holden Lehrerin, die mich
das Wesentliche so schnell erkennen ließ, auch in dem
mehr Nebensächlichen, Äußerlichen ein gelehriger Schüler zu sein...«

Ein junges Paar in der Lützowstraße

Der Sommer 1883 in Berlin erscheint Ehrlich schöner als jeder zuvor. Am 14. August haben er und Hedwig, geborene Pinkus, geheiratet. In der neuen Synagoge von Neustadt wurden sie getraut, und in der Berliner Lützowstraße 88 bezogen sie eine Neubauwohnung, die Frau Hedwig sehr geschmackvoll eingerichtet hat. Viele Ratschläge und Anregungen konnte ihr frisch angetrauter Mann nicht geben, denn der nützt nämlich jede freie Minute, um an einem seiner wichtigsten Werke – »Das Sauerstoffbedürfnis des Organismus« – zu arbeiten, das in ein oder zwei Jahren erscheinen soll und mit dem Ehrlich sich zu habilitieren gedenkt.

Obwohl der Weg von der Lützowstraße durch den Tiergarten in die Charité nicht weit ist, nimmt Ehrlich gewöhnlich die Pferdedroschke. Er hat schon jetzt eine große Abneigung gegen Spaziergänge. Sie nehmen ihm, so sagt er, einfach zu viel Zeit.

Auch sonst achtet Ehrlich nicht auf seine Gesundheit, zu sehr ist er in seine Arbeit vertieft. Während des Frühstücks liest er bereits Post, macht sich erste Notizen fürs Labor, raucht die erste von zwei Dutzend Zigarren. Die Ermahnungen seiner Frau, das Rauchen einzuschränken, überhört er geflissentlich.

Zwei charakteristische Eigenschaften treten bei Ehrlich schon früh in Erscheinung: da ist einmal seine Vergeßlichkeit in jenen Dingen des Alltags, die nicht unmittelbar zu seiner Arbeit gehören. Das geht manchmal so weit, daß er Postkarten an sich selber schreibt, um sich auf diese Weise an etwas zu erinnern, was er unbedingt erledigen wollte.

Zum anderen ist da eine starke Abneigung gegen Gesellschaften. Er schätzt nicht das unverbindliche Plaudern bei derlei Gelegenheiten; »Bonzenverkehr« nennt er das und meint, auf solchen Gesellschaften werde meist doch nur nach Verbindungen gesucht, die einem etwas einbringen. Und so etwas ist ihm zuwider. Dabei besäße seine Frau all die Eigenschaften und auch das Vermögen, dessen es bedarf, ein großes Haus zu führen.

Die Abwehrzellen im Blut

1884 bewegt eine große immunologische Nachricht die wissenschaftliche Welt: sie kommt aus Messina in Italien, wo der junge russische Biologe Ilja Iljitsch (Elias) Metschnikoff eine besondere Form der zellulären Abwehr entdeckt hat: die sogenannte Phagozytose, zu Deutsch: die Rolle der weißen Blutkörperchen im Kampf gegen Eindringlinge in den Organismus.

Ilja Iljitsch Metschnikoff, jüngster Sohn eines russischen Offiziers, wurde am 16. Mai 1845, also neun Jahre vor Paul Ehrlich, in der Nähe von Charkow geboren. Hochbegabt, absolvierte er die höhere Schule und die Universität mit Auszeichnung und veröffentlichte bereits mit 18 Jahren seine erste wissenschaftliche Arbeit.

An der Larve eines Seesterns konnte er unter dem Mikroskop sehen, wie sich Zellen auf einen Splitter stürzten, den Metschnikoff in die Larve gestochen hatte. Ähnliches müßte sich auch beim Menschen abspielen, wenn Fremdkörper oder Bakterien eingedrungen sind und die weißen Blutkörperchen versuchen, die Eindringlinge zu vernichten. Er prägte den Begriff »Freßzellen«, griechisch Phagozyten genannt. Die Phagozytentheorie war konzipiert.

Damit war eine immunologische Entdeckung allergrößter Bedeutung gelungen.

Anschließend ging er nach Rußland, noch einmal nach

Odessa zurück. Intrigen seiner Kollegen ließen ihn bald den Entschluß fassen, Mütterchen Rußland endgültig den Rücken zu kehren. Paris wurde 1888 seine neue Heimat, und dort, am Institut Pasteur, hat er bis 1916 gearbeitet.

Koch sucht den Cholera-Erreger

Im August 1883 kommen alarmierende Nachrichten aus Ägypten. In Damiette ist die Cholera ausgebrochen und auf dem Vormarsch nach Alexandrien. »Heimat« der Seuche ist Indien, doch von Zeit zu Zeit dringt sie bis in den Westen vor. 1866 grassierte sie zuletzt in Deutschland, 160 000 Menschen fielen ihr zum Opfer.

Der junge Arzt Robert Koch hat sie in jenem Jahr in Hamburg erlebt, wo sie besonders schwer gewütet hatte.

Auf Ersuchen der englischen Kolonialbehörden schickt Louis Pasteur seinen Lieblingsschüler Emile Roux und dazu noch die zwei Ärzte Louis Nocard und Louis Thuillier an den Nil. Nach harter Arbeit in den Spitälern und den Laboratorien glauben Roux und seine Kollegen, den Erreger gefunden zu haben.

Doch sie irren. Die runden Gebilde, die Thuillier im Mikroskop sieht, sind Blutplättchen, Thrombozyten, wie sie sich im Blut jedes Menschen finden. Ohne Blutplättchen könnte das Blut nicht fest werden, nicht gerinnen. Ein Mensch ohne oder mit zu wenig Thrombozyten würde in kürzester Zeit an inneren Blutungen sterben. Denn auch die Gefäßwände werden durchlässig bei einem solchen Mangel. Offenbar ist ihre Zahl bei Cholera-Kranken erhöht.

Bald nach den Franzosen entsendet auch die deutsche Regierung ihre besten Bakteriologen nach Ägypten. Begleitet von den beiden Stabsärzten Gaffky und Fischer sowie dem Chemiker Treskow, tritt Robert Koch am 16. August über Brindisi die Reise nach Port Said an.

Als die Deutschen am 24. August in Alexandrien eintreffen, klingt die Seuche jedoch bereits wieder ab. Koch und seine Mitarbeiter bekommen nur noch wenige Kranke zu Gesicht. Ihre Beobachtungen an Patienten und Untersuchungen an Leichen reichen nicht aus, um eindeutige Schlüsse über die Natur des Erregers zuzulassen.

Ein Opfer hat die Seuche auch unter der französischen Ärztegruppe gefordert: Der junge Thuillier, der glaubte, den Erreger entdeckt zu haben, erliegt der Infektion, die er sich bei seinen Untersuchungen zugezogen hat.

Bei Thuilliers Beerdigung stehen auch Robert Koch und seine Mitarbeiter am Grab. Sie legen einen Lorbeer-Kranz nieder. »Es sind die Blätter des Ruhmes«, sagt Koch.

Cholera-Forschung in Indien

Dem Erreger der Cholera immerhin schon auf der Spur, will Koch ganze Sache machen. Er holt sich von der Regierung in Berlin das Einverständnis, nach Indien weiterzureisen, um den Erreger, wie er sagt, in seiner »Heimat« einzukreisen.

Er trifft am 11. Dezember 1883 in Indien ein. Es ist der Tag seines 40. Geburtstages. Im Medical College Hospital von Calcutta werden ihm Arbeitsräume zur Verfügung gestellt. Koch verliert keine Zeit, eben wütet die Seuche in einem Vorort der Stadt wieder einmal besonders heftig. Koch kann Dutzende von Cholera-Leichen sezieren und Kranke untersuchen. Und wie schon in Ägypten, so findet er auch hier sowohl bei den Kranken als auch in den Leichen ein Bakterium, das einem Komma sehr ähnlich sieht.

Als Koch im April 1884 über Ägypten nach Berlin zurückkehrt, gibt es keinen Zweifel mehr über den Erreger der Cholera. Die Hauptstadt des Deutschen Reiches feiert Robert Koch und seine Mitarbeiter wie siegreiche Feldherren.

In einer Konferenz im Reichsgesundheitsministerium unter dem Vorsitz von Rudolf Virchow werden nun alle Maßnahmen zur Vorbeugung gegen die Cholera erörtert und festgelegt.

Kaiser Wilhelm hat sich persönlich von Koch über dessen Reise berichten lassen, er verleiht ihm den Kronen-Orden II. Klasse mit Stern, den Stabsärzten Gaffky und Fischer den Roten Adlerorden III. Klasse.

Ostern 1885 wird Koch aufgrund seiner Leistungen zum ordentlichen Professor und Direktor des Hygiene-Instituts in Berlin ernannt. Neben seinen Vorlesungen wendet Koch sich jetzt wieder seiner Lieblingsaufgabe zu: der Bekämpfung der Tuberkulose.

Die Tuberkulose stand zur Zeit Robert Kochs in der Statistik der Todesursachen ja noch ganz vorn. Sie gehörte zu jenen Krankheiten, die schon seit Urzeiten die Menschen heimsuchen. Ihre Spuren lassen sich in den Skelettknochen der Steinzeitmenschen nachweisen, aber auch in den Mumien-Gräbern des alten Ägypten. Noch im vorigen Jahrhundert war der Begriff »Tbc« wie eine Formel quer durch alle Schichten der Bevölkerung für frühes Siechtum und den Tod lange vor der Zeit. Kaum eine andere Krankheit, die so schicksalhaft in ein Leben eingegriffen hat und die sich bis dahin ärztlichem Zugriff so weitgehend entzog. Darum war gerade sie zu Anfang des Zeitalters der Bakteriologie für einen Forscher wie Robert Koch eine Herausforderung ersten Ranges.

Dem Diphtherieerreger auf der Spur

Während Koch, Gaffky und Fischer in Ägypten und Indien dem Choleraerreger nachspürten, war Stabsarzt Friedrich Loeffler zu Hause im Reichsgesundheitsamt nicht untätig gewesen. Sein Vater, Generalarzt Friedrich Loeffler, war in Preußen eine hochangesehene Persönlichkeit, hatte er doch als Chef des militärärztlichen Bildungswesens entscheidende Reformen ins Leben gerufen.

Sohn Friedrich wurde 1852 in Frankfurt a.d. Oder geboren. Er studierte zunächst Medizin in Würzburg, bevor auch er in die militärärztliche Friedrich-Wilhelms-Akademie eintrat und seine Studien in Berlin zu Ende führte.

Seit 1879 war Loeffler zum Kaiserlichen Gesundheitsamt kommandiert, wo er sich intensiv mit hygienisch-bakteriologischen Problemen auseinandersetzte. Mit Hilfe der von seinem Lehrer bei der Entdeckung des Milzbranderregers eingeschlagenen Methode gelang es Loeffler, kurz hintereinander den Rotzbazillus und schließlich den Erreger des Rotlaufs und der Schweineseuche aufzuspüren.

Von größter Bedeutung war die Entdeckung des Diphtherie-Erregers. Im Dezember 1883 hatte Loeffler ihn gefunden. Damit war die erste Voraussetzung geschaffen, diese mörderische Kinderkrankheit niederzuringen.

Nachdem Loeffler ihn einmal identifiziert hatte, war es nicht mehr schwer, Diphtheriebazillen unter dem Lichtmikroskop zu beobachten: schlanke Stäbchen mit keulenförmigen Enden. Sie lassen sich auf den üblichen Bouillon-Nährböden allerdings nicht züchten. Loefflers Trick bestand darin, ihnen erstarrtes Blutserum anzubieten, das heute noch nach ihm benannte Loeffler-Serum.

Darauf vermehren sie sich gern und reichlich. Schließlich kann er auch die Forderung seines Chefs erfüllen, Versuchstiere erfolgreich mit den so gezüchteten Erregern zu infizieren.

Nur eine Frage kann Loeffler zunächst noch nicht beantworten: Die Diphtherie-Bazillen sind sehr »seßhaft«. Sie bleiben gewöhnlich an der Stelle, wo man sie injiziert hat, in der Haut und in der Luftröhre. Für den übrigen Körper zeigen sie »kein Interesse«.

Trotzdem verursachen sie an Stellen des Körpers, die von der Eintrittspforte weit entfernt sind, den Untergang von Zellen und Gewebe. Wie läßt sich das erklären? Loeffler vermutet, daß die Bazillen ein Gift ausscheiden, das sich überall im Organismus verbreiten und einnisten kann.

Im Vordergrund: die Anämien

Während die »Mikrobenjäger« im Reichsgesundheitsamt ähnlich wie Loeffler große Erfolge im Aufspüren der verschiedenen Krankheitserreger erzielen, ist Ehrlich in der Charité weiterhin mit seinen farbenanalytischen Studien beschäftigt, mit denen er auf dem Gebiet der Histologie des Blutes so bedeutsame Arbeiten vorlegen kann.

Es sind vor allem die Anämien, die ihn nach den weißen Blutkörperchen und ihren Krankheitsbildern in den Jahren um 1892/93 besonders beschäftigen. Vor dem Kongreß für Innere Medizin 1892 berichtete Ehrlich über schwere anämische Zustände.

Bei Anämien fand er in den Erythrozyten nach Methylenblaufärbung dunkelblaue Körnchen und bezeichnete sie als methylenblaue Entartung.

So hat Ehrlich nicht nur die Kenntnisse von dem weißen Blutbild entscheidend geprägt. Mit ebenso fundamentalen Beobachtungen hat er das Wissen über das rote Blutbild bereichert. Er hat die Systematik der Leukämien und der Anämien geschaffen, sie ist heute unverändert gültig und kann sicher zum Wertvollsten gerechnet werden, was Paul Ehrlich überhaupt geschaffen hat.

Ehrlichs biologisches Glaubensbekenntnis

Aus Ehrlichs Arbeiten jener Zeit ragt die 1885 veröffentlichte schmale Monographie »Das Sauerstoffbedürfnis des Organismus« heraus. Dieses Werk gilt zu Recht als ein »biologisches Glaubensbekenntnis«.
Es basiert auf seinen vorangegangenen Farbstudien. Paul Ehrlich hatte gelernt, daß mit Hilfe bestimmter Farbstoffe die Intensität des Sauerstoffaufnahme- bzw. -abgabevermögens von Zellen oder Organen herausgefunden werden konnte. Er benützte dazu Alizarinblau, Coerulein und Indophenol, weil diese drei in zwei Formen – nämlich der sauerstoffbindenden farbigen und der sauerstoffarmen weißen Form – zur Verfügung stehen. Tierversuche an Kaninchen, Meerschweinchen, Katzen, Vögeln, ja selbst an Fröschen zeigten tatsächlich nicht nur das ganz unterschiedliche Aufnahme- und Abgabevermögen der verschiedensten Organe, wie Leber und Milz oder Bauchspeicheldrüse und Herz. Selbst Teile eines Organs – etwa Nierenmark und Nierenrinde – reagierten absolut verschieden. Und was für ganze Organe galt, das ließ sich auch schon im zellulären Bereich nachweisen.
Nach Ehrlichs Befunden ist Protoplasma sauerstofffrei, damit sauerstoffgierig, Paraplasma aber sauerstoffhaltig. In dem Zusammenhang spricht er zum ersten Mal von »Seitenketten«, einem Begriff, auf dem er später eine ganze Theorie aufbauen wird.

Das Buch erfährt eine sehr ausführliche Besprechung in der Deutschen Medizinischen Wochenschrift:

»Der Verfasser, dem die medicinische Wissenschaft vielfache wichtige Untersuchungen über das Verhalten von Farbstoffen gegenüber der lebendigen und todten Zelle und somit mannigfache Aufschlüsse über chemische und biologische Vorgänge im lebenden Protoplasma selbst verdankt, hat die Zahl dieser Arbeiten um eine wichtige und bedeutungsvolle vermehrt, indem er, wie dies vor ihm auch schon andere Forscher mit mehr oder weniger Erfolg versucht hatten, aus der leicht sichtbaren Veränderung gewisser in den thierischen Organismus eingeführter Farbstoffe, welche dieselben durch Sauerstoffaufnahme oder Abgabe erleiden, sich Schlüsse erlauben konnte über das Sauerstoffbedürfnis bestimmter Organe, denen eben jene Farbstoffe einverleibt waren.«

Hieran schließt sich eine zwei Druckseiten lange genaue Diskussion all der vielen Kapitel, die Ehrlich in seiner Arbeit anschneidet. Also über das Verhalten des Nervensystems gegenüber Sauerstoff, der quergestreiften Muskeln, der verschiedenen Drüsen, der Leber, Milz, der Nieren. Breiten Raum nehmen Ehrlichs Beobachtungen über den starken Sauerstoffhunger der Lunge und des Fettgewebes ein. Die Drüsen differenziert er in drei- bzw. vierflächige, zu den ersteren zählt er die Bauchspeicheldrüse, zu den letzteren Leber und Nieren.

Interessanterweise merkt der Rezensent hier an: »Was diese Namen bedeuten sollen, ist dem Ref. nicht ganz klargeworden, auch scheinen ihm derlei Annahmen doch etwas zu gewagt und hypothetisch.«

»Zum Schlusse wird darauf hingewiesen, daß gewisse krankmachende Mikroorganismen wohl nur im Paraplasma, dagegen nicht im sie erstickenden Protoplasma bestehen können und auf diese Weise gewisse Fälle von erworbener Immunität erklärt werden dürften, in dem das Protoplasma durch Übung die Fähigkeit gewinnt, bestimmte Bakterien, die ins Paraplasma dringen, schnell in sich aufzunehmen und zu tödten.« Die Betrachtung endet mit dem Kommentar:

»Die Arbeit von E. ist, wie der Leser sieht, zwar reich an Hypothesen, von denen erst die Zukunft lehren wird, in wie weit sie sich bestätigen werden, aber auch ungemein reich an interessanten, anregenden und originellen Gedanken und Beobachtungen. Ein Fehler des Buches ist, daß sich in ihm gar keine Literaturangaben finden, wodurch ein näheres Eingehen auf gewisse in der Arbeit berührte Punkte ungemein erschwert wird.«

Schon 1884, also ein Jahr vor dem Erscheinen dieser Schrift, die er später für seine Habilitation verwenden wird, hat die medizinische Fakultät der Universität Berlin Paul Ehrlich den Titel Professor verliehen. Als ihm die ungewöhnliche Ehrung zuteil wird, ist Ehrlich kaum dreißig Jahre alt. Seine weitere Laufbahn unter dem verehrten Chef, Professor Frerichs, scheint gesichert. Sie wird, so erstrebt es Ehrlich, über die Privatdozentur eines Tages zu einem eigenen Lehrstuhl führen.

Die Eltern ziehen nach Berlin

Dies ist »die Lage«, die der junge Mediziner seinen Eltern gewissermaßen als Morgengabe mit nach Hause bringen kann: die Ehrlichs sind nämlich gerade nach Berlin übergesiedelt, der »große Sohn« ist für sie jenes »Kind« geblieben, das man – wie Robert Koch es ja einmal ausgedrückt hat – »liebhaben muß«.

Und in der Tat ist Sohn Paul glücklich, die Eltern jetzt so nahe bei sich zu haben. Sein stark ausgeprägter Familiensinn genießt die kurzen freien Stunden, die er nun bei ihnen verweilen kann. Hat er so doch auch Gelegenheit, sie unmittelbar an seinen hoffnungsvollen Zukunftsplänen teilnehmen zu lassen.

Da tritt ein Ereignis ein, das alle Pläne vorerst zumindest zunichte macht. Frerichs stirbt im März 1885. Er hat seinem Leben selbst ein Ende gemacht.

Der Tod Frerichs' bringt in der Charité weitgehende Veränderungen mit sich. Einer der Ärzte, die jetzt dorthin überwechseln, ist der Internist Friedrich von Müller. In seinen »Lebenserinnerungen« gibt er ein anschauliches Bild von den Verhältnissen, wie sie nun neu geordnet wurden:

» . . . auf dem Kongreß für innere Medizin zu Wiesbaden wurde lebhaft über die Neubesetzung der Charité, der medizinischen Klinik Berlins debattiert: Naunyn und Gerhardt standen in vorderster Linie, Naunyn wegen seiner überragenden wissenschaftlichen Bedeutung, Gerhardt wegen seiner berühmten Lehrtätigkeit und seines männlichen Charakters. Die Wahl des Ministeriums fiel auf Gerhardt, und zwar sollte Leyden die verwaiste Frerichssche Klinik übernehmen, Gerhardt die Zweite Klinik an Stelle von Leyden.«

»Gerhardt setzte im preußischen Kultusministerium durch, daß von nun ab beide Kliniken gleichmäßig nicht nur mit Stabsärzten, sondern auch mit Zivilärzten ausgestattet werden sollten. Paul Ehrlich und Brieger waren die letzten Assistenten von Frerichs gewesen, und diese beiden verdienten Männer sollten auf die beiden Kliniken, je nach dem Wunsch des Chefs, verteilt werden.«

»Gerhardt kam von seinen Verhandlungen im preußischen Kultusministerium glückstrahlend nach Würzburg zurück und fragte mich, ob ich bereit sei, ihm nach Berlin zu folgen und an seiner Klinik die Frauenabteilung zu übernehmen. Ich sagte sofort zu in der Hoffnung, in Berlin ein reicheres Arbeitsfeld zu finden, und weil ich in Treue meinem Chef verbunden war. Gerhardt antwortete darauf: ›Ich glaube Ihnen eine Freude damit zu bereiten, wenn ich Ihnen erzähle, daß Paul Ehrlich, den Sie so sehr bewundern, sich entschlossen hat, an meine Klinik überzutreten.‹ – Paul Ehrlich hatte damals schon seine auf neue Färbetechnik aufgebauten Untersuchungen über die weißen Blutkörperchen publiziert, die im Begriff standen, das ganze Gebiet der Hämatologie zu revolutionieren. Von ihm mußte ich die fruchtbarsten Anregungen erwarten. Er hat sich in der Tat als treuer Freund seines Mitassistenten bewährt; seine geniale Erfinderkraft auf dem Gebiet der Chemie erfüllte mich mit Bewunderung und gab mir reiche Gelegenheit zu Untersuchungen am Krankenbett.«

Ehrlich am Krankenbett

Wie Frerichs zählt auch Carl Gerhardt zu den Anhängern der naturwissenschaftlichen Richtung der Medizin. Er fördert zum Beispiel eifrig die physikalischen Methoden in der medizinischen Diagnostik. In einem Punkt aber unterscheidet sich der neue Chef der II. Medizinischen Klinik der Charité von seinem Vorgänger ganz erheblich: Er will seinen Oberarzt mehr in der Klinik als im Labor sehen.

Nun war es ganz offensichtlich nicht so wie in manchen Lebensbildern Ehrlichs geschildert, daß ihn die rein klinische Seite, die Arbeit am Krankenbett, nicht interessiert hätte. Es gibt eine ganze Reihe von eindrucksvollen Berichten, wonach Ehrlich seine Aufgaben in den Krankensälen eifrig und gewissenhaft erfüllte. So berichtet beispielsweise Professor Laquer, einst Famulus Ehrlichs in der Charité: »Weit verbreitet ist die Auffassung, Ehrlich sei in seiner klinischen Zeit, die fast ein Jahrzehnt dauerte, kein guter Stationsarzt gewesen; das Gegenteil darf wohl auf Grund von Dutzenden von Abteilungsvisiten, welche ich in den achtziger Jahren als Ehrlichscher Famulus mitmachen durfte, behauptet werden.«

Nur: Ehrlich empfindet sich in erster Linie als Forscher; er ist überzeugt davon, daß er auf diesem Gebiet am meisten zu leisten vermag. »Der Kleinbetrieb«, schreibt Laquer, »z.B. die Führung der Krankengeschichten, verlief in etwas abgekürztem Verfahren, der klinische Dienst als solcher wurde mit Hingebung, ja mit Begeisterung ausgeübt; jene Güte und Innerlichkeit, welche Ehrlich trotz mancher Enttäuschung bis zuletzt erfüllte, machten ihn auch zum ärztlichen Helfer.«

Erste Begegnung mit Frankfurt

Immerhin: 1887 kann Ehrlich sich als Privatdozent an der Universität Berlin habilitieren. Als Habilitationsschrift dient das 1885 verfaßte »Sauerstoffbedürfnis des Organismus«. Im gleichen Jahr wird ihm von der »Senckenbergischen Naturforschenden Gesellschaft« der Tiedemann-Preis verliehen.

Die Gesellschaft ist 1817 – u.a. auf Anregung Goethes – unter dem Patronat des Arztes Johann Christian Senckenberg gegründet worden und steht mittlerweile in höchstem Ansehen. Niemand ahnt derzeit freilich, daß der soeben ausgezeichnete Ehrlich zwölf Jahre später nicht nur Frankfurter Bürger sein, sondern auch selbst diesem Gremium angehören wird.

Ehrlich bedankt sich bei der Gesellschaft in Frankfurt:

»Die ehrenvolle Auszeichnung, die Sie mir durch Verleihung des Tiedemann-Preises haben zuteil werden lassen, hat mich in hohem Maße beglückt. Es drängt mich, Ihnen für die wohlwollende Beurteilung meiner Arbeit, die mir eine so unerwartete Anerkennung gebracht hat, meinen innigsten Dank auszusprechen. Meine Bestrebungen, Lebensvorgänge mit Hilfe vitaler Farbzuführungen aufzuhellen, haben so lange mit Indifferenz zu kämpfen gehabt, daß es mir um so erfreulicher ist, von so kompetenter Seite Anerkennung zu finden, die mich zu fernerem Streben ermutigt.«

Bei der Preisverleihung begegnet Ehrlich auch seinem Vetter Carl Weigert wieder, der ihn einst in die Geheimnisse der Zellfärbung eingeführt und ihm später als Student geraten hatte, nach Straßburg zu Waldeyer zu gehen.

harl Weigert, der ihn einst in Münsterberg und Breslau für die Bakteriologie begeistert hat, ist schon vor über zehn Jahren, nämlich 1885, an den Main gekommen.

1882 war Weigerts und Ehrlichs Lehrer in Breslau, der berühmte Pathologe Julius Cohnheim, schwer erkrankt. Weigert hatte ihn in Leipzig über zwei Jahre hervorragend vertreten. Weigerts Ruf als Pathologe und Anatom wurde im In- und Ausland anerkannt. Trotzdem konnte sich die Fakultät nicht dazu durchringen, ihn 1884, nachdem Cohnheim mit nur 45 Jahren gestorben war, als Nachfolger zu berufen.

Weigert wurde nicht einmal auf den dritten oder vierten Platz der Berufungsliste gesetzt. In Weigerts Taufschein stand unter Religion »mosaisch«, und antisemitische Tendenzen waren damals in den Fakultäten nicht selten. Wahrscheinlich lag hier der entscheidende Grund. Vielleicht aber trug auch die Abneigung gegen sogenannte Hausberufungen – also gegen Nachfolger aus der eigenen Fakultät – zu der Entscheidung bei.

Die Frankfurter Ärzteschaft und die Leitung der Senckenbergschen Stiftung hatten deshalb 1885 Weigert für eine Vorlesungstätigkeit an der Senckenbergschen Anatomie gewonnen, gleichzeitig war er zum Prosektor der Frankfurter Spitäler ernannt worden.

Weigert war auch Gründer und Redakteur der Zeitschrift »Fortschritte der Medizin«, der ersten medizinisch-wissenschaftlichen Zeitschrift, die von Frankfurt aus redigiert wurde. In ihr veröffentlichte er u.a. seine damals berühmte Arbeit über den »weißen Thrombus«, eine Schädigung der Innenwand der Gefäße.

Stichworte zu einer Stadt

Das Frankfurt jener 80er Jahre stand mit über 400 000 Einwohnern unter den ersten acht deutschen Großstädten zwar an letzter Stelle, kam nach seiner Bedeutung jedoch eine Zeitlang gleich hinter Berlin. Frankfurt war 1815 ja sowohl zur »Freien Stadt« als auch zum Sitz des Deutschen Bundestages erhoben worden.

Auf solche Weise Mittelpunkt des politischen Lebens und Drehscheibe vor allem zwischen Nord und Süd des Landes, hatte Frankfurt am Main mit der Tagung des deutschen Parlaments in der Paulskirche 1848 einen seiner historischen Glanzpunkte erlebt. Und wenn spätestens 1866 der »Geist der Paulskirche« längst wieder verweht war und die ehedem verliehene Freiheit wieder zurückgenommen wurde: im Bewußtsein des Bürgertums dieser Stadt war die vorübergehende Bedeutung fortgetragen und gepflegt worden. Neben den wachsenden wirtschaftlichen Aufschwung trat eine Entwicklung von Kunst und Wissenschaft, deren sich außer Frankfurt damals allenfalls noch München rühmen durfte.

Allein Namen wie Senckenberg und die Senckenbergi-
sche Gesellschaft oder Freies Deutsches Hochstift, das
Städelsche Kunstinstitut, die »Frankfurter Zeitung« oder
das Opernhaus – »als Schlußstein der bürgerlichen Bau-
kunst dieser Stadt«: schon wenige Namen markieren eine
kulturelle Position, die jeden Fremden, der eine besondere Qualität des Lebens liebt, anziehen muß.
In diesem Umkreis wirkt nun Carl Weigert. Und es wäre
nicht verwunderlich, wenn er nicht von Anfang an daran
gedacht hätte, hierher früher oder später auch seinen Vetter Paul Ehrlich zu holen.

Konstitution, Wirkung und Verteilung

Neben der Arbeit »Über die Methylenblaureaktion der
lebenden Nervensubstanz« – damit begannen die später
auch als Basis der Chemotherapie so wichtigen Vitalfärbungen – veröffentlicht Ehrlich im Jahre 1886 noch seine
»Beiträge zur Bazillenfärbung«, »Nachträgliche Bemerkung zur Diazoreaktion« und »Über den Bilirubinnach-
weis«.
Ehrlich hat erkannt, daß es neben der Konstitution und
Wirkung bei Substanzen noch ein Drittes gibt: die Distribution. Die Art und Weise, wie sich Stoffe im lebenden
Organismus verteilen, an welche Zellen sie sich heften,
die Plätze ihrer Verankerung, oder welche Zellbestandteile zur Aufnahme unfähig sind – das ist von größter
Bedeutung. Wir werden bald sehen, weshalb.
Freilich, das Verhältnis zwischen Ehrlich und Gerhardt –
obschon Ehrlichs wissenschaftliche Leistungen längst
über den Rahmen der Charité hinaus gewürdigt werden –
verschlechtert sich im Jahre 1887 immer mehr.
Wenn Ehrlichs Stimmung auf dem Tiefpunkt angelangt

ist, dann geht er – er erwähnt dies selbst in einer autobiographischen Skizze – an den Schrank in seinem kleinen Labor, wo sich die zahllosen Gläser mit den Farbstoffen befinden: »Hier sind meine Freunde, sie werden mich nie im Stich lassen.«

Ehrlich kommt jetzt meist gereizt und niedergeschlagen nach Hause. Zu den psychischen Problemen gesellt sich ein physisches: Ehrlich muß feststellen, daß er an Lungentuberkulose erkrankt ist. Bei einer zufälligen Untersuchung seines Sputums entdeckt er die ihm so vertrauten Tuberkelbazillen.

Wie Ehrlich später in einem Brief an seinen Neffen Franz Sachs berichtet, hat er sich die gefährliche Krankheit wahrscheinlich in dem »scheußlichen Charité-Labor zugezogen«.

Tragödie um den Kaiser der 99 Tage

Das Jahr 1888 ist nicht nur für Ehrlich ein Schicksalsjahr, es ist auch durch eine Tragödie im Hause Hohenzollern gekennzeichnet. Kaiser Wilhelm I., dem Bismarck 1871 nach dem Deutsch-Französischen Krieg im Spiegelsaal von Versailles zur deutschen Kaiserkrone verhalf, steht hoch in den Jahren. Er ist am 22. März 1887 neunzig Jahre alt geworden; die Frage des Nachfolgers ist mehr als aktuell.

Viele Jahre gab es über die Person auch keinen Zweifel: es wird Kronprinz Friedrich Wilhelm sein, der mit der einstigen »Princess Royal«, Victoria, der ältesten Tochter Queen Victorias, verheiratet ist.

Die Kronprinzessin hat sich freilich nur schwer in Berlin eingewöhnt; Preußens mächtigster Mann, Bismarck, hat ihr das Leben nicht eben leichtgemacht, da er den – nicht unberechtigten – Verdacht hegt, Victoria versuche ihren Mann für die liberaleren Formen der Regierung nach englischem Vorbild zu gewinnen.

Da zeigen sich 1887 die Symptome einer Kehlkopferkrankung Friedrichs. Andauernde Heiserkeit quält ihn. Ehrlichs Chef in der Charité, Professor Gerhardt, wird zur Behandlung zugezogen. Gerhardt stellt am Rande des linken Stimmbandes eine kleine Veränderung fest.

Diese polypöse Verdickung wird zwar auf galvanokaustischem Wege zerstört, doch die Wunde will nicht abheilen. Nach einer Kur des Kronprinzen in Bad Ems fürchtet Gerhardt im Mai 1887, daß es sich um eine bösartige Neubildung, also um Krebs, handele.

Der berühmte Chirurg Bergmann wird jetzt hinzugezogen und vermutet bald ebenfalls eine Krebsgeschwulst. Alle Vorbereitungen für eine Kehlkopfoperation werden getroffen. Vorher soll jedoch noch ein fremder Laryngologe sein Urteil abgeben. Vermutlich der Herkunft der Kronprinzessin wegen entscheidet man sich für einen Engländer: Dr. Morell Mackenzie aus London.

Mackenzie kommt zu der Ansicht, es liege kein Krebs vor, sondern vielmehr handele es sich um eine gutartige, polypöse oder fibromatöse Geschwulst. Gerhardt erwidert, das sei auch vor eineinhalb Monaten seine Meinung gewesen, jetzt läge die Sache jedoch anders.

Der englische Kollege kann sich freilich auf Virchow stützen, der entsprechende Gewebeproben aus dem erkrankten linken Stimmband des Kronprinzen zunächst als nicht bösartig bezeichnet hatte. Gerhardt hatte jedoch den Eindruck, daß Mackenzie die Gewebeprobe nicht dem kranken, dem linken, sondern dem rechten Stimmband entnommen habe.

Es kommt zu scharfen Spannungen zwischen den deutschen Ärzten und ihrem englischen Kollegen, der Friedrichs Kehlkopf mit unwirksamen Pulvern behandelt. Natürlich aber gewinnt Mackenzie sehr schnell das Vertrauen der Kronprinzessin, die nur zu gerne hört, daß kein Krebs vorliege und auf eine Operation verzichtet werden könne. Auch die englischen, ja viele deutsche Zeitungen, die Mackenzie großzügig mit Nachrichten über den Gesundheitszustand des Kronprinzen beliefert, nehmen eine positive Haltung im Sinne der Beurteilung des Falles ein.

Die Geschwulst im Kehlkopf des Kronprinzen indessen wächst weiter. Schließlich ist eine Tracheotomie unvermeidlich. Doch sie bringt keine entscheidende Besserung mehr. Mackenzie bestreitet allerdings auch jetzt noch, daß die Geschwulst maligne sei. Das Sprachvermögen Friedrichs, der seine Krankheit und die dramatischen Szenen um ihn herum mit bemerkenswerter Gelassenheit erträgt, wird immer geringer, er muß sich mit Hilfe schriftlicher Notizen verständigen.

Als Friedrich III. auf den Thron gelangt, ist er ein todkranker Mann. Das deutsche Volk erlebt mit Trauer die Tragödie eines Kaisers, der nur 99 Tage regieren wird, obwohl sich einst gerade mit seiner Regierung große Hoffnungen verbunden hatten.

Sein Sohn, Wilhelm II., besteigt anschließend mit 29 Jahren den Thron, die so unglücklich endende neue Periode der deutschen Geschichte beginnt. Doch das wird wohl nur von wenigen damals schon erkannt.

Ganz im Gegenteil: Das Reich erfreut sich großen Ansehens im Ausland, im Innern herrscht eine bislang nicht gekannte Prosperität, an der alle Teile der Bevölkerung teilnehmen – so sehr das von den Sozialdemokraten auch geleugnet werden mag. Die Steuern sind unvergleichlich niedrig. Der Glaube der Menschen in die immer größeren Erfolge der Naturwissenschaften scheint unbezwinglich.

Es herrscht ein »Zivilisationsoptimismus«, der bis zum Jahre 1914, als in »Europa die Lichter ausgehen«, wie der britische Außenminister Grey es formuliert, ungebrochen anhält.

Kaum bemerkt, angesichts der Vorgänge um Friedrich III., schließt fast um die gleiche Zeit ein anderer Berühmter die Augen: Theodor Storm; er hat ganz kurz vor seinem Krebstod noch den »Schimmelreiter« abgeschlossen, der als eines seiner bedeutendsten Werke noch nach hundert Jahren seinen Platz in der Literaturgeschichte haben wird.

Die Ehrlichs reisen nach Ägypten

Inzwischen macht die Tuberkulose Ehrlich doch mehr zu schaffen, als er befürchtet hatte. Vor allem auf Drängen seiner Frau reisen beide im September 1888 nach dem Süden, um dort die Krankheit vielleicht auszuheilen. Sie bleiben zunächst für einige Wochen am Gardasee, und Frau Hedwig beobachtet erstaunt und zufrieden, daß ihr Mann seine Arbeit tatsächlich auch einmal vergessen kann. »Die Menschen denken immer«, sagt Ehrlich, »ich sei fleißig. Aber das ist ein Irrtum. Ich kann sogar faul sein wie eine Riesenschlange. Faulheit ist nämlich das beste Ventil gegen Überarbeitung.«

Als der Winter naht, reisen Ehrlich und seine Frau für kurze Zeit nach Neapel. Von dort geht es mit dem Schiff Mitte November 1888 nach Alexandria, einst Hauptstadt der alten Welt.

Es folgt ein längerer Besuch in Kairo. Die dortigen Vertreter der deutschen Regierung und die in Kairo ansässigen deutschen und ausländischen Ärzte bekunden die

Wertschätzung, die Ehrlich jetzt schon vielerorts genießt.

Auf einem Nildampfer fährt das Ehepaar für sechs Wochen nach Luxor, dem alten, hunderttorigen Theben. Der Rückweg im Frühjahr 1889 führt über Malta und Sizilien. Es bleibt für Ehrlich eine unvergeßliche Reise, die einzige, bei der im Vordergrund nicht berufliche Kongresse und längere Fachgespräche standen, so wie etwa bei den Besuchen in London und anderen europäischen Metropolen.

Zurück in Berlin, ist Ehrlich gesundheitlich wieder voll auf dem Posten. Aus dem Wissenschaftsbetrieb scheint er jedoch ausgeschieden zu sein. Keine medizinische Fakultät setzt ihn auf die Vorschlagsliste für einen Lehrstuhl – dies übrigens fünfzehn Jahre lang nicht –, kein Institut interessiert sich mehr für seine Mitarbeit. Hat man ihn, den zum Beispiel Robert Koch so hoch schätzt, vergessen?

Natürlich nicht. Doch Robert Koch konzentriert 1889 alle Kräfte darauf, ein Mittel gegen die Tuberkulose zu finden, das seine Arbeiten auf diesem Gebiet krönen soll.

Die intensive Arbeit hat auch Kochs Gesundheit angegriffen. Er geht im Sommer 1889 für längere Zeit zur Erholung in die Schweiz. Deshalb kann er sich auch nicht mit dem vielversprechenden Stabsarzt Emil Behring beschäftigen, der Ende Juli 1889 zu ihm an das Hygiene-Institut der Universität Berlin kommandiert ist. Behring hat sich als junger Militärarzt intensiv mit der »inneren Desinfektion« des Organismus beschäftigt. Er hatte geglaubt, einen Weg zu finden, den Körper mit Chemikalien zu konservieren, so etwa »wie man einen Schinken gegen Fäulnisbakterien durch Räuchern konservierte«.

Als Truppenarzt in verschiedenen preußischen Garnisonen hat er seine Versuche fortgesetzt. Die von ihm dabei im wesentlichen benützte Verbindung ist das Jodoform, das damals vorwiegend zur äußeren Desinfizierung von Wunden verwandt wird.

Seit 1887 ist er Stabsarzt und arbeitet am pharmakologischen Institut von Professor Karl Binz an der Universität Bonn. Dort beschäftigt Behring sich zum ersten Mal mit der Wirkung von Rattenserum auf Milzbranderreger. Ratten sind im Gegensatz zu größeren Tieren, etwa zu Kühen und Rindern, gegen die Milzbranderreger immun.

Behring vermutet, daß eine bestimmte Substanz im Blut die Ratten gegen die Bazillen schützt. Er veröffentlicht darüber im Jahre 1888 eine erste größere Arbeit »Über die Ursache der Immunität von Ratten gegen den Milzbrand«.

Behring hat die Versetzung an das Hygiene-Institut der Universität Berlin mit allen Mitteln angestrebt. Er weiß, daß dort das Weltzentrum der Bakteriologie entsteht.

Behring ist jetzt 35 Jahre alt, es war ein langer Weg vom unbemittelten westpreußischen Lehrersohn aus Hansdorf bis zum epaulettengeschmückten, wissenschaftlich vielversprechenden Militärarzt. Er kann freilich nicht ahnen, daß ihm wenige Jahre später das Adelsprädikat verliehen und er weltberühmt sein wird. Und doch dauert der Aufstieg in diese Höhen gesellschaftlichen und wissenschaftlichen Ruhmes kaum zwei Jahre.

Methylenblau als Therapeutikum?

Paul Ehrlich steht mit seinen Arbeiten zur Vitalfärbung eigentlich – bildlich gesprochen – schon unmittelbar an der Pforte der experimentellen Chemotherapie.

Die noch vor seiner Reise nach Ägypten begonnenen Forschungen mit Hilfe des Methylenblaus haben ergeben: dieser Farbstoff besitzt eine intensive Verwandtschaft zum Nervensystem, besonders zu den Achsenzylindern der sensiblen und motorischen Nerven. So liegt der Gedanke sehr nahe, diese Beziehung zwischen Farbstoff und Nervenzellen auf eine mögliche therapeutische Wirkung hin zu überprüfen.

Insassen der Kgl. Strafanstalt Moabit, die an schweren neuralgischen Erscheinungen leiden, erhalten kleine Dosen von Methylenblau medicinale. Es handelt sich, wie Ehrlich in dem entsprechenden Bericht betont, um »chemisch reines, chlorzinkfreies Material, welches die erste Vorbedingung dazu ist«.

Es wird »erst seit kurzer Zeit durch fabrikatorische Herstellung seitens der Hoechster und Ludwigshafener Werkstätten für weitere Kreise zugänglich gemacht. Das von uns benützte Präparat stammte von den Farbwerken, vormals Meister, Lucius und Brüning, und war ein schönes kristallisiertes, nach jeder Richtung zuverlässiges Produkt«.

Die therapeutischen Ergebnisse »bestätigten unsere aprioristischen Anschauungen völlig«, betont Ehrlich. »Bei bestimmten Formen schmerzhafter Lokalaffektionen, d.h. bei allen neuritischen Prozessen und bei rheumatischen Affektionen der Muskeln, Gelenke und Sehnenscheiden, wirkt das Mittel schmerzstillend.« Die Nebenwirkungen erwiesen sich als sehr gering. Ein bläulicher Anflug der Haut und der Schleimhäute war nicht eingetreten.

Der Mann, der Ehrlich von Hoechst aus mit dem Methylenblau, aber auch mit vielen anderen neuen Farbstoffen versorgt, ist Professor August Laubenheimer. Mit ihm korrespondiert Ehrlich in jenen Jahren viel, beide unterhalten schließlich auch enge persönliche Beziehungen.

Laubenheimer nach Hoechst zu holen war eine kluge Entscheidung der Farbwerke. 1848 in Gießen geboren, war er Professor der organischen Chemie an der dortigen Universität gewesen. 1883 ging er zu den Farbwerken Hoechst – ein ungewöhnlicher Fall in einer Zeit, in der Hochschule und industrielle Forschung sich noch keineswegs als selbstverständliche und gleichberechtigte Partner empfanden.

In Hoechst machte Laubenheimer bald bemerkenswert Karriere. Schon nach einjähriger Tätigkeit wird sein Vertrag erneuert und sein Gehalt verdreifacht. Nach einem weiteren Jahr erhält er Prokura, und zwei Jahre später kommt er in den Vorstand des Unternehmens.

Die Farbwerke sind zu diesem Zeitpunkt längst nicht mehr ausschließlich »Farbwerke«, denn 1883, zwanzig Jahre nach der Gründung der Fabrik am Mainufer, haben sie die Herstellung von Arzneimitteln aufgenommen.

Professor Laubenheimer bezieht als Vorstandsmitglied von Hoechst das ansehnliche Gehalt von 1500 Mark plus Sondervergütungen. Er bewohnt am Rand der Fabrik, in der Leverkuser Str. Nr. 3, eine geräumige Villa, in der viele berühmte Wissenschaftler im Lauf der Zeit zu Gast sein werden.

Laubenheimer hat schon sehr früh das Genie Ehrlichs erkannt und zu würdigen gewußt.

Ehrlich und Professor Paul Gutmann behandeln in Berlin zwei Malariakranke erfolgreich mit Methylenblau. Es zeigt sich, daß die Verbindung eine verhältnismäßig starke Wirkung auf die Parasiten, die Plasmodien, ausübt – Ehrlich spricht in diesem Zusammenhang von »Parasitotropie« – und eine verhältnismäßig geringe Affinität zu den Zellen des menschlichen Organismus hat; eine geringe »Organotropie« also.

Der Koeffizient zwischen dieser Parasitotropie und der

Organotropie wird später für Ehrlich einer der wichtigsten Richtungsweiser für die Suche nach neuen chemotherapeutischen Substanzen.

Ehrlichs Beitrag zur Immunologie

Ehrlich hat zu diesem Zeitpunkt sein kleines Privatlabor, das er 1889 mit Hilfe seines Schwiegervaters eröffnet hatte, schon wieder geschlossen. Er arbeitet seit 1891 am Institut für Infektionskrankheiten bei seinem verehrten Meister Robert Koch. Warum hat er den Weg zur Chemotherapie, der sich mit dem Methylenblau so aussichtsvoll eröffnete und der so ganz im Sinne der bisherigen Arbeiten Ehrlichs lag, plötzlich wieder verlassen?

Es ist die Immunologie, die Lehre von den natürlichen Abwehrkräften des Körpers, die etwa seit 1890 Mediziner, Naturwissenschaftler überhaupt, unwiderstehlich in ihren Bann zieht.

Da ist zunächst der von Ehrlich bewunderte Pasteur in Frankreich. Er beschäftigt sich seit 1879 intensiv mit der sogenannten Hühner-Cholera und hat dabei festgestellt, daß sich die Mikroorganismen am besten in einer Bouillon züchten lassen.

Als Pasteur einmal seine Untersuchungen unterbrechen mußte, blieben einige Kulturen der bereits infizierten Bouillon versehentlich mehrere Wochen stehen. Ehe er sie nun wegschütten wollte, prüfte er routinemäßig, ob die Mikroben wohl noch wirksam wären. Und er infizierte ein paar Hühner mit der alten, wie es schien, nur noch sehr schwachen Kultur.

Zu Pasteurs Überraschung ergab sich, daß seine Hühner zwar kurze Zeit die Köpfe hängen ließen, die Infektion

110

jedoch sehr gut überstanden hatten. Als er bald darauf dieselben Hühner mit einer frischen Kultur infizierte, zeigte sich keinerlei Reaktion mehr – die Tiere waren immun geworden! Die gefährlichen Keime, die andere Hühner rasch töteten, vermochten jenen, die er zuvor »immunisiert« hatte, nichts mehr anzuhaben.

Gezähmte Mikroben als Schutz

Damit war eine der Grundlagen für die Schutzimpfung gefunden, nämlich mit abgeschwächten Erregern einen Wirtsorganismus gegen die intakten Artgenossen zu mobilisieren, sie so unschädlich zu machen und den infizierten Menschen oder das Tier gegen eine entsprechende Infektion zu schützen.

Wie aber konnten Mikroben »gezähmt«, gewissermaßen künstlich »invalidisiert«, ihre Virulenz, ihre Aktivität derart geschwächt werden, daß sie mit Sicherheit zu einer gefährlichen Infektion nicht mehr imstande waren?

Um eine Antwort auf diese Frage zu finden, wandte Pasteur sich einer Tierkrankheit zu, die auch auf vielen französischen Bauernhöfen grassierte, dem sogenannten Milzbrand, wissenschaftlich: Anthrax. Pasteur kennt natürlich die Arbeit Robert Kochs über die Entdeckung des Milzbranderregers, mit der der damals noch unbekannte preußische Landarzt ihm 1876 zuvorgekommen ist.

Pasteur kennt Koch auch persönlich: er hat ihn beim internationalen Ärztekongreß in London getroffen und ihm gratuliert. Gratuliert zu den neuen sterilen Nährböden, die Koch in mühevoller Arbeit geschaffen hat. Früher war es nicht möglich gewesen, Mikroben so zu züchten, daß sie nicht zugleich durch fremde Keime »verunreinigt« wurden. Sie waren stets mit anderen Mikroben vermischt und gaben deshalb nur ein sehr unzulängliches Bild.

Die Tollwut fordert Pasteur heraus

Pasteur wagte sich an eine Krankheit, die schon aus der Antike bekannt war: die Tollwut. Man fürchtet sie wie kaum eine andere. In manchen Gegenden wurden Menschen, die ein tollwütiges Tier gebissen hatte, von ihren Mitmenschen ausgestoßen oder gar erschlagen.
1831 – Pasteur war noch ein Junge – hatte es in seiner Heimat eine Panik gegeben. Ein tollwütiger Wolf strich durch Arbois und fiel Menschen und Tiere an. Pasteur sah es selbst: in einer Schmiede wurde die Bißwunde, die der Wolf einem Mann zugefügt hatte, mit glühendem Eisen ausgebrannt. Eine schlimme Tortur. Andere Menschen, die ebenfalls gebissen worden waren, gingen nach langen Qualen zugrunde.
Um das Gift zu »neutralisieren«, wurden Infizierte nicht nur mit dem Brenneisen, sondern manchmal auch noch mit Schlangengift traktiert. Manche starben daran noch vor der Tollwut.

Angriffspunkt: Gehirn und Rückenmark

Wodurch entstand die Krankheit? Nicht wenige dachten an eine spontane Entstehung, andere glaubten noch immer an eine »Urzeugung« trotz der Arbeit von Pasteur. Man wußte nur, daß die Erreger der Tollwut Gehirn und Rückenmark angriffen.
Pasteur stellt zunächst fest: man kann auch diese Krank-

heit übertragen. Winzige Teile von Gehirn oder Rückenmark, die von tollwütigen Tieren stammen, müssen auf gesunde übertragen werden. Pasteur gewinnt seinen ersten Gift-Impfstoff von einem tollwütigen Straßenhund. Das Gift kann auch auf andere Hunde übertragen werden. Doch zunächst injiziert Pasteur das »Straßen-Virus«, wie er es nennt, gesunden Kaninchen.

Das erste infizierte Kaninchen geht nach zwei Wochen zugrunde. Weitere Tiere, mit dem Gift ihrer jeweiligen Vorgänger injiziert, sterben nach jeweils immer kürzeren Zeitabständen. Hunde aber lassen sich mit dem Gift aus der Kaninchenpassage gegen die Tollwut immunisieren. Selbst wenn sie direkt von tollwütigen anderen Hunden gebissen werden, bleiben sie geschützt.

Wieder einmal verfolgt ganz Frankreich voll Anteilnahme die Versuche des Forschers. Pasteur ist jetzt wirklich ein nationaler Heros, Mitglied der Académie Française, Inhaber des Großkreuzes der Ehrenlegion, von vielen gekrönten Häuptern Europas ausgezeichnet. Er steht auf der Höhe seines Ruhmes, den er so sehr ersehnt hat. Er darf jetzt keine Fehler mehr begehen. Konnte er es wagen, von der Immunisierung von Hunden zu jener von Menschen überzugehen?

Pasteur quält sich mit dieser Entscheidung. Am 28. März 1885 schreibt er an einen Freund: »Ich habe noch nicht gewagt, von tollwütigen Hunden gebissene Menschen zu behandeln. Aber der Augenblick ist vielleicht nicht mehr fern, und ich habe große Lust, mit mir selbst zu beginnen, das heißt, mir die Tollwut einzuimpfen, um dann ihre Auswirkungen abzufangen; so gut gerüstet und meiner Ergebnisse sicher beginne ich mich zu fühlen.«

Am 6. Juli 1885 muß er sich entscheiden: Eine Mutter kommt mit ihrem neunjährigen Sohn zu ihm. Sie ist verzweifelt. Der Junge – er heißt Josef Meister und stammt aus dem Elsaß – ist vor zwei Tagen von einem tollen Hund gebissen worden. Vierzehnmal!

Die Ärzte versichern, Josef Meister sei verloren, wenn Pasteur nicht sofort eine Immunisierung wage.

Pasteur – er ist ja Chemiker und nicht Arzt – berät sich in aller Eile mit einigen medizinischen Kapazitäten. Am Abend des gleichen Tages injiziert er dann den Impfstoff in das Gesäß des Jungen. Weitere Impfungen folgen. Pasteur nimmt immer virulenteres Material. Der Junge verträgt die Impfungen gut. Pasteur aber bleibt in großer Sorge. Was, wenn es doch noch zu einem Zwischenfall kommt?

Erst nach dreißig bangen Tagen weiß er es sicher: Josef Meister ist gesund. Der Junge kann ins Elsaß zurück. Viele Jahre später wird Josef Meister Pförtner im neuen Pasteur-Institut.

Dieses Institut, das nach seinem Gründer nicht nur den Ruhm der Wissenschaft, sondern auch jenen Frankreichs mehren soll, wird 1888 eingeweiht.

Ein neues Institut für Robert Koch

Aber auch die »Konkurrenten« in Berlin, der Arbeitskreis um Robert Koch am Hygienischen Institut der Universität, verfügt, wenn auch etwas später, nämlich seit 1890, über eine neue Wirkungsstätte: das Institut für Infektionskrankheiten. Die wissenschaftliche Abteilung wird am 1. Juli unter Leitung von Richard Pfeiffer seine Arbeit aufnehmen, Chef der klinischen Abteilung wird Ludwig Brieger, der einst mit Ehrlich zusammen bei Frerichs als Assistent in der Charité gearbeitet hat.

Vorher kommt es zu einem wissenschaftlichen Ereignis, das ebenso ruhmvoll wie schließlich schmerzlich für Robert Koch sein wird.

Am 4. August 1890 tagt der internationale Ärztekongreß in der Hauptstadt des Deutschen Reiches. Preußens Kultusminister Gustav von Gossler, ja möglicherweise der Kaiser selbst erwarten, daß Koch bei dieser Gelegenheit über das neue Tuberkulose-Mittel sprechen wird, an dem er seit geraumer Zeit arbeitet. Koch, nicht ohne gelegentliche Furcht, er könne von Kollegen um die Früchte seiner Arbeit gebracht werden, hat über ein Jahr hinter streng verschlossenen Laboratoriumstüren an einem Mittel gearbeitet, das den großen therapeutischen Schlußpunkt hinter seine Entdeckung des Tuberkelbazillus im Jahre 1882 setzen soll.

Koch ist nüchtern genug, um zu wissen, daß sein »Tuberkulin«, wie er das von ihm hergestellte Präparat nennen wird, noch viele kritische Erprobungsphasen überwinden muß. Sehr vorsichtig berichtet er deshalb dem 700köpfigen Auditorium über den neuesten Stand der Tuberkuloseforschung. Dann erwähnt er das von ihm gefundene Mittel. Es besitze eine abtötende Wirkung auf Tuberkel-Bazillen.

So zurückhaltend Koch sich auch äußert, die Ärzte in Berlin feiern ihn emphatisch als Bezwinger der Tuberkulose, der Volkskrankheit Nr. 1.

Obschon Koch kein Wort über die Zusammensetzung des Präparates oder über erste Versuche am Menschen sagt, sein Ruf ist so groß, daß die Kollegen seine betonte Vorsicht nur als Ausdruck seiner großen Bescheidenheit werten.

Wer verübelt es bei solchem Jubel der Fachleute den Zeitungen, wenn sie noch lauter jubilieren und die neue »Großtat« des weltberühmten deutschen Bakteriologen preisen?

Es ist geradezu ein Begeisterungstaumel, der Ärzte und breites Publikum ergreift. Aus aller Welt eilen Kranke, die es sich leisten können, und ihre Ärzte nach Berlin, um erste Proben des Tuberkulin zu erhalten. Da die kleine Produktion, die Kochs Jugendfreund Arnold Libbertz aufgezogen hat, nicht ausreicht, wird Tuberkulin bald schwarz gehandelt.

Kaiser Wilhelm II. verleiht Robert Koch das Großkreuz des Roten Adlerordens. Noch nie ist ein Arzt mit diesem Orden ausgezeichnet worden. Wissenschaftliche Gesellschaften überschütten ihn mit Ehrungen.

Koch ist angesichts dieses überwältigenden Vertrauensvorschusses für das Tuberkulin nicht glücklich.

Im privaten Bereich ist in jenen Sommertagen 1890 sein Leben ohnehin voller Probleme: seine Ehe mit Frau Emmy, der einstigen Jugendgefährtin, ist vor der Auflösung. Koch ist, was niemand bei dem stillen und so unauffälligen Gelehrten vermutet hätte, in eine romantische Liebesgeschichte verstrickt. Die Heldin, Hedwig Freiberg, eine 18jährige Malschülerin, hat es dem 46jährigen Wissenschaftler derart angetan, daß er sie nach seiner Scheidung auf der Stelle heiraten will.

Nach seiner Scheidung von Frau Emmy – die ins heimatliche Clausthal zurückkehrte – heiratet Koch am 13. September 1893 in Berlin Hedwig Freiberg. Sie sollte ihn 17 Jahre lang bei all seinen künftigen Reisen in fremde Erdteile begleiten.

Leitung einer Tuberkulosestation

Koch hatte zunächst nicht verraten, woraus sich das Tuberkulin zusammensetzte. Erst ein knappes Jahr später teilte er mit: »Das Mittel, mit welchem das neue Heilverfahren gegen Tuberkulose ausgeübt wird, ist also ein Glycerin-Extrakt aus den Reinkulturen der Tuberkelbazillen.«

Um möglichst schnell Erfahrungen in der Therapie zu erzielen, stellt die Stadt Berlin Robert Koch im Krankenhaus Moabit 150 Betten zur Verfügung. Jetzt kommt für Paul Ehrlich die Zeit, das kleine Labor in der Lützowstraße für immer zu schließen. Denn Robert Koch überträgt ihm die Leitung der Tuberkulosestation in Moabit.

Im nun anhebenden Streit – denn die ersten Enttäuschungen über das Tuberkulin stellen sich bald ein – um das Pro und Contra des neuen Präparates konnte sich Koch keinen treueren und besseren Mitkämpfer als Ehrlich wünschen. Ehrlich hat sehr schnell erkannt, daß die Dosierung eine entscheidende Rolle spielt und daß mit kleinen Tuberkulin-Dosierungen die beste Wirkung zu erzielen ist.

Zusammen mit seinem Kollegen am Moabiter Krankenhaus, Paul Guttmann, veröffentlicht Ehrlich 1891 in der Deutschen Medizinischen Wochenschrift einen Aufsatz: »Über die Wirkung kleiner Tuberkulindosen gegen die Lungenschwindsucht«. Und auf dem 7. Internationalen Kongreß für Hygiene in Budapest verteidigt Ehrlich in leidenschaftlicher Form seinen verehrten Meister. So beschließt er die lebhafte Diskussion mit dem Satz: »Ich bin der Überzeugung, daß die Befolgung dieser Prinzipien (Anwendung kleinster Dosen und nicht bei Schwerstkranken) unerwünschte Zufälle unmöglich macht und allerorts positive und günstige Resultate, wie wir sie erhalten, zeitigen wird.«

Koch selbst befindet sich in dieser kritischen Phase seit Februar 1891 auf einer Erholungsreise in Ägypten. Am 12. März berichtet er Ehrlich über seine Reise:

»Haben Sie vielen Dank für die Briefe vom 19. und 26. Februar, von denen ich den ersteren in Luxor, den zweiten nach meiner Rückkehr aus Oberägypten in Cairo erhielt. Die Nachrichten klingen recht erfreulich, hoffentlich geht es in derselben günstigen Weise weiter. Die Versuche mit möglichst kleinen Dosen schienen mir bei der immer noch andauernden Ängstlichkeit sehr am Platze zu sein. Vielleicht haben Sie die Güte, mir über das Liebreichsche Mittel, welches den Zeitungsnachrichten zufolge gegenüber meinem Mittel ein wesentlicher Fortschritt sein soll, etwas eingehender und möglichst unparteiisch zu berichten. Es sollte mich aufrichtig freuen, wenn die Zeitungen recht hätten.

In Oberägypten habe ich herrliche Tage verlebt, und ich habe mich von Luxor, wo ich es mit dem Wetter ausgezeichnet getroffen hatte, nur schwer trennen können. Herr Todrus Sohn erinnert sich Ihrer noch lebhaft, und ich mußte ihm ausführlich von Ihnen erzählen. Er hatte mich nebst Kartulis, der mich nach Oberägypten begleitete, zum Abendbrod, durch arabische Musik und nachfolgende Tanzvorstellung verschönert, eingeladen.«

Der Kampf gegen die Diphtherie

Neben der Tuberkulose steht in jenen Jahren eine andere Krankheit im Vordergrund, die man den »Würgeengel der Kinder« nennt, die Diphtherie. Auch sie gibt es schon seit den grauen Tagen der Vorzeit. Die alten Griechen nannten sie die Ägyptische Krankheit. Als einheitliches Krankheitsbild kennt man die Diphtherie allerdings erst seit dem vergangenen Jahrhundert.

Die Krankheit, bei der sich auf der Rachenschleimhaut weißliche Häutchen bilden, erhielt ihren Namen von dem französischen Arzt Pierre-Fidèle Bretonneau. Er wählt das griechische Wort »diphthera« für sie, also Haut

118

oder Membran. Wird nicht bald nach dem Ausbruch der Krankheit ein Luftröhrenschnitt vorgenommen, erstikken viele Kinder qualvoll. Manchmal fallen auch Erwachsene der Diphtherie zum Opfer. So wird berichtet, daß George Washington, Georges Bizet, der Komponist, und die Großherzogin von Hessen (1878) einer Diphtherie erlegen sind. Wie schon erwähnt, hat der Mitarbeiter Robert Kochs im Reichsgesundheitsamt, Stabsarzt Friedrich Loeffler, 1883 den Erreger identifiziert.

Eine Frage aber hatte Loeffler nicht beantworten können. Die Diphtheriebazillen bleiben gewöhnlich an der Stelle, wo sie injiziert worden sind, in der Haut und in der Luftröhre. Und doch bewirken sie an weit entfernten Stellen des Körpers ebenfalls die Zerstörung von Zellen und Gewebe.

Wie kommt das? Man vermutet, daß die Mikroben Stoffe ausscheiden, die sich überall im Organismus verteilen, einnisten und Schäden hervorrufen können.

Emile Roux und der Schweizer Alexandre Yersin, der 1894 in Hongkong den Pestbazillus – ein kurzes, ovales Stäbchen – entdeckte, schaffen schließlich 1888 Klarheit: Sie weisen nach, daß die Diphtheriebazillen tatsächlich über das Blut ihr Gift durch den Organismus schicken. Das Gift, nicht die Bazillen selbst, bewirkt die Krankheit.

Toxin wird das von den Bazillen abgesonderte Gift genannt. Auch Tetanusbazillen, Streptokokken und Staphylokokken erzeugen solche Toxine. Sie finden sich in der Brühe, in der die Keime gezüchtet werden. Man kann sie abtrennen, gießt man die Bakterienkulturen durch besondere Filter.

Mit dem Bazillenfiltrat läßt sich die Krankheit bei Versuchstieren erzeugen, es bedarf also nicht unbedingt der Bazillen. Das Bazillenfiltrat enthält ja die Toxine, die

Gifte. Sie verbinden sich mit bestimmten »Anlaufstellen« an den Zellen und zerstören sie.
Überraschenderweise sind die Toxine nur bei bestimmten Tierarten giftig. Manche Tiere reagieren auf das Diphtherie-Toxin überhaupt nicht. Es muß also »Gegenspieler« geben. Einer wird diese Gegenspieler, die »Antitoxine«, entdecken und damit eine ganz neue Form der Heilbehandlung, die Serumtherapie: Emil Behring.

Behring als Mitarbeiter von Koch

Robert Koch hatte, weil er zur Erholung in der Schweiz weilte, zunächst noch nicht viel Zeit gehabt, sich mit dem jungen, vielversprechenden Stabsarzt Emil Behring zu beschäftigen, der seit Ende Juli 1889 zu ihm an das Hygiene-Institut der Universität Berlin kommandiert ist.
Behring untersucht in Berlin zunächst weiterhin die erstaunlichen Wirkungen von Rattenblut auf Milzbranderreger. Im Gegensatz wirkt das Serum von Tieren, wie etwa Meerschweinchen, die keine natürliche Immunität gegen Milzbrandbazillen besitzen, in keiner Form gegen diese Erreger. Andererseits sind Meerschweinchen weitgehend gegen die Erreger der menschlichen Cholera immun. Ihr Blutserum tötet Cholera-Vibrionen.
Aus solchen Versuchen zieht Behring den Schluß: die bakterientötenden Fähigkeiten des Blutserums bestimmter Tiere lassen sich nicht auf einen allgemeinen Stoff, sondern nur auf einen ganz spezifischen zurückführen.
Mit anderen Worten: Gegen jeden Erreger-Typ muß es auch einen spezifischen Gegenspieler geben. Das ist im Prinzip durchaus schon bekannt. Behring aber stellt fest, »daß die desinfizierende Wirkung des Serums künstlich

oder natürlich immunisierter Tiere an die zellfreie Blutflüssigkeit – das Serum – gebunden ist«.

Er beobachtet, daß Meerschweinchen, die mit Diphtherie-Bazillen infiziert, aber sozusagen in letzter Minute mit chemischen Mitteln gerettet wurden, künftig vollständig gegen Diphtherie immun waren. Selbst höchste Dosen von Krankheitserregern können ihnen nichts mehr anhaben.

Die Zusammenarbeit mit Kitasato

Ähnliche Feststellungen kann Behring auch bei Versuchen mit Kaninchen treffen, die mit Tetanusbazillen infiziert worden sind. Behring unternimmt diese Versuche mit einem japanischen Forscher, der ebenfalls bald zu den berühmtesten Schülern Robert Kochs gehören wird: Shibasaburo Kitasato.

Der japanische Wissenschaftler ist 1852 in einem Gebirgsdorf der südjapanischen Insel Kyushu geboren, hat in Tokio Medizin studiert und in der Gesundheitsabteilung des japanischen Innenministeriums gearbeitet.

1885 schickt die japanische Regierung Kitasato zur weiteren Ausbildung nach Deutschland, dem Weltzentrum der Chemie und Medizin. Nach einer Reise von zwei Monaten im Zwischendeck eines japanischen Passagierschiffes meldet sich der kleine Japaner bei Robert Koch.

Der Großmeister der Bakteriologen schätzt den unermüdlichen und hochintelligenten Kollegen bald sehr. Er beauftragt ihn, Tetanusbazillen, die Erreger des Wundstarrkrampfes, in Reinkultur zu züchten.

Kitasato ist erfolgreich. Es gelingt ihm tatsächlich, den Erreger, der zu den Anaerobiern gehört, also nur unter Ausschluß von Sauerstoff leben kann, zu züchten. Er kann überdies nachweisen, daß auch Tetanusbazillen ein spezifisches Toxin erzeugen. Das Gift kann jedoch durch Gegenstoffe neutralisiert werden.

Da die Ergebnisse Kitasatos auf der gleichen Linie wie jene Behrings liegen, bahnt Koch sobald wie möglich eine Zusammenarbeit an. Die entscheidende Veröffentlichung in der Deutschen Medizinischen Wochenschrift vom 5. Dezember 1890 – die Geburtsstunde des »Antitoxins« gewissermaßen – trägt deshalb den Namen Behrings und Kitasatos: »Über das Zustandekommen der Diphtherie-Immunität und Tetanus-Immunität bei Tieren.«

Noch im gleichen Jahr publiziert Behring in der Deutschen Medizinischen Wochenschrift eine weitere Arbeit: »Untersuchungen über das Zustandekommen der Diphtherie-Immunität bei Tieren.« Behring spricht darin die Meinung aus, daß der gleiche Mechanismus wie bei der Immunisierung gegen Tetanus auch im Falle der Diphtherie wirksam sei.

Am Institut für Infektionskrankheiten

Am 8. Juli 1891 war Koch von Kaiser Wilhelm II. zum Direktor des Instituts für Infektionskrankheiten ernannt worden. Koch erhält das für die damalige Zeit hohe Jahresgehalt von 20 000 Mark, dazu kommt noch der Wohnungsgeldzuschuß.

Der Neubau des Instituts wird allerdings erst später fertiggestellt sein. Da Koch Wert darauf legte, seine Arbeitsstätte nahe einem großen Krankenhaus zu haben, wurden einige Wohnhäuser unweit der Charité gemietet.

Neben Richard Pfeiffer, der die wissenschaftliche Abteilung leitet, gab es eine besondere Krankenabteilung unter

Professor Ludwig Brieger, der Robert Koch während dessen Abwesenheit auch vertritt. Zu dem engeren Kreis der Mitarbeiter zählten Emil Behring, Shibasaburo Kitasato, August von Wassermann und Paul Ehrlich.

Koch hatte Paul Ehrlich in das neue Institut gebeten, ihm ein Laboratorium gezeigt und gesagt: »Hier können Sie machen, was Sie wollen.«

Mit August von Wassermann wird Paul Ehrlich eine lebenslange Freundschaft verbinden. Wassermann ist 1866 in Bamberg geboren – seine Familie ist im Bankgeschäft vermögend geworden, aber August von Wassermann interessiert sich nicht im mindesten fürs Geschäft, dafür um so mehr für die aufblühende Bakteriologie.

Über seine Begegnung mit Ehrlich, dem Wassermann vorbehaltlos zugetan ist, berichtet er später:

»Es war im alten Hygienischen Institut in der Klosterstraße, zur Zeit, als die Kampfeswellen um das einige Monate vorher veröffentlichte Tuberkulin am höchsten gingen. Kurze Zeit vorher hatte ich in dem unter Robert Koch stehenden genannten Institut einen Arbeitsplatz erhalten. Da kam eines schönen Tags ein noch junger blondhaariger Gelehrter zu Besuche, der mir als der schon damals in ärztlichen Kreisen hochberühmte und bewunderte Ehrlich bezeichnet wurde.

Näher getreten bin ich Paul Ehrlich dann wenige Monate später, als Koch sein Lehramt an der Universität und damit die Leitung des Hygienischen Institutes niederlegte und diejenige des neugegründeten Instituts für Infektionskrankheiten übernahm.

In dieser neuerrichteten Schaffensstätte siedelte auch Paul Ehrlich, dank der großen Wertschätzung, die Robert Koch für ihn hegte, als wissenschaftlicher Mitarbeiter mit über.

Das neue Institut war in dem den alten Berlinern wohl noch in Erinnerung stehenden dreieckigen Gebäude an der Charité, dem sogenannten »Triangel«, untergebracht. Es war damals, wie wir wohl ohne Übertreibung sagen können, die Herren-Epoche der Bakteriologie. Unter der Leitung Robert Kochs fanden sich dort Männer wie Behring, Brieger, Ehrlich, Pfeiffer, Proskauer und eine Anzahl jüngerer Gelehrter, die seitdem Namen in der wissenschaftlichen Welt errungen haben, zusammen.

Wenn unter großen Männern, wie ich sie hier aufzähle, überhaupt ein Vergleich statthaft ist, so muß ich sagen, daß Paul Ehrlich unter ihnen das war, was der Champagner unter den Weinen. Während Koch als der stets ernste, jedes Wort bedächtig abwägende und prägende Gelehrte erschien, welcher, jeder Theorie abgeneigt, nur das Tatsächliche beobachtete und scharf abgerundet beschrieb, sprudelte Ehrlich förmlich von schillernden Ideen und Ausblicken in die weitere Entwicklung der Medizin.

Man hatte bei einer wissenschaftlichen Besprechung mit ihm das Gefühl, daß sein geistiges Auge in die tiefsten Geheimnisse der biologischen und chemischen Vorgänge des Zellenlebens in untrüglicher Weise hineinblickte, wenngleich er in dem jeweiligen Augenblick noch nicht den tatsächlichen experimentellen Beweis für seine Ansichten erbringen konnte. Unwillkürlich stand man unter dem Banne, den dieser Mann mit seinem geistigen Blicke der Entwicklung der Medizin um Epochen vorauseilte, also in des Sinnes wahrster Bedeutung ein Pfadfinder und Richtungsgeber war.

Entsprechend diesem faszinierenden, farbenprächtigen persönlichen Eindruck war auch der Anblick seiner Arbeitsstätte, seines Laboratoriums. Wer je einen Blick in diese beiden, im zweiten Stock des genannten Gebäudes gegen die Schumannstraße gelegenen Räume getan hatte, dem wird das unvergeßlich bleiben.

Dem Beschauer bot sich eine Symphonie von Farben; ohne Übertreibung standen Tausende und Tausende von Glasflaschen umher, alle angefüllt mit den leuchtendsten Anilinfarben, denn Ehrlich, der damals schon erkannt hatte, daß man durch Anwendung der Anilinfarben die Verwandtschaft der verschiedensten Organe und Organteile zu bestimmten chemischen Substanzen leicht sichtbar machen konnte, – eine Erkenntnis, durch die er als junger Mann schon die gesamte Diagnostik der Blutkörperchen-Erkrankungen geschaffen hatte – stand mit der Teerfarben-Industrie im regsten Gedankenaustausch. So kam es, daß die genannte Industrie ihm jedes neue Farbenprodukt sofort zusandte, und von dieser Zeit her rührt auch seine durch sein ganzes Leben dauernde Freundschaft und große Bewunderung für die Schöpfer und Größen der deutschen Farbenindustrie, so Duisberg, den verstorbenen Laubenheimer, A. v. Weinberg und andere mehr.

In diesen Räumen nun schaltete Paul Ehrlich und hier konnte man seine Art, seine Charaktereigenschaften und vor allem die Lösung für das Rätsel seiner unvergleichlichen Erfolge kennenlernen.«

Laubenheimer schaltet sich ein

Professor August Laubenheimer in Hoechst verfolgt die Entwicklung des Tuberkulins und Behrings Arbeiten über die Antitoxine im Blut sehr aufmerksam. Um die Jahreswende 1890/91 wendet er sich an Dr. Arnold Libbertz, einen Jugendfreund Kochs: Ist Koch bereit, den Farbwerken die Herstellung des Tuberkulins, die unter

Leitung von Libbertz in Berlin betrieben wird, in größerem Maßstab anzuvertrauen?

Laubenheimer sieht hier für seine Firma die Chance, die Herstellung bakterieller Impfstoffe aufzunehmen, mag das Tuberkulin auch die Erwartungen einstweilen noch nicht erfüllen.

Koch ist einverstanden. Im Dezember 1892 wird ein Vertrag zwischen Robert Koch (sowie seinen beiden Mitarbeitern, dem Sanitätsrat Arnold Libbertz und Stabsarzt Pfuhl, Kochs Schwiegersohn) und den Farbwerken Hoechst, vormals Meister Lucius & Brüning, unterzeichnet.

Für 25 000 Mark übernehmen die Farbwerke die Einrichtungen, in denen die Tuberkelbazillen kultiviert und vermehrt werden. Aus dem bakterienfreien Filtrat der Kulturen wird das Tuberkulin konzentriert. Später nennt man dieses erste Tuberkulin »Alt-Tuberkulin«. Ihm folgen noch eine Reihe modernerer Formen. Vom Reingewinn, den die Farbwerke mit Alt-Tuberkulin erzielen, erhalten Koch, Libbertz und Pfuhl zusammen die Hälfte.

Sanitätsrat Libbertz übersiedelt jetzt nach Hoechst und wird der erste Leiter des Bakteriologischen Betriebes.

Laubenheimer kennt natürlich auch Behrings Forschungen auf dem Gebiet der Serumtherapie bei Diphtherie und Tetanus. Er schreibt am 6. Mai an Behring einen Brief, der weitreichende Konsequenzen haben wird: »In der ›Deutschen Medizinischen Wochenschrift‹ finde ich ein Referat über Ihre (mit Herrn Wernicke ausgeführte) Untersuchung betr. Immunisierung und Heilung von Versuchstieren bei der Diphtherie. Diese Abhandlung interessiert mich außerordentlich, weil sie die Aussicht eröffnet, die Diphtherie zu bekämpfen. So erlaube ich mir ganz ergebenst anzufragen, ob es Ihnen opportun erscheint, daß wir uns mit der Sache befassen, und ich bin gern bereit, in diesem Fall behufs näherer Besprechung der Angelegenheit nach Berlin zu kommen.«

Behring und Hoechst

Bereits am 14. Mai 1892 kommt Behring zum ersten Mal nach Hoechst. Laubenheimer berichtet darüber: »Behring war im Prinzip wohl damit einverstanden, daß wir uns an der Sache beteiligten, machte aber geltend, daß er in seiner amtlichen Stellung als Stabsarzt und Assistent an dem Institut für Infektionskrankheiten verpflichtet sei, den vorgesetzten Behörden von der Absicht mit uns einen Vertrag einzugehen, Mitteilung zu machen resp. die Erlaubnis hierfür einzuholen habe ...«

Am 20. Dezember 1892 schließen Hoechst und Behring einen Vertrag »über die Gewinnung des Diphtherie-Heilserums nach dem von Herrn Dr. Behring ausgearbeiteten Verfahren«.

Die so hoffnungsvoll begonnene Zusammenarbeit zwischen Hoechst und Behring wird allerdings schon im April 1894 getrübt. Behring verlangt überraschend 20 000 Mark, um seine Versuche mit dem Diphtherieserum fortzusetzen.

Laubenheimer kann sich zunächst nicht entschließen, seinen Vorstandskollegen die Bewilligung einer solch hohen Summe zu empfehlen.

Laubenheimer reist deshalb mit Dr. Arnold Libbertz zu Professor Heubner, dem Leiter des Kinderkrankenhauses in Leipzig. Doch Heubner hatte noch keinen durchschlagenden Erfolg beobachten können.

Das Serum ist zu schwach

Anschließend fahren die beiden nach Berlin zu Robert Koch. Auch Koch vermag nichts Definitives zu sagen.

Wieder in Hoechst, berichtet Laubenheimer über die Situation. Der Vorstand kommt zu dem Resultat, »wenn es auch in finanzieller Hinsicht gewagt sei, weitere Mittel zu gewähren, es doch opportun erscheine, mit Rücksicht auf die viel versprechenden Tierversuche, Herrn Behring die geforderte Summe für die weiteren Versuche zu geben«.

Professor Heubner in der Leipziger Kinderklinik sah im übrigen schon deshalb »keinen durchschlagenden Erfolg«, weil er – wie man später erkannte – nur ein sehr schwaches Serum erhalten hatte; es betrug in seiner Konzentration nur ein Fünftel bis höchstens ein Drittel der späteren Heildosis.

Gerade die Konzentrierung ist das große Problem. Während die Farbwerke schon die Großproduktion vorbereiten, zeigt sich immer klarer: es gelingt Behring nicht, das Serum so hoch zu konzentrieren, daß es die Diphtherie wirklich heilt.

Behring kommt arg unter Zeitdruck, ebenso Laubenheimer. Beide wissen, sowohl in Deutschland wie auch in Labors in Frankreich, dort von Roux im Pasteur-Institut, wird an einem Diphtherie-Serum gearbeitet. Behrings Ergebnisse, die ohnehin wesentlich auf den Arbeiten von Roux und Yersin aufbauen, sind alle veröffentlicht und nicht durch Patente geschützt.

Laubenheimers Kollegen im Vorstand der Farbwerke werden immer kritischer gegenüber einem Projekt, das schon so viel Zeit und Geld gekostet hat.

Zusammenarbeit Ehrlich und Behring

Behring, von Koch und Hoechst dazu angeregt, wendet sich jetzt an seinen Kollegen Paul Ehrlich, der mit ihm zusammen am gleichen Institut arbeitet.

Beide Männer sind recht befreundet, so verschieden sie auch sein mögen. Behring kann nicht, obwohl aus weit bescheideneren Verhältnissen als Ehrlich stammend, den preußischen Stabsarzt und die Militärärztliche Akademie verleugnen. Er ist ein Mann, der unbedingt Priorität für sich und seine Arbeit beansprucht, andere kann er wohl nur in Zuordnung zu seiner eigenen Arbeit sehen.

Auch Ehrlich ist, wenn es um die Priorität in wissenschaftlichen Dingen geht, strikt auf sein geistiges Eigentum bedacht. Im allgemeinen aber ist er großzügig und, so genau er auch die Bedeutung der eigenen Leistung und des eigenen Werkes kennt, bemerkenswert bescheiden.

Die Freundschaft zwischen Behring und Ehrlich wird deshalb beachtliche Höhen und Tiefen erleben. Sie bedeutet für Ehrlich anfangs begeisterndes Erlebnis und später herbe Enttäuschung.

Zunächst arbeiten Behring und Ehrlich eng zusammen: Ehrlich erkennt, daß sein Freund Behring das zur Herstellung eines hochkonzentrierten Diphtherie-Serums notwendige »Finish« nicht allein schafft. Er will ihm, gestützt auf seine Immunisierungsarbeiten in dem kleinen Labor in der Lützowstraße und hier im Institut für Infektionskrankheiten, helfen.

Ehrlich weiß seit seinen Experimenten mit den Pflanzentoxinen Ricin und Abrin, daß auch die Immunisierung klaren chemischen Gesetzmäßigkeiten folgt. Die injizierte Menge an Toxin muß über mehrere Wochen regelmäßig gesteigert werden, um genügend hohe Antitoxin-Einheiten zu erlangen. Wenn man Tiere dann in bestimmten Zeitintervallen zur Ader läßt, spenden sie ein Serum von maximalem Antitoxingehalt.

In einem Vortrag vor der »Deutschen Gesellschaft für öffentliche Gesundheitspflege« im Dezember 1894 hält Ehrlich Rückblick auf die Lage, die zu Beginn der Zusammenarbeit zwischen ihm und Behring gegeben und durch einen kleinen Briefvertrag geregelt worden war. Dieser Vertrag ist offenbar in der Wohnung Behrings abgefaßt worden, nämlich in der »Villa Emma« an der Treptower Straße zu Berlin. Behring hatte das Haus nach seiner Schwester Emma benannt, die ihn viele Jahre geradezu mütterlich umsorgt hat. Der Einfachheit halber ist dieser Vertrag auch auf Behrings Briefpapier geschrieben. Er lautet:

»Die beiden Unterzeichneten vereinigen sich zu gemeinschaftlichen Versuchen, um Diphtherie-Heilmittel von ... Thieren zu gewinnen unter folgenden Bedingungen:

1. Die Thiere werden untergebracht in dem Stadtbahnbogen Nr. 278.
2. Die Maximalzahl der von Ehrlich dort unterzubringenden Thiere wird zu 10 Ziegen und einer Kuh fixiert.
3. Für Behring wird die Maximalzahl der Ziegen auf 7 festgesetzt.
4. Die den Unterzeichneten gehörenden Thiere werden auf Kosten jedes einzelnen beschafft, sie sind auch als Eigentum jedes einzelnen zu betrachten.
5. Für die Unterhaltungskosten (gesamte Pflege und Beobachtung) trägt Ehrlich bis 1/4 des Gesamtunterhalts, die für das Versuchsjahr 15. Okt. 93 bis 15. Oktober 94 etwa 7260 Mark ausmachen, also 1800 Mark.

6. Die von den Thieren zu gewinnenden Heilsubstanzen werden den Farbwerken in Hoechst zum Verkauf übergeben. Der resultierende Verkaufspreis fällt zu 25% den Farbwerken, zu je 37 1/2% den Unterzeichneten zu.
7. Die Vereinbarung hat Gültigkeit bis zum 1. April 1897.

Berlin, den 14. Okt.   Paul Ehrlich – Behring«

Ehrlich berichtet:
»Ich betrachte es als ein besonderes Glück, daß es mir in diesem Moment vergönnt war, über ein Serum zu verfügen, welches von genügend hoher Kraft war, nicht aus Zufall, sondern als das Resultat früherer langjähriger Untersuchungen, die einen ganz anderen Ausgangspunkt hatten. Gelegentlich meiner Experimente über pflanzliche Gifte hatte ich gefunden, daß bestimmte giftige Eiweißkörper z.B. Abrin, der Eiweißkörper der Abrusbohne, Ricin, der Eiweißkörper des Ricinussamens, daß diese Eiweißkörper ebenfalls Immunität erzeugten und daß diese vollkommen der thierischen Immunität entspräche. Gerade die günstigen Eigenschaften dieser Körper, die man leicht abmessen konnte, boten den großen Vortheil, daß es mir ein Leichtes war, das Wesen der Immunität mathematisch zu erforschen.
Es ergab sich, daß die Immunität kein vager Begriff sei, sondern ein genau bestimmter, der sich zahlenmäßig ausdrücken läßt. Die Höhe der Immunität entspricht dem Multiplum der tödtlichen Dosis, welche das gefestigte Thier erträgt. Es zeigt sich bald, daß die Höhe der Immunität durch erneute Zuführung von Giften immer weiter gesteigert werden könnte, vorausgesetzt, daß entsprechend dem Fortschreiten der Immunität wachsende Mengen von Gift injiciert würden. Auf diese Weise war

131

das Princip gegeben, nach dem man am allerleichtesten zu einer Hochtreibung der Immunität gelangen konnte.

Inzwischen hatten die Untersuchungen mir gezeigt, daß die specifischen Antikörper in die Milch übergehen und daß durch Genuß solcher Milch die Säuglinge rasch immun werden. Im Verlauf dieser Experimente, die an Ziegen angestellt wurden, gelangte ich zu Serumsorten, die von hoher antitoxischer Funktion waren. Im Einklang mit Prof. Behring wurden mit den besten unserer Serumsorten seit September 1893 therapeutische Versuche angestellt, an deren Durchführung sich Herr Dr. Kossel ganz besonders betheiligte. Vom Januar bis Mitte März wurden dann in einer Anzahl von Krankenhäusern die Versuche an einer größeren Anzahl von Patienten durchgeführt. Indem ich wegen der Details auf die von Kossel, Wassermann und mir in No. 16 der Deutschen Medicinischen Wochenschrift (19. April) veröffentlichte Mittheilung hinweise, glauben wir den Anspruch erheben zu müssen, die Principien, die für die Diphtheriebehandlung maassgebend sind, endgültig festgesetzt zu haben.

Als Hauptergebnis unserer Untersuchungen möchten wir hervorheben:

1. dass eine sichere Behandlung der Diphtherie nur an den beiden ersten Krankheitstagen möglich ist;
2. dass mit der Dauer der Krankheit immer größere Serummengen nothwenig sind;
3. dass zur Erreichung therapeutischer Resultate je nach der Schwere des Falles 400-1700 Immunisierungseinheiten in minimo erforderlich sind.

Nur einen Punkt möchte ich hervorheben, nämlich die ausgezeichneten Resultate, die wir in den beiden Krankenhäusern erzielt haben, in denen systematisch größere Mengen Serum und wiederholte Injektionen zur Anwendung gelangen.«

Ein vielversprechender Vertrag

Ebenfalls im Jahre 1894 kommt es dann zwischen den Farbwerken Hoechst und Paul Ehrlich zu vertraglichen Vereinbarungen. Sie zeigen, daß der Forscher durchaus auch seine wirtschaftlichen Interessen zu wahren wußte:

Hoechst am Main, den 6.3.94
Zwischen Herrn Prof. P. Ehrlich zu Berlin und den Farbwerken, vorm. Meister Lucius u. Brüning zu Hoechst a.M. ist heute folgender Vertrag geschlossen worden, welcher sich bezieht auf Diphtherie-Antitoxin, das
1.) von Herrn Prof. Ehrlich in fertigem Zustande den Farbwerken geliefert wird,
2.) in nicht fertigem Zustand (in Form von Molke etc.) von Herrn Prof. Ehrlich den Farbwerken geliefert wird,
3.) von den Farbwerken selbst in Hoechst von immunisierten Thieren hergestellt wird.

I.
Für das unter 1.) genannte Produkt zahlen die Farbwerke 75% des erzielten Erlöses (exclusive Zoll, Packung u. Porto) an Herrn Professor Ehrlich.

II.
Für das unter 2.) genannte Produkt, welches noch einer weiteren Verarbeitung bedarf, zahlen die Farbwerke 50% des erzielten Erlöses (excl. Zoll, Packung & Fracht) an Herrn Prof. Ehrlich.

III.
Für dasjenige Diphtherie-Antitoxin, welches in den Farbwerken aus deren immunisierten Thieren gewonnen wird, zahlen die Farbwerke 7% von dem erzielten Erlös

(excl. Zoll, Packung u. Fracht) an Herrn Prof. Ehrlich oder dessen Rechtsnachfolger.

IV.

Herr Prof. Ehrlich stellt während der Dauer dieses Vertrages seine Erfahrungen über die Herstellung von Diphtherie-Antitoxin den Farbwerken zur Verfügung und verpflichtet sich, dritten in der Herstellung von Diphtherie-Antitoxin nicht behilflich zu sein.

V.

Dieser Vertrag ist auf 15 Jahre geschlossen; er beginnt mit dem 1. Januar 1894 und endigt mit dem 31. Dezember 1908.

Ich bin mit dem oben gefertigten Vertragsentwurf durchaus einverstanden und gern bereit, denselben zu unterzeichnen.

Berlin, den 8/III 94   Prof. Dr. P. Ehrlich

Wie überaus penibel Ehrlich in derlei schriftlichen Abmachungen zuweilen sein konnte, das kommt im Nachsatz zu diesem Vertrag zum Ausdruck. Ehrlich genügt da nicht einfach seine Unterschrift, vielmehr fügt er von eigener Hand auch noch an, daß er »durchaus einverstanden und gern bereit« ist, den Vertrag zu unterzeichnen.

Im April 1894 beendet Ehrlich auch eine Arbeit, die er gemeinsam mit seinen Freunden Hermann Kossel und August von Wassermann ausgeführt hat. Sie war für Professor Laubenheimer in Hoechst »langersehnt« gewesen. »Es ergab sich daraus«, so schreibt Laubenheimer, »daß das Diphtherie-Serum eine heilende Wirkung auf den an

Diphtherie erkrankten Menschen hat und daß es sich wirklich um ein Heilmittel handelt.« Laubenheimer und seine Kollegen in Hoechst beschließen daraufhin endgültig, eine größere Herstellungsstätte für das Diphtherie-Serum zu bauen.

Einweihungsfeier in Hoechst

Am 24. November 1894 wird in Hoechst die Herstellungsstätte für das Diphtherie-Serum eingeweiht. Paul Ehrlich, Robert Koch, Emil Behring, Friedrich Althoff und Dr. Köhler, der Direktor des Kaiserlichen Gesundheitsamtes, nehmen daran teil.

In den ersten Wochen wird das Diphtherie-Serum nur zögernd von den Ärzten verlangt. Dann aber wächst der Absatz rapid. Noch 1894 werden von Hoechst 75 225 Fläschchen Serum vertrieben. Es gibt drei verschiedene Sorten: eine enthält 600, die andere 1000 und die dritte 1500 Antitoxin-Einheiten.

Noch ehe die Produktion des Diphtherie-Serums im großen Stil beginnt, findet im Oktober 1894 im Kultusministerium eine vertrauliche Konferenz statt. Auch Koch, Ehrlich, Behring u.a. sind zugegen. Am 3. November folgt unter dem Vorsitz von Dr. Köhler eine zweite Konferenz über die »medizinal-polizeilichen Maßnahmen im Hinblick auf das Diphtherie-Serum«.

Behring hält ein Referat. Er schildert das Verfahren der Serumherstellung in den Hoechster Farbwerken. Die Einrichtungen dort erlaubten die Herstellung von täglich über 1000 Fläschchen mit je fünf Kubikzentimetern Serum.

Die Wissenschaftler-Konferenz in Berlin beschließt, die Wertbestimmung und Kontrolle des Serums nach den Vorschlägen von Ehrlich und Behring vornehmen zu lassen. Dem Staat müsse allerdings vorbehalten werden, die Fabrikation einer sachverständigen, eventuell staatlichen Aufsicht zu unterstellen.

Wer wäre dafür geeigneter als der Mann, der die Methoden zur planmäßigen Immunitätssteigerung und zur Herstellung hochwertiger Sera gefunden hat und auch zur ersten Wertbestimmung ausarbeitete: Paul Ehrlich. So wird ihm am 20.2.1895 die Leitung der Kontrollstation am Institut für Infektionskrankheiten für die Prüfung des Diphtherie-Serums übertragen.

»Staatlicher Schutzgeist« für Behring und Ehrlich

Ministerialdirektor Friedrich Althoff, Personalreferent im Kultusministerium, der seit 1892 die Laufbahn Emil Behrings nachdrücklich fördert, wird auch der staatliche »Schutzgeist« für Ehrlich, dessen Bedeutung Althoff ebenfalls erkennt.

Von 1894 an wird überdies an ein Institut gedacht, das eigens für Paul Ehrlich geschaffen werden soll. Wiederum ist es Althoff, der sich energisch für diesen Plan einsetzt. Der Auszug aus einem Brief Ehrlichs an Behring wirft ein interessantes Schlaglicht auf die Entwicklung dieses Projekts:

»Lieber Behring.

Heute wollte ich nur kurz über den weiteren Verlauf berichten. Gestern war die Beratung über den vorläufigen Etat, an der ausser Althoff und Schmidtmann auch Koch teilnahm. Folgendes sind die Resultate der Beratung.

Es wurde angenommen, dass man mit Sicherheit nur auf eine Einnahme von 30 000 M. rechnen könne, und wurde demgemäss auch der Etat entsprechend beschnitten. Ich glaube Deinen Intentionen entsprechend zu handeln, wenn ich für Wernicke schliesslich noch durchsetzte, dass er, um sich nicht zu verschlechtern, die von Dir bestimmten 6000 Mark erhalten soll.

Die persönlichen Ausgaben sind also folgende:

Ich	2 400	(bei Überschuß 3 600 DM)
Wernicke	6 000	
2 Prüfer (?)		
3 Diener	3 600	
1 Portier	1 200	
	16 800 DM	

Der Rest bis 30 000 ist für Miete, Tiere, sachliche Ausgaben etc. Da werden wir also, falls nicht mehr als 30 000 M einkommen – u. solches ist leicht möglich, wenn Hoechst nur 200 x liefert – uns sehr einschränken resp. aus eigenem zusetzen müssen. Kommt mehr ein, so sollen 2000 Mark als Reserve niedergelegt werden, dann soll ich 1200 Mark bekommen, die Beamten event. Renumeration und der dann noch verbleibende Rest soll oder kann für wissenschaftliche Zwecke verwandt werden.
Althoff möchte am liebsten, daß wir eine kleine Villa käuflich erwerben sollten und hat den Wunsch, Deine Schenkung event. zu diesem Zwecke zu verwenden, falls es Dir genehm wäre. Bei dieser Gelegenheit erwähnte er, dass er eben seinen Bericht (ich glaube ›Immediatbericht‹) darüber abgeschickt hatte und glaube ich Dir dies auch mitteilen zu können, wenn auch nur vertraulich.
Althoff beauftragte mich, bei Dir anzufragen, ob Du nicht der in Aussicht genommenen Verwendung abgeneigt bist und darf ich Dich wohl bitten, mir hierüber mit ein paar Worten Deinen Bescheid zukommen zu lassen. Ich habe

den Eindruck, dass eine Bejahung ihn hoch erfreuen würde, da er wirklich ein ausserordentliches Interesse hat, die Station recht gut und nach Deinen Intentionen einzurichten. So etwas von Begeisterung für Dich und Deine Zwecke hätte ich überhaupt bei einem so mächtigen, von allen verwöhnten Herrn wie Althoff gar nicht für möglich gehalten. Althoff versteht von Serumtherapie wirklich mehr als alle Mediziner des Ministeriums und ist über die Gegner (z.B. Pistor) ganz außer sich.«

Geheimrat Althoff, Jahrgang 1839, ist weder Mediziner noch Chemiker, sondern Jurist. Althoff war vor seiner Berufung in das Kultusministerium Professor in Straßburg und ist ein Mann mit besonderem Gespür für große Talente. Möge seine Art zu verfahren auch manchmal für einen höheren Ministerialbeamten sehr unkonventionell, Althoff persönlich mitunter recht selbstherrlich, ja tyrannisch wirken, er macht sich um die Wissenschaftspolitik des Landes hochverdient.

Behring, 1893 seiner wissenschaftlichen Leistung wegen mit dem Prädikat »Professor« ausgezeichnet und ein Jahr später – zusammen mit Emile Roux vom Pasteur-Institut – zum Offizier der Ehrenlegion ernannt, strebt weg vom Insitut für Infektionskrankheiten. Das Klima zwischen Koch und seinem stürmisch vorandrängenden Schüler Behring, der heute schon im Institut einen eigenen Kreis ergebener Mitarbeiter versammelt, ist in jener Zeit bereits etwas getrübt. Es wird in späteren Jahren auf einem Tiefpunkt anlangen. Schuld daran sind, wie wir später noch sehen werden, Auseinandersetzungen über Tuberkulose-Mittel.

Doch selbst einer Kraftnatur wie Althoff, von dem man sagt, »sein Wort entscheide über Tod und Leben«, was die Karriere von Wissenschaftlern angeht, gelingt es nicht ohne weiteres, eine Professur für Behring bei den medizinischen Fakultäten in Preußen durchzusetzen. Schließlich erreicht er, daß Behring für das Wintersemester 1894 als außerordentlicher Professor für Hygiene an die Universität Halle berufen wird.

Was er dann aus Halle über die Lehrbefähigung Behrings hört, ist für die weiterreichenden Pläne Althoffs ebenso wenig ermutigend wie für seinen Schützling: Behring sei nur ein recht mäßiger Hochschullehrer.

Große Forscher – große Lehrer?

Daß eine große Forscherpersönlichkeit nicht eine ebenso große Begabung als wissenschaftlicher Lehrer besitzen muß, ist nicht ungewöhnlich.

Um nur in Behrings nächstem Umfeld zu bleiben: Auch Robert Koch war kein »begnadeter« wissenschaftlicher Lehrer. Er war deshalb ja auch sehr froh, als er 1890 den Berliner Lehrstuhl für Hygiene aufgeben und die Leitung des Instituts für Infektionskrankheiten übernehmen konnte. In dieser Eigenschaft hielt Koch nur noch gelegentlich Vorträge.

Auch Paul Ehrlich – seit 1887 Privatdozent in Berlin – war es nicht gegeben, seine wenigen Zuhörer zu Begeisterungsausbrüchen hinzureißen. Er selbst erzählte oft, wie quälend diese Tätigkeit für ihn gewesen sei und wie sehr er das gelegentliche Auftauchen eines Leierkastenmannes im Hof schätzte, dessen »Musikdarbietung« ihm das vorzeitige Ende der einen oder anderen Vorlesung erlaubt.

Behring hat es sich in den Kopf gesetzt: er will ordentlicher Professor und Lehrstuhlinhaber werden. In einigen Briefen, die er von einer Erholungsreise durch Frankreich und Italien an seinen Gönner Althoff schreibt, deutet er nachdrücklich an, er könnte in den Staatsdienst eines anderen Landes treten, vielleicht Rußlands, sollten seine Pläne in Preußen nicht realisiert werden.

Der mächtige Ministerialdirektor im Ministerium unter den Linden ist über solche unverhohlene Pression reichlich verstimmt. Er will sich unter keinen Umständen »forcieren« lassen. Schließlich aber bemüht er sich doch, recht bald einen geeigneten Platz für seinen ungestümen und ungeduldigen Schützling zu finden . . .

Zunächst mit wenig Erfolg. In Marburg ist zwar eine ordentliche Professur für Hygiene frei geworden. Aber Professor Carl Fraenkel, den Althoff eingeschaltet und um ein Sondervotum gebeten hat, antwortet recht bündig: die Marburger Fakultät denke nicht daran, Behring zu berufen. Fraenkel berichtet am 18. Dezember an Althoff: »Behring auf die Liste zu bringen, war einfach unmöglich; es trat außer mir niemand für ihn ein«. Die Ablehnung war einmütig, und, wie es schien, endgültig.

Doch da Althoff weiter von Behring gedrängt wird, setzt sich der mächtige Ministerialdirektor in Berlin über die Entscheidung der Fakultät hinweg. Er schickt Behring als außerordentlichen Professor und Leiter des Hygienischen Instituts nach Marburg.

Ein Institut für Ehrlich

Auch für Ehrlich schafft Althoff jetzt eine unabhängige Position. Die von Ehrlich geleitete Kontrollstation für Diphtherieheilsera am Kgl. Institut für Infektionskrankheiten war ja nur als eine Übergangslösung gedacht. Überdies ergab sich immer klarer, daß die fabrikmäßige Herstellung der Sera nicht auf das Diphtherieserum beschränkt bleiben würde.

So wurde am 1. Juni 1896 ein eigenes Institut in Steglitz eingerichtet: das Institut für Serumforschung und Serumprüfung. Leitung: Professor Paul Ehrlich, ab 1897 Geheimer Obermedizinalrat.

Die finanzielle Seite sah dagegen weniger erfreulich aus. Ehrlich mußte seinen 1894 geschlossenen Vertrag mit Hoechst aufgeben, da Hoechst ja der »Hauptkunde« des Institutes bei der Prüfung des Diphtherie-Serums war. Während Behring weiterhin erhebliche Summen von Hoechst bezog, mußte sich Ehrlich mit 250 Mark Monatsgehalt als Institutsleiter begnügen.

Das Institut bestand aus zwei kleinen Gebäuden, die früher einmal als Bäckerei und Scheune gedient hatten. Seinem Freund August von Wassermann zeigt Ehrlich sein Mini-Institut trotz allem mit den Worten: »Klein – aber mein.« Zur Not, so fügt Ehrlich hinzu, könne er auch in einer Scheune arbeiten. Er brauche dazu nur Reagenzgläser, einen Bunsenbrenner und Löschpapier.

Für Ehrlichs Arbeit wird es auch später charakteristisch sein, daß er stets mit den einfachsten Versuchsanordnungen auskommt. »Wenn die Chemiker wüßten, wie sehr oft ein Reagenzglas ausreicht für noch so wichtige Versuche«, äußert er einmal, als er später in Frankfurt Herr über zwei hochmoderne Institute ist, aber selbst noch gerne zum Reagenzglas greift, wenn er schnell einen Einfall auf praktische Ergebnisse überprüfen will.

Die Seitenkettentheorie entsteht . . .

Schon in seiner Schrift »Das Sauerstoffbedürfnis des Organismus«, 1885 erschienen, hatte Ehrlich den ersten Ansatz zu der später so berühmten und umstrittenen

Theorie der Seitenketten gegeben. Sie soll vor allem erklären, wie es zur Entstehung der Antikörper kommt.

Ehrlich schrieb: »Wir dürfen annehmen, daß im lebenden Protoplasma ein Kern von besonderer Struktur die spezifische Zell-Leistung bedinge, und daß an diesen Kern sich als *Seitenketten* Atome und Atomkomplexe anlagern, die für die spezifische Zell-Leistung von untergeordneter Dignität sind, nicht aber für das Leben überhaupt.«

Den Begriff der Seitenkette hat Ehrlich wohl aus der Farbstoffchemie übernommen, wo zum Beispiel beim Benzolkern die »Anhängsel« als Seitenketten bezeichnet werden.

Ehrlich betrachtet nun diese Seitenketten als bindungsfähige Atomgruppen an der Zelle, die imstande sind, Nährstoffe festzuhalten und zu assimilieren. »Damit war bereits im Jahre 1885 ein Grundgedanke der Seitenkettentheorie ausgesprochen, wenn auch noch ohne Beziehung zur Immunitätstheorie«, bemerkt Oswin Günther in einer Betrachtung zum 100. Geburtstag Ehrlichs über »Immunitätstheorien – von der Seitenkettentheorie bis zur Fließbandtheorie«.

Bei seinen Untersuchungen konnte Ehrlich beweisen, daß die Vereinigung von Gift und Antikörper in konzentrierten Lösungen weit schneller als in verdünnten geschieht. Darüber hinaus stellte er fest, daß Wärme den Zusammentritt beschleunigt, Kälte ihn verlangsamt.

Ähnliche Erscheinungen waren in der Chemie bekannt – etwa bei den Fermenten. Ehrlich vermutete deshalb, daß auch die Neutralisation der Toxine durch Antikörper in Form einer Doppelsalzbildung geschehe. Die Einwirkung von Gift und Antitoxin vollziehe sich höchstwahrscheinlich unter den Verhältnissen der reinen Äquivalenz: »Ein Molekül Gift bindet eine ganz bestimmte, unveränderliche Menge Antikörper.« Ehrlich nimmt ferner an, »daß diese Fähigkeit, Antikörper zu binden, auf Anwesenheit einer spezifischen Atomgruppe des Giftkomplexes zurückzuführen ist, die zu einer bestimmten Atomgruppe des Antitoxinkomplexes eine maximale, specifische Verwandtschaft zeigt und sich an sie so leicht einfügt, wie Schlüssel und Schloß nach einem bekannten Vergleich von Emil Fischer«.

»Die zwingende Notwendigkeit«, schreibt Ehrlich weiter in seiner Studie, »im Toxin und Antitoxin zwei derartig aufeinander abgepaßte Gruppen anzunehmen, dürfte auch einen Hinweis darauf geben, wie man sich die rätselhafte Entstehung der Antitoxine am leichtesten denken könnte«.

»Am einfachsten lassen sich diese Verhältnisse am Tetanus exemplifizieren. Führt man einem Versuchstier Tetanusgift in geringen Quantitäten zu, so läßt sich in scharfer Weise erweisen, daß dasselbe schnell vom Zentralnervensystem, wohl den motorischen Ganglienzellen, fest gebunden wird, daß das Zentralnervensystem vor allen anderen Organen das Tetanusgift an sich reißt und die einmal aufgenommenen Giftmoleküle außerordentlich fest hält. Die Prädilektion des Nervensystems, die langsame Entwicklung der ersten Krankheitserscheinungen einerseits, deren lange Persistenz andererseits, weisen darauf hin, daß im Nervensystem, resp. seinen Ganglienzellen, Gruppen vorhanden sein müssen, die zum Tetanusgift eine maximale Verwandtschaft besitzen.« Es kann sich dabei nur um besondere Seitenketten am Protoplasma der Zellen des Zentralnervensystems handeln. »Wenn man annimmt, daß eine derartige Seitenkette« – später wird Ehrlich sie »Rezeptor« nennen – »die spezifisch bindende Atomgruppierung trägt, so erklären sich die Erscheinungen der Tetanusvergiftung sehr einfach. Es wird mit Hilfe dieser Seitenkette das Tetanusgift an die

Zelle sozusagen fest verankert und dadurch das lebende Protoplasma, so lange eben die Bindung währt, unter den andauernden physiologischen Einfluß des Tetanusgiftes gebracht, der langsam einsetzende und langwährende Funktionsstörungen bedingt. Nimmt man an, und die lange Krankheitsdauer spricht dafür, daß die gegenseitige Bindung von Seitenkette und Gift eine dauernde ist, so gelangen wir jetzt zu der Anschauung, die die Entstehung der Antikörper zu erklären geeignet ist.«

»Es ist ganz selbstverständlich, daß in der Norm diese spezifisch bindende Gruppe bestimmte physiologische Funktionen ausübt und daß es ein außer jeder Beziehung zur normalen Zell-Leistung stehendes und gewissermaßen zufälliges Zusammentreffen ist, wenn sie zu gleicher Zeit auch die Eigenschaft besitzt, bestimmte Gifte (Diphtherie, Tetanus, Schlangengift, Abrin, Rizin, Crotin) zu binden. *Ist aber diese Bindung eingetreten, so ist die Seitenkette durch den dauernden Charakter derselben physiologisch ausgeschaltet . . .«*

Überkompensation bei Zelldefekten

Es entsteht also ein Zelldefekt. Nach einer Theorie, die von Ehrlichs Vetter Carl Weigert stammt, wird ein solcher Defekt nicht nur kompensiert, sondern überkompensiert. Die Zelle bildet sogar im Übermaß neue anstelle der ausgeschalteten Seitenkette.

Im Verlauf eines Immunisierungsverfahrens wird die Zelle nach der Theorie Ehrlichs sozusagen »trainiert«, immer wieder aufs neue solche Seitenketten zu produzieren. »Bei großen Steigerungen der Giftdosen wird es zu dem Punkt kommen müssen, an dem ein solcher Überschuß von Seitenketten produziert wird, daß sie gewissermaßen der Zelle zu viel werden und als unnützer Ballast nach Art eines Exkretes in das Blut abgegeben werden.« Ehrlich betont: *»Es stellen nach dieser Auffassung die Antikörper die übermäßig erzeugten und daher abgestoßenen Seitenketten des Zellprotoplasma dar.«* Diese Seitenketten oder Antikörper müssen eine spezifische Verwandtschaft zu dem Gift besitzen.

Das Grundgesetz der Chemotherapie

Ehrlichs Grundgesetz der Chemotherapie: »Corpora non agunt nisi fixata« – ist in diesen Gedankengängen schon enthalten. Nur Verbindungen, die sich mit ihren Haftgruppen – Ehrlich wird später den Ausdruck »haptophore Gruppen« benützen – und mit ihren toxophoren Gruppen an die entsprechenden Rezeptoren der Zelle binden, können eine Wirkung ausüben.

Auch noch einem anderen Phänomen kam Ehrlich bei seinen Untersuchungen zur Wertbestimmung des Diphtherieserums auf die Spur. Bei der Prüfung verschiedener Sera hatte sich ergeben, daß neben den Toxinen auch noch eine andere Form von immunisierenden Substanzen vorhanden sein müßte. Versuche mit chemisch vorbehandelten Tetanus-Toxinen hatten Ehrlich gezeigt, »daß sich das Toxin in eine ungiftige, aber noch mit dem spezifischen Bindungsvermögen begabte Modifikation umgewandelt habe«. Als er sich später mit der von selbst eingetretenen Abschwächung des Diphtheriegiftes beschäftigte, stieß er wiederum auf solch modifizierte, man könnte sagen »verkümmerte« Toxine, deren Existenz bei der Wertbestimmung der Sera außerordentlich störend waren.

Ehrlich nannte diese Toxin-»Epigonen« – denn sie waren

Abkömmlinge von ursprünglichen Toxinen – »Toxoide«. Im Sinne seiner Seitenkettentheorie erklärte er die Tatsache, daß die Toxoide noch immer eine antikörpererzeugende Wirkung besaßen, damit, daß sie zwar »die charakteristische bindende Gruppe in voller Integrität enthalten«, aber »in dem sonstigen Atomkomplex chemische Veränderungen vorgegangen sein müssen, die mehr oder weniger vollkommene Vernichtung der Giftwirkung bedingen«.

Ehrlich betonte, daß sich von jedem Toxin eine sehr große Reihe von Toxoiden ableiten lasse, die nach der Art ihrer Entstehung und der dadurch bedingten Veränderung des Atomkomplexes ganz verschiedene biologische Eigenschaften besitzen. Nicht nur etwa bei bakteriellen Toxinen, wie dem Diphtherie- oder dem Tetanus-Toxin, auch bei pflanzlichen Toxalbuminen (wie etwa Rizin oder Abrin u.a.) sieht Ehrlich Indizien für die Abwandlung zu Toxoiden. Meist enstanden die Toxoide infolge langer Lagerung oder durch chemische Behandlung.

»Die Wirkung dieser Gedankengänge zur Zeit ihrer Formulierung war gewaltig und kann etwa verglichen werden mit der Wirkung der ersten erfolgreichen klinischen Anwendung des Fleming'schen Penicillins durch die Oxfordgruppe im Jahre 1940, welche die Antibiotika-Lawine der modernen Therapie auslöste«, schreibt Oswin Günther in der erwähnten Studie über die Immunitätstheorien.

Die Zeit der Jahrhundertwende war eine Zeit des Aufschwungs der synthetischen Chemie, besonders auch der Heilmittelsynthese. Aber die neuentdeckten Antitoxine wurden den synthetischen Heilmitteln gegenübergestellt als biotherapeutische Mittel, über deren Wirkungsweise nichts Näheres bekannt sei. Nach der Seitenkettentheorie

146

sind aber auch die Toxine und Antitoxine chemische Körper, und Ehrlich sagte dazu im Jahre 1902: »Von dieser Überzeugung ausgehend, habe ich mich in den letzten Jahren bemüht, die chemische Theorie der Toxin- und Antitoxinwirkung zu erweisen, und ich darf wohl das Verdienst in Anspruch nehmen, 1. durch die Einführung der Reagenzglasversuche, 2. durch systematische Erforschung der gegenseitigen Sättigungsverhältnisse und 3. durch den Nachweis der Toxoide und ihrer verschiedenen Modifikationen der chemischen Auffassung in weiten Kreisen Geltung verschafft zu haben.«

Ehrlich baut anschließend seine Anschauungen zusammen mit seinem Mitarbeiter Morgenroth weiter aus und paßt die Seitenkettentheorie den gerade in jenen Jahren stürmisch wachsenden Erkenntnissen über die verschiedenen Arten von Antikörpern sehr elastisch an.

Ehrlich entwickelt so in der letzten Zeit in Berlin und unmittelbar nach seiner Umsiedlung nach Frankfurt drei Grundformen der Seitenketten oder Rezeptoren, wie er jetzt sagt. Er unterscheidet drei Rezeptoren-Arten: Rezeptoren erster, zweiter und dritter Ordnung.

Die Rezeptoren der ersten Ordnung entsprechen den Antitoxinen. Die Rezeptoren der zweiten Ordnung sind nach Ehrlich die sogenannten Präzipitine und die Agglutinine.

Bei den Präzipitinen – 1897 von Friedrich Kraus in Wien entdeckt – handelt es sich um spezifische Wirkstoffe. Sie können vor allem nach der Injektion von körperfremdem Eiweiß im Serum nachgewiesen werden. So bildet zum Beispiel das Serum von Kaninchen, die mit Pferdeeiweiß behandelt werden, derartige Niederschläge, also Präzipitate. Die Präzipitinreaktion ist die Grundlage der biologischen Eiweißdifferenzierung.

Die Agglutinine sind spezielle Antikörper, die 1896 von

dem früheren Wiener, nun in München wirkenden Hygieniker Professor Max von Gruber und seinen Schülern Durham und Grünbaum bei der Beschäftigung mit dem Serum von Patienten entdeckt wurde, die an Typhus gelitten hatten. Die Agglutinine bewirken die Zusammenballung von roten Blutkörperchen oder Bakterien zu Klümpchen. Die Agglutinationsmethode bildet z.B. das diagnostische Hilfsmittel zur Bestimmung der verschiedenen menschlichen Blutgruppen und vieler anderer biologischer Erkenntnisse.

Zu den Rezeptoren der dritten Ordnung zählte Ehrlich eine Gruppe von spezifischen Wirkstoffen, die imstande sind, rote Blutkörperchen oder andere Zellen aufzulösen: die Bakteriolysine oder Hämolysine.

Die Bakteriolysine hatte 1895 ein Schüler Robert Kochs am Institut für Infektionskrankheiten entdeckt. Richard Pfeiffer, der später auch den Influenza-Bazillus aufspürte, hatte sich besonders intensiv mit dem von Koch entdeckten Cholera-Erreger beschäftigt. Als Pfeiffer lebende Cholera-Vibrionen in die Bauchhöhle eines gegen diese Keime immunisierten Meerschweinchens injizierte, beobachtete er, wie die Cholera-Vibrionen zunächst bewegungsunfähig wurden und sich schließlich völlig auflösten.

Zu einer solchen Lyse kam es auch, wenn Pfeiffer einem nicht-immunisierten Tier gleichzeitig lebende Cholera-Vibrionen und Cholera-Immunserum in die Bauchhöhle spritzte; eine weitere von Pfeiffers Entdeckungen wurde bald darauf von einem jungen Belgier aufgenommen.

Jules Bordet war 1870 in Soignies, halbwegs zwischen Brüssel und der französischen Grenze, geboren worden, hatte an der Universität der belgischen Hauptstadt studiert und war dann nach Paris gegangen. Ihn hatte, wie seinen deutschen und französischen Kollegen, die Bakteriologie und die Immunologie in Bann geschlagen.

Im berühmten Institut Pasteur, das inzwischen von Roux und Metschnikoff geleitet wurde, begann der 24jährige Bordet seine wissenschaftliche Tätigkeit.

1896 machte Bordet, zusammen mit seinem ebenfalls aus Belgien stammenden Mitarbeiter Octave Gengou, eine überraschende Entdeckung. Er stellte fest, daß Bakterien mit den entsprechenden Antikörpern zwar auch dann reagierten, wenn man das Blutserum, in dem sie sich befanden, auf 56 Grad Celsius erhitzte.

Die Auflösung der Bakterien, die von Pfeiffer gefundene Bakteriolyse, die normale Folge dieser Reaktion, blieb jedoch aus.

Komplement – Dritter im Bunde

Bordet zog daraus die Schlußfolgerung: bei der Bakteriolyse mußte neben der Antigen-Antikörper-Reaktion noch eine unbekannte dritte Substanz beteiligt gewesen sein. Vermutlich war diese »unbekannte Dritte« durch die Hitzeeinwirkung zerstört worden.

Der belgische Wissenschaftler nannte seine Verbindung »Alexin«. Später setzte sich der von Ehrlich geprägte Name »Komplement« durch. Ein ähnliches Ergebnis infolge einer Aktivierung oder Reaktivierung infolge von Wärme und frischem Immunserum erzielte Bordet bei einem Meerschweinchenserum, das Hämolysine gegen die Blutkörperchen von Hammeln enthielt.

Bald konnte Bordets Chef, Elias Metschnikoff, aber auch Ehrlich, die Ergebnisse des jungen Belgiers bestätigen. Aus den weiteren Arbeiten ging schließlich klar hervor, daß bei solchen »Lysen« neben dem Antigen – es konnte sich um Bakterien, rote Blutkörperchen oder andere Zellen handeln – noch zwei Wirkstoffe beteiligt sind: einmal ein hitzestabiler, durch Immunisierung entstehender spezifischer Wirkstoff, Ambozeptor genannt. Zum anderen ein hitzeempfindlicher, unspezifischer Ergänzungsstoff: das Komplement.

Mit dem Ausdruck »Ambozeptor« wollte Ehrlich ausdrücken, daß diese Art von Antikörpern zwei Haftgruppen (haptophore) besitzt: eine für das Antigen, die andere für das Komplement. Bordet und Gengou fanden weiter heraus, daß im Verlauf einer Infektion bei der »Komplementbindung« das Komplement im Blutserum verbraucht wurde.

Aufgrund dieser Beobachtung wurden dann später Laborreaktionen entwickelt, mit deren Hilfe es möglich wurde, aus dem Blutserum eines Menschen zu bestimmen, ob das Komplement verbraucht war und er an einer bestimmten Infektionskrankheit litt.

Die bekannteste solcher »Komplementbindungsreaktionen« wurde 1906 die von August von Wassermann zusammen mit Albert Neisser und dem Hygieniker Carl Bruck entwickelte diagnostische Methode zum Lues-Nachweis.

Wassermann hatte sich eigentlich zunächst um eine zuverlässige Methode zur Erkennung des Typhus und der Tuberkulose bemüht. Unter dem Einfluß Neissers dehnte er diese Arbeiten auch auf die Syphilis aus. Wir werden noch darauf zurückkommen.

»Signale« aus Frankfurt am Main

Ehrlich hat sich in seinem kleinen Institut für Serumprüfung und Serumforschung in Steglitz kaum einigermaßen eingerichtet, da tritt die Frage auf, ob sein Institut nicht nach Frankfurt verlegt werden soll.

In Frankfurt »regiert« ein ungewöhnlich tatkräftiger Oberbürgermeister: Dr. Franz Adickes. Er stammt nicht aus der Mainmetropole, sondern aus Harsefeld bei Stade und war zweiter Bürgermeister von Dortmund und Oberbürgermeister von Altona, ehe er 1891 nach Frankfurt berufen wurde. Dem preußischen Herrenhause gehört er schon seit 1883 an.

Der Oberbürgermeister ist nicht nur ein glänzender Verwaltungsjurist und Kommunalreformer, sondern auch ein Mann, der auf den politischen und ministeriellen Klaviaturen von Berlin zu spielen versteht, wenn es sein muß, auch mit gelegentlich etwas unkonventionellen Mitteln.

Frankfurt ist Ende des vergangenen Jahrhunderts mehr denn je eine geschäftige und blühende Metropole des Handels und der Finanzen. Doch Adickes weiß, daß »seine« Frankfurter auch der Zeit vor 1866 nachtrauern, da sie noch nicht zu Preußen gehörten, sondern in einer »Freien Reichsstadt« lebten. Das liberale Bürgertum vermißt eine Hochschule oder Universität, so hohes Ansehen das Senckenberg-Institut oder das »Freie Hochstift« auch besitzen mögen.

Doch alle Pläne, eine solche Universität zu gründen – schon im Mittelalter war dies versäumt worden –, hatten sich stets wieder zerschlagen. Jetzt, zu Preußen gehörig, sind die Hoffnungen noch geringer geworden.

Auch der Oberbürgermeister weiß aufgrund seiner vielen Verhandlungen und Sondierungen in der Reichshauptstadt, daß man dort auf dem Standpunkt steht, es bedürfe keiner eigenen Universität, etwa gar auf kommunaler Basis, in Frankfurt. Die nahe gelegene und traditionsreiche Universität in Marburg, so wird ihm in Berlin immer wieder bedeutet, reiche durchaus.

So versucht es Adickes eben auf Umwegen. Er bemüht sich, so viele wissenschaftliche Institute wie möglich in die Stadt zu ziehen, um in aller Stille die Keimzellen für eine spätere Universität aufzubauen.

Am 28. Mai 1895 hat er seinem Magistrat ein vertrauliches Memorandum vorgelegt, das die entsprechenden Pläne fördern soll. Adickes schreibt:

»Bekanntlich ist bei mancherlei Anlässen und von verschiedenen Seiten aus schon oft beklagt worden, daß das hiesige geistige Leben der Anregungen entbehrt, welche eine Universität zu geben vermag. Auch ist wohl gelegentlich die Hoffnung ausgesprochen, daß die hier vorhandenen höheren Bildungsstätten (Senckenbergianum, Hochstift u.a.m.) sich nach und nach in der Richtung auf eine universitas literarum hin entwickeln möchten.

Nüchterne Betrachtung wird freilich wohl anerkennen müssen, daß für eine absehbare Zukunft derartige Hoffnungen schwerlich sich erfüllen werden, da – abgesehen von Anderem – der jährliche Geldaufwand, den eine größere Universität jetzt mit etwa 1 Mill. M. erfordert und zu welchem der Staat z.Z. keinerlei Beitrag geben würde, viel zu groß ist, um aus der Steuerkraft hiesiger Stadt oder aus Geschenken und Vermächtnissen bestritten werden zu können.

Andererseits bleibt für das hiesige geistige und wissenschaftliche Leben die Nothwendigkeit bestehen, jede Gelegenheit zur Heranziehung geistiger Capacitäten und zur Begründung entwicklungsfähiger wissenschaftlicher Institute zu benutzen.«

Adickes hat in diesen Fragen einen mächtigen Verbündeten in Berlin: Ministerialdirektor Althoff vom Unterrichtsministerium. Althoff findet, daß für Frankfurt tatsächlich »etwas geschehen müsse«, sollen die Vorwürfe vom wissenschaftlichen »Wasserkopf« Berlins nicht weiter Nahrung finden. Er ist sich auch klar darüber, daß er einen Wissenschaftler vom Range Ehrlichs nicht auf die Dauer mit dem kleinen Serumprüfinstitut in Steglitz zufriedenstellen kann.

Vielleicht findet Althoff auch, daß es nicht schlecht wäre, neben dem von Koch geleiteten Institut für Infektionskrankheiten noch ein zweites von ähnlicher Bedeutung aufzubauen, das ohnehin kaum in Berlin untergebracht werden könnte.

Für eine Verlegung des Ehrlich'schen Institutes spricht überdies, daß Behring in Marburg wirkt und vor den Toren Frankfurts die Farbwerke Hoechst liegen, der größte Hersteller der durch Ehrlichs Institut zu prüfenden Sera.

Behrings und Ehrlichs Freundschaft ist zu diesem Zeitpunkt – trotz gelegentlicher kleinerer Reibereien wegen der Prüfergebnisse Ehrlichs – noch intakt. Behring setzt sich deshalb sehr stark dafür ein, das Seruminstitut nach Frankfurt zu verlegen und großzügig zu erweitern.

In einer ersten Besprechung zwischen Althoff, Behring und Ehrlich, die im August 1896 in Marburg stattfindet, wird die Marschroute für die Verwirklichung der Pläne in Frankfurt festgelegt.

In einem vertraulichen Brief vom 17. August 1896 unterrichtet Althoff dann den Frankfurter Oberbürgermeister.

Von nun an reißen die zunächst so vorsichtig gesponnenen Fäden in dieser Angelegenheit zwischen Frankfurt und Berlin nicht mehr ab. Nachdem sich Adickes, ebenfalls noch im August, ausführlich über die Kosten informiert hat, die z.B. für das Hygienische Institut in Hamburg aufgebracht werden müssen, fährt er nach Berlin zu dem Finanzminister Johannes Miquel. Johannes Miquel – ab 1897 Johannes *von* Miquel – zählt zu den mächtigsten Männern Preußens und zu den Führern der Nationalliberalen Partei. Er war von 1880 an ebenfalls einige Zeit Oberbürgermeister von Frankfurt gewesen. Miquel liebte die Stadt am Main, obwohl er ebensowenig ein »Einheimischer« war wie Adickes. Er stammte aus Neuenhaus in der Nähe von Hannover.

Der Finanzminister und Oberbürgermeister a.D. und der amtierende Oberbürgermeister vermögen sich schnell zu einigen, zumal Althoff entsprechend vorgearbeitet hat. Schon am 5. November 1896 erklärte sich das Kultusministerium unter »nachstehenden Voraussetzungen« bereit, das staatliche Institut für Serumforschung und Serumprüfung nach »Frankfurt zu verlegen und zu einem Institut für experimentelle Therapie auszugestalten«:

»1. Es wird vorausgesetzt, daß die Stadt Frankfurt a.M. mit thunlichster Beschleunigung ein angemessenes Gebäude für das Institut unter Verwendung eines in der Nähe des städtischen Krankenhauses belegenen Bauplatzes herstellt und in Dach und Fach unterhält.

Über die Pläne für dieses Gebäude, dessen Kosten auf ungefähr 80 000 M sich belaufen mögen, hat eine vorherige Verständigung zwischen der Stadt und dem Kultusministerium zu erfolgen.

2. Kosten der ersten Einrichtung sind unter Mitverwendung der bereits vorhandenen Gegenstände auf etwa 30 000 M zu veranschlagen.

3. Die laufenden Ausgaben des Instituts sind in dem anliegenden Etatsentwurf überschläglich auf 60 000 M berechnet.

Es wird hierbei vorausgesetzt, daß die Prüfungsgebühren jährlich etwa 40 000 M betragen werden.

4. Zu den laufenden Ausgaben hat die Stadt einen jährlichen Zuschuß von 10 000 M zu leisten.

Es bleibt ihr aber vorbehalten, wenn sie das vorzieht, statt des festen Zuschusses einen wechselnden in der Art zu leisten, daß dieser, wenn die Prüfungs-Gebühren in einem Jahre auf 40 000 M sich beziffern, ebenfalls 10 000 M beträgt, wenn die Prüfungs-Gebühren aber in einem Jahr mehr oder weniger als 40 000 M ergeben, entsprechend fällt oder steigt.

5. Die staatlichen Aufwendungen für die laufenden Ausgaben werden somit auf Grund des anliegenden Etat-Entwurfes jährlich 10 000 M betragen.

6. Das Institut wird die bakteriologischen und sonstigen, in den Kreis seiner Aufgaben fallenden Untersuchungen, welche sich für die öffentlichen Krankenhäuser Frankfurts ergeben, unentgeltlich ausführen.

Andererseits wird vorausgesetzt, daß die Verwaltung des städtischen Krankenhauses den Zwecken des Instituts nach Möglichkeit förderlich sein wird.

7. Das Institut wird insoweit auch als Lehrinstitut dienen, daß darin, soweit die Räume reichen und es mit den eigentlichen Forschungsaufgaben des Instituts verträglich erscheint, für eine beschränkte Anzahl von Ärzten Curse abgehalten werden sollen.

Auch werden der Direktor und die wissenschaftlichen Arbeiter des Instituts gern bereit sein, für die ärztlichen Kreise Frankfurts unentgeltlich Vorträge zu halten, welche nicht bloß im Institut, sondern nach Bedürfnis auch in anderen Räumlichkeiten, wie im Senckenbergianum, stattfinden können.

8. Es bleibt der Stadt unbenommen, mit dem Institutsgebäude das bisher im Senckenbergianum untergebrachte Institut für pathologische Anatomie gemäß näherer Verständigung mit dem Kultusministerium in angemessene räumliche Verbindung zu bringen.«

In einem ausführlichen und von Behring und Ehrlich gemeinsam unterzeichneten Schreiben vom 22. November 1896 wird die Finanzierung des Instituts durch Kontrollgebühren und seine Arbeit ausführlich dargestellt:

»Veranschlagung der Kontrollgebühren

Für die Beantwortung der Frage, welche Einnahme an Untersuchungsgebühren die staatliche Serum-Kontrolle in Zukunft ergeben dürfte, liegen folgende Anhaltspunkte vor.

Während des ersten Jahres der Serum-Kontrolle (März 1895 - incl. März 1896) wurden 60 120 M an Gebühren für Untersuchungen von Diphtherieheilserum vereinnahmt. In dem laufenden Rechnungsjahre sind die Einnahmen gegen das Vorjahr zurückgeblieben. Es wurden in der Zeit vom 1. April bis Ende Oktober d.J. vereinnahmt 20 910 M, gegen 31 100 M in dem gleichen Zeitraum des Vorjahres, d.i. ca. 1/3 weniger. Diese Abnahme ist aber nicht ohne weiteres auf einen verminderten Absatz des Diphtherieserums zurückzuführen; der Grund liegt vielmehr theilweise darin, daß durch die Einführung des 250fachen Serums – gegen früher 100fachen – eine Gebühren-Herabminderung um 20% an sich gegeben ist. Auf diesen Umstand wird etwa die Hälfte der Mindereinnahme zurückzuführen sein.

Eine erhebliche Verringerung des Verbrauchs an Diphtherieserum ist also in dem zweiten Jahr der staatlichen Kontrolle nicht eingetreten und auch demnächst nicht zu erwarten. Es ist dagegen möglich und wahrscheinlich, daß in den nächsten Jahren der Verbrauch des Antitoxins eine wesentliche Steigerung erfahren wird. Während bisher das Diphtherieserum fast ausschließlich zur Behandlung ausgesprochener Erkrankungen verwandt wurde, wird, nachdem die theoretischen und praktischen Vorarbeiten in positivem Sinne abgeschlossen sind, sich die unabweisbare Nothwendigkeit ergeben, die Schutzimpfung gegen Diphhtherie in großem Maßstabe durchzuführen. Ist dies der Fall, so muß auch der Verbrauch des Serums erheblich zunehmen und damit eine Erhöhung der Einnahmen an Untersuchungsgebühren eintreten. Es darf schon aus diesem Umstande geschlossen werden, daß auch für die Folge auf eine Einnahme an Gebühren von nicht weniger als 40 000 M jährlich zu rechnen sein wird.

Eine weitere Steigerung der Einnahmen wird durch die zweite Aufgabe des Instituts: die Prüfung des Tetanus-Antitoxins, erfolgen. Auch hier wird die Immunisierungsfrage von größter Bedeutung sein. Entsprechend den Angaben von Behring hat sich die Immunisierung in der Veterinärpraxis glänzend bewährt. Professor Nocard hat bei vielen tausenden Thieren (Pferden, Kühen), welche Verletzungen erlitten hatten, die Tetanus nach sich ziehen können, von den Veterinärärzten das Antitoxin injiciren lassen und so in allen Fällen diese Erkrankung unterdrückt. Ähnlich muß es in der menschlichen Pathologie stehen, und es wird die dringende Pflicht der Ärzte sein, bei bestimmten Kategorien von Verletzungen (Quetschwunden, Stichwunden, etc.) sofort eine prophylaktische Injection zu machen. Gegenüber der großen Zahl von Fällen, bei welchen die Schutzimpfung vorzunehmen ist, kommt für den Vertrieb des Antitoxins die Behandlung der wirklichen Erkrankungen am Wundstarrkrampf weniger in Betracht.

Eine fernere Einnahmequelle würde die Prüfung der therapeutisch wirksamen Bakterienprodukte mit sich bringen. Hier käme in erster Linie das Tuberkulosengift in

Frage, welches jetzt in Form des Koch'schen Tuberkulins in den Handel kommt. Bisher war die Zuverlässigkeit des Präparates, welches bekanntlich in der Veterinärpraxis ausreichende Verwendung findet, hinlänglich garantiert durch den Umstand, daß es an einer Fabrikationsstätte und nach den genauen Angaben Kochs gefertigt wurde. Gegenwärtig werden aber von verschiedenen Seiten Tuberkulose-Gifte hergestellt und zu Heilzwecken empfohlen. Diese Präparate sind jedoch unter sich ungleichwerthig, und dürfte in Rücksicht darauf, daß es sich um stark wirkende Gifte handelt, eine staatliche Kontrolle durchaus nothwendig sein.

Außerdem wäre noch zu nennen das Choleragift für die Haffkin'sche Schutzimpfung und das von Pfeiffer zu analogen Zwecken empfohlene Typhusgift, sowie das in der Thierpraxis zu diagnostischen Zwecken verwandte Malleïn.

In den Rahmen des Instituts würde auch noch die Prüfung aller derjenigen Präparate fallen, welche in ihrem Wirkungswerthe nur durch Hülfe des physiologischen Experiments bewerthet werden können. Insbesondere gilt dies von den therapeutisch so bedeutsamen Organpräparaten, von denen namentlich die Schilddrüse sich gegen verschiedene, zum Theil unheilbare Affectionen bewährt hat. Da die ganze Frage der Organtherapie sich noch in der Entwicklung befindet und gegenwärtig viele Auswüchse zeigt, so würde die Ausdehnung der Thätigkeit des Instituts auf dieses Gebiet wünschenswerth sein. Es könnte bei dieser Sachlage aber von einer obligatorischen Prüfung der bezüglichen Objekte und Präparate noch abgesehen werden, dem Ermessen der Fabrikanten vielmehr überlassen bleiben, ob und welche Präparate sie in ihrem eigenen Interesse der staatlichen Prüfung unterziehen lassen wollen.

Nimmt man alle diese Momente zusammen, so erscheint die Veranschlagung der Kontrollgebühren auf jährlich 40 000 M sicherlich nicht zu hoch bemessen. Wahrscheinlich werden sich dieselben erheblich höher stellen.«

Schon am 6. November war in einer Besprechung zwischen Behring, Ehrlich und dem Stadtbauamt das Bauprogramm festgelegt worden. Auch über den Etat des Instituts für experimentelle Therapie wurde bald Einigkeit erzielt. Er sollte insgesamt 60 000 M betragen und teilte sich wie folgt:

Persönliche Ausgaben

1. Direktor: Gehalt nebst Wohnungsgeldzuschuß 6 000,-
2. Zwei wissenschaftliche Mitglieder:
   Renumerationen 8 000,-
3. Zwei Assistenten: Renumerationen . . .   3 000,-
4. Ein Sekretär im Nebenamt   750,-
5. Vier Diener: Lohn für 2 je 1500 u. 2 je 1200 M 5 400,-
6. Ein Portier: Lohn 1 200,-
                                         —————
                                        24 350,-

Sächliche Ausgaben

1. Unterhaltung u. Betrieb der Laboratorien:
   (Apparate, Chemikalien, Fleisch, Eis,
   Wäsche, Reinigungskosten) 10 000,-
2. Versuchstiere 12 000,-
3. Gas, Wasser, Heizung, Licht 3 000,-
4. Bibliothek   600,-
5. Insgemein (Alters- und Invaliditäts- Versicherung
   u. unvorhergesehene Ausgaben) . . .   10 050,-
                                         —————
S^a der Ausgaben . . . .   60 000,—

Aus dem ersten Etat-Entwurf geht hervor, daß Ehrlich zunächst gehofft hatte, seinen Freund August von Wassermann zur Umsiedlung nach Frankfurt zu gewinnen. Denn in dem ersten Entwurf ist sein Name als einer der beiden wissenschaftlichen Assistenten aufgeführt.

Wie aus dem früher zitierten Brief Ehrlichs an Behring ersehen werden kann, hatte Ehrlich schon bei der Gründung des Instituts in Steglitz gehofft, daß Wassermann das Institut für Infektionskrankheiten verlassen und zu ihm kommen würde. Wassermann konnte sich dann allerdings doch nicht entschließen, seinen Lehrer und Chef, Robert Koch, zu verlassen.

Die Frankfurter Stadtverordneten-Versammlung beschließt am 6. April 1897 mit großer Mehrheit, dem Projekt des Magistrats zuzustimmen. Auch das Placet der beiden Häuser des Landtags erfolgt so zeitig, und der Bau wurde so rasch gefördert, daß sich die Eröffnung des Instituts schon für den Herbst 1899 abzeichnet.

Spannungen zwischen Ehrlich und Behring

Leider verschlechtert sich in jener Zeit das Verhältnis zwischen Ehrlich und Behring rapide. Vordergründig ging es zunächst um Prüfergebnisse des Instituts im Falle der in Hoechst hergestellten Sera Behrings. Behring war mit manchem der Prüfergebnisse unzufrieden; das hatte zu ersten Verstimmungen geführt. Überdies fand Behring, daß Ehrlich ihn von jeder Einflußnahme auf das Institut ausgeschaltet hatte, obwohl er sich für dessen Errichtung so nachhaltig eingesetzt hatte. In einem späteren Brief aus dem Jahre 1903 spricht Behring sogar von »einer Eliminierung meines Einflusses auf das Frankfurter Institut«. Behring hatte sich die Arbeit seines Freundes und dessen

Instituts wohl hauptsächlich zur Unterstützung seiner eigenen Arbeiten in Marburg vorgestellt.

Ehrlich, sehr leicht verletzlich und gelegentlich zu übertriebenen Reaktionen neigend, beklagt sich bei verschiedenen Gelegenheiten über die Haltung seines Freundes bitterlich.

So schreibt er 1899 in einem Brief, den seine Sekretärin Martha Marquardt in ihrem Buch über Ehrlich zitiert:

»Ihre Nachrichten über B. haben mich nicht in Verwunderung gesetzt. Er hat nur geerntet, was er gesät hat ... Daß das Institut, von dem er ursprünglich sprach, eine Dependance von Marburg sein sollte und ich so ein Untergebener von ihm, davon war *damals* keine Rede ... Daß B. sich im Laufe der Zeit die Sache anders eingebildet und geglaubt hat, daß ich für einen lächerlichen Gehalt dafür arbeiten würde, daß ihm neue Entdeckungen und Millionen zufließen, glaube ich recht gern ...

Nur mir hat er den Diphtherie-Erfolg zu verdanken, insbesondere seine großen materiellen Erfolge. Ich werde immer ganz ärgerlich, wenn ich an diese dunkle Periode und an die Geschicklichkeit denke, mit der damals B. meine wissenschaftliche Beteiligung verhüllt hat.

Die Revanche ist ja auch nicht ausgeblieben, er hat ja sehen können, wie weit er nach meiner Trennung *ohne mich* gekommen ist. Alles ist abortiert, Pest, Cholera, Rotz, Streptokokken, keine Fortschritte im Diphtheriegebiet – nur Hypothese gewagter Art und pseudo-exacte Zahlenspielereien – und das alles bei einem Überfluß von Mitteln und einer Schar von Arbeitern (Ruppel, Lingelsheim, Knorr, Japaner und die Unterstützung der großen Fabrik).«

Dieses bittere Schreiben, das beinahe einer Verdammung Behrings gleichkommt, darf man wohl nicht in jeder Hinsicht »beim Wort nehmen«. Es war Ausdruck eines immensen Ärger Ehrlichs. Er hatte sich angestaut wohl nicht zuletzt, weil Ehrlich den Eindruck hatte, die gemeinsame Arbeit am Diphtherie-Serum sei, sowohl was die Anerkennung als auch den finanziellen Erfolg angehe, ausschließlich Behring zugutegekommen.

Auf der anderen Seite ist Ehrlich aber auch jedesmal sofort wieder zur Versöhnung bereit, wenn Behring – wie es oft geschah – die Hand zum Frieden ausstreckt und sich darum bemüht, die alten freundschaftlichen Beziehungen wieder aufzunehmen. Einige Freunde Ehrlichs wundern sich sogar über diese stete Bereitschaft angesichts all der vorhergegangenen Kämpfe und gegenseitigen Beschuldigungen.

Dabei hätte Behring eigentlich allen Grund zur Zufriedenheit. Sein Aufstieg war unvergleichlich steil, und jetzt ist er auf dem besten Wege, nicht nur ein berühmter, sondern auch ein sehr wohlhabender Mann zu werden. Die Summen, die er für das Diphtherie-Serum aus Hoechst erhält, sind hoch und steigern sich Jahr um Jahr.

Die Farbwerke Hoechst haben Behring überdies auf dem Schloßberg in Marburg, auf Grund und Boden, den Behring selbst erworben hat, ein großzügiges Forschungslaboratorium eingerichtet. Dort arbeitet er nicht nur an der Vervollkommnung seiner Diphtherie-Serumtherapie, sondern auch an einem Serum gegen Tetanus und Tuberkulose.

Wie erwähnt, sind Behrings wissenschaftliche Arbeiten in jener Zeit unter anderem auf ein Serum gegen Tetanus gerichtet, dem gefürchteten Wundstarrkrampf, an dem seit Beginn der Menschheitsgeschichte Millionen zugrunde gegangen sind.

Am 15. Oktober 1896 stellten die Farbwerke Hoechst beim Ministerium in Berlin den Antrag, Tetanus-Serum der staatlichen Kontrolle zu unterstellen. Es sei gelungen, »ein Serum von so hohem Antitoxingehalt herzustellen, daß Aussicht vorhanden sei, dasselbe werde zur Heilung von Wundstarrkrampf mit Erfolg Verwendung finden«.

Die ersten Antitoxin-Mengen wurden von Hoechst im Dezember 1896 an das Steglitzer Institut zur staatlichen Prüfung eingereicht. Paul Ehrlich bestätigte den Empfang ausdrücklich. Er mußte freilich bald höhere Prüfungsgebühren fordern, da der Prüfungsaufwand bei Tetanus wesentlich höher war als beim Diphtherie-Serum. Es waren in diesem Fall nämlich stets vierzehn Tierversuche notwendig.

Ab Feburar 1898 gaben die Farbwerke nur noch flüssiges Serum ab, »da die Auflösung des trockenen Präparates nicht selten auf Schwierigkeiten stoße«. Auch später noch gab es viele Enttäuschungen sowohl bei der therapeutischen Anwendung des Serums als auch bei seiner Herstellung und Prüfung.

Behring »pflügt auf den Feldern Kochs«

Neben der Serumtherapie bei Diphtherie und Tetanus hat Behring seit 1895 begonnen, sich mehr und mehr auch mit Immunisierungsfragen bei der Tuberkulose zu beschäftigen. Konnte man nicht auch gegen diese Krankheit ein Serum entwickeln? Voraussetzung war ein Tuberkulose-Gift zur Erzeugung der Antitoxine.

Bei einem Kongreß in Lübeck und bald darauf in Madrid zeigte Behring ganz offen, wie sehr ihn diese Fragen reizten und daß er auf dem angestammten Gebiet seines Lehrers, Robert Koch, zu pflügen gedenke.

Es ist hier nicht der Platz, die in den nächsten Jahren anhebenden Streitigkeiten zwischen Lehrer und Schüler in aller Ausführlichkeit zu schildern, obschon sie aufregende und dramatische Akzente zur Genüge enthielten.

Behrings Trumpf in diesen Auseinandersetzungen, die auch zu einem Patentstreit zwischen ihm und Koch führten, ist seine »Tuberkulinsäure«. Behring glaubt, die Verbindung leiste bei der »Behandlung von tuberkulösen Individuen mindestens eben dasselbe wie die übrigen bekannten Tuberkulosegift-Präparate, und auf Grund ihrer Eigenschaft, sich mit gewissen Eiweißkörpern zu kompletteren Verbindungen zu paaren, rechne ich mit der Wahrscheinlichkeit, daß mit ihrer Hilfe, namentlich zur Herstellung einer Grundimmunität, sich bessere Resultate erzielen werden lassen als bisher«.

Obwohl Koch im Patentstreit gegen Behring mehrere Niederlagen hinnehmen muß, argwöhnt Behring, die Berliner Anhänger Kochs würden seine Arbeiten vorsätzlich schlechtmachen oder ihnen zumindest die notwendige Anerkennung versagen. Ein unparteiischer Sachverständiger habe sich nicht wirklich unparteiisch, sondern zugunsten Kochs verhalten.

Die Streitigkeiten, die zwischen Koch, einigen seiner Schüler und Behring ausgebrochen waren, waren wohl einer der Gründe, warum Ehrlich ganz gerne aus Berlin wegging. Ehrlichs Natur waren solche Auseinandersetzungen zwischen Menschen, die er als Wissenschaftler hoch schätzte, überaus zuwider. Koch, den unermüdlichen Reisenden, konnte er nur selten sehen. Überdies hatte sich die Berliner Universität nicht bereitgefunden, ihm einen ordentlichen Lehrstuhl anzubieten. So fand Ehrlich die größeren Möglichkeiten, die ihm ein eigenes Institut in Frankfurt bot, überaus anziehend. »An Berlin fesselt mich wissenschaftlich rein gar nichts«, schreibt er an seinen Vetter und Freund Carl Weigert.

Frankfurt wird dann auch der Platz sein, an dem Ehrlich seine größten Erfolge, den Höhepunkt seines Schaffens, allerdings auch Auseinandersetzungen erleben wird, die ihm vorzeitig seine Lebenskraft rauben werden.

ZWEITER TEIL

Im Banne
der Seitenketten-Theorie

Im Jahr 1899 übersiedelt Paul Ehrlich mit seiner Familie von Berlin nach Frankfurt. Sie kaufen ein kleines, aber hübsches Haus in der Westendstraße 62. Es umfaßt 200 Qaudratmeter Wohnfläche, Wohnzimmer, Schlafzimmer für die Kinder, ein Zimmer für das Mädchen Dora, ein Ankleidezimmer für Frau Hedwig und ein Arbeitszimmer für Ehrlich, das voller Bücher und Druckschriften ist und in dem sich nur der Hausherr zurechtfindet.

Der Zugehfrau hat Ehrlich listig schmunzelnd erklärt: »Unter keinen Umständen etwas anrühren. Überall ist Gift gestreut. Das darf nur ich anfassen, denn ich habe das Gegengift genommen.«

Das »Königliche Institut für experimentelle Therapie« ist im Vorort Sachsenhausen in der Sandhofstraße 44 entstanden – ein Haus im Backsteinbau mit hohen Giebeln, wie es auch bei wissenschaftlichen Gebäuden dem Geschmack der Zeit entspricht. Bemerkenswert und auch damals nicht alltäglich: die Baukosten konnten sogar um über siebentausend Mark unterschritten werden.

Fast hundert Wissenschaftler, Persönlichkeiten des öffentlichen Lebens, Industrielle und Politiker und Journalisten wurden zur Eröffnung eingeladen. »Der Magistrat der Stadt Frankfurt a.Main«, so hieß es auf den vornehm gehaltenen Karten, »beehrt sich, nachdem die Überweisung des stadtseitig errichteten Anstaltsgebäudes an das Königliche Institut für experimentelle Therapie und die feierliche Eröffnung des letzteren auf Mittwoch, den 8. November 1899, vormittags 14 Uhr (Sandhofstraße No 44) festgesetzt ist, Sie ergebenst einzuladen.«

Am Nachmittag fand ein Mittagessen im »Englischen Hof« statt, an dem 72 Personen teilnahmen, wie aus den noch vorhandenen Unterlagen zu ersehen ist. Das »Hotel D'Angleterre« stellte nämlich dem »Hochwohllöblichen Magistrat, Dahier« für Essen und Getränke eine Rechnung von 832 Mark.

Finanzminister Johannes v. Miquel konnte leider nicht zu der Einweihung kommen. Er schickte stattdessen ein Telegramm aus Berlin: »Zu meinem Bedauern an der persönlichen Teilnahme verhindert, kann ich es als treuer Bürger dieser Stadt nicht unterlassen, meine herzlichsten Glückwünsche auszusprechen zu der Vollendung des neuen wissenschaftlichen Institutes, dessen Herstellung wesentlich der eigenen Kraft der Stadt zu verdanken ist, wie es ihren geschichtlichen Bestrebungen für die Förderung des idealen Fortschritts so ganz entspricht. Möge das Werk der Menschheit zum Segen und unserer Stadt zur dauernden Ehre gereichen.«

Auch Leopold Sonnemann, der große liberale Publizist und Gründer der Frankfurter Zeitung, muß absagen, da er gerade zu einer dringend notwendigen Kur weilt.

Paul Ehrlich ist, als er 1899 das Frankfurter Institut übernimmt, 45 Jahre alt, seine Frau 35, Tochter Stefanie 15, Marianne 13. Der Vater wirkt allerdings schon etwas älter. Das einst blonde Haar und der kurzgestutzte Bart sind weiß, die kleine Gestalt vorgebeugt und zierlich. Seine blauen Augen aber, die jeden Besucher prüfend

167

mustern und beeindrucken, strahlen Energie und Tatkraft aus.

Freundschaft mit Weinberg

Weigert hat für seinen damals schon berühmten Vetter manch wertvollen ersten Kontakt geknüpft. Er ist sozusagen der »Quartiermacher« Ehrlichs in Frankfurt gewesen.

Nicht minder wichtig wird Ehrlichs Beziehung und spätere Freundschaft mit Arthur Weinberg. Er, der sich später, ab 1908, von Weinberg wird nennen dürfen, gehört zu den vermögendsten und einflußreichsten Familien Frankfurts. Arthur und sein Bruder Karl sind die Inhaber von Leopold Cassella und Co., der großen chemischen Fabrik in Mainkur, die sich 1904 zum sogenannten »Zweibund« mit den Farbwerken Hoechst zusammenschließen wird.

Arthur Weinberg, vier Jahre jünger als Ehrlich, Reserveoffizier mit deutsch-nationaler Einstellung, ist Chemiker; er hat bei Adolf von Baeyer in München studiert. Später arbeitet er in der eigenen Fabrik als Chemiker. Er hat sie um zahlreiche interessante Farbstoff-Synthesen und -Patente bereichert.

Weinberg versorgt Ehrlich nun – ebenso wie Hoechst – mit neuen Farbstoffen. Vor allem aber schafft er für Ehrlich wertvolle Verbindungen zu bedeutenden Mäzenen im Frankfurter Großbürgertum, das sich in Weinbergs schönem Haus Buchenrode zu glanzvollen Soirees trifft.

Außer Weinberg kommen zur Einweihung des neuen Instituts natürlich die Vertreter des Staates und der Stadt, die beiden Mitbegründer der Farbwerke Hoechst, Adolf von Brüning und Wilhelm Meister, auch Geheimrat Caro von der BASF. Dazu Ehrlichs Freund August von Wassermann und natürlich Ehrlichs langjähriger Verbindungsmann zu Hoechst, Professor August Laubenheimer.

Keine Tischdecke ist vor Ehrlich sicher

In Laubenheimers Haus, wo nicht nur Ehrlich, sondern Emil von Behring, Robert Koch, Elias Metschnikoff und viele berühmte andere Forscher verkehren – es befindet sich in der Leverkuserstraße Nr. 3 in Höchst, unmittelbar im Schatten der Farbwerke – hat Ehrlich wenige Tage vor der Eröffnung des Instituts seine Seitenketten-Theorie auf das blütenweiße Tischtuch der Frau Laubenheimer gezeichnet.

Ehrlich ist ein höflicher, zu Damen stets galanter Mann, doch wenn es um sein Gedankengebäude geht, vergißt er Zeit, Ort und Gegenüber. Er hat in der Westentasche stets verschiedene Farbstifte parat. Will er jemandem seine Ideen auseinandersetzen, so zeichnet er sie unter Umständen auf die nächste sich darbietende Fläche. Es mag die Manschette seines Gesprächspartners sein, die Tür einer Wohnung oder eines Laboratoriums oder eben die Tischdecke der Frau Laubenheimer. Sogar auf die Schuhsohlen eines Mitreisenden im Eisenbahnabteil Frankfurt nach Berlin soll Ehrlich, zumindest einer Anekdote nach, seine Seitenketten-Theorie skizziert haben.

Auch Ansichtskarten boten für Ehrlich ein willkommenes Mittel zur »Visualisierung« seiner Theorien. Professor William Bulloch, Mitarbeiter Ehrlichs in den ersten Frankfurter Jahren, erzählt, wie er mit Ehrlich einmal in dem Frankfurter Lokal »Buerrose« in eifriger Diskussion über die »Seitenketten-Theorie« zusammensaß. Ehrlich skizzierte dabei auf Ansichtskarten seine Vorstellungen von den Rezeptoren und den anderen Atomgruppen. Jedesmal, wenn er eine Karte vollgezeichnet hat, wirft er sie auf den Boden und läßt sich eine neue geben, die er sofort wieder mit seinen Zeichnungen und Symbolen füllt. Am Schluß der Unterhaltung mit Bulloch hatte Ehrlich fünfzig Postkarten verbraucht, die er anstandslos dem Ober bezahlt.

Auch beim Abendessen in der Westendstraße kann es zum Kummer von Frau Hedwig geschehen, daß ihr Mann gedankenverloren auf die Tischdecke mit seinen Farbstiften kritzelt. Glücklicherweise ist das Haus nicht arm an solchen Textilien. Frau Ehrlichs Vater besitzt, wie erwähnt, die größte Leinen- und Damastweberei Schlesiens. Trotzdem schmerzt derlei Unbekümmertheit die Ehefrau. Im übrigen ist die historische Tischdecke im Fall Laubenheimer natürlich nicht aufbewahrt worden, wie Kurt Laubenheimer berichtet. Die sehr auf Sauberkeit bedachte Frau Laubenheimer hatte sie eilig in die Wäsche gegeben.

In offiziellen oder gesellschaftlichen Unterhaltungen wirkt Ehrlich meist etwas schüchtern und gehemmt. Das ändert sich indes schlagartig, wenn von seinen Forschungsthemen die Rede ist. Dann wandelt er sich völlig. »Mit großer Lebhaftigkeit, die Umgebung vergessend, entwickelte er in übersprudelnder Weise seine Gedanken«, erzählt August von Wassermann. »Dabei konnte man beobachten, wie die originellen Ideen ihm in so reichem Maße zuflossen, daß der Ausdruck in Worten ihm kaum zu folgen vermochte als dann mit seinen Gedanken Schritt zu halten.«

»Berichtete man ihm eine neue Tatsache«, so schreibt Professor Georg Schöne, 1906/07 an Ehrlichs Institut, »oder äußerte man einen Gedanken, so war es geradezu erstaunlich, welcher Strom sich über einen ergoß. Es war kaum zu unterscheiden, ob das, was man gesagt hatte, die blitzschnelle Produktion neuen Denkens auslöste oder nur die Schleusen öffnete für eine aufgestaute Flut. Beides ging sicherlich Hand in Hand. Dabei trat die Verbindung einer ungeheuer lebendigen Phantasie mit einer ganz seltenen Schärfe und Konsequenz des Denkens klar hervor.«

Ehrlichs Mitarbeiter in den Jahren 1903/04, Sir Henry H. Dale, der 1936 den Nobelpreis entgegengenommen hat, schreibt: »Jeder, der in dieser Zeit Ehrlich besuchte, wurde nach einem kurzen, herzlichen Willkommensgruß sogleich hineingerissen in eine wilde Strömung erregter Darlegungen von Ehrlichs neuesten wissenschaftlichen Funden und Theorien, reichlich illustriert durch Farbstoffdiagramme an irgendeiner verfügbaren Oberfläche, so daß der Besucher, selbst wenn seine eigenen Interessen und Arbeiten auf einem nicht entfernten Gebiet wissenschaftlicher Forschung lagen, sehr bald das Gefühl hatte, den Boden unter den Füßen zu verlieren, und ihm nichts übrig blieb, als resigniert die Fluten der Beredsamkeit über sich ergehen zu lassen.«

Als Dale zuerst Ehrlich aufsuchte, wurde er durch einen deutschen Freund eingeführt, der gern die Gelegenheit benutzen wollte, über seine eigenen Arbeiten mit Ehrlich zu sprechen, um ihn dafür zu interessieren. »Als wir beide dann wieder auftauchten und uns auf normalem Boden befanden, mußte ich kleinlaut gestehen, daß – wahrscheinlich weil ich Ehrlichs Redefluß in deutscher Sprache nicht schnell genug zu folgen vermochte, ich nicht viel von seinen enthusiastischen Monologen verstanden hätte; worauf mein Freund mir die überraschende Antwort gab: ›Ich auch nicht‹.«

In Diskussionen entwickelt Ehrlich viel Temperament.

Bei einem Besuch in London gerät er im Verlauf einer Debatte einmal so sehr in Eifer, daß der Laboratoriumsdiener, an kühle englische Sachlichkeit gewohnt, seinen Chef fragt: »Shall I separate them?«

Gegensätze zwischen Ehrlich und Behring

Einer fehlt übrigens in der illustren Runde bei der Einweihung des Instituts für experimentelle Therapie in Frankfurt: Emil Behring.
Behring grollt wieder einmal seinem Freund. Und bald wird sich das ohnehin schon arg strapazierte Verhältnis noch weiter verschlechtern. Am 29. Januar 1900 hat Behring an Ehrlich einen ausführlichen Brief geschrieben, der einige Schritte in Berlin ankündigt, von denen Ehrlich befürchten muß, daß sie sich vorwiegend gegen ihn und die Arbeit des Seruminstituts richten werden.

Behring kann es einfach nicht verwinden, daß er von jedem größeren Einfluß auf das Frankfurter Institut ausgeschaltet ist und Ehrlich bei der Prüfung der Präparate ihm gegenüber keineswegs »konvenient« verfährt.
Wie gesagt, Ehrlich befürchtet, daß Behring in Berlin einige »Minen gegen ihn legen« wird und versucht, sich rechtzeitig zu wehren. Wie aus einem Entwurf für einen Brief an Ministerialdirektor Althoff hervorgeht, der leider nur etwas verstümmelt erhalten ist, geschieht dies recht nachdrücklich. Auch werden dabei sehr klar aus der Sicht Ehrlichs die einzelnen Streitpunkte sichtbar, die das beiderseitige Verhältnis belasten:

»Hochzuverehrender herr ministerialdirector
Ich muß vielmals um entschuldigung bitten, wenn ich

wiederum Ihre so unendlich wichtige zeit in anspruch nehme. Es handelt sich aber für mich um eine so schwerwiegende frage, daß ich gestützt auf Ihre so große güte mich an Sie direct wende.

Hr Geh Rath Behring hat mir gestern geschrieben, daß er nach Berlin kommen will – anläßlich der erkrankung seines Schwiegervaters – und sich bei dieser Gelegenheit im reichsgesundheitsamt und im cultusministerium wegen der obligatorischen einführung der tetanusprüfung auszusprechen.

In welchem sinne das geschehen soll, geht aus folgendem paßus seiner mittheilung hervor:

Da ich nach dem tenor des briefes und früheren ähnlichen äußerungen erwarten muß, daß er meine amtliche thätigkeit in erheblicher weise angreifen wird, so gestatte ich mir zur orientierung und vertheidigung schon jetzt folgendes zu bemerken.

Ich nehme für mich in anspruch das institut sowohl in wissenschaftlicher als technischer beziehung ohne makel und einwand verwaltet zu haben. Die wenigen neuerungen, die ich in die serumprüfung eingeführt habe, wie die forderung der sterilität und abänderung des prüfungsverfahrens, nothwendig und zweckentsprechend. Das neue prüfungsverfahren hat sich in praxi vollkommen bewährt, indem die differenzen mit den fabriken, wie sie früher auftraten, so gut wie vollständig verschwunden sind. Ich besitze in dieser beziehung schriftliche äußerung der betheiligten fabriken ganz abgesehen von wissenschaftlich zustimmenden publicationen hervorragender fachgenoßen. Die theoretische begründung der neuen methode, die auf einer außerordentlich mühseligen untersuchung zahlreicher gifte beruhte, wies darauf hin, daß giftmodificationen bestehen, die noch bindungsvermögen für antitoxine besitzen, dabei aber ihre giftigkeit ein-

173

gebüßt haben. Die toxioidtheorie – die von der mehrzahl der fachcollegen (mit ausnahme des instituts Pasteur und Behrings) – acceptiert ist, bildet den ausgangspunkt der modernen entwicklung der immunitätsrichtung die ... überall Beachtung gefunden hat.

Wenn Behring trotz der großen förderung, die er beim diphtherieserum durch mich erfahren hat, und trotz des umstandes, daß für ihn während des ganzen bestehens des instituts in jedem fall ausgedehnte versuche für ihn vorgenommen wurden, dennoch ein ... steigende feindseligkeit gegen meine person u. das institut markiert, so sind hier folgende momente besonders ausschlaggebend gewesen

1) Das verhalten bei der prüfung der amerikanischen sera, wobei ich bindenden instructionen folgte, die den wünschen Behrings allerdings zuwider liefen

2) Das resultat der prüfung des angeblich hochwerthigen tuberkulosegifts (TD^r). Ich glaube mir aber hier zunächst ein persönliches verdienst um Behring erworben zu haben, indem ich ihm eine fehlerquelle vor augen führte, die seine so umfangreichen versuche seit jahren gefälscht hatten, dann aber ein humanitäres, indem ich die einführung des neuen präparats, das schon in Höchst verpackt mir von dort inofficiell durch den dortigen beamten zugewandt war, noch im letzten moment verhinderte.

3) Meine stellung zu der patentfrage ... über die ich seinerzeit berichtet hatte

4) Die mangelnde neigung, mich an der erforschung der neuen tuberkulinpräparate (tuberkulin ..., tuberculase ...) zu betheiligen. Dieselbe begründet sich zum theil in der von mir gehegten überzeugung, daß der von B eingeschlagene weg nicht der richtige ist.

5) [Dieser Absatz ist mit blauem Farbstift durchgestrichen]

Eine eifersucht auf meine, nach seiner jetzigen ansicht fälschlich errungenen erfolge.

6) Die herren Geh Rath Dönitz u. mir direct ausgesprochene behauptung, daß wir bei der prüfung der Höchster sera nicht convenient, sondern parteiisch verführen. Eine prüfungsanstalt kann, wenn sie die grundlage verlieren soll (vermutlich fehlt ein »nicht«), überhaupt da keine convenienz üben, wo klare... maßregeln vorliegen. Wenn das betreffende versuchsthier stirbt, muß das serum zurück... (resp. eingezogen) werden. Sollte der geringste zweifel bestehen, so wird die prüfung von den beiden mitgliedern wiederholt. Wenn aber dann das resultat sicher ist, muß laut der amtlichen buchung verfahren werden. Es mußte daher als schwerer und unberechtigter vorwurf erscheinen, daß Geh. Rath Behring aus dem umstande, daß von den Höchster farbwerken mehr sera eingezogen wurden als von anderen fabrikationsstätten den vorwurf der parteilichkeit herleitete«.

Während Ehrlich seinem Unmut über Behring gelegentlich in starken Worten Luft machte – »Behring ist schwarz wie die Hölle« (versicherte er einmal dem dänischen Serologen Th. Madsen), sprach Behring zumeist über Ehrlich nur in Tönen höchster Anerkennung. Als Behring im Dezember 1901 auf dem Weg nach Stockholm in Kopenhagen Station machte, empfing er den dänischen Immunologen Carl Salomonsen im Hotel d'Angleterre zu einem freundschaftlichen Gespräch. Bei dieser Gelegenheit rühmte Behring die Leistungen Ehrlichs und fügte hinzu: »Was wäre aus meinen Sachen geworden, wenn sie Ehrlich nicht weiter entwickelt hätte.« Ein Bündnis zwischen Ehrlich und ihm sei wissenschaftlich unschlagbar. Dagegen käme niemand an.

Behring äußerte bei dieser Gelegenheit auch die Vermutung, an den Zerwürfnissen mit Ehrlich sei wohl auch dessen Frau nicht unschuldig. Sie sei zwar eine sehr »stille« aber ungemein »ehrgeizige« Frau. Wie weit Frau Ehrlich ihren Mann gegen Behring einnahm, läßt sich heute natürlich nicht mehr sagen. Aber daß auch in den Beziehungen zwischen genialen Wissenschaftlern das »Chercher la femme« eine Rolle spielt, wird wohl niemand leugnen.

Bericht vom Schauplatz der Toxine

In seiner Rede zur Eröffnung des Königlichen Instituts für experimentelle Therapie setzt sich Paul Ehrlich mit Wirkung und Entstehung der Antitoxine auseinander.
Paul Ehrlich geht zunächst auf das Verhältnis zwischen der zugeführten Toxinmenge zu der vom Organismus produzierten Antitoxinmenge ein. Aufgrund des Mißverhältnisses – nämlich weniger Toxin regt mehr und über lange Zeit Antitoxinproduktion an – schließt er aus, daß das Antitoxin ein reines Derivat des Toxins sei.
Als Beweis dafür führt er auch den Unterschied in der Dauer einer aktiven und passiven Immunität an; die aktive hält lange, die passive nur kurze Zeit an.
Dann kommt Ehrlich auf seine Seitenketten als Bestandteile der Protoplasmen der Zellen zu sprechen, die gebraucht werden, um Nährsubstanzen, die im Blut zirkulieren, anzuziehen und zu speichern.
Ehrlich sieht sich noch vielen Problemen gegenüber. Um sie zu lösen, sind sehr ausgedehnte Forschungen notwendig. Und so schließt er seinen Vortrag mit den Sätzen: »Diese Forschungen, die auf dem Prinzip der Möglichkeit basieren, dem Organismus durch Verabreichung von harmlosen Substanzen neue und vorteilhafte Eigenschaften zu verleihen, können für die Medizin, die Diagnostik

und vor allem für die Therapie nur nützlich sein. Wir wollen hoffen, daß dieses Prinzip bald eine wichtige Rolle in der Bekämpfung der Krankheiten spielen wird.

Von Dungern [Ein Mitarbeiter Ehrlichs, d. Verf.] hat daraus bereits die Vorstellung entwickelt, die Epithelneoplasien, vor allem den Krebs, mit Hilfe eines Anti-Epithelium-Serums zu bekämpfen, das nach den dargelegten Regeln leicht zu erhalten ist. Wie man sieht, eröffnet die wissenschaftliche Analyse der von den Antitoxinen ausgehenden Wirkung, die auf den ersten Blick nur von rein theoretischem Interesse zu sein scheint, der Erklärung der lebenswichtigen Funktionen und der vernunftgemäßen Theorie neue Horizonte.«

Beinahe prophetische Worte, die Ehrlich hier äußert: vieles ist in die Wirklichkeit umgesetzt worden, allerdings nicht das, was er sich von einem Anti-Epithel-Serum versprochen hat, nämlich eine Möglichkeit zur Heilung des Krebses.

Die Aufgabenverteilung im Institut

Den Aufgabenbereich seines Institutes erläutert Ehrlich seinen Gästen folgendermaßen:

1. Amtliche Prüfung aller der staatlichen Kontrolle unterstellten Heilsera;
2. Hygienisch-bakteriologische Arbeiten für die öffentliche Hygiene der Stadt sowie für die Krankenhäuser und Ärzte Frankfurts;
3. Ausbau der Immunitätslehre, speziell der Serumforschung, nach der theoretischen Seite hin.

Dem entsprechen die drei Abteilungen des Instituts im Jahre 1899. Insgesamt 117 500 Mark plus 10 000 Mark erforderte der ursprüngliche Institutsbau mit zwei Stallgebäuden.

Besonders stolz ist Ehrlich auf die Kältemaschine im Keller, die das Eis für die Eisschränke erzeugt und Luftkammern auf −10 °C hält, damit man dort leicht zersetzliche Objekte wie Serum, Organe, Carcinome etc. in festgefrorenem Zustand konservieren konnte.

Der Etat beläuft sich auf 85 150 Mark, 26 700 davon für persönliche, 58 450 für Sachausgaben. Neben Ehrlich als Direktor gibt es drei Abteilungsleiter: Stabsarzt Professor Dr. Otto für die prüfungstechnische, Dr. Hans Sachs für die experimentell-biologische und Professor Max Neisser für die bakteriologisch-hygienische Abteilung.

Die experimentell-biologische Abteilung befaßt sich ebenfalls mit der Wertbestimmung von Diphtherieheilsera, außerdem mit biologischen Blutuntersuchungen für die Gerichte von Hessen-Nassau, der Rheinprovinz, Westfalens und Elsaß-Lothringens zur Differenzierung von Menschen- und Tierblut, eine Unterscheidung, die nicht selten in Gerichtsprozessen – etwa im Fall von Mord – eine große Rolle spielen kann.

Die wissenschaftlichen Arbeiten der Abteilungen sind besonders der weiteren Erforschung der Beziehungen zwischen Antigen-Antikörpern im Falle der Hämolysine gewidmet. Auch die Analyse von Schlangengiften spielt in den ersten Jahren eine wichtige Rolle.

Die bakteriologisch-hygienische Abteilung war gegründet worden, um das Entgegenkommen der Stadt bei Gründung und Bau des Institutes zu honorieren. So werden hier die bakteriologischen und sonstige Untersuchungen für die Krankenhäuser unentgeltlich, für Privatinteressenten gegen Gebühr erledigt.

Ab 1901 wird dazu noch eine vierte Abteilung kommen. Einige Bürger der Stadt haben am 9. September 1901 eine bemerkenswerte Initiative ergriffen. Sie richteten folgendes Schreiben an den Oberbürgermeister:

Krebsforschungen durch das Institut für experimentelle Therapie betr.

Eurer Excellenz
beehre ich mich mitzutheilen, daß, angeregt durch das qualvolle, ergreifende Leiden der Hochseligen Kaiserin Friedrich, hier in einem kleineren Kreise Mittel beschafft sind, um planmäßig Forschungen über das Wesen und die Bekämpfung des Krebses anzustellen. Die bislang zur Verfügung gestellten Jahresbeiträge sind folgende:

1. eines von Frau Johanna Stern vor wenigen Tagen begründeten Stern'schen Institutes in Höhe von

	20 000 Mk.
2. von Herrn Georg Speyer von	5 000 Mk.
3. von Herrn Braunfels von	4 000 Mk.
4. von Herrn Dr. Darmstädter in Berlin von	1 000 Mk.
	30 000 Mk.

Alle diese Beiträge sind für 3 Jahre zugesichert, sodaß hierdurch im Ganzen 90 000 Mk. zur Verfügung stehen. Es ist aber sichere Aussicht vorhanden, daß weitere 15 000 Mk. in nächster Zeit noch hinzukommen, da die darüber schwebenden Verhandlungen wegen Abwesenheit noch nicht zu Ende geführt werden können. Die Beiträge sind unter der Voraussetzung zur Verfügung gestellt, daß der Direktor des hiesigen Königlichen Instituts für experimentelle Therapie, Herr Geheimer Medizinalrath Prof. Dr. Ehrlich von Eurer Excellenz mit der Leitung betraut wird. Wir geben uns der Hoffnung hin, daß die gezeichneten und noch in Aussicht stehenden Beiträge zusammen mit den Euer Exc. bereits zur Verfügung gestellten 15 000 M einen ausreichenden Grund-

stock bilden werden, um die Eingangs erwähnten Forschungsarbeiten zu beginnen. Ich habe daher Eure Excellenz zu bitten, die Genehmigung zur Übernahme dieser
Arbeiten und zur Entgegennahme der gedachten Summe
dem Herrn Geheimen Med.Rath Prof. Dr. Ehrlich als
Direktor des hiesigen Kgl. Instituts für experimentelle
Therapie ertheilen zu wollen.

Die in der Eingabe erwähnte Kaiserin Friedrich hatte sich
nach dem Tod ihres Mannes aus Berlin zurückgezogen
und sich in Kronberg einen im englischen Stil erbauten
Alterssitz errichtet. 1901 war sie, ebenso wie ihr Mann,
Kaiser Friedrich, im Jahre 1888, einem Krebsleiden erlegen.

Einer, der das Krebsmittel schon entdeckt haben will

Wie leicht sich manche die Lösung des Krebsproblems
durch Ehrlich vorstellten, beweist ein Brief vom 20. Juli
1904 an den »Hochlöblichen Magistrat zu Frankfurt a/
M.«:

»Frage hiermit ganz ergebens an, ob Herr Professor Dr.
Ehrlich das Krebsheilmittel schon entdeckt hat? –
Sollte dieses nicht der Fall sein, so stelle ich mein gutbe-
wertes Heilmittel gegen die Krebskrankheit für die Hälfte
der Summe des dafür festgesetzten Erbes zum Kaufe an,
ich bin bereit auf Kosten des dafür bestimten Fongs dort
hinzukommen und die Krebskranke zu heilen, um das
die betreffenden Herrn sich davon selbst überzeugen
können das mein Heilmittel gut ist, denn weshalb sollen
die armen Kranken nicht Hülfe bekommen? –

180

Einer baldigen Antwort entgegensehend zeichnet sich mit aller Hochachtung ergebenster Franz Joerst.«

Die Abteilung für Krebsforschung unter Professor Hugo Apolant untersucht seit 1903 neben dem Studium vieler Transplantationstumoren auf Mäusen vor allem auch Immunitätsprobleme. Mit Transplantationen auf die Ratte wurde die sogenannte athreptische Immunität studiert. Dabei handelt es sich nur um eine Form der Immunität, die durch einen Mangel an Nährstoffangebot gekennzeichnet ist.

Beim Personal des Instituts darf nicht der Institutsdiener W. Kadereit vergessen sein, den Ehrlich von Ministerialdirektor Althoff übernommen hat. Er ist hier Mädchen für alles, pflegt von seinem Chef und sich selbst nur würdevoll als von »uns« zu sprechen und umsorgt Ehrlich auf rührende Weise.

Eine treu ergebene Sekretärin

Dazu kam 1902 dann Fräulein Martha Marquardt, seit November Privatsekretärin Ehrlichs und nicht ohne Einfluß auf den großen Meister. Sie ist damals 27 Jahre alt, stammt aus Labes in Pommern und hat einige Jahre für deutsche und für amerikanische Firmen gearbeitet. Da sie ausgezeichnet englisch spricht und schreibt, über gute französische Sprachkenntnisse, ja allgemein über ein sehr gutes Ausdrucksvermögen verfügt, ist sie für Ehrlich, der für Sprachen nur wenig begabt ist, bald unentbehrlich. Der erste Kontakt mit den vielen amerikanischen und englischen Wissenschaftlern, die nach der Jahrhundertwende wenigstens einige Monate bei Ehrlich arbeiten wollen, spielt sich meist über Fräulein Marquardt ab.

Ehrlich, der zwar recht gut französisch und englisch lesen kann, hat jedoch Schwierigkeiten mit der Aussprache. Er löst dieses Problem auf eine für ihn sehr typische Weise. Er spricht die fremden Wörter einfach deutsch aus. So nennt er etwa Dr. Henry Dale, den jungen englischen Wissenschaftler und späteren Nobelpreisträger, der 1902 bei ihm arbeitet, stets nur »Mein lieber Dale« (nicht »Dehl«, sondern eben »Dale«) und den Amerikaner Dr. Reid Hunt »mein lieber Doktor Hunt« (nicht »Hant«).

Martha Marquardt – von Ehrlich stets »Markart« genannt, ist dem Geheimrat unendlich ergebcn, jede kritische oder vermeintlich kritische Äußerung eines Mitarbeiters wird von ihr als »Majestätsbeleidigung« empfunden und unerbittlich »geahndet«.

Nach Ehrlichs Tod verfaßt Fräulein Marquardt eine kleine Biographie »Paul Ehrlich als Mensch und Arbeiter«, die ihr viel Ärger einbringen wird. Obwohl sie Ehrlich darin sehr feiert, verzichtet sie auch nicht auf die Schilderung kleiner menschlicher Schwächen oder Eigenheiten, die ein Leben ja erst rund und bunt machen.

Geheimrat Professor Wilhelm Kolle, ein Schüler von Robert Koch und seit 1918 Leiter des Seruminstituts und des Speyer-Hauses, hat für derlei Veröffentlichungen, zumal, wenn sie nicht von einem zünftigen Wissenschaftler stammen, sondern »nur« von einer Schreibdame, wenig Verständnis. Es entwickelt sich ein langer Streit, bei dem Fräulein Marquardt unerwartet viel Kampfgeist und Standvermögen beweist. Sie schaltet zu ihren Gunsten die Familie Ehrlichs ein, frühere Mitarbeiter des Meisters, den Frankfurter Oberbürgermeister, die »Frankfurter Zeitung« und schließlich sogar Ehrlichs Freund, Arthur von Weinberg.

Kolle verhindert zwar für einige Jahre die Drucklegung des Manuskripts und veranlaßt die Streichung einiger

Passagen. Schließlich aber obsiegt Fräulein Marquardt. 1924, zum 70.Geburtstag Ehrlichs, erscheint ihre Schrift in der Deutschen Verlagsanstalt Stuttgart. Dr.Richard Koch, der später selbst einen ausgezeichneten Essay über Ehrlich in dem Buch »Große Chemiker« verfassen wird, war Privatdozent für Geschichte an der Frankfurter Universität und hat sogar das Vorwort dazu geschrieben.

Die »Frankfurter Zeitung« bringt über das Buch eine kleine, durchaus anerkennende Besprechung.

Fräulein Marquardt mußte das Georg-Speyer-Haus verlassen; sie bekam für einige Zeit eine kleine Rente. Später, in der nationalsozialistischen Zeit, ging sie nach Frankreich, ihre Unterlagen über Ehrlich – sie hatte von den wichtigsten Briefen stets Durchschläge gemacht – wie einen Schatz hütend.

Nach dem Zweiten Weltkrieg sorgt Ehrlichs Freund Sir Almroth Wright, dessen Schrift über Typhusimpfungen Fräulein Marquardt einst ins Deutsche übertragen hat, dafür, daß Martha Marquardt nach London kommen und dort leben und arbeiten kann. 1945 oder 1946 stattete sie dem Paul-Ehrlich-Institut noch einen recht ergiebigen Besuch ab, um weitere Papiere zu besorgen, die später von ihr Sir Henry Dale vermacht werden.

In den ersten Nachkriegsjahren beginnt sie mit einer wesentlich erweiterten Neuauflage ihres Werkes über Ehrlich, das 1954 erscheint. Wie schon ihr erstes Büchlein enthält es viele interessante und farbige Passagen über Ehrlich; leider kann es Martha Marquardt diesmal nicht ganz unterlassen, in dem neuen Buch einige »Privatfehden« auszutragen, die noch aus der Frankfurter Zeit »anhängig« waren.

So erfährt zum Beispiel der frühere Leiter der biologischen Abteilung des Speyer-Hauses, Dr. Wilhelm Roehl, von der Verfasserin freilich stets nur »R« genannt, eine völlig unverdiente schlechte Würdigung. Auch Auseinandersetzungen um die richtige Konstitutionsformel des »Atoxyls«, die Ehrlich angeblich mit seinen Mitarbeitern ausgetragen hat, werden entstellt wiedergegeben.

Besonders schlecht kommt Emil von Behring weg, so problematisch auch das Verhältnis zwischen diesen beiden Großen der Wissenschaft, die lange Zeit überdies enge Freunde waren, wirklich gewesen sein mag. Selbst Frau Ehrlich erhält einen winzigen Seitenhieb, als Fräulein Marquardt am Rande erwähnt, die im allgemeinen so harmonische Ehe habe nur gelegentlich eine kleine Trübung erfahren, dann nämlich, wenn Paul Ehrlich gezwungen war, wegen seiner hohen Zigarren- und Bücherrechnungen eine »Anleihe« bei Frau Hedwig zu machen. Auch Ehrlichs enger Jugend- und Schulfreund Neisser bleibt nicht ganz ungeschoren. Wenn Fräulein Marquardt nämlich Ehrlich einmal klagen läßt, sogar einer seiner engsten Freunde, der selbst seine Entdeckungen gemacht habe, neide ihm nun gelegentlich seinen außergewöhnlichen Erfolg.

Dennoch hat es wohl wenige Amateur-Biographen gegeben, die mit solcher Hingabe und genauer Beobachtung über ihr »Opfer« zu schreiben vermochten, wie dies Fräulein Marquardt getan hat. Schade, daß es nicht einige andere Sekretärinnen großer Männer gegeben hat, die in der Lage waren, die kleinen Episoden, das Menschliche am Rande der wissenschaftlichen Leistungen ihrer Chefs festzuhalten.

Eine Basis für die Heilsera-Prüfung

Wie schon in Steglitz werden jetzt in Frankfurt die in Hoechst hergestellten Diphtherie-Sera darauf geprüft, ob sie unschädlich und genügend wirksam sind.

Als unschädlich betrachtet man eine Serumprobe, wenn sie völlig frei von Niederschlägen, also klar ist, keine bakteriellen Verunreinigungen und nicht mehr als 0,5 Prozent Phenol enthält, überdies darf ihr Eiweißgehalt einen bestimmten Prozentsatz nicht überschreiten.

Weit schwieriger ist die Prüfung auf die Wirksamkeit, also auf den Gehalt von Antitoxinen im Serum. Die Wertbestimmung eines Diphtherieserums war vor allem so lange problematisch, bis Ehrlich von flüssigen Testlösungen auf getrocknete Standardpräparate überging. Es hatte sich herausgestellt, daß selbst eine mit Glycerin konservierte Standardserumlösung im Lauf der Zeit an Wirksamkeit verlor.

Ehrlich hat deshalb aufgrund seiner Erfahrungen bis ins kleinste Detail gehende Arbeitsvorschriften geben können: a) wie das Serumpulver in Vakuumröhrchen aufbewahrt wird, b) wie man es für den Versuch am Meerschweinchen löst, c) mit dem Testgift mischt, d) die Mischung dann den hochempfindlichen Meerschweinchen einspritzt und e) wie sich nach der Reaktion der Tiere die Wertigkeit des betreffenden Serums errechnen läßt. Damit aber war die Basis für die Prüfung auch aller anderen noch folgenden Heilsera geschaffen.

Schon durch die Namengebung – »Kgl. Institut für experimentelle Therapie« – hat Ehrlich allerdings unterstrichen, daß er sich die Aufgaben dieses Hauses weit über die Serumprüfung hinausgehend vorstellt. Seine Seitenkettentheorie soll dabei Grundlage und Leitlinie für seine therapeutischen Entwicklungen sein.

In Berlin hat sich Ehrlich vorwiegend mit den Toxinen und Antitoxinen beschäftigt. Jetzt in Frankfurt konzentriert er sich auf die antizellulären Antikörper. Zusammen mit seinem Mitarbeiter Morgenroth untersucht er eine besondere Gruppe von Antikörpern, die sogenannten »Hämolysine«.

Ausgangspunkt für ihre Studien bildet die bereits erwähnte Entdeckung von Richard Pfeiffer, einem Schüler Robert Kochs. Sie betrifft die Wirkungsweise bakteriolytischer Immunsera.

Das »Pfeiffersche Phänomen«

Richard Pfeiffer hatte 1894 beobachtet, daß Choleravibrionen in der Bauchhöhle eines vorher gegen die Erreger der Cholera immunisierten Meerschweinchens sofort aufgelöst und damit unschädlich gemacht werden.

Der Vorgang wird auch heute noch als Pfeiffersches Phänomen bezeichnet. Man kann die Choleravibrionen auch im Reagenzglas mit Immunserum mischen und dann erst einspritzen, vorausgesetzt, man hat zu dieser Mischung etwas frisches Bauchhöhlenexsudat eines normalen Meerschweinchens gegeben oder aber ein ganz frisches Immunserum verwendet.

Metschnikoff am Institut Pasteur und Bordet in Brüssel hatten diese Untersuchungen 1895 veröffentlicht. Paul Ehrlich interessierte das Phänomen außerordentlich und er bemühte sich zusammen mit seinem Mitarbeiter Morgenroth, Methoden zu finden, mit denen man die allgemeine Gültigkeit in bezug auf Immunitätsvorgänge beweisen könne.

Von Jules Bordet war berichtet worden, daß man Ziegen beispielsweise durch Einspritzung von roten Hammelblutkörperchen gegen diese immunisieren kann. Der Nachweis gelingt, indem man ein solches Ziegenserum mit Hammelerythrozyten mischt. Die Auflösung der Erythrozyten läßt sich an der Änderung der Farbe ablesen.

Schon in Steglitz hatten sich Ehrlich und Morgenroth bemüht, diesen komplexen Vorgängen auf die Spur zu kommen. Die außerordentliche Beobachtungsgabe Ehrlichs, gekoppelt mit der Fähigkeit, möglichst einfache Untersuchungsmethoden zu schaffen, waren dabei von großem Nutzen. So konnten durch quantitative Methoden, z.B. durch Zugabe abnehmender Mengen Immunserum zu jeweils gleichen Mengen Hammelerythrozytensuspension der Antikörpergehalt bestimmt werden.

Stets hängt der Effekt, also die Auflösung, davon ab, ob die Erythrozyten auch spezifische Bindungsstellen, also haptophore Gruppen von Seitenketten besitzen. Im Laufe der Untersuchungen ersetzt Ehrlich diesen Ausdruck durch die Bezeichnung Rezeptoren.

Rezeptoren müssen aber bereits bei der Immunisierung vorhanden sein, sonst können gegen das eingebrachte Antigen in Form der Erythrozyten natürlich keine Antikörper gebildet werden. Es kann allerdings sein, daß die Rezeptoren zwar da, aber nicht funktionsfähig sind. Ob dem so ist, kann wiederum verschiedenste Gründe haben.

Ehrlich schließt daraus, daß Zellen durchaus mehrere Fraktionen als Antigen enthalten können, die aber nur dann Antikörperbildung verursachen, wenn entsprechende Rezeptoren das ermöglichen.

Ehrlichs Leistung in der Krebsforschung

In den ersten Frankfurter Jahren widmet Ehrlich sich auch intensiv dem Krebsproblem. Sein französischer Kollege, der Bakteriologe Charles Nicolle, hat einmal gesagt, das Rätsel des Krebses werde nie gelöst werden, denn es übersteige das Fassungsvermögen des menschlichen Geistes. Wir haben keinen Grund anzunehmen, Ehrlich hätte in dieser Hinsicht ebenso pessimistisch gedacht. Im Gegenteil: seinem ausgeprägt optimistischen Grundzug widerspräche eine solche Einschätzung sehr.

Es gibt Äußerungen Ehrlichs, wonach er zumindest einige Zeit starke Hoffnung hegte, einen entscheidenden Schritt auf diesem Gebiet voranzukommen.

Die verschiedenen Theorien über die möglichen Ursachen bösartiger Geschwülste und ihrer anatomisch-histologischen Klassifikation waren Ehrlich wohlbekannt.

Einer seiner Lehrer in Breslau, der Pathologe Julius Cohnheim, hat eine vieldiskutierte Hypothese über die Krebsentstehung aufgestellt. 1878, gerade zu der Zeit, als Ehrlich bei ihm arbeitete, publizierte Cohnheim seine Anschauung, wonach die Ursachen für die Krebsentstehung bereits im Mutterleib liegen. In einem frühen Stadium der embryonalen Entwicklung bleiben mehr Zellen übrig, als für die Entwicklung einzelner Teile des heranwachsenden Organismus notwendig sind. So geringfügig dieses unverwendet gebliebene Zellquantum auch sein mag – embryonale Zellen besitzen enorme Kräfte des Wachstums und der Vermehrung.

Was geschieht, so fragte Cohnheim, wenn solch unreife Zellen unter bestimmten Einflüssen plötzlich ihr Entwicklungspensum nachzuholen trachten?

Eine Zellkatastrophe, meint der Breslauer Pathologe, denn jetzt fehlen die feinabgestimmten Regulatoren, die im Organismus des noch Ungeborenen für Differenzierung und rechtzeitigen Wachstumsstop sorgen. So wachsen die ursprünglich in der embryonalen Phase »eingeschlafenen« Zellen plötzlich völlig zügellos. Sie teilen sich überstürzt und werden schließlich zu Krebszellen. Eine interessante, sofort heftig diskutierte Theorie, die noch heute zumindest bei einigen Krebsformen, wie etwa

Hirngeschwülsten von Kindern und Jugendlichen, nicht von der Hand zu weisen ist.

Zu wenig Tierexperimente beim Krebs

Ende vergangenen Jahrhunderts muß freilich jede Theorie auf dem Krebsgebiet auch Theorie bleiben. Anders als in der Bakteriologie fehlt damals die Möglichkeit des Tierexperiments, um die Ergebnisse nachprüfen zu können.

Auch als Ehrlich im Herbst 1901 in seinem Institut eine Krebsabteilung einrichtete, verfügte er zunächst über kein experimentell verwendbares Tumormaterial. Seine beiden Mitarbeiter, von Prowazek und Weidenreich, mußten sich deshalb zunächst auf Gewebeuntersuchungen beschränken. Der Veterinär Dr. Sticker versuchte zwar in ausgedehnten Versuchen festzustellen, wieweit Geschwülste von Menschen und Tieren sich auf die verschiedensten Spezies übertragen ließen, doch immer wieder zeigte sich: Tumorübertragungen auf eine fremde Tierart scheiterten.

Mäusetumoren werden übertragen

Dies änderte sich dank dem dänischen Krebsforscher Carl Olaf Jensen, der ein Verfahren zur Übertragung von Mäusetumoren fand. Im Frühjahr 1903 bekam das Institut von ihm die ersten transplantablen Geschwülste.

Nach den Worten seines Mitarbeiters Apolant war Ehrlich schon seit längerer Zeit davon überzeugt, »daß entscheidende Schritte nur dann zu erzielen wären, wenn die weiteren Untersuchungen auf die breiteste Grundlage gestellt würden«. Nun übertrug er konsequent die Methoden der Bakteriologie auf die Krebsforschung – das heißt, Krebszellen wurden systematisch wie ein Mikroorganismus behandelt und das behandelte Tier gleichsam als Nährboden betrachtet. Ehrlich schuf so auch für die Krebsforschung den »Großbetrieb«.

Das wichtigste Forschungsergebnis, das sich zunächst aus diesen Arbeiten herausschälte, war: übertrug man eine Geschwulst von einem Tier auf das andere, und zwar über mehrere Generationen hinweg, dann nahm die Bösartigkeit der Zellen wesentlich zu.

Diese Erkenntnis unterstützte die These, wonach sich der Übergang von Gutartigkeit zur Bösartigkeit, also von der normalen zur bösartigen Zelle, allmählich vollzieht. Auch für die Praxis im Labor hat dies große Bedeutung. Ehrlich konnte durch solche Virulenzsteigerungen Tumorstämme heranzüchten, die bei weiteren Übertragungen beinahe zu hundert Prozent sicher »angingen«.

Die bösartigen Zellen wuchsen so rapid, daß sie nach Ehrlichs Berechnungen im Laufe von sechzig Generationen einen Kubus von 1000 Billionen Kilometern Kantenlänge einnehmen könnten.

Ehrlich und sein Mitarbeiter Apolant registrierten überdies als erste die Umwandlung eines Karzinoms in ein Sarkom. Das geschah bei der Beobachtung eines typischen Mamma-Karzinoms in der zehnten Generation.

Wie war dieses Phänomen zu deuten? Ehrlich nahm an, bei besonders disponierten Individuen könne das Bindegewebe – ein Sarkom ist eine Geschwulst solchen Bindegewebes – durch einen von den eingespritzten Karzinom-Zellen ausgehenden Reiz zu einer bösartigen Wucherung angeregt werden, genauso wie manche Menschen auf eine Wunde mit der Bildung von Keloidgewebe und nicht, wie üblich, mit normaler Narbenbildung reagieren.

»Von welcher Bedeutung dieser Befund, der in der Folgezeit auch von anderen Forschern vielfach bestätigt wurde, für die Frage der ersten Entstehung einer malignen Geschwulst ist, liegt klar auf der Hand«, schreibt Professor Carl Lewin in einer Betrachtung über Ehrlich als Krebsforscher.

»Wie auch immer die Erklärung ausfiel, ob man chemische oder parasitäre Reize als Ursache der Sarkombildung ansah, immer mußte die Tatsache, daß vorher normale Bindegewebszellen zu bösartigen Zellen, also zu Sarkomzellen umgewandelt werden können, gegen alle Theorien sprechen, welche die Entstehung der malignen Geschwülste auf angeborene Entwicklungsstörungen zurückführen. Der Ehrlich-Apolantsche Befund war eine experimentelle Stütze jener Anschauung, wonach die Krebsentstehung zurückzuführen ist auf eine tiefgehende biologische Umwandlung normaler Körperzellen durch chronische Reize chemischer oder physikalischer Natur.«

Ehrlich und Apolant haben sich auch mit der Frage beschäftigt, mit welchen Mitteln das Wachstum von Krebszellen beeinflußt werden könnte. Daß Krebszellen auf höhere Temperaturen empfindlicher als normale Zellen reagieren, war ihnen wohlbekannt. Sie stellten jedoch fest, daß Karzinomzellen gegenüber höheren Temperaturen auch empfindlicher reagierten als Sarkome. Sie wandten diese thermische Behandlung an, um Mischtumoren aus Karzinom- und Sarkomzellen zu trennen.

Den Schwerpunkt seiner Forschung legt Ehrlich freilich auf die Tumor-Immunologie. Der Begriff der »Athreptischen Immunität« – der Immunität durch Nahrungsmangel der Zelle – ist von ihm in die Krebsforschung eingeführt worden.

Die immunologische Überwachung

Aber auch der Gedanke von der »immunologischen Sur-
veillance«, der in der heutigen Tumorimmunologie eine
so große Rolle spielt, blitzt bei Ehrlich zum ersten Mal
auf. Man versteht darunter ein immunologisches Über-
wachungssystem im Organismus, das Krebszellen als
körperfremd erkennt und sie ausmerzt. Nur wenn diese
Überwachung nicht richtig funktioniert, wenn die Krebszellen nicht als fremd erkannt werden oder Störungen im
allgemeinen Immunsystem, etwa durch bestimmte
Krankheiten, vorliegen, können sich die neu gebildeten
malignen Zellen im Organismus vermehren, es kommt
zur Bildung eines Tumors.

Lewis Thomas, früher Immunologe in Minnesota, heute
Präsident des Sloan-Kettering-Instituts in New York,
und kurz nach ihm Sir Macfarlane Burnet, weltberühmter australischer Nobelpreisträger und Immunologe, haben diese Hypothese aufgebaut. Im Gespräch mit Lewis
Thomas und Dr. Robert Good, dem Forschungschef des
Sloan-Kettering-Instituts, wies Good im Dezember 1977
nachdrücklich auf die Tatsache hin: eigentlich müsse
man Paul Ehrlich das Verdienst zuerkennen, den Gedanken der immunologischen Überwachung zum ersten Mal
zur Diskussion gestellt zu haben.

Und in der Tat: 1907 spricht Ehrlich in einem Beitrag in
der Wiener Klinischen Wochenschrift von »aberrieren-
den Keimen«. Sie bildeten sich in vielen Fällen im Organismus, kommen aber dank entsprechender Schutzvor-
richtungen nicht zur Wirkung. Die Geschwülste müßten
sonst noch viel häufiger auftreten, als dies tatsächlich der
Fall ist.

Ehrlich unterstreicht in diesem Zusammenhang: die
eigentlichen Ursachen für die Umwandlung von norma-

len in bösartige Zellen sind in den meisten Fällen unbekannt. Höchstwahrscheinlich seien sie aber nicht auf eine einzige Ursache zurückzuführen.

In einem Vortrag an der Universität Amsterdam 1908 setzt er sich kritisch mit den Anhängern einer bakteriologischen oder parasitären Ätiologie der bösartigen Geschwülste auseinander. Nach seiner Meinung spielt die natürliche, zellulär bedingte Immunität eine ausschlaggebende Rolle. Sie verhindert, daß z.B. aberrierende Keime, die außerordentlich häufig vorkommen, in jedem Falle zum Krebs führen. »Sonst müßte das Karzinom in geradezu ungeheuerlicher Frequenz auftreten«, sagte Ehrlich wörtlich.

Er weist auf die Notwendigkeit intensivster experimenteller Beobachtungen hin, damit man aus diesen Erkenntnissen therapeutische Schlüsse ziehen könne, denn gerade für die ärztliche Kunst gilt der Spruch »Natura artis magistra«.

Aber auch der genialste Wissenschaftler ist abhängig vom Erkenntnisstand seiner Zeit. Ehrlich kann noch nichts wissen von der Entdeckung der DNS, der Desoxyribonukleinsäure, den Erbsubstanzen in jeder Körperzelle, von der aus durch den Einfluß von Strahlen, chemischen Substanzen oder Viren das Krebsübel seinen Anfang nimmt, um nur einige der entscheidendsten Entwicklungen unserer Zeit anzudeuten.

Es ist interessant, darüber zu meditieren, welches Gebiet Ehrlich, wenn er noch lebte, sich heute in der Krebsforschung aussuchen würde. Sicherlich wäre es neben der Chemotherapie der bösartigen Erkrankungen, wo sich der Fortschritt leider nur so quälend langsam vollzieht, die Immunologie.

Das zwanzigste Jahrhundert beginnt für Paul Ehrlich sehr ehrenvoll. Die hochangesehene Royal Society in London lädt ihn zu einem Vortrag im Rahmen ihrer sogenannten »Croonian Lecture« ein. Präsident und herausragende Figur dieser Gesellschaft ist Joseph Lister, der mit Hilfe von Phenol die »Antisepsis« in den Operationssälen eingeführt und damit, wie Ehrlich in seinem Vortrag vom 22. März 1900 hervorhebt, eine »wissenschaftliche Revolution« in der Chirurgie bewirkt hat.

Dann kommt Ehrlich ausführlich auf seine Seitenketten-Theorie zu sprechen, das zentrale Thema, um das Ehrlichs Gedanken in den Jahren um die Jahrhundertwende unaufhörlich kreisen. In London greift er dabei zum ersten Mal auch zu Diagrammen und Zeichnungen, die seine »Seitenketten« und ihre verschiedenen Gruppierungen am Zellprotoplasma veranschaulichen.

Die Rede, von der »Royal Society« mit großem Beifall quittiert, wird nun der Auftakt sein für viele weitere Vorträge Ehrlichs in London. Sie ist im übrigen von seinem ersten englischen Schüler, Dr. E.F. Bashford von der Universität Edinburgh, ins Englische übertragen worden.

In der Folgezeit wird Ehrlich fast stets englische Mitarbeiter an seinem Institut haben, etwa Dr. Keyes, 1901, Dr. Reid Hunt, 1902, Henry Dale, 1903, und Dr. William Bulloch, 1904. Sie erhalten keine Bezahlung, haben streng nach Ehrlichs Vorschriften zu arbeiten, aber bald wird es einen besonderen Ruhm ausmachen, ein »Pupil« Ehrlichs gewesen zu sein.

Ehrlichs engster Freund in London ist Dr. Almroth Wright, der einige Studienzeit in Deutschland zugebracht hat – vor allem in Straßburg und Marburg. Wright ist einer der entschiedensten Anhänger der Serumtherapie und der Schutzimpfungen. Er gründet zu diesen Forschungsaufgaben sein später berühmtes »Inoculation Department«, in dem Ehrlich noch öfter zu Gast sein wird.

Nach London winkt Ehrlich 1902 eine ebenfalls sehr

interessante Auslandsreise. In Kopenhagen wird ein staatliches Seruminstitut eingeweiht, das unter der Leitung von Ehrlichs Freund Professor Carl Salomonsen steht, der einst 1878 ein Sommersemester in Breslau bei Cohnheim verbracht und dabei mit Ehrlich und Weigert Freundschaft geschlossen hat. Jetzt in Kopenhagen stehen nicht nur interessante Vorträge über aktuelle immunologische Fragen auf dem Programm, sondern auch Geselligkeit im Kreise der Damen. Die von diesem Ereignis vorhandenen Fotos zeigen einen offenbar recht fröhlichen Ehrlich in vergnügter Runde.

Hohe Ehrungen für Behring

Auch Ehrlichs Freund, Emil Behring, weilte kurz vorher in Skandinavien, allerdings nicht in Kopenhagen, sondern in Stockholm. Behring erhielt am 10. Dezember 1901 den ersten Nobelpreis für Medizin.
In seiner Rede am 12. Dezember 1901 in Stockholm schildert Emil von Behring zunächst Entdeckung und Wirkungsweise des Diphtherieantitoxins. Denn dafür ist ihm vor allen anderen bedeutenden medizinischen Zeitgenossen der Preis zuerkannt worden. Und zu den »Größen« seiner Zeit zählten so illustre Persönlichkeiten wie Rudolf Virchow, Robert Koch, Elias Metschnikoff, Emile Roux oder Lord Joseph Lister.
Überdies ist Behring – der Anlaß ist die Zweihundertjahrfeier des Königreichs Preußen – in den erblichen Adelsstand erhoben worden, eine sehr hohe Auszeichnung, die freilich damals für Wissenschaftler nicht ganz ungewöhnlich ist. Ehrlichs erster Chef, Professor Frerichs, ist einige Jahre vor seinem Tod geadelt worden, ebenso der berühmte Internist Leyden.

Im Jahre 1903 wurde Emil von Behring dann zum »Wirklichen Geheimen Rat« mit dem Prädikat Exzellenz ernannt, er hat damit – noch vor Robert Koch – die höchste Stufe der preußischen Beamten-Hierarchie erreicht. Paul Ehrlich gratuliert ihm dazu in einem Brief vom 29. März 1903:

Lieber Behring,
Die heutige Nachricht, daß Dir der Titel Wirklicher Geheimer Rat und die Bezeichnung Exzellenz verliehen, hat mich sehr gefreut und beeile ich mich, Dir und Deiner Frau meine aufrichtigsten Glückwünsche zu senden.
Wie Du aus meiner gestern gesandten Anzeige gesehen hast, haben wir auch ein fröhliches Familienfest in diesen Tagen begehen können – Steffa, welche sehr herangewachsen ist, ist eine überglückliche Braut.
Mit besten Grüßen an Dich und Deine verehrte Frau Gemahlin
Dein getreuer P. Ehrlich.

Auf Anregung von Althoff hatte Behring wieder brieflich Kontakt zu Ehrlich aufgenommen.
Ehrlich antwortet darauf in einem Schreiben, das zeigt, wie sehr auch er an der Wiederaufnahme der alten Beziehungen zu Behring interessiert ist:

Lieber Behring,
Im Begriff nach Brüssel abzureisen, wollte ich Dir nur in aller Eile meinen besten Dank für Deinen freundlichen Brief abstatten, auch für Deine Gratulation zur Verlobung von Steffa, die wirklich außerordentlich glücklich ist.
Ich bitte Dich, davon überzeugt zu sein, daß auch mir nichts erwünschter ist, als mit Dir die alten Beziehungen

aufzunehmen, die ich nur zu meinem Bedauern durch die Souveränitätsfrage des Frankfurter Instituts getrübt sah. Ich bin ja, wie Du weißt, vor allem ein so freiheitsgieriger Mensch, den nichts so in der Schaffensfreudigkeit und -kraft so lähmt als ein noch so leiser Zwang oder die Verpflichtung; ich habe daher, wie Du Dich erinnerst, im Anfange, als ich Deinen Standpunkt betr. des neuen Frankfurter Instituts erfahren habe, ja lieber ganz auf den größeren Wirkungskreis verzichten wollen, um eben nicht mit Dir in Unfrieden zu gelangen. Eine Kooperation von uns beiden war aber durch die Selbständigkeit des Frankfurter Instituts nicht im mindesten gestört – sie wäre im Gegenteil nach meiner Ansicht eher gefördert worden. Das sind ja gerade die erfolgreichsten Bündnisse, die auf *freier* Wahl basieren. Ich habe nichts so sehr bedauert, als daß es mir damals nicht gelang, Dich zu überzeugen, und daß so unsere Wege sich getrennt hatten.

Wie Du weißt ist eine meiner besseren Eigenschaften die vollkommene Neidlosigkeit; ich habe Dir nie einen Deiner großen Erfolge mißgönnt und Dir auch zu Deiner letzten Auszeichnung meine Gratulation in voller Aufrichtigkeit dargebracht. Aus Deinem Briefe ersehe ich, daß Du meinen Schritt in diesem Sinne gedeutet hast, und akzeptiere freudigst Dein Entgegenkommen, das uns wieder zusammenführen soll.

Mit freundschaftlichem Gruß   Dein P. Ehrlich

Anschließend beherrschen zwei Ereignisse die Szene in der Westendstraße: Ehrlichs älteste Tochter Stephanie, genannt Steffa, von deren Verlobung schon in dem Brief Ehrlichs an Behring die Rede war, heiratet den Kommerzienrat Dr. Ernst Schwerin, einen angesehenen Textilfabrikanten aus Breslau.

Gleich nach der Hochzeit von Stephanie geht es in der Westendstraße 62 ans Kofferpacken. Ehrlich und Frau Hedwig haben in den letzten Jahren zahlreiche europäische Hauptstädte kennengelernt, London, Kopenhagen, Brüssel. Doch diesmal handelt es sich um etwas ganz Besonderes: es geht über den Nordatlantik, zu den »Indianern«, wie Ehrlich scherzhaft sagt.

Tag für Tag steigt das Reisefieber in der Westendstraße; Ehrlich spricht zu allen Besuchern im Institut von den Vorträgen, die er noch in Frankfurt ausarbeiten wolle, um die Überfahrt ungestört genießen zu können. Freilich, seine Freunde und Kollegen wissen: Ehrlich wird es auch diesmal nicht rechtzeitig schaffen. Er verfaßt seine Aufsätze und die Manuskripte für Vorträge stets erst im letzten Augenblick.

Ehrlichs haben sich für die Atlantikreise eines der neuesten und komfortabelsten Schiffe des Norddeutschen Lloyd ausgesucht. Es ist der Zweischrauben-Schnelldampfer »Kaiser Wilhelm der Große«, der eine Geschwindigkeit von 21 Knoten erreicht. Das Schiff mißt nicht weniger als einundneunzig Meter – es ist größer als alle britischen Schiffe und so ganz nach dem Geschmack Kaiser Wilhelms II., der gern seinen englischen Vettern auf den Meeren Konkurrenz macht.

»Wilhelm der Große« war der erste Ozean-Liner mit vier Schornsteinen; 1897 hatte das Schiff den Atlantik in einer Rekordzeit bezwungen: in fünf Tagen, fünfzehn Stunden und 46 Minuten, von Plymouth bis Sandy Hook. Jedesmal, wenn das Schiff, das die Amerikaner »Rolling Billy« nannten, an den Piers in Hoboken vor New York am Hudson anlegte, standen Hunderte von Schaulustigen bereit, um das Schiff, das das vielbegehrte »Blaue Band« errungen hatte, zu bewundern.

Die Überfahrt war mit Gala-Diners und vielen Zerstreuungen so schnell vergangen. Sogar zu Deckspaziergängen konnte Frau Hedwig ihren Mann gewinnen. Ehrlich blieb keine Gelegenheit für seine Ausarbeitungen. Erst auf amerikanischem Boden beginnt er, sich ernsthaft auf die Vorträge vorzubereiten, die ihn erwarten. Da sind in erster Linie die »Herter Lectures«, die Ehrlichs Freund Christian Archibald Herter mit einer Spende von 25 000 Dollar begründet hat. Sie sollen dem wissenschaftlichen Austausch zwischen den Vereinigten Staaten und Europa dienen.

Christian Archibald Herter gehört zur wissenschaftlichen Aristokratie der Staaten. Er ist zehn Jahre jünger als Ehrlich und stammt aus Glenville im Staate Connecticut. Sein Vater war aus Stuttgart gekommen. Er hat sich in den USA als künstlerisch begabter Architekt bald einen guten Namen gemacht. Herters Mutter Mary, geborene Miles, Tochter eines bekannten Arztes, war Bildhauerin. Herters Frau, Susan Dowe, war die Tochter eines Eisenbahn-Unternehmers.

Herter hatte zunächst eine private Erziehung erhalten, später besuchte er die Columbia Grammar School in New York und schließlich das College of Physicians and Surgeons.

Wiederbegegnung mit William Welch

Nach seiner Graduierung ging Herter nach Baltimore, um Professor William Henry Welch, den berühmten Pathologen an der Johns Hopkins Universität, zu hören.

Welch, den Präsident Hoover später in einer Adresse zu seinem 80. Geburtstag »den bedeutendsten Förderer der Volksgesundheit in den Vereinigten Staaten« nennen sollte, hatte Ende der 70er Jahre nach seinem amerikanischen Doktor-Examen einige Semester in Deutschland verbracht, in Straßburg und im Sommer 1877 in Breslau, um vor allem Julius Cohnheim, Ferdinand Cohn und Carl Weigert zu hören. Bei dieser Gelegenheit hatte er auch den 22jährigen Studenten Paul Ehrlich kennengelernt. Obwohl Welch nicht ohne kritischen Blick manche Seiten des gesellschaftlichen Lebens in Deutschland beobachtete – wir haben dies erwähnt – behielt er sein Leben lang eine sehr hohe Meinung von der medizinischen Ausbildung in Deutschland und dem Niveau seiner Wissenschaftler.

Wohl auf Anregung von Welch besuchte Christian Herter dann zum ersten Mal Europa. Er verbrachte einige Zeit bei dem berühmten Neurologen Auguste Forel in Zürich, beschäftigte sich intensiv mit dem Studium des Nervensystems und veröffentlichte sein erstes Buch: »The Diagnosis of diseases of the nervous system«, das im Jahre 1892 erschien.

Während Herter in New York eine ärztliche Praxis versah und eine erste Professur ausübte, erwachte in ihm immer stärker das Interesse an klinischer Chemie. In seinem schönen Haus in der Madison Avenue richtete er sich deshalb kurzerhand ein ausgezeichnet ausgestattetes Labor ein, das ihm und seinen Assistenten als Stätte chemischer und bakteriologischer Experimente diente.

Bei diesen Arbeiten wurde er natürlich bald auf die Veröffentlichungen Paul Ehrlichs aufmerksam, die für ihn auf eine faszinierende Weise die Brücke zwischen Medizin, Biologie und Chemie schlugen.

Bald hatte sich ein Briefwechsel zwischen Herter und Ehrlich angebahnt, und 1903 kam Herter zusammen mit seiner Frau und seinen drei Töchtern nach Frankfurt, um fast ein ganzes Jahr bei Ehrlich zu arbeiten.

In jener Zeit entstanden auch enge private Kontakte zwischen den beiden Forschern wie auch den Familien. Frau Ehrlich begann englische Sprachstudien; später nahm sie sich sogar eine englische Gesellschafterin, um täglich englische Konversation zu üben.

Gleich nach seiner Rückkehr in die USA begründete Herter seine Lectureship Foundations; er stiftete eine für das Medical College des Bellevue Hospitals in New York, an dem er Professor für chemische Pathologie war, und eine andere für die Johns Hopkins Universität in Baltimore. Ziel dieser Vorlesungen war es, bedeutende europäische Mediziner zu Vorträgen in den USA zu gewinnen, um den Austausch der neuesten wissenschaftlichen Erkenntnisse zu fördern.

Ehrlich war der erste, den Herter zu seinen Lectures einlud. Ehrlich hielt drei Vorlesungen.

Welche Bedeutung drüben in den Staaten diesem Besuch aus Deutschland beigemessen wurde, geht u.a. aus einem Artikel hervor, der im »Journal of American Medical Association« zur Begrüßung Ehrlichs erschien und aus dem wir hier einige Passagen zitieren:

Professor Ehrlichs Besuch in Chicago

In der nächsten Woche wird die Universität von Chicago einer Anzahl hervorragender deutscher Forscher die Ehrendoktorwürde verleihen. Der für diese hohe Ehre auserwählte Vertreter der deutschen Medizin ist Professor Paul Ehrlich, Leiter des Königlichen Instituts für Experimentelle Therapie in Frankfurt a.M.

Ehrlichs Name ist in den heutigen Annalen der Medizin einer der bekanntesten. Seine zurückliegenden Forschungen auf dem Gebiete der Morphologie des Blutes und insbesondere seiner Differenzierung der Leukozyten sind jedem Arzt bekannt. Seinen eigentlichen Ruf aber haben seine theoretischen Untersuchungen der Grundprobleme der Immunität begründet.

Seit Ehrlich nach Frankfurt kam, um das neu eingerichtete Königliche Institut für Experimentelle Therapie zu leiten, sind unter seiner Leitung zahlreiche brillante Forschungsarbeiten ausgeführt worden, darunter einige bemerkenswerte von amerikanischen Mitarbeitern.

Wie wir hören, wird Professor Ehrlich am 21. März in der Universität einen öffentlichen Vortrag über »Moderne Theorien in bezug auf Toxine und Antitoxine« halten. Wenn die Universität von Chicago unter den erwähnten Umständen Herrn Professor Ehrlich nach Amerika einlädt, um hier die Ehrendoktorwürde zu empfangen, so ehrt sie damit die medizinische Forschung als eines der Ideale der deutschen Wissenschaft. Wir als medizinischer Berufsstand schließen uns mit Freuden dieser Anerkennung durch die Universität an. Wir sind Herrn Professor Ehrlich zutiefst zu Dank dafür verpflichtet, daß er seine hohen Gaben in den Dienst theoretischer Forschung stellt mit Ergebnissen, die sich ganz wesentlich auf das Wohl der Menschen auswirken.

Die Zeitschrift benützt die Gelegenheit dann auch dazu, die Verhältnisse in den Staaten mit denen in Deutschland zu vergleichen:

In diesem Zusammenhang sollte man auch die ganz besonders günstigen Bedingungen erwähnen, unter denen Professor Ehrlich seine Forschungen betreiben kann. Im Jahre 1896 wurde er zum Leiter des Instituts für Serumtherapie in Frankfurt a.M. ernannt, einem von der deutschen Regierung getragenen Laboratorium. In diesem Laboratorium kann er mit einem adäquaten Assistentenstabe, frei von Kleinarbeit und völlig unabhängig von den

Verhältnissen, ohne Einschränkungen das jeweils von ihm bestimmte Ziel verfolgen.

Diese außerordentliche Stellung hat in anderen Ländern leider nur wenige Parallelen. Erst kürzlich hat das Parlament von New York die Bewilligung von 15 000 Dollar für die Weiterführung der Krebsforschung in diesem Staate mit der Begründung gestrichen, daß bisher nichts erreicht worden ist. Wenn solche Maßnahmen mit solcher Begründung möglich sind, liegt es auf der Hand, daß man den Dienst wohlausgerüsteter Männer nicht gewinnen kann.

Es ist völlig klar, daß die Fragen, mit denen die medizinischen Wissenschaftler heute konfrontiert werden, nicht solcherart sind, daß sie in einem oder vielleicht auch zehn Jahren beantwortet werden könnten, sondern daß lange, für den Forscher wie für die Öffentlichkeit möglicherweise entmutigende Forschungsperioden hingenommen werden müssen, ehe Ergebnisse von wirklicher Bedeutung vorliegen können. Die zur Unterstützung solcher Forschungen bewilligten Mittel dürfen ganz und gar nicht von den Ergebnissen abhängig gemacht werden, und bis wir dies nicht auf irgendeine Weise erreicht haben, dürfen wir kaum Leistungen erwarten, die sich mit denjenigen unserer Kollegen in Deutschland messen können.

Wenn Herrn Professor Ehrlichs Besuch außer seinen anderen Vorzügen für uns auch die Folge haben sollte, die Aufmerksamkeit unserer öffentlichkeitsbewußten Männer in die Richtung der besten Weise, in der Forschung ermutigt und finanziert werden kann, zu lenken, so hat er einem äußerst wohltätigen Zweck gedient.

Eine der anderen großen medizinischen Fachzeitschriften »The Boston Medical and Surgical Journal«, schreibt: »Professor Ehrlich besitzt eine absolut einzigartige Position in der medizinischen Welt von heute. Ihm verdanken wir mehr als jedem anderen die gegenwärtigen Erfolge auf dem so lebenswichtigen Gebiet der Serumtherapie und Immunität. Diese Studien Ehrlichs sind in gewissem Sinne vergleichbar mit der Entdeckung des Blutkreislaufs, dem Aufbau der Zellpathologie oder dem Werk Pasteurs auf dem Gebiet der Bakteriologie. Diese neuen Forschungsrichtungen können nur von einem Mann gewiesen werden, der über einen ungewöhnlich breiten Geist verfügt, und über Originalität ... Diese Fähigkeit besitzt Professor Ehrlich in einem ungewöhnlichen Ausmaß.«

Die Verleihung der Ehrendoktorwürde an Paul Ehrlich und vier Kollegen von anderen Fakultäten geschah am 22. März in der »Mandel-Hall« der Universität von Chicago. Kaiser Wilhelm II. und Präsident Theodore Roosevelt schickten Glückwunsch-Telegramme. Am nächsten Tag hielt jeder der vier neuen Ehrendoktoren – mit Ausnahme des deutschen Botschafters Speck von Sternburg – seine »Lecture«. Ehrlich war dabei das »Kent-Theater« zugewiesen worden, und nach einem Bericht der »The Chicago Daily News« war dieser Vortragssaal von Studenten und Professoren »packed to the doors«. Ehrlichs Thema hieß: »Modern Views concerning Toxins and Antitoxins.« Den Abend verbrachte Ehrlich auf Einladung der medizinischen Fakultät des »Rush Medical College« im Chicago Club.

Den Besuch in Chicago beschloß ein deutsch-amerikanisches Bankett, an dem viele angesehene deutschstämmige Familien der Stadt teilnahmen. Sie waren glücklich über das gute Einvernehmen, das sich im Zeichen der medizinischen Wissenschaft bei dieser Gelegenheit zwischen den beiden Staaten manifestierte. Ein Jahrzehnt später sollte es anders sein ...

Am 24. März gab die amerikanische Pharma-Firma Parke Davis and Company im Detroit Club ein Dinner, das in seiner »Variety and Excellence«, wie ein amerikanischer Teilnehmer notierte, bisher keinesgleichen hatte. Ehrlich, zu jener Zeit einem guten Essen und erlesenen Getränken noch keineswegs abgeneigt, glaubte freilich, in der Schale mit roter Flüssigkeit, die innerhalb eines Kreises von köstlichen Austern stand, sei ein vielversprechendes Getränk, das er kosten wollte. Im letzten Augenblick konnte der Dolmetscher, der zwischen Ehrlich und dem Präsidenten von Parke Davis saß, ein kleineres Unheil verhüten: »Mr. Geheimrat«, flüsterte er, »do not drink it, this is only for bathing the oysters«.

Ehrlich erneuerte in den USA seine alte Bekanntschaft mit Professor William Henry Welch von der Universität Johns Hopkins. Welch, sonst eher sehr sachlich und kühl, sprach von einer Art »Strahlenfeuer«, das von Ehrlichs Besuch in den Staaten ausgegangen sei.

Ehrlich wiederum bewunderte die Großzügigkeit und den aktiven Pragmatismus der »Neuen Welt«. Wenn Frau Ehrlich, im August 1941 als 77jähriger Flüchtling in New York ankommend, sagte, sie und ihr verstorbener Mann hätten dieses Land vom ersten Augenblick an geliebt, dann war dies nicht nur eines der liebenswürdigen Komplimente, für das die Amerikaner so empfänglich sind. Ehrlich und seine Frau hatten damals Amerika und die Amerikaner tatsächlich ins Herz geschlossen, und Paul Ehrlich hat später bei vielen Gelegenheiten bedauert, daß seine Zeit es ihm nicht erlaubte, öfters oder gar regelmäßig in die Vereinigten Staaten zu reisen.

Die Freundschaft mit Christian Herter und seiner Familie pflegte Ehrlich in den Jahren nach seiner Rückkehr aus den Staaten bis 1910 sehr intensiv. Durch Herter, der enge Verbindung mit dem Rockefeller Institut besaß – er gehörte einige Jahre sogar zu dessen Board – kam Ehrlich auch in ein freundschaftliches Verhältnis zu Simon Flexner, dem Chef des Rockefeller Instituts.

Für Christian Herter verfaßte Ehrlich sogar eine ausführliche autobiographische Skizze, die dem Anhang dieses Buches beigefügt ist. Herter benützt sie und natürlich auch die Anschauung, die er in den persönlichen Begegnungen mit Ehrlich gewonnen hatte, für einen sehr bedeutenden Vortrag, den er im Jahre 1909 über »Imagination and Idealism in the Medical Sciences« hielt.

Vor der Johns Hopkins Universität in Baltimore hat Paul Ehrlich am 12., 13. und 14. August 1904 Vorlesungen gehalten. Sie befaßten sich mit dem Verhältnis zwischen Gift und Gegengift, mit dem Einfluß physikalisch-chemischer bzw. biologischer Denkansätze zur Erklärung von Immunitätsvorgängen, schließlich mit Zellgiften und der von ihnen erzeugten Immunität.

Für Ehrlich waren auch diese Vorlesungen willkommener Anlaß, seine Vorstellungen über Immunität, Antigen und Antikörper, deren Entstehung und Wirkungsmechanismus zu entwickeln.

Welch starken Eindruck der Aufenthalt in den USA auf Ehrlich gemacht hat, beweist ein Brief von ihm, den er noch an Bord der »Kaiser Wilhelm der Große« an seinen Freund Christian Herter geschrieben hat:

Verehrter u. lieber Freund,
eben haben wir die Wesermündung passirt u. wollte ich diesen Anlaß nicht versäumen ohne Ihnen u. Ihrer lieben Frau unsere herzlichsten Grüße u. Danksagungen zu senden.

Die Reise nach Amerika war für uns alle ganz wunderherrlich – ich speciell bin von der vielen Freundschaft, die ich überall (speciell durch Sie u. Dunchams) erfahren habe, ganz entzückt; – noch mehr aber von dem, was ich wissenschaftlich dort gesehen und erlebt habe – sodaß ich ordentlich darauf brenne, Ihnen alles in détail zu schildern. – Besonders schön waren die Tage in Baltimore, die sich um Ihre Vorlesung gruppirten, über welche Freund Welch Ihnen ja berichtet hat. Ich hatte eigentlich vorher große Sorgen wegen der Vorlesung – aber ich hoffe, daß es mir, wie mir alle sagten, gelungen ist, meiner Aufgabe gerecht zu werden u. dieselbe in Ihrem Sinne zu lösen. Näheres mündlich.

Leider hatten wir die ganze Zeit über schlechtes Wetter, sodaß ich die letzten Wochen mich mit meinem Kehlkopf etwas in acht nehmen mußte – aber glücklicherweise bin ich doch im großen ganzen auch gesundheitlich aus all den großen Anstrengungen u. Anforderungen gut davon gekommen.

Die Aufnahme, die ich dank Ihrer u. Ihrer Frau Freundschaft in Ihrem trauten Heim vorgefunden habe, trägt wohl am meisten zu diesem guten u. glücklichen Resultat bei, da wir alles so häuslich u. bequem hatten wie im eigenen Hause u. wir nach den Strapazen der Reisen u. Hotels dort immer die richtige Erholung fanden. – Das einzige, was unser Glück störte, war der Umstand, daß leider Frau Duncham, welche uns so freundschaftlich nahegetreten, in den letzten Tagen wieder mit ihrer Gesundheit zu kämpfen hatte.

Sobald ich in Frankfurt bin, werde ich versuchen, wie ich Sie beide baldmöglichst sehen kann. Ich denke Mittwochabend einzutreffen u. werde wohl Donnerstag u. Freitag genügend zu tun vorfinden. Vielleicht schreiben Sie mir freundlichst, wie Sie Ihre Reisedispositionen für die nächste Zeit getroffen haben (nur mit ein paar Zeilen) damit ich mich danach einrichte u. die anderen Sachen danach arangiren kann.

Ich hoffe, daß es Ihnen beiden u. den . . . inzwischen recht gut gegangen ist u. bin in der Hoffnung auf ein recht frohes Wiedersehen
in treuer Freundschaft
Ihr P. Ehrlich.

Das Jahr 1904 bringt für Ehrlich am Ende auch noch die »ordentliche« Professur. Sein Gönner und Freund, Ministerialdirektor Friedrich Althoff in Berlin, findet, es sei nun wirklich an der Zeit, Ehrlich zu höheren akademischen Würden zu verhelfen. So schreibt er am 21. Dezember 1904 kurzerhand an den Herrn Universitätskurator zu Göttingen einen recht entschiedenen Brief:

Es ist meine Absicht, den Direktor des Instituts für experimentelle Therapie zu Frankfurt a/M Geheimen Medizinalrat Professor Dr. Paul Ehrlich zum ordentlichen Honorarprofessor in der Medizinischen Fakultät der Universität Göttingen zu ernennen. Ew. Hochwohlgeboren ersuche ich, die genannte Fakultät zu einer schleunigen Äußerung darüber zu veranlassen, ob ihrerseits dagegen Bedenken obwalten. Ich bemerke, daß der Genannte, der seinen Wohnsitz in Frankfurt a/M beibehalten wird, in Aussicht genommen hat, jedes Semester oder wenigstens jedes zweite Semester eine beschränkte Anzahl von Vorträgen aus seinem Fachgebiete an der dortigen Universität zu halten.
Im Auftrage.
Althoff.

Wenn Althoff so verfährt, dann wissen die entsprechenden »Spektabilitäten« der medizinischen Fakultäten, daß Widerspruch oder Einwände auf allerhöchstes Mißfallen stoßen könnten. So beeilt man sich denn, nachdem Ehrlich noch einen »Personalbogen« hatte ausfüllen müssen, die Ernennung zu beschließen. Am 2. Februar 1905 erfolgt von Berlin aus bereits die Bestätigung:

Auf Grund Allerhöchster Ermächtigung Seiner Majestät des Kaisers und Königs vom 16. Januar d.Js. ernenne ich Ew. Hochwohlgeboren unter Bezugnahme auf die mit Ihnen geführten Verhandlungen hierdurch zum ordentlichen Honorar-Professor in der Medizinischen Fakultät der Universität zu Göttingen. (Unterschrift)
An den Direktor des Inistituts für experimentelle Therapie Herrn Geheimen Medizinalrat Professor Dr. Paul Ehrlich Hochwohlgeboren zu Frankfurt a/M.

Ehrlich bedankt sich dafür in einem Brief vom 10. Februar 1905:

Hochzuverehrender Herr Curator!
Indem ich Ihnen für Ihre gütige Mitteilung meiner Ernennung zum ordentlichen Honorarprofessor der Universität Göttingen meinen ergebensten Dank ausspreche, ist es mir eine angenehme Pflicht, Ihnen zu sagen, wie hoch ich diese Ehre zu schätzen weiß und wie erfreut ich bin, dem Lehrkörper der altberühmten Georgia-Augusta anzugehören. Ich werde mir erlauben, demnächst nach Göttingen zu kommen, um mich Ihnen und der Fakultät vorzustellen und Ihre Wünsche betreffend meiner Lehrthätigkeit entgegen zu nehmen.
In betreff der Anfrage teile ich ergebenst mit, daß ich den Beamteneid seiner Zeit bei Anlass meiner Ernennung zum Professor extraordinarius an der Berliner Universität geleistet habe.
Entsprechend Ihrem Wunsch sende ich den Personalbogen nach Ausfüllung zurück und gestatte mir, per Postan-

weisung die für den gesetzlichen Stempel erforderlichen
M. 1,50 einzusenden.
Mit dem Ausdruck der vorzüglichsten Hochachtung bin
ich
Ihr sehr ergebener P. Ehrlich.

Kurz zuvor hatte Ehrlich noch eine hohe Ehrung erfahren: ihm war die »Goldene Medaille für Kunst und Wissenschaft« verliehen worden. Wie sehr sich Ehrlich darüber freute, beweist ein Brief an Behring:

Lieber Behring,
Heute wollte ich Dir nur mitteilen, daß ich soeben vom
Ministerium die goldene Medaille erhalten habe, da ich
weiß, daß diese Nachricht Dich sehr erfreuen wird. Mich
trifft diese Ehrung, welche mich natürlich hoch erfreut, in
einer etwa katarrhalischen Stimmung, da ich ganz erkältet bin. Ich war kürzlich (als Familienvater mit dem
Brautpaar) in Berlin und muß in den letzten Jahren solche Winterfahrten leider immer mit einer Erkältung
büßen.
Mit herzlichem Gruß an Dich und Deine liebe Frau
Freundschaftlichst
Dein P. Ehrlich.

So gut sich Ehrlich und Behring in den Jahren zwischen
1903 und 1906 nun wieder verstehen – die Beziehungen
zwischen Koch und Behring bleiben getrübt. Koch kann
Behrings Eindringen in das Tuberkulosegebiet nicht verzeihen, obwohl er sich jetzt vorwiegend mit der Bekämpfung tropischer Infektionen beschäftigt.
Ein Vermittlungsvorschlag, den Kochs enger Mitarbeiter
Gaffky im Namen Behrings macht, findet nur kühle
Ablehnung. Dies geht aus einem entsprechenden Brief

Gaffkys an Behring hervor: »Entsprechend dem von Ew. Exzellenz mir ausgesprochenem Wunsche habe ich vor kurzem eine mir günstig erscheinende Gelegenheit benutzt, um mit Herrn Geheimrat Koch in dem verabredeten Sinne über Ew. Exzellenz' Stellung zu ihm zu sprechen. Zu meinem aufrichtigen Bedauern habe ich dabei nicht den Eindruck gewinnen können, daß zur Zeit eine nennenswerte Verbesserung der Beziehungen zu erreichen ist. Herr Koch brach das Gespräch bald ab und meinte, er gehe ja bald wieder auf Reisen. Offenbar sind es weniger die neuen Differenzen als alte Verstimmungen, die einer Annäherung entgegenstehen . . .«

Geburtstagsfeier in Bulawajo

Robert Koch ist am 11. Dezember 1903 sechzig geworden. Er verbringt diesen Tag fern von Berlin, in Bulawajo in Südafrika. Die englische Regierung hat ihn dorthin eingeladen, um das Problem der Rinderpest zu untersuchen. Koch wird, wie stets auf seinen Reisen in den letzten Jahren, seiner jungen Frau Hedwig begleitet.
Seiner Tochter, seit 1888 mit einem seiner Mitarbeiter, Professor Eduard Pfuhl verheiratet, schickt Koch am 14. Dezember einen ausführlichen Brief, der über sein Befinden und seine Forschungsarbeit berichtet:

Liebes Trudchen!
Ich danke Dir und den Deinigen recht herzlich für die freundlichen Wünsche zu meinem sechzigsten Geburtstage. Es ist doch eine eigene Sache mit diesem Tage, von dem das eigentliche Alter beginnt. Ich fühle mich zwar noch frisch und leistungsfähig, aber es muß doch nun bald kommen; hin und wieder habe ich, wie mir scheint,

auch schon leise Andeutungen davon, Herzbeschwerden verbunden mit Kurzathmigkeit, die zwar immer wieder bald vorübergehen, aber doch zur Vorsicht mahnen. Berge möchte ich nicht mehr steigen; glücklicherweise giebt es hier aber auch keine, wenigstens nicht in der Nähe von Bulawajo. Dagegen war ich vor einigen Wochen im District von Victoria, wo wir die von mir gefundene Schutzimpfung gegen die hiesige Rinderseuche in größerem Umfange ausgeführt haben. Da giebt es Berge und wunderbar geformte Granitfelsen. Auf einem dieser Felsen und am Fuße desselben liegen die merkwürdigen Ruinen von Zimbabwe, die man für die Reste von der Hauptstadt des in der Bibel erwähnten Landes Ophir hält. Zwischen unseren Impfungen konnten wir einige Ruhetage zum Besuch dieser Ruinen verwenden. Aber es sind nicht allein diese Ruinen, die einen unvergeßlichen Eindruck auf mich gemacht haben, sondern die Landschaft, die Bewohner, die Vegetation – alles zusammen trägt einen echt afrikanischen Charakter. Auch an Löwen fehlt es nicht. Wenn ich wieder in Berlin bin, will ich Euch manches davon erzählen.

Eine andere Reise hatte ich neulich nach Pretoria und Bloemfontain zu machen, zu einer Rinderpestconferenz. Um dahin zu gelangen, mußte ich fünf Tage mit der Eisenbahn fahren, Hin- und Rückreise also zehn Tage. Auch das ist afrikanisch. Entfernungen spielen hier gar keine Rolle. Über diese verschiedenen Reisen bin ich aber gar nicht dazu gekommen, Dir frühzeitig genug zum Weihnachtsfest zu schreiben und Dich zu bitten, jedem von Deinen Söhnen hundert Mark als Weihnachtsgeschenk von mir zu übergeben. Aber ich hoffe, daß sie nicht böse sein werden, wenn es noch nachträglich geschieht. Du hast wohl die Güte, das Geld auszulegen; ich werde es Dir sofort nach meiner Rückkehr erstatten.

Ich hoffe, mit meinen Arbeiten etwa Anfang März fertig zu sein; dann werde ich abreisen, halte mich noch ein paar Wochen in Daressalam auf und gedenke im Mai wieder in Berlin zu sein. Auf diese Weise komme ich nicht in den deutschen Winter hinein, was immer recht unangenehm ist, wenn man aus dem sonnigen Süden kommt.

Mit herzlichen Grüßen an Eduard und die Kinder
Dein Dich liebender Vater.

Koch schreibt ein Abschiedsgesuch

Koch hat aus Bulawajo ein Gesuch an die preußische Regierung gerichtet, ihn von der Leitung des Instituts für Infektionskrankheiten zu entbinden.

In einem Brief vom 15. Januar 1904 an seinen Mitarbeiter, Geheimrat Dönitz, der früher in Frankfurt bei Ehrlich gearbeitet hat, berichtet Koch über die Gründe seines Ausscheidens:

Sie werden sich erinnern, daß es von jeher meine Absicht war, nach Vollendung meines 60ten Lebensjahres mich zur Ruhe zu setzen. Diese Absicht habe ich nun, nachdem ich es mir oft und reichlich überlegt habe und immer wieder zu dem Resultat gekommen bin, daß es sowohl für mich als auch für das meiner Fürsorge anvertraute Institut das Beste ist, zur Ausführung gebracht und habe um meine Verabschiedung aus dem Staatsdienste gebeten. Da ich nicht glaube, daß irgendwelche Gründe vorliegen, welche gegen die Bewilligung meines Gesuches sprechen, so hoffe ich, schon in kurzer Zeit einen zusagenden Bescheid zu erhalten. In diesem Falle würde vom 1ten April 1904 ab die Leitung des Instituts in andere Hände übergehen, und ich will nur wünschen, daß mein Nachfolger im Amte mehr Erfolg haben wird in der Abwehr der fortwährenden Angriffe, welche schon seit Jahren gegen die naturgemäße Fortentwicklung des Instituts und selbst gegen den Bestand desselben gerichtet wurden. Vielleicht genügt schon mein Abgang, um dem Institut wieder bessere Zeiten zu verschaffen, denn ich bin davon überzeugt, daß die meisten, vielleicht alle Intriguen, welche gegen das Institut angezettelt wurden, mehr gegen meine Person als gegen das Institut gerichtet waren.

Bei seiner Rückkehr nach Berlin überreichen seine Schüler ihm eine 700 Seiten starke Festschrift, zu der 44 von ihnen Beiträge geschrieben haben.
1905 wird – endlich – Robert Koch mit dem Nobelpreis ausgezeichnet. Ehrlich unterstreicht das Zitat, mit dem die »Deutsche Klinische Wochenschrift« dieses Ereignis kommentiert: »Kein Würdigerer konnte ihn erhalten.«
In seiner Nobelvorlesung am 12. Dezember 1905 in Stockholm zieht Koch eine Bilanz »Über den derzeitigen Stand der Tuberkulosebekämpfung«.

Gegen die Schlafkrankheit

Zur Vorbereitung einer neuen Expedition nach Afrika hält Robert Koch am 7. März 1906 in der Aula der Kaiser-Wilhelms-Akademie einen großen Vortrag.
Nicht nur Wissenschaftler nehmen an diesem Vortrag teil. Auch Kaiser Wilhelm hört die Ausführungen Robert Kochs. Dazu ist ein Teil des Kabinetts erschienen. Die Spitze des Reiches demonstriert, wie wichtig man dieses Vorhaben nimmt.
Koch ist vor seiner Abreise nach Afrika in keiner guten

gesundheitlichen Verfassung. An seinen Jugendfreund, Sanitätsrat Libbertz, der mit ihm einst an dem »Tuberkulin« gearbeitet hat und seit 1894 bei den Farbwerken Hoechst die Serumabteilung leitet, schreibt er am 22. März 1906:

. . . Seit fast zehn Tagen leide ich an einer ungewöhnlich schweren Erkältung, oder ist es wieder eine Art Influenza. In der vorigen Woche fieberte ich dabei und mußte mehrere Tage im Bett zubringen. Es ist mir auch jetzt noch recht schlecht zu Muthe. Aber ich muß mich um das Gepäck bekümmern, das heute fertig sein muß, weil Lautenschläger es abholen läßt für den Transport nach Hamburg. Sobald dies Geschäft erledigt ist, werde ich wohl besser thun, mich wieder ins Bett zu legen.
Ich habe doch schon recht großes Verlangen nach einem südlichen Klima, wo mir sicher bald besser werden würde . . .

Am 2. April erhält Libbertz einen zweiten Brief von Koch:

. . . Mit meinem Befinden geht es noch nicht nach Wunsch. Ich halte mich nur mit Hülfe von Pyramidon über Wasser. Sobald ich das Mittel aussetze, habe ich gräßliche, neuralgische Beschwerden zu erdulden. Es wird wohl nicht eher besser werden, als bis ich im rothen Meere bin . . .

Am 16. April 1906 geht Koch trotz allem von Neapel aus auf seine Expedition nach Afrika, um gegen eine Krankheit zu Felde zu ziehen, deren Bekämpfung auch für Paul Ehrlich »zu einem der bedeutendsten Ziele gehört«: die Schlafkrankheit.

DRITTER TEIL

Der Weg
zur Chemotherapie

Im Frühjahr 1905 ist es im Hause in der Westendstraße 62 »ziemlich einsam geworden«, wie Ehrlich in einem Brief an Behring schreibt. Nachdem schon im vergangenen Jahr die älteste Tochter, Stefanie, heiratete, folgte ihr nun am 21. März die jüngere, Marianne, nach. Sie heiratete mit 19 Jahren den 28jährigen Mathematiker Edmund Landau, der bald darauf an der Universität Göttingen hohes Ansehen als Gelehrter erwerben sollte. Sein Vater war Geheimrat Professor Leopold Landau, ein bekannter Gynäkologe in Berlin.

»Glücklicherweise«, so fährt Ehrlich in dem Brief an Behring fort, »haben wir von den beiden [Mädchen] die besten und erfreulichsten Nachrichten; Janneck [so nannte er Tochter Marianne] ist vorigen Samstag von ihrer Hochzeitsreise zurückgekehrt und in die neue Wohnung eingezogen, die Landaus schon zu ihrer Überraschung ganz fertig hatten machen lassen. Sie wird überhaupt sehr verwöhnt.«

Dann unterstreicht Ehrlich gegenüber dem Freund ganz besonders: »Dir wird es wohl auch so gehen wie mir, daß, je älter man wird, je mehr Familiensinn man bekommt.«

Ehrlich kann bei dieser Gelegenheit Behring und dessen Frau zur Geburt des vierten Sohnes gratulieren. Taufpate von Kurt Konrad wird Wilhelm Conrad Röntgen sein. Bei dem vorhergehenden Sohn, Hans, war Ministerialdirektor Althoff Pate gewesen.

So sehr es Ehrlich bedauert, daß er seine beiden Töchter nicht mehr im Hause hat, so hoch der von ihm zitierte »Familiensinn« bei ihm auch entwickelt ist, auf der anderen Seite ist Ehrlich jetzt einem Teil der gesellschaftlichen Verpflichtungen entronnen, die ihn bisher – nicht zuletzt der heranwachsenden Töchter wegen – belastet haben. Er nimmt sich vor, mit seiner Zeit noch sparsamer umzugehen als bisher, den Blick noch fester auf die kommenden, großen Aufgaben zu richten.

Ehrlich ist immer noch davon überzeugt, daß die Serumtherapie, die Antikörper-Therapie, gegen die Infektionskrankheiten ideal ist. Er stellt fest: »Die Antikörper sind gewissermaßen Zauberkugeln, die ihr Ziel selbst aufsuchen, ohne den Organismus zu schädigen. Es ist daher der Weg der Immunisierung unter allen Umständen, da, wo er gangbar ist, jeder anderen Therapie vorzuziehen«.

Leider gibt es aber viele Infektionen, bei denen der Organismus aus verschiedenen Gründen nicht genug solcher »Zauberkugeln« produziert, um die Erreger bekämpfen zu können. Das körpereigene Abwehrsystem versagt vor allem dann, wenn es sich um größere Erreger handelt, Protozoen z.B., die »Urtierchen«, die für die Malaria und andere tropische Infektionen verantwortlich sind. Ähnlich ist es bei der Schlafkrankheit, an der in Afrika Millionen von Eingeborenen dahinsiechen.

Bei den genannten Erkrankungen attackieren die Erreger den Menschen gewissermaßen nur auf einem Umweg: sie brauchen zunächst einen Zwischenwirt. Bei den Plasmodien der Malaria ist es eine Stechmückenart, bei der Schlafkrankheit eine bestimmte Fliege.

»In all diesen Fällen«, so schreibt Ehrlich, »wird man versuchen müssen, die Parasiten innerhalb des Körpers durch chemische Mittel abzutöten. Dort also, wo die Serumtherapie nicht möglich ist, müssen chemische Mittel zu Hilfe kommen. Es muß«, so sagt Ehrlich ein andermal, »also an die Stelle der Serumtherapie die Chemotherapie treten.«

Bei seinem genialen Konzept für die Strategie eines Feldzuges gegen Parasitenheere bedient Ehrlich sich wiederum seiner Seitenketten-Theorie. Es müßte möglich sein, meint er, die Seitenketten-Rezeptoren in den Körper eingedrungener Mikroorganismen mit chemischen Stoffen zu blockieren, für die wiederum nur sie selbst, aber nicht der Wirtsorganismus Rezeptoren besitzen. Dann wäre der Mikroorganismus nicht mehr zum normalen Ablauf seines Stoffwechsels fähig. Er ginge durch diese »Blockade« seiner Rezeptoren zugrunde oder erläge der körpereigenen Abwehr.

Nach Ehrlichs Anschauung beruht »jede therapeutische oder toxische Wirkung auf einer Lokalisation und Fixierung des betreffenden Agens«. Er hat dafür den Begriff »Tropie« geprägt. »Ich nenne also einen Stoff, der Verwandtschaft zu den Parasiten hat, parasitotrop, solche Stoffe, die Verwandtschaft zu den Organen des Körpers haben, organotrop. Wenn man also einem infizierten Organismus einen Heilstoff injiziert, wird dieser sich zwischen den Zellen des Organismus und den Parasiten verteilen müssen, und nur von der Art dieser Verteilung wird es abhängen, ob ein heilender Effekt eintritt.«

»Zauberkugeln« gegen Schraubentierchen

Die chemotherapeutische Forschung muß also Verbindungen suchen oder herstellen, die vor allem parasitotrop und so wenig wie möglich organotrop wirken. Um dies zu erreichen, bedarf es der synthetischen Chemie. Sie muß »einsetzen, indem sie die Ausgangssubstanzen durch verschiedenartige chemische Eingriffe weitgehend variiert und jedes der entstandenen Produkte auf seinen Heilwert prüft«. Man muß also gewissermaßen »chemisch zielen« lernen.

Bevorzugte Objekte, an denen Ehrlich die Wirkung neuer Verbindungen zu erproben sucht, sind nur wenige hundertstel Millimeter große Protozoen.

Der englische Tropenarzt David Bruce hat 1903 in Uganda festgestellt, daß eine bestimmte Art dieser Trypanosomen, das Trypanosoma gambiense, die in Afrika weit verbreitete Schlafkrankheit erzeugt. Die Erreger werden von einer Stechfliege, Geossina palpalis genannt, vom kranken Menschen auf den gesunden übertragen. Auch bei anderen tropischen Krankheiten, beispielsweise der Nagana- und der Chagas-Krankheit, sind Trypanosomen als »Täter« entdeckt worden. Ideale Versuchstiere für das Studium der Trypanosomen sind weiße Mäuse. Zwei französische Forscher haben die entsprechende Versuchstechnik entwickelt.

Der eine ist Alphonse Laveran, der 1880 den Erreger der Malaria entdeckte. Laveran widmete sich jahrelang dem Problem der Bekämpfung dieser Krankheit und bekam – als »Schöpfer der Pathologie der Protozoen« – 1907 den Nobelpreis.

Der andere ist ein berühmter Zoologe: F.E.P. Mesnil. Er hat zahlreiche Arbeiten zum Thema Parasiten veröffentlicht.

Wenn die beiden Forscher Trypanosomen auf Mäuse übertrugen, verursachten sie in wenigen Tagen den Tod der Mäuse. Die Trypanosomen wurden dabei von Maus zu Maus durch die Injektion eines trypanosomenhaltigen Blutstropfens unter die Haut übertragen.

Dann verläuft die Krankheit nach einem festen Schema. Der jeweilige Stand der Infektion läßt sich durch Blutuntersuchungen bei den Mäusen sehr einfach ermitteln. Er ergibt sich aus dem mikroskopisch feststellbaren Zustand und der Zahl der Parasiten.

Farbstoffe werden gebraucht

So kehrt Ehrlich mit den Trypanosomenversuchen zu seiner alten Liebe, den Farbstoffen, zurück. Mit Hilfe der parasitären Infektion prüft er die Farbstoffwirkung auf infizierte Mäuse.

Sein wichtigster Mitarbeiter ist der japanische Bakteriologe Kiyoshi Shiga vom Institut für Infektionskrankheiten in Tokyo. Ehrlichs alter Freund Kitasato hat den hochqualifizierten Shiga – er entdeckte 1898 in Japan den Bazillus dysenteriae – an Ehrlich vermittelt.

Shiga arbeitet vom Mai 1901 bis 1905 im Frankfurter Institut für experimentelle Therapie. Schon 1901 finden Ehrlich und Shiga heraus: »Trypanosomen reagieren sehr empfindlich auf einen roten Farbstoff aus der sogenannten Benzopurpurin-Reihe. Solche Benzidinfarbstoffe können wochenlang im Gewebe und Blut der Versuchstiere verweilen, ohne ausgeschieden zu werden.«

Unter den zahlreichen Farbstoffen dieser Klasse besitzt – wie sich herausstellt – das »Trypanrot« eine besonders starke parasitotrope Wirkung. Manche Versuchstiere konnten sogar mit einer einzigen Injektion geheilt werden.

»Es muß ein großer Augenblick für Paul Ehrlich gewesen sein«, so schreibt der Frankfurter Medizin-Historiker Richard Koch in einem Essay, »als Ehrlich zum erstenmal Mäuse, die eine tödliche Dosis Trypanosomen erhalten hatten, lebendig sah, und als im Mikroskop das Blut keine Trypanosomen mehr aufwies.«

Da Ehrlich die stickstoffhaltige Azo-Gruppe in der Trypanrot-Verbindung für die heilende Atomgruppe ansah, suchte er bald nach anderen, dem Stickstoff verwandten Elementen. Er kam so zu den Arsenverbindungen. Schon Mesnil und Laveran hatten festgestellt, daß arsenige Säure auf Protozoen, also Einzeller, zu denen die Trypanosomen gehören, wirkt.

Die französischen Forscher Mesnil und Charles Nicolle entwickeln einen noch wirksameren Farbstoff, das »Trypanblau«. Er findet seinen Platz in der Bekämpfung der »Piroplasmose«, einer von Protozoen verursachten Tierseuche.

Nach den Benzidinfarbstoffen folgt eine neue Farbstoffklasse: die Triphenylmethanfarbstoffe. Zu ihnen gehört das Malachitgrün, dem einige Forscher eine Wirkung bei Trypanosomeninfektionen attestieren. Ehrlich und seine Mitarbeiter interessieren sich besonders für das Parafuchsin und das Tryparosan. Beide Farbstoffe töten die Trypanosomen rasch ab.

Schon am Beginn seiner Trypanosomenforschungen 1902 hat Ehrlich einen Aufsatz über eine Arsenverbindung gelesen, die vor einigen Jahrzehnten (1863) von dem französischen Chemiker Pierre Jacques Antoine Béchamp gewonnen worden war. Béchamp hatte sich mit der Herstellung des Farbstoffes Fuchsin beschäftigt und zu diesem Zweck Arsensäure und Anilin zusammengeschmolzen. Dabei war diese neue Verbindung entstanden, die dann von dem Pharmakologen Blumenthal untersucht worden war.

Die Vereinigten Chemischen Werke Charlottenburg hatten die etwas veränderte Substanz, Metaarsensäureanilid, unter dem Namen »Atoxyl« in den Handel gebracht. Großes Aufsehen erregte das Präparat nicht. Die Ärzte kannten das Arsen bereits seit dem Mittelalter; sie wußten, wie wirksam, aber auch wie gefährlich es sein konnte.

Jetzt, in »chemisch gebändigter« Form und im Verein mit Anilin, wird es zunächst hauptsächlich als Stärkungsmittel bei Blutarmut und für die Behandlung von Hautausschlägen angewandt.

Ehrlich und Shiga hatten noch 1902 das »Atoxyl« an Trypanosomen studiert. Ihr Interesse war jedoch bald wieder erloschen, da der Trypanosomen-Stamm, an dem die Wirkung des Atoxyls erprobt wurde, nicht reagierte. Er war, was Ehrlich und Shiga zu diesem Zeitpunkt nicht wissen konnten, »arsenfest«.

So beschäftigten sich Shiga und Ehrlich weiterhin mit Farbstoffverbindungen gegen die Parasiten.

Weigerts und Laubenheimers Tod

Im Sommer 1904 erleidet Ehrlich den Verlust zweier seiner Freunde. In der Nacht vom vierten auf den fünften August stirbt sein Vetter Carl Weigert völlig unerwartet an einem Schlaganfall.

Weigert ist nur 59 Jahre alt geworden. Tiefbewegt steht Ehrlich auf dem israelitischen Friedhof vor dem Grab des Vetters, dem er so viel zu verdanken hat. Er weiß, daß er einen der engsten und uneigennützigsten Ratgeber verloren hat ...

Nur wenige Tage vor Weigert, am 22. Juli 1904, war Professor August Laubenheimer in seinem Büro in den Farbwerken gestorben. Auch ihn hatte ein Schlaganfall dahingerafft.

Laubenheimer, aufgrund seiner Verdienste 1900 zum Geheimen Regierungsrat ernannt, hatte sich in den letzten Jahren seines Lebens fast nur noch auf die Beziehungen zu Behring konzentriert. Aus vielen Indizien spürte er, daß Behring seit Jahren mit dem Gedanken einer Trennung von Hoechst spielte. Laubenheimer wollte zumindest den Zeitpunkt so lange wie möglich hinausschieben.

Als Laubenheimer erkennen mußte, daß ihm dies nicht mehr gelingen würde, als in Hoechst sogar die Nachricht durchsickert, Behring verhandle mit Geheimrat Duisberg von Bayer, um sich möglicherweise mit dieser Firma zusammenzutun, und sein Plan werde von Ministerialdirektor Althoff unterstützt, da tritt er am 30. Dezember 1903 aus dem Vorstand der Farbwerke aus. Er fühlt sich derlei Ränkespielen nicht gewachsen; überdies leidet er schon seit längerem an starken Kreislaufbeschwerden.

Es kommt dann – nebenher berichtet – doch nicht zu einem Zusammengehen zwischen Behring und Bayer. Die Persönlichkeit von Geheimrat Duisberg, dem Schöpfer von Leverkusen und Elberfeld, beeindruckt Behring zwar außerordentlich. Er spürt, hier ist Vitalität, Entschlußkraft und Durchsetzungsvermögen. Vermutlich aber sind es gerade diese Eigenschaften, die Behring gleichzeitig vorsichtig stimmen. Er fürchtet, bei einer derartigen Kombination werde er schwerlich erreichen, was ihm vorschwebt: Herr im eigenen Hause zu sein.

Ein paar Monate später wird Laubenheimer zum Aufsichtsratsmitglied ernannt. Er kommt in seiner neuen Funktion noch regelmäßig ins Büro, bis ihn der Tod am

Schreibtisch ereilt. In seiner Heimatstadt Gießen wird Laubenheimer am 24. Juli 1904 beerdigt. Professor Emil Fischer in Berlin, Paul Ehrlich und viele andere Wissenschaftler trauern um einen bedeutenden Chemiker und um einen großen Menschen.

Paul Ehrlich hat damit, wie er in einem Brief an seinen Neffen schreibt, die unmittelbare Beziehung zur Leitung von Hoechst verloren. Erst der Nachfolger Laubenheimers, Dr. Ammelburg, erneuert Jahre später die persönlichen Kontakte.

Hans von Behring erinnert sich noch gut, wie er als kleiner Junge 1912 die Bekanntschaft von Paul Ehrlich machte. »Bei uns zu Hause wurde oft von diesem Freund meines Vaters geredet. Eines Tages durfte ich meinen Vater und meine Mutter zum Bahnhof nach Marburg begleiten. Als der Zug aus Frankfurt hielt, stieg vorsichtig ein kleiner, zierlicher Herr mit weißen Haaren aus. Er trug in seiner Hand, wie einen Schatz, eine große Kiste mit Zigarren. Diese große Kiste hat mich damals am meisten beeindruckt.«

Behring trennt sich von Hoechst

Warum Emil von Behring schließlich im Jahre 1904 dann seinen Vertrag mit den Farbwerken Hoechst nicht erneuerte und seine eigenen, die »Behring-Werke«, gründete, hatte mehrere Ursachen. Die Zusammenarbeit war von Anfang an problematisch und infolge Behrings mißtrauischer Natur von zahlreichen Konflikten gekennzeichnet. Vor allem Adolf von Brüning, einer der Mitbegründer von Hoechst, stand dem unberechenbaren Behring bald sehr reserviert gegenüber. Nur durch Laubenheimer konnte immer wieder mühsam ein Ausgleich gefunden werden.

Oben: Paul Ehrlichs Geburtsort, Strehlen in Oberschlesien, Mitte des 19. Jahrhunderts. *Unten:* Der Vater, Ismar Ehrlich (1818–1898), Destillateur und Königlicher Lotterieeinnehmer, Vorsteher der jüdischen Gemeinde von Strehlen *(links)* und die Mutter, Rosa Weigert (1826–1909) *(rechts)*.

Ehrlichs Geburtshaus
1842 und die später
angebrachte
Gedenktafel.
Rechte Seite: Der
junge Paul Ehrlich mit
einer seiner vier
Schwestern.

IN DIESEM HAUSE
WURDE
PAUL EHRLICH
AM 14 MARZ 1851
GEBOREN

Oben: Das Wohnzimmer der Eltern in Strehlen; an den Wänden hängen die Bilder der Vorfahren. *Unten:* Der 29jährige Paul Ehrlich *(links)* und Hedwig Pinkus, seine Braut und spätere Ehefrau *(rechts).*
Rechte Seite: Paul Ehrlich in späteren Jahren.

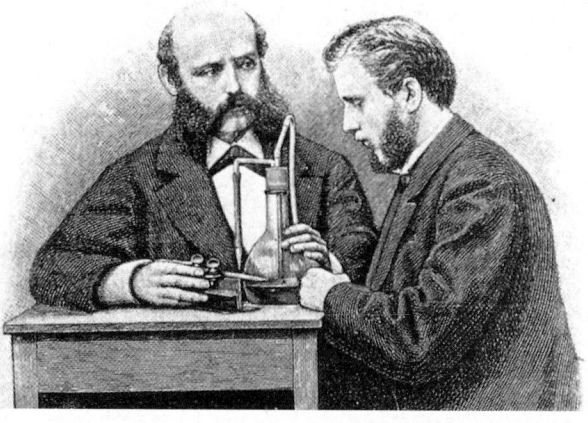

Oben: Stadtbahnbogen der Berliner S-Bahn. In dem Bogen 278 hatten Behring und Ehrlich einen Stall für eine Kuh und siebzehn Ziegen eingerichtet, um Diphterieheilmittel zu gewinnen. *Unten:* Ehrlich und Weigert am Berliner Labortisch.

Oben: Iljitsch Metschnikoff (1845–1916) erhielt gemeinsam mit Paul Ehrlich 1908 den Nobelpreis *(links);* Ministerialdirektor Friedrich Althoff *(rechts). Unten:* August Laubenheimer *(links);* Emil von Behring (1854–1917) *(rechts).*

Linke Seite: Robert Koch (1843–1910), Aufnahme im Alter von etwa vierzig Jahren. *Oben:* Emil von Behring (1854–1917) im Laboratorium.

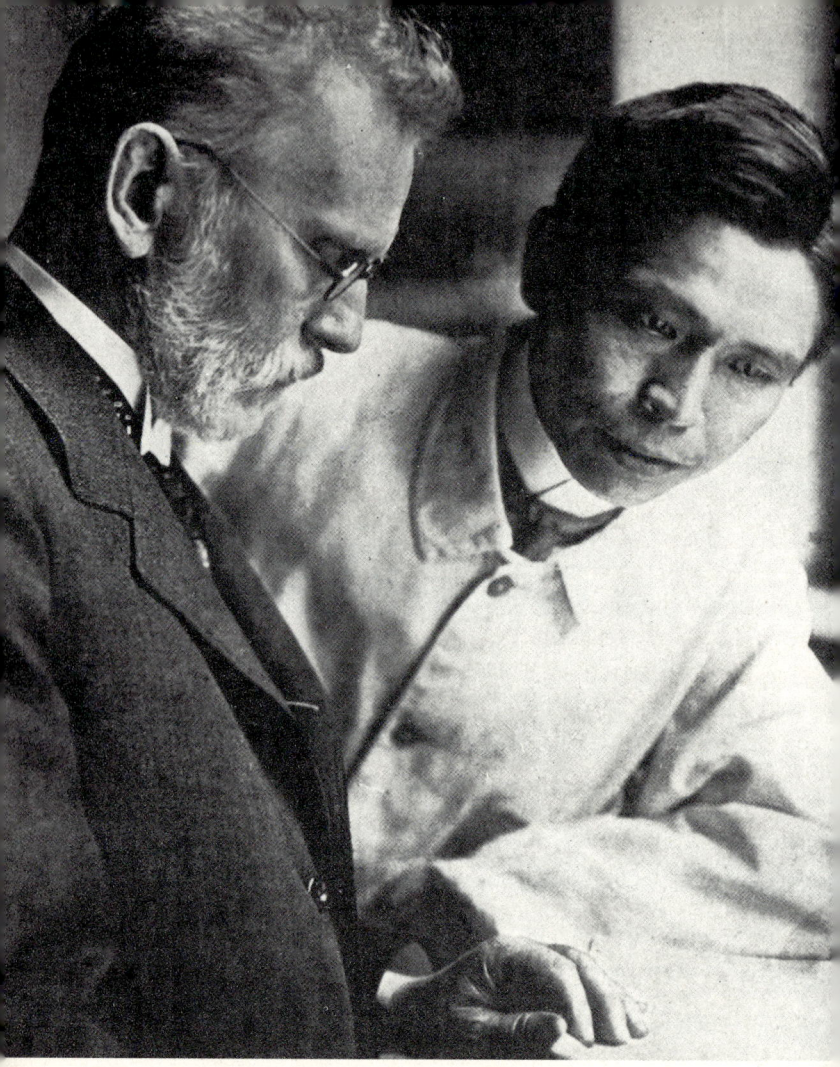

Oben: Paul Ehrlich und Sahachiro Hata. *Rechte Seite oben:* Das neue Hygienische Institut der Universität Berlin zur Zeit Robert Kochs 1885–1891. *Unten:* Franziska Speyer *(links)* schuf die Stiftung des Speyer-Hauses in Frankfurt am Main. Das Gebäude der Stiftung an der Sandhofstraße *(rechts)* war seit 1899 Paul Ehrlichs Arbeits- und Forschungsstätte.

Linke Seite: Louis Pasteur (1822–1895). *Oben:* Freunde Paul Ehrlichs: August Darmstaedter, Christian Herter *(oben)*, Arthur Weinberg, Carl Weigert, Ehrlichs Vetter und »Quartiermacher« in Frankfurt *(unten)*.

Das prächtig ausgeführte Diplom des Nobelpreises von 1908,
den die Schwedische Akademie der Wissenschaften gleichzeitig
Ehrlich und Metschnikoff zuerkannte.

PAUL EHRLICH

sådant pris, såsom ett erkännande af hans
arbete rörande immuniteten.

Stockholm den 29 Oktober 1908.
K.Karolinska mediko-kirurgiska Institutets
Lärarekollegium.

KAH Mörner
S.E. Henschen   O. Berlin
Curt Wallis   Jonas Wern
John Berg   Al. Kuyänen
Maur Salin   Sevein Jolin
J.G. Edgren   F. Lennmalm
Johan Widmark   E. Almquist
Erik Müller   G. Santesson
Jules Åkerman   Carl Sundberg
E. Welander   J. E. Johansson
Emil Holmgren   W. Westermark
Bror Gadelius

AN DIESER STELLE WIRKTE UND FORSCHTE

PAUL EHRLICH

GEB. 14. MÄRZ 1854 IN STREHLEN IN SCHLESIEN
GEST. 20. AUGUST 1915 IN FRANKFURT AM MAIN

DR. MED. LEIPZIG 1878, ASSISTENT UND OBERARZT
AN DER 1. MED. KLINIK DER CHARITÉ BERLIN

TITULARPROFESSOR · 1884

PRIVATDOZENT AN DER UNIVERSITÄT BERLIN · 1887

PROFESSOR EXTRAORDINARIUS DASELBST · 1891

DIREKTOR DES INSTITUTS FÜR SERUMFORSCHUNG
UND SERUMPRÜFUNG IN STEGLITZ · 1896–1899
GEHEIMER MEDIZINALRAT · 1897

DIREKTOR D. KGL. INSTITUTS FÜR EXPERIMENTELLE
THERAPIE IN FRANKFURT A. M. 1899–1915

VERLEIHUNG DER GROSSEN GOLDENEN MEDAILLE
FÜR WISSENSCHAFT · 1903

ORDENTL. HONORARPROFESSOR AN DER UNIVERSITÄT
GÖTTINGEN · 1904

DIREKTOR DES „GEORG SPEYER HAUSES"
FRANKFURT A. M. 1906–1915

GEHEIMER OBERMEDIZINALRAT · 1907

TRÄGER DES NOBELPREISES FÜR MEDIZIN · 1908

ZUM WIRKL. GEHEIMEN RAT MIT DEM PRÄDIKAT
„EXZELLENZ" 1911 ERNANNT WEGEN SEINER
UNVERGÄNGLICHEN VERDIENSTE UM DIE
MEDIZINISCHE UND BIOLOGISCHE FORSCHUNG,
NAMENTLICH UM DIE WERTBESTIMMUNG
DER SERUMPRÄPARATE UND DIE CHEMOTHERAPIE.

Gedenktafel am Georg-Speyer-Haus in Frankfurt am Main.

Behring wiederum fühlte sich von Hoechst nicht so vertreten, wie es seiner Meinung nach seinen Serumpräparaten zukam. Er argwöhnte, seine Tuberkulose-Impfstoffe würden deshalb von Hoechst nicht genügend gefördert werden, weil das Unternehmen auf diesem Gebiet mit seinem früheren Lehrer, Robert Koch, eng zusammenarbeitete. Es produzierte und vertrieb ja das sogenannte »Alt-Tuberkulin« und auch die neueren Tuberkuline, die Koch geschaffen hatte, die zwar nicht als Therapeutika, aber als Diagnosemittel große Bedeutung besaßen.

Behring aber hoffte damals noch immer, seinen früheren Meister mit eigenen Tuberkulose-Impfstoffen zu überrunden, dort also zu reüssieren, wo Koch letzten Endes die Waffen strecken mußte.

Daß seine eigenen Präparate ebenfalls nicht entfernt die Erwartungen im Kampf gegen den »bleichen Tod« erfüllten – das wollte Behring viele Jahre lang nicht einsehen.

Daraus waren ja nicht zuletzt die immer wieder aufbrechenden Gegensätze zwischen Ehrlich und Behring entstanden. Ehrlich glaubte Behring einen Dienst zu erweisen, indem er in seinem Institut nachwies, daß die Marburger Tuberkulosepräparate unwirksam oder jedenfalls nicht genügend wirksam waren.

Doch Behring arbeitete verbissen weiter. Erst gegen Ende des Jahrzehnts wird er einsehen, daß die Zeit für die Impfung gegen Tuberkulose noch nicht reif ist.

Ehrlich weiß, daß Behring auf dem falschen Weg ist. Als sich das Kultusministerium 1906 wieder einmal an ihn wendet, ob er bereit sei, neue Tuberkulose-Präparate Behrings unentgeltlich zu prüfen und bei der Weiterentwicklung zu helfen, so wie einst beim Diphtherie-Serum, sagt Ehrlich ein klares: »Nein«. Ehrlich will sein großes Ziel, die Chemotherapie, durch Nebenbeschäftigung nicht mehr aus dem Auge verlieren. »Ich habe keine Zeit mehr«, sagt er zu einem seiner Mitarbeiter, »jetzt heißt es Scheuklappen anzulegen und das Ziel keine Minute mehr aus den Augen zu lassen.«

Das Ziel sind Ehrlichs chemische »Zauberkugeln«, ähnlich wie die im Körper erzeugten Antikörper, die nur die Schädlinge im Organismus treffen, die gesunden Zellen hingegen verschonen.

Ein Brief an Christian Herter

Wie lebt und arbeitet Ehrlich eigentlich in jener Zeit in Frankfurt? Er selbst schildert das recht ausführlich in einem Brief an seinen Freund, Professor Christian Herter in New York. Herter war ja 1903 mit Frau und Töchtern nach Frankfurt gekommen, um ein Jahr als unbezahlter Mitarbeiter bei Ehrlich zu arbeiten. Nach seiner Rückkehr in die USA wird er bald einer der einflußreichsten Mediziner der Staaten. Er ist Professor an der Johns Hopkins University in Baltimore und Mitglied des Vorstandes der Rockefeller Foundation.

Ehrlichs Brief an Herter trägt das Datum vom 21. Juli 1905:

»Lieber Freund!
... Am erfreulichsten war mir ... daß ich wieder einmal Ihre Handschrift sehen konnte! Es fiel mir so schwer aufs Herz, daß ich Ihnen so lange nicht ausführlich geschrieben hatte, trotzdem ich so oft an Sie und Ihre ganze Familie denke, und an die schönen Stunden, die wir zusammen verbracht haben. Aber wie so häufig, ist das Beste der Feind des Guten, und ich hatte nun einmal die fixe Idee, Ihnen ganz ausführlich zu schreiben; dazu habe ich aber in dem Trubel der letzten Wochen gar keine Gele-

genheit gehabt. Ich war die halbe Zeit unterwegs bald in Berlin zur Konferenz, bald in Göttingen zur Vorlesung, dann zu Besuch bei Jannchen, die sich außerordentlich glücklich fühlt und eine reizende Hausfrau ist, – dann kam noch das neue Institut mit allem was drum und dran hängt hinzu; da blieb denn Vieles, und selbst das Wichtigste liegen. Am deutlichsten tritt das in meinem Arbeitszimmer zu Tage, das so wüst ist: der Boden, Tische und Stühle mit Büchern und Schriften bedeckt, so daß gar nichts mehr zu finden ist! An Platz zum Arbeiten ist überhaupt nicht mehr zu denken! Ich glaube, daß Ihre liebe Frau Gemahlin, die sonst für mich ja immer eine verständnisvolle Entschuldigung hatte, diesmal den Kopf schütteln würde ... Nun habe ich aber von mir schon zuviel gesprochen. –

... Ihre so herzliche und wirklich freundschaftliche Art und Weise, in der Sie mir sagten, daß Sie einmal biographisch etwas über mich schreiben würden, hat mich tief gerührt! Ich bin allerdings sehr in Zweifel, ob meine wissenschaftlichen Verdienste für eine solche Auszeichnung groß genug sind und würde ohne Ihre Initiative nie auf eine solche Idee verfallen sein. Aber andererseits habe ich mir überlegt, daß ich doch in der langen und vielfach sehr schwierigen Carriere allmählig praktischer geworden bin und gewisse Prinzipien, die zu erfolgreicher Arbeit führen, klarer erkannt habe als die Mehrzahl der anderen. Ich habe gleich in der ersten Freude über Ihren Brief ab und zu, wenn ich einen freien Augenblick hatte, Fräulein M. Blöcke über einzelne Punkte notieren lassen, die meine Anschauungen über Leben und Wissenschaft klarlegen. In den Ferien denk ich diese Dinger etwas auszuarbeiten und Ihnen dann zu senden. Dieselben sind natürlich für eine Publikation viel zu persönlich und auch zu ausführlich, aber ich denke, daß diese Erinnerungen Sie

und Ihre liebe Frau persönlich interessieren werden und
daß Sie daraus eine Gesamtanschauung, wie ich mir das
Leben denke, gewinnen werden.

Die Pläne des neuen Instituts sind jetzt so ziemlich fertig
und hoffe ich, daß in ein paar Wochen der Bau wird
beginnen können. Ich bin zunächst damit beschäftigt, mir
einen angenehmen, tüchtigen und hervorragenden Chemiker, der die chemische Abteilung leiten soll, zu
suchen ...

Die Trypanosomentherapie kommt, mit Unterstützung
von Dr. Weinberg, ohne großes Aufheben so langsam
weiter. Es ist sehr schwer, einen unschädlichen und dabei
voll wirksamen Stoff zu finden, aber kommen doch allmählig ein klein wenig voran, sodaß wir die Hoffnung
nicht sinken lassen. Auch im Carcinomgebiet weht jetzt
eine leichte Brise – Sie werden das als Besitzer einer
neuen Rennyacht zu würdigen wissen! – die die Segel, die
so lange schlafflagen, ein wenig anfüllt ...

Ihr treu ergebener Freund   P. Ehrlich«

Eine neue Plattform für die Chemotherapie

Das neue Institut, von dem Ehrlich in seinem Brief an
Herter spricht, ist eine der großartigsten Stiftungen, die je
in Frankfurt gemacht wurden.

Die Stifterin ist Frau Franziska Speyer. Ihr Mann, der
Bankier Georg Speyer, einer der großen Mäzene Frankfurts, ist am 24. April 1902 im Alter von 67 Jahren an
Krebs gestorben. Mit der Stiftung soll nicht nur das
Andenken an ihn wachgehalten, sondern ein Beitrag für
eine Frankfurter Universität geleistet werden. Die Anregung zu diesem Werk kam von Professor Ludwig Darmstaedter, Franziska Speyers Schwager.

Dieser Ludwig Darmstaedter, 1846 in Mannheim geboren, gehört um die Jahrhundertwende zu den interessantesten und verdienstvollsten Persönlichkeiten Frankfurts. Er hat als Chemiker in Berlin, in Frankreich und in England gearbeitet und sich schließlich an einer Glycerinfabrik beteiligt, die Lanolin für pharmazeutische und kosmetische Präparate in alleiniger Lizenz herstellte. Ihr erfolgreichstes Produkt ist die Lanolinseife. Als im Jahre 1900 die Fabrik »Benno Jaffe & Darmstaedter« in eine Aktiengesellschaft, die »Vereinigten Chemischen Werke«, umgewandelt wird, läßt sich Darmstaedter in den Aufsichtsrat des Unternehmens wählen, um mehr Zeit für seine privaten Interessen zu haben.

Darmstaedter ist ungemein vielseitig. Er macht sich einen Namen mit einer beinahe einzigartigen Sammlung alten Porzellans. Daneben sammelt er Autographen berühmter Naturwissenschaftler. Auch um die Errichtung eines »Jugendgefängnisses« in Wittlich an der Mosel, das nach modernen pädagogischen Prinzipien geleitet wird, erwirbt er sich große Verdienste.

Ein Mann an der Spitze eines chemischen Unternehmens wie Darmstaedter, der selbst mit vielen wissenschaftlichen Publikationen hervorgetreten ist, kennt natürlich Paul Ehrlich. Und indem er seine Verwandten dafür gewinnt, dem Forscher ein eigenes Institut zu stiften, das Georg-Speyer-Haus, setzt sich Darmstaedter selbst das schönste Denkmal.

In einem Brief an Professor Darmstaedter vom 4. Januar 1905 legt Ehrlich ausführlich dar, welche Zwecke er mit dem neuen Institut verfolgen will. Da der Brief einen unmittelbaren Einblick in die Forschungsarbeit und Überlegungen Ehrlichs zu jener Zeit gibt, wird er hier – nur geringfügig gekürzt – wiedergegeben:

Hochverehrter und lieber Herr Doktor,
Wie Ihnen bekannt ist, wird in den meisten pharmakologischen Instituten ... vorzugsweise eine rein theoretische Wissenschaft betrieben, die an erster Stelle die Ermittlung der Wirkungsart der Gifte sich zum Ziel setzt (Toxikologie). Es ist in der Natur der Sache begründet, daß hier primo loco solche Substanzen (insbesondere Alkaloide) erforscht werden, welche interessante und bedeutungsvolle Giftwirkungen auslösen. Derartige hochtoxische Substanzen sind aber der Mehrzahl nach (wenn man von wenigen Alkaloiden wie Morphin, Cocain, Atropin etc. absieht) am Krankenbett nicht zu verwenden ...
Dagegen wird die wissenschaftliche Analyse unserer bewährtesten Arzneimittel (wie Jodkali, Quecksilber u. tutti quanti) nicht in dem nothwendigen Maße gepflegt. Man erfährt im besten Falle, wie toxisch die betreffenden Substanzen sind, woran die Thiere zu Grunde gehen – aber die Hauptpunkte, wodurch das betreffende Mittel befähig ist, eine bestimmte Erkrankung zu heilen, bleibt in tiefes Dunkel gehüllt und muß es bei der Arbeitsmethode auch bleiben.
Wenn wir beobachten, daß z.B. Jodpräparate, Quecksilberpräparate in Dosen, welche für den Organismus und dessen Zellen so gut wie unschädlich sind, bestimmte Krankheitsprodukte in specifischer Weise zur Resorption bringen, so zeigt doch die einfachste Überlegung, daß man diese specifische Heilwirkung wissenschaftlich nur analysieren kann, wenn man Versuchsthieren die betreffenden Krankheiten einimpfen und daran experimentiren kann.
Versuche an normalen Thieren, wie solche fast ausschließlich in der Pharmakologie verwandt werden, sind für diese allerwichtigste Fragestellung ganz bedeutungslos. Wir erfahren eben durch solche Versuche nur die

Gefahren, welche zu große Dosen der betreffenden Stoffe (z.B. Quecksilber) mit sich bringen.

Ehrlich räumt ein, daß dies natürlich seine Bedeutung habe, man könne so dazu beitragen, »am Krankenbett schädliche Nebenwirkungen und Vergiftungen zu vermeiden, da wir wissen, auf welche Frühsymptome der Intoleranz wir zu achten haben«. Doch das sei kein allzu großer Nutzen, »da wir uns bemühen, den therapeutischen Kurs so zu leiten, daß wir die Untiefen der Schädigung ganz zu vermeiden suchen. Man kann gewiß den Männern, die die Gefahren der Ausfahrt durch die Fanale der Intoxikation gesichert haben, dankbar sein – aber den Kurs in das weite Meer der Heilkunst haben sie uns nicht gegeben.«

»Ich möchte besonders hervorheben, daß ich die ›pure‹ Toxikologie für eine durchaus berechtigte und nothwendige Wissenschaft halte; dieselbe ist für die Biologie und Physiologie, der Grundlage unserer medicinischen Anschauungen, von der allergrößten Bedeutung gewesen. Ich leugne nur, daß die praktische Heilkunde von ihr den entsprechenden Nutzen geschöpft hat.«

Ein Blick in den Schatz der Heilmittel beweist das: »Das allerbeste, was wir besitzen, entstammt der Empirie (z.B. Chinin, Jodkali, Quecksilber, Opium, Digitalis), während die Unzahl der neueren synthetischen Heilmittel ganz vorwiegend der Initiative unserer chemischen Industrie entstammt. Die Pharmakologen haben hier mit ganz wenigen Ausnahmen (Antipyrin) nur die bescheidene Rolle der Vermittlung übernommen, indem sie aus der übergroßen Zahl der Präparate allzu giftiges ausmerzten und den Rest, bei denen eine Probabilität auf therapeutischen Nutzen bestand, den Klinikern zur Ausprobierung übergaben . . .«

»Auch wird der«, so fährt Ehrlich fort, »der die Schar der neueren Mittel übersieht und seine Freude daran hat, daß wir nun werthvolle Fieber-, Schlaf- und Desinfections-mittel erhalten haben, sich eines gewissen Unbehagens über die ganze Richtung nicht erwehren können. Trotz der angestrengten Arbeit von Jahrzehnten und tausender Intelligenzen haben wir doch nur Symptomatika erzielt, keine Heilstoffe im wahren Sinne des Wortes, wie ein solches das Chinin gegenüber der Malaria ist. Das ist aber das höchste Ziel aller ärztlichen Kunst.«

Wie dieses Ziel zu erreichen sei, darüber gibt es für Ehr-lich nicht den geringsten Zweifel. »Ein Heilmittel für eine bestimmte Krankheit kann nur an einem derart erkrank-ten Organismus auffindig gemacht werden. Der kranke Mensch ist aber aus vielen Gründen (der Humanität und der wissenschaftlichen Versuchstechnik) sehr wenig für die Auffindung von Heilstoffen geeignet. Der Patient kommt erst in Betracht, wenn das Pharmakon durch eine große Reihe von Versuchen an Thieren erkannt ist. Vor-aussetzung dieser Versuche ist also die Möglichkeit, bestimmte Erkrankungen experimentell zu erzielen und daran die Versuche vorzunehmen (experimentelle Thera-pie).«

»Am leichtesten gelingt dies«, schreibt Ehrlich, »natür-lich bei den Infektionskrankheiten. In der That sind auf diesem Wege schon die größten Erfolge erzielt worden . . . Ich erwähne hier nur Koch's Tuberkulinarbeiten und die wunderbare Entdeckung der localen Tuberkulinreaktion – dann die Behringsche Entdeckung der Antitoxine mit ihrer breiten Verzweigung durch das große Gebiet der Infektionskrankheiten.« Das Prinzip sei »natürlich nicht auf die Infektionskrankheiten beschränkt«, meint Ehr-lich, »sondern ein allgemein gültiges, wie die Behandlung des Myxödems und Kretinismus durch Schilddrüsenprä-

232

parate. Ich glaube nun, daß das Gebiet der experimentellen Therapie nicht, wie es vielleicht den Anschein haben könnte, beschränkt ist auf die Anwendung von Heilstoffen, die wie Antitoxine und Toxine Produkte lebender Zellen sind. Ich glaube vielmehr, daß auch die synthetisch chemische Richtung hier ein sehr fruchtbares Feld finden kann.«

Ehrlich denkt hier an erster Stelle an die große Zahl wichtiger Erkrankungen, »die zum Theil (wie Malaria, Trypanosomiasen) auf Protozoen, zum Theil (wie Pocken, Maul- und Klauenseuche, Rinderpest, Syphilis) auf Schädlinge unbekannter Art zurückzuführen seien«.

»Bei einem Theil dieser Erkrankungen (z.B. Malaria, Trypanosomen) spielt die Immunitätsreaktion und deren Verwendung eine kurativ minderwerthige Rolle. Dagegen scheinen die Erreger dieser Krankheit zum Theil durch chemische Mittel innerhalb des Lebenden vollkommen abtödtbar zu sein, so daß eine vollkommene Desinfektion des inficirten Organismus – id est Heilung – möglich und effektuirbar ist. Ich erwähne hier nur die Heilung der Malaria durch Chinin, resp. diejenige gewisser Trypanosomenerkrankungen durch einen von mir gefundenen Farbstoff (Trypanroth). Gerade die Trypanosomenerkrankungen spielen eine sehr große Rolle, indem sie in den tropischen Regionen eine der verbreitetsten Thierseuchen veranlassen. Auch die Schlafkrankheit, welche in Centralafrika, in Uganda, vorkommt und dort die Bevölkerung decimirt, ist auf den gleichen Parasiten zurückzuführen.«

Wenn man nun hört, daß sich neuerdings die Schlafkrankheit über das Seengebiet nach Ägypten hin auszubreiten anfängt, so sei es eine gebieterische Pflicht, seine Kräfte für die Bekämpfung dieser furchtbaren Seuche einzusetzen.

»Ich glaube auch jetzt schon, daß das Trypanroth, in der von Laveran experimentell begründeten Kombination mit Arsen weit mehr leisten wird als alle Mittel bisher. Natürlich muß mein Bestreben sein, einen noch besseren Heilkörper ausfindig zu machen. Bis jetzt habe ich etwa 20 neue und sehr schwer herstellbare Präparate untersucht ohne das gewollte Resultat. Aber was will diese Zahl sagen gegenüber den 100fältigen Möglichkeiten neuer Farbkombinationen, die hier in Betracht kommen?«

Ehrlich nennt nun den »springenden Punkt, welcher für diese Art von experimenteller Therapie von ausschlaggebender Bedeutung ist, nämlich die Gewinnung der zahlreichen Präparate, die für ein gutes Endresultat nothwendig sind. Es müssen eben sehr viele Körper nach einem bestimmten Plan etappenweise neu hergestellt werden, wenn etwas erreicht werden soll. Ich versuchte in das Trypanroth Amidogruppen, Sulforeste etc. in bestimmten Stellungen einzuführen, und so die Wirkung zu verbessern.«

»Dr. A. Weinberg war bemüht – aus reinem Interesse an der Sache – durch seine Unterstützung die Erfüllung meiner Wünsche zu ermöglichen. Andererseits konnte ich diese große Liebenswürdigkeit nicht durch übermäßige Anforderungen ermüden und ausnützen, da dies ja ein ganzes Laboratorium erfordert hätte.

Den gleichen Schwierigkeiten begegnete ich schon früher, als ich im Methylenblau ein Mittel fand, das, ähnlich wenn auch nicht so sicher wie Chinin, auf Malaria wirkt. Trotzdem ist es werthvoll bei gewissen Formen (Schwarzwasserfieber), bei denen Chinin toxisch wirkt, ein anderes Mittel zur Hand zu haben. Die synthetische Verfolgung zum Zwecke der Auffindung der Verbesserung war mir aber damals nicht möglich, weil ich keine chemische Hülfe fand, und so ist denn aus diesem äußeren Grunde die an und für sich wichtige Sache liegen geblieben.

Das sind nur zwei Beispiele aus meiner eigenen Erfahrung. Ich glaube, daß in Zukunft das Gebiet der experimentellchemischen Therapie sich immer mehr erweitern wird. Einen erfreulichen Aufschwung kann es aber nur nehmen, wenn die Schwierigkeiten der Materialbeschaffung von dem erfindenden Leiter genommen sind und derselbe nicht auf zufällige Gefälligkeiten angewiesen ist. Das ist in idealem Sinne nur zu erreichen, wenn dem medicinischen Institut ein specielles chemisches Labor angegliedert ist, das unter einem tüchtigen Organiker steht, welcher im Verein mit ein bis zwei Assistenten die rein chemische Aufgabe übernimmt und durch seine größere Erfahrung die chemische Initiative des leitenden Mediciners fördert.«

Das Schreiben Ehrlichs an Professor Darmstaedter endet mit den Worten:

»Eine derartige Kombination, wie die hier vorgeschlagene, entspricht nach meiner Ansicht einem wirklichen Bedürfnis medicinischer Forschung, und zweifle ich nicht, daß dieselbe zum Nutzen und Heil der Kranken viel leisten könnte, und bestimmt zur Erweiterung unseres therapeutischen Könnens und Auffindung ›ächter‹ Heilstoffe führen sollte.

Ich bin daher der Überzeugung, daß die Begründung eines derartigen Institutes im Speyer-Hause den hochherzigen Intentionen, die den Stiftern vorschwebt, aufs beste entsprechen würde und trage daher kein Bedenken – aus dem Interesse meiner Wissenschaft – diesen Plan aufs wärmste zu befürworten.«

Darmstaedter gelingt es, seine Schwägerin dafür zu gewinnen, eine Million Goldmark für das »Georg-Speyer-Haus« zu stiften. Es entsteht direkt neben dem staatlichen Serum-Institut in der Sandhofstraße in Frankfurt-Sachsenhausen. Bei der Einweihung am 6.9.1906 umreißt Ehrlich in einem Vortrag über »Die moderne Chemotherapie« nochmals die Zielsetzung des Georg-Speyer-Hauses:

»Die Beschäftigung mit diesen Stoffen war und ist noch die Aufgabe des mir unterstehenden Königlichen Instituts für experimentelle Therapie. Die Ziele des neuen Speyerhauses bewegen sich in anderen, wenn auch parallelen Bahnen. Auch hier handelt es sich um das Problem, einen von bestimmten Parasiten infizierten Organismus dadurch zu heilen, daß man die Parasiten innerhalb des lebenden Organismus zur Abtötung bringt, also den Organismus sterilisiert, aber diesmal nicht mit Hilfe der auf dem Wege der Immunität von dem Organismus erzeugten Schutzstoffe, sondern mit Hilfe von Substanzen, die in der Retorte des Chemikers entstanden sind. Aufgabe des neuen Instituts ist also eine spezifische Chemotherapie der Infektionskrankheiten.«

»Eine einfache Überlegung zeigt«, meint Ehrlich, »daß dieser Weg an und für sich ein weit schwierigerer sein muß, als der der Serumtherapie. Solche Zauberstoffe, wie sie die Antikörper darstellen, die eben nur das schädliche Agens treffen, werden wir in der Reihe der künstlich erzeugten Chemikalien nicht so leicht auffindig machen können. Es ist mit der größten Wahrscheinlichkeit anzunehmen, daß derartige körperfremde Substanzen auch von den Organen angezogen werden und daß sie, da es sich ja immer um differente Stoffe von ausgesprochener Wirksamkeit handelt, imstande sein werden, den Organismus bezw. gewisse Teile desselben zu schädigen. Ganz besonders gilt dieser Gesichtspunkt bei der chemischen Therapie der gewöhnlichen Infektion mit pathogenen

Bakterien. Sublimat tötet in wässerigen Lösungen auch bei großen Verdünnungen Milzbrandbazillen ab. Injiziert man aber, wie unser Altmeister Koch gezeigt hat, einem mit Milzbrand infizierten Tiere eine erheblich größere Menge Sublimat, so wird der Tod nicht etwa verzögert, sondern beschleunigt. Die Bakterien selbst erfahren hierbei nicht die mindeste Benachteiligung.«

Als Leiter der chemischen Abteilung des Speyer-Hauses hatte Ehrlich zunächst seinen Neffen, Dr. Franz Sachs, vorgesehen.

Franz Sachs, 1875 in Berlin geboren, ist der Sohn von Ehrlichs ältester Schwester Bertha, verheiratete Sachs. Er hat in Berlin Chemie studiert. Einer seiner Lehrer war S. Gabriel, von Ehrlich hochgeschätzter Professor für organische Chemie in Berlin. Auf Anregung von Gabriel beschäftigte sich Sachs in seiner Dissertation mit den Derivaten des Phtalimid.

Bald darauf erhielt Sachs einen Arbeitsplatz im chemischen Laboratorium der Universität Berlin, wo er sich durch eine Reihe von Arbeiten auf dem Farbstoffgebiet einen guten Namen machte. Sachs wurde zum Privatdozenten ernannt und zum Schriftführer der Deutschen Chemischen Gesellschaft, eine Tätigkeit, die ihn in ein enges Verhältnis mit Professor Emil Fischer brachte, Deutschlands erfolgreichstem Chemiker jener Zeit.

Auf Anregung seines Onkels bearbeitete Franz Sachs seit 1899 das Gebiet der aromatischen Nitrosokörper und Verbindungen mit reaktionsfähigem Methylen. Daraus ergab sich ein reger Schriftwechsel zwischen Onkel und Neffen. Sachs löste eine Fülle von kleineren chemischen Problemen, für die Ehrlich in seinen ersten Frankfurter Jahren offensichtlich keinen geeigneten Chemiker besaß.

Als die Pläne für das Speyer-Haus festere Gestalt annahmen, bat Ehrlich im März 1905 seinen Neffen zu sich nach Frankfurt und offerierte ihm die Position eines »chemischen Abteilungsvorstehers« in dem neuen Institut. Sachs stimmte offenbar dem Angebot des verehrten Onkels zu. Darauf deutet jedenfalls ein Brief vom 1. April 1905, in dem Sachs detaillierte Vorschläge für die Installierung der chemischen Abteilung des Speyer-Hauses macht. Er schreibt an Ehrlich u.a.: » ... ich habe in die Pläne vorläufig nur die wichtigsten Sachen eingetragen und hoffe, daß dies unter Benutzung der Fischer-Guthschen-Broschüre genügen wird. Die Stellen für Gas- und Wasserzufluß sind nicht genau angegeben, da hier das Gefälle berücksichtigt werden muß: ebenso wenig sind die Heizkörper bezeichnet und auch die Zimmerlüftung fehlt. Ich denke, der Baumeister wird dies durch Studium des erwähnten Buches am besten selbst finden. Im Zimmer 2 habe ich noch nichts angegeben, da hier für den Bau keine Einrichtungen nötig sind. Im Fabrikraum ist auch bei uns die ganze Mitte leer, hier können größere Tische Platz finden, ev. auch eine Pumpe oder dergleichen ... Ich lasse die Pläne nun abzeichnen ... und werde sie nach Fertigstellung sofort zusenden.«

Dann folgt noch eine familiäre Bemerkung: »Tante Clara (eine der Schwestern Ehrlichs, d.V.) hat gestern abend wieder einen Anfall gehabt, der jedoch milder war, als die vorangehenden. Sonst ist hier nichts passiert. Ich benutze noch die Gelegenheit, Dir und der lieben Tante, die ich bestens zu grüßen bitte, herzlich für die schönen Tage zu danken, die ich kürzlich bei Euch verleben durfte.«

Eine »Gardinenpredigt« an den Neffen

Das gute Verhältnis zwischen Onkel und Neffen wird allerdings empfindlich gestört, als Sachs die angebotene Position im Speyer-Haus schließlich doch ausschlägt, eigene Arbeiten aufnimmt, die Ehrlichs Gebiet berühren, und schließlich mit den Farbenfabriken Bayer über eine Zusammenarbeit verhandelt. In diesem Fall spricht Ehrlich auch gegenüber dem Neffen ein deutliches Wort. Auf eine beruhigende Erklärung von Sachs antwortet er am 13. Oktober:

» ... kannst Du Dir vorstellen, daß es mir sehr unerwünscht sein könnte, wo meines Wissens neuerdings noch keine einzige andere Fabrik das Arsengebiet bearbeitet, abgesehen von dem schon alten Kakodyl und Methylarsensäureverbindungen, wenn Du ein neues Centrum schaffen würdest, das mit der Trypanosomenbekämpfung zu tun hätte. Das wäre aber bei Bayer der Fall, da diese, wie ich Dir damals erzählt habe, auf Veranlassung des Instituts Pasteur das Trypanrotgebiet in Angriff genommen und mir einen Teil meiner schon vorhandenen Resultate entrissen haben ...«

Am 10. November 1906 wird Ehrlichs Ton noch eine Spur schärfer:

»Bei unseren vielfachen Besprechungen, insbesondere als ich Dir das Anerbieten machte, als Abteilungsvorsteher an das Speyerhaus überzutreten, lag es ja im Interesse der Sache und war es selbstverständlich, daß ich Dich genau über meine Absichten orientierte und die Überzeugung aussprach, daß das Arsenikgebiet die meisten Aussichten auf Erfolg bieten würde. Du gehst nun von der Voraussetzung aus, daß ich mich in dieser Beziehung beschränken würde, das chemische Gebiet, von dem wir hauptsächlich sprachen, ausschließlich und einseitig zu bearbeiten, und daß daher eine Kollision mit Deinen neuen Sachen nicht bestehen könne. Es ist nun für jeden denkenden Menschen selbstverständlich, daß es ganz sinnlos wäre, ein Gebiet nur von einer Seite anzugreifen, und daß gerade von mir, dessen multiple Arbeitsrichtung Dir am besten bekannt ist, ein solches Versehen absolut nicht zu erwarten ist.

In der Tat kann ich Dir mitteilen, daß unsere Pläne auch nach ganz anderen Richtungen gehen; daß wir schon in den letzten Zeiten uns die dazu benötigten Materialien verschafft, und auch während der letzten 8 Tage die Arbeiten begonnen haben.

Ich glaube wohl, daß Du mindestens die Vermutung hegst, bewußt mein Arbeitsgebiet zu kreuzen, und daß auch diese Empfindung die Ursache Deines Briefes ist. Natürlich bin ich bei dem großen Gebiet einer solchen Eventualität immer gewärtig und habe deswegen eben die Gründung des Speyerhauses möglichst beschleunigen wollen, aber ich habe nicht erwartet, daß dies von *Deiner* Seite kommen würde, als Dank dafür, daß ich Dich genau in unser Getriebe habe einsehen lassen, um Dir die Stellung, die ich für Dich vorteilhaft hielt, plausibler zu machen.

Wenn ich aber hiervon ganz absehe, so ist der von Dir gewählte Modus procedendi nach meiner Ansicht auch kein schöner. Wenn Du eine mein Gebiet berührende neue Sache gefunden hast, so ist es ja ganz selbstverständlich, daß ich mich bemüht hätte, Dir behilflich zu sein, und Modalitäten, wie dies ausführbar gewesen wäre, sind leicht denkbar. Statt aber, wie ich dies nicht anders von Dir hätte erwarten können, Dich sofort hierher zu wenden, geht Deine Tendenz dahin, Dich mit einer Konkurrenzfirma in Verbindung zu setzen und so meine Pläne zu durchkreuzen! Indem Du ein Zusammengehen mit den Vereinigten Chemischen Werken a limine von vornherein und ohne jede Motivierung ablehnst, und dafür gleich ein Gegenlager einrichten willst. Soweit ich weiß, sind die Werke Dir niemals entgegengetreten, sondern es ist sogar Professor Darmstaedter, der ja als Aufsichtsrat einen großen Einfluß dort besitzt, aufs wärmste für Dich eingetreten, als es sich um die Besetzung des Speyerhauses handelte.

Ich hege nicht den Wunsch, nach dieser Sachlage Deine neue Idee kennen zu lernen, werde aber bei Edmund ein versiegeltes Schreiben deponieren, in dem ich die jetzige Arbeitsrichtung, die wir schon eingeschlagen haben und von der ich oben sprach, skizziere.
Mit besten Grüßen
Dein Onkel Paul«

Am 27. November 1906 versucht Ehrlich gegenüber dem Neffen noch einmal die Position klarzustellen:

»Da ich noch immer sehr beschäftigt bin, kann ich Dir heute nicht so ausführlich, wie ich wollte, schreiben. Ich würde vorschlagen, die Sache bis zu einer mündlichen Besprechung liegen zu lassen. Wenn Du Angst hast, daß Dir jemand dazwischen kommt, kannst Du ja für Dich ein Patent anmelden, das ja nur M. 20,00 kostet.
Aber ich möchte nochmals betonen, daß mir ein intensives und weiteres Bearbeiten des Arsengebietes von Deiner Seite, wie leicht verständlich, gar nicht erwünscht ist, zumal ich dadurch auch gegenüber Darmstaedter und den Chemischen Werken möglicherweise in ein schiefes

Licht gesetzt werden könnte, als ob ich anderen den Mund wässerig gemacht hätte.

Ich kann eine solche Sache nicht vom rein formalen resp. legalen Standpunkt auffassen, sondern bin vielmehr im allgemeinen der Ansicht, daß in solchen Fragen Leuten gegenüber, mit denen man zusammen geschaffen hat, das weitestgehende Entgegenkommen am Platze ist. So wurde mir z.B., um nur einen Fall anzuführen, von einer Seite nahegelegt, mich an einer Arbeit gegen eines der Einhorn'schen Präparate zu beteiligen. Ich habe das schlankweg abgelehnt mit der Motivierung, daß ich niemals und unter keinen Umständen gegen jemand, der mir früher einmal Gefälligkeiten erwiesen hätte, in Konkurrenz treten würde.

Bergell hatte mir früher einmal einige von seinen Lecithinpräparaten geschenkt. Als er mich hier besuchte, machte ich ihn aufmerksam, daß die Bromderivate des Lecithins therapeutisch von größtem Wert sein könnten und riet ihm, ganz schleunigst ein Patent zu nehmen. Er tat dieses auch, und es zeigte sich dabei, daß es die höchste Zeit gewesen war, da, wenn ich mich nicht irre, einige Tage später ein Konkurrenzprodukt angemeldet wurde. Bergell bot mir dann Beteiligung an seinem Patent an, ich lehnte das aber ab mit der Motivierung, daß mein Vorschlag nur einen Dank für frühere Freundlichkeiten darstellen sollte. Ich habe auch damals nicht geglaubt, daß ich damit etwas besonderes getan hätte.

Der wesentliche Ausgangspunkt Deiner neuen Sache ist, wie aus Deiner Darlegung hervorgeht, der Umstand, daß der unlösliche Indigo mit Grynja reagiert. Das habe ich aber damals schon gewußt, als ich Dir vor Jahren von der Indigoreaktion Mitteilung machte. Ich habe damals nicht mit Lösungen von Indigo gearbeitet, sondern direkt das

Indigopulver in die Aetherlösung eingeführt und dabei die Reaktion beobachtet. Ich war damals also schon vollkommen von der Ansicht emanzipiert, als ob nur gelöste Körper mit Grynja reagieren könnten. Aber Du wirst verstehen, daß es mir nicht gerade sehr erfreulich ist, daß der Rat, den ich Dir damals für Deine Arbeiten gegeben habe, nun schließlich den Ausgangspunkt für Dein Konkurrenzprodukt bildet.

Über die Auffassung, die Du vom Speyerhause hast, habe ich mich doch etwas gewundert und sind mir Deine materiellen Berechnungen quoad Gehalt und Leistungen, aufrichtig gestanden, etwas verwunderlich vorgekommen. Ja, wenn Du das Speyerhaus mit einer kleinen Fabrik in Parallele stellst, ist Deine Deduktion vollkommen richtig und verstehe ich auch sehr gut, daß Gabriel Deine Ansicht teilte, wenn Du ihm die Sache so dargestellt hast. Aber nach meiner Ansicht ist das Speyerhaus die Stätte, von der vielleicht die ganze moderne wissenschaftliche Therapie einen neuen Aufschwung nehmen kann. Das ist nicht nur meine Meinung, sondern auch die Ansicht des Ministeriums, speziell des Ministers und Althoffs. Als leitender Chemiker an einer solchen Stelle mitzumachen, ist nach meiner Ansicht eine Aufgabe, die doch mindestens der eines wissenschaftlichen Leiters eines Universitätslaboratoriums gleichzustellen ist, da hier sicher mehr Ruhm, und vielleicht auch mehr Geld zu holen ist.

Jedoch über geschehene Sachen lohnt es nicht zu sprechen. Ich schlage also vor, daß wir die Korrespondenz bis zu einer mündlichen Besprechung vertagen und möchte Dich nur bitten, von diesen Unterhandlungen, da sie noch nicht abgeschlossen sind, keine Mitteilung an irgend welche chemische Seite zu machen, da eine solche Mitteilung, wenn sie überhaupt etwas erweisen soll, nicht ohne

eine Offenlegung von Internis des Instituts vor sich gehen kann, die ich natürlich nicht wünsche.
Mit herzlichen Grüßen
Dein treuer Onkel, P. Ehrlich«

Franz Sachs aber schloß am 18. Dezember 1906 einen Vertrag mit den Farbenfabriken Bayer, der ihn verpflichtet, all seine Erfindungen ausschließlich dieser Firma zugute kommen zu lassen.
Sehr lange grollt Ehrlich seinem Neffen freilich nicht, das hätte auch nicht in seinem Wesen gelegen, vor allem auch, weil es sich bei Franz Sachs um ein Mitglied der Familie handelte.

Neue Mitarbeiter für das Speyer-Haus

Ehrlich engagierte auf Empfehlung seiner Professoren-Kollegen in Göttingen zwei jüngere Chemiker, die bisher an der dortigen Universität gearbeitet hatten: Dr. Julius von Braun und E. Schmitz. Von Braun übernahm die Leitung der chemischen Abteilung des Speyer-Hauses. Er erhielt ein Jahresgehalt von fünftausend Mark und eine Beteiligung von 30 Prozent, der den Angestellten zufallenden Nutzen aus Erfindungen. Urlaubszeit: sechs Wochen. Das sind sehr respektable Bedingungen. Dr. Schmitz und Dr. Alfred Bertheim, den Frau Speyer empfohlen hat, bekommen natürlich etwas weniger.
Die biologische Abteilung besetzt Ehrlich mit Dr. Wilhelm Roehl. Roehl ist ein Schüler von Ehrlichs Freund, Professor Albrecht Kossel, Physiologe und späterer Nobelpreisträger. Roehl, 1881 in Berlin geboren, hat schon 1905/06 an Ehrlichs Institut für experimentelle Therapie gearbeitet. Dann war er an der Medizinischen Klinik in

Gießen tätig gewesen, bis ihn Ehrlich ins Speyer-Haus holte.

Roehl wird sich bis zu seinem Ausscheiden im Oktober 1909 große Verdienste um die biologische Prüfung der Arsenobenzole erwerben. Allein das »Arsenophenylglycin« wird von Roehl an über tausend Mäusen geprüft werden.

Anschließend wollte sich Roehl in Gießen habilitieren. Auf einer Tagung lernt er jedoch Geheimrat Duisberg von Bayer kennen und ist von diesem Industriellen-Chemiker so beeindruckt, daß er sich entschließt, in die Industrie überzutreten.

Mit Roehl beginnt später bei Bayer die Entwicklungsphase der großen Tropenpräparate, wie etwa »Bayer 205« und andere, die nicht zuletzt auf Arbeiten Ehrlichs im Speyer-Haus basieren.

Um die Formel des Atoxyls

Alfred Bertheim arbeitet schon seit März 1906, also noch vor der Einweihung des Speyer-Hauses, in provisorischen Räumen im Serum-Institut mit Ehrlich.

Ehrlichs Gedanken kreisen seit 1905 um das Arsengebiet, genauer gesagt, um das »Atoxyl«. Er hat ein wenig mit dieser Verbindung experimentiert und dabei festgestellt, daß das Präparat in mineralsaurer Lösung salpetrige Säure verbrauchte und dadurch die Fähigkeit erlangte, mit Azokomponenten zu Azofarbstoffen zu kuppeln, die ebenfalls noch den Arsenrest enthielten.

Ehrlich vermutete, daß es sich bei dieser Substanz nicht um ein Arsensäureanilid handelte, so wie es der französische Chemiker Antoine Béchamp angegeben hatte, der 1863 diese Verbindung produziert hatte, als er – um den

Farbstoff Fuchsin herzustellen – arsenige Säure erhitzt und mit Anilin verbunden hatte.

Wäre »Atoxyl« wirklich ein Arsensäureanilid gewesen, so hätte Ehrlich mit dieser Verbindung nicht viel anfangen können. Durch Alkalien und Säuren hätte es sich lediglich wieder in seine ursprünglichen Komponenten zerlegen lassen: in Anilin und Arsensäure. Deshalb reizte die Chemiker die scheinbar so unergiebige Substanz nur wenig.

»Mit einem leicht spaltbaren Anilid war chemisch nichts anzufangen, von einer beständigen p-Amino-phenylarsinsäure aber durfte man erwarten, daß sie die zahlreichen Reaktionen des Anilins mit denjenigen der Arsinsäuren in sich vereinigen und noch besondere Eigenschaften besitzen würde, die sich aus der Kombination beider ergeben«, schreibt Bertheim in einer Festschrift. »So lag denn wohl zum erstenmal ein biologisch wirksamer Körper vor, der nicht nur seiner Struktur nach genau bekannt, sondern auch – im Gegensatz zu den Alkaloiden – von einfacher Zusammensetzung und außerordentlicher Reaktionsfähigkeit war, die eine Fülle Umformungen ermöglichten.« Damit konnte die Chemotherapie, wie es Ehrlich formulierte, »von dem rein empirischen Herumprobieren Abstand nehmen und die chemische Synthese einführen.«

Nach Darstellung von Martha Marquardt in ihrer Ehrlich-Biographie war der Ermittlung der Konstitutionsformel ein recht heftiger Streit zwischen Ehrlich und seinen Chemikern vorausgegangen. Braun und Schmitz vor allem hätten nicht glauben wollen, daß die Formel, die Béchamp aufgestellt hatte, unrichtig sei. Sie hätten die Autorität Ehrlichs in chemischen Fragen angefochten. Bei Martha Marquardt liest sich das recht aufregend: »Paul Ehrlich erklärte bestimmt den drei Chemikern des

Georg-Speyer-Hauses: ›Das Atoxyl ist *kein* Arsensäure-anilid, es enthält vielmehr eine freie Amidogruppe, ich habe die hierher gehörigen arsenhaltigen Azofarbstoffe schon vor einiger Zeit dargestellt und untersucht . . .‹

›Die Notwendigkeit der Reduktion des Atoxyls hat sich auf Grund meiner Arbeiten eo ipso ergeben und ich halte das Hydrosulfit dazu am geeignetsten . . .‹

›Auf Grund der biologischen Tatsachen lasse ich absichtlich zuerst die einfachsten Verbindungen herstellen. Ich bitte Sie, sich danach zu richten . . .‹

Sie können die Richtigkeit dieses Vorgehens nicht beurteilen . . .‹

Dr. von Braun erwidert:

›Wir können Ihre Anordnungen nicht anerkennen und müssen uns nach der klassischen Béchampschen Formel richten . . .‹

Worauf Paul Ehrlich mit erhobener Stimme darauf sagt:

›Ich bleibe bei meinen Anordnungen und überlasse es Ihnen, die Konsequenzen zu ziehen.‹

Er dreht ihnen den Rücken zu und geht hinaus, man sieht ihm die innere Erregung an. Die drei stehen verdutzt. Dr. von Braun zieht seinen Laboratoriumsmantel aus und seinen Rock an.

›Ich gehe . . .‹

Dr. Schmitz tut das gleiche. Dr. Bertheim steht einen Augenblick nachdenklich, dann sagt er:

›Vielleicht hat er *doch* recht . . . ich bleibe.‹

Die anderen beiden verlassen das Haus. Dr. Schmitz ging an das physikalische Institut der Stadt Frankfurt, später nach Breslau in eine leitende Stellung . . . Als Paul Ehrlich anschließend an das beschriebene aufregende Erlebnis wieder in seinem klinischen Laboratorium im Seruminstitut arbeitet, kommt Dr. Bertheim, ein paar Stunden später, zu ihm.

›Herr Geheimrat . . . ich möchte bei Ihnen bleiben . . .‹
Ehrlich schaut einen Augenblick von seiner Arbeit auf,
und ohne sie zu unterbrechen, nickt er freundlich.
›Gut . . .‹
›Ich werde die Versuche ausführen, die Sie heute angege-
ben haben . . .‹
›Gut, lieber Bertheim . . .‹

Zusammenarbeit mit Berlin?

Zunächst war im Georg-Speyer-Haus an eine Zusammenarbeit mit den Vereinigten Chemischen Werken in Berlin
gedacht worden. Das lag nahe, da diese Firma ja das »Atoxyl« herausgebracht hatte und Professor Darmstaedter im
Aufsichtsrat des Unternehmens saß. Darmstaedter weilte
im Sommer 1906 gerade in den Ferien, als er ein Telegramm
der Vereinigten Chemischen Werke erhielt, er möchte versuchen, Ehrlich an die Firma zu binden und einen Vertrag
zwischen dem Kuratorium des Speyer-Hauses und den Chemischen Werken vorzubereiten.
Darmstaedter reiste zurück, sprach mit Ehrlich und den
Mitgliedern des Kuratoriums des Speyer-Hauses. Sie
waren einverstanden. Am 7. November 1906 genehmigte
das Kuratorium des Speyer-Hauses den Vertragsentwurf.
Er sah vor, daß alle von Ehrlich und seinen Mitarbeitern
im Speyer-Haus gemachten Erfindungen durch die Vereinigten Chemischen Werke verwertet werden.
In der Aufsichtsratssitzung der Vereinigten Chemischen
Werke gab es dann im letzten Augenblick Meinungsver-
schiedenheiten. Dr. Jaffé, einer der Mitinhaber, machte
den Vorschlag, den an das Speyer-Haus abzuführenden
Reingewinn auf das Atoxyl zu gründen.
Professor Darmstaedter sah hierin eine Schmälerung der

Interessen des Speyer-Hauses und lehnte ab. Jaffé machte ihm daraufhin den Vorwurf, er vertrete »Sonderinteressen«, hier die Interessen als Aufsichtsratsmitglied der Vereinigten Chemischen Werke, dort die Interessen des Speyer-Hauses als dessen Kuratoriumsmitglied.

Der temperamentvolle Darmstaedter trat daraufhin kurzerhand aus dem Aufsichtsrat der Vereinigten Chemischen Werke aus; der Eklat war da!

Nun schaltete sich Arthur von Weinberg ein. Er versprach sich wohl ohnehin mehr von einer Zusammenarbeit Ehrlichs und des Speyer-Hauses mit einer größeren Firma, als es die Vereinigten Chemischen Werke waren. Schon am 7. Januar 1907 schrieb Weinberg an Gustav von Brüning von den Farbwerken Hoechst, vormals Meister Lucius & Brüning. »Geheimrat Ehrlich berichtet mir, daß er eine Verwertung der von ihm gefundenen Mittel gegen verschiedene Trypanosomenerkrankungen anstrebt. Ich schlug ihm vor, die Sache den Farbwerken in die Hand zu geben, da wir eine pharmazeutische Abteilung nicht besitzen, womit er ganz einverstanden war. Ich möchte Sie nun bitten, mich wissen zu lassen, ob es Ihnen paßt, nächster Tage mit Geheimrat Ehrlich – am besten in unserem Bureau – zu converieren. Es stünde Ihnen natürlich frei, andere Herren hinzuzufügen.«

Brüning scheint zunächst die Angelegenheit nicht für so wichtig gehalten zu haben, um ein »Gipfelgespräch« zwischen Weinberg, Ehrlich und ihm zu rechtfertigen. Er schreibt am 9. Januar an Weinberg: »In Erwiderung Ihrer geehrten Zeilen vom 7. ds. danke ich Ihnen verbindlichst für die freundl. Mitteilungen, die neuen Arbeiten des Herrn Geheimrat Ehrlich betreffend und dafür, daß Sie ihm vorschlugen, die Sache mit den Farbwerken zu machen. Ich glaube, daß wir zu einer gemeinschaftlichen Besprechung Ihre Zeit nicht weiter in Anspruch zu nehmen brauchen, da unser Professor Ruppel, der sich speziell mit diesen Sachen befaßt, ohnehin in den nächsten Tagen Herrn Geheimrat Ehrlich in Serumangelegenheiten geschäftlich aufsuchen muß und bei dieser Gelegenheit wohl die orientierenden Mitteilungen empfangen kann. Sollten Sie aber eine andere Art der Behandlung der Angelegenheit wünschen, so haben Sie vielleicht die Freundlichkeit, mich davon zu unterrichten.«

Ein neuer Vertrag wird geschlossen

Bald erkennt man dann in Hoechst doch die Chancen, die in einer Zusammenarbeit mit Ehrlich liegen. Ehrlich kommt ja nicht mit ganz leeren Händen. Er verfügt bereits über eine Verbindung, die wirkungsvoller und unschädlicher als »Atoxyl« ist. Sie trägt die Präparat-Nummer »306« und wird später den Markennamen »Arsacetin« erhalten.

Am 9. März 1907 schließen die Farbwerke Hoechst und Cassella und auf der anderen Seite das Georg-Speyer-Haus einen Vertrag. Darin wird vereinbart, das Speyer-Haus überläßt den beiden Firmen Anrecht auf die von Ehrlich und seinen Mitarbeitern gefundenen Präparate, die zur Bekämpfung der Trypanosomen-Erkrankungen und anderer Krankheiten geeignet sind. An dem Reingewinn ist das Speyer-Haus zu 30 Prozent beteiligt. Ehrlich wiederum besitzt seit dem 10. November 1906 einen Vertrag mit dem Kuratorium des Speyer-Hauses, der ihm 60 Prozent von dem sogenannten Angestelltenanteil der auf das Speyer-Haus entfallenden Summe sichert.

Dieser Vertrag wurde zwischen Oberbürgermeister Adikkes, dem Vorsitzenden des Kuratoriums des Speyer-Hauses, und Ehrlich in Form eines Briefwechsels geschlossen.

Leider ist dabei die Laufzeit des Vertrages nicht präzise formuliert worden. Sollen die 15 Jahre, von denen Adikkes spricht, vom Vertragsabschluß an oder vom Beginn der Verwertung der ersten Erfindung gerechnet werden? Eine Unklarheit, die nach dem Tode Ehrlichs noch zu einem recht unerquicklichen Prozeß zwischen Frau Ehrlich und dem Speyer-Haus führen soll.

Hoechst liefert also von 1907 an die chemischen Rohmaterialien für die Synthesen des Speyer-Hauses. Obwohl auch weiterhin an Farbstoffen gegen Trypanosomen gearbeitet wird, treten jetzt die Arsenobenzole immer stärker in den Vordergund.

In dem Vertrag zwischen dem Speyer-Haus und Hoechst ist zwar nur von Trypanosomen die Rede, es geht aber nun nicht mehr um die Parasiten allein. Denn Ehrlich hat mittlerweile auch ein Auge auf die Spirochäten geworfen. Diese Gruppe von schraubenförmigen Lebewesen zeigt nach Meinung der Mikrobiologen jener Zeit ohnehin eine große Verwandtschaft mit den gröber geformten Trypanosomen. Sie nehmen eine Mittelstellung zwischen den (tierischen) Protozoen, wie eben den Trypanosomen, und den (pflanzlichen) Bakterien ein.

Können sich nur Menschen infizieren?

Eine Reihe von Ereignissen hat in den Jahren von 1903 an die Erkenntnisse über die Syphilis wesentlich bereichert.

Lange Zeit schien es so, als »interessierten« sich die unbekannten Erreger der Syphilis ausschließlich für menschliche »Wirte«. Es gab kein Versuchstier, das man mit Syphilis hätte infizieren können, um anschließend Mittel zur Bekämpfung der Krankheit zu erproben.

Im Jahre 1903 jedoch beginnt sich die Lage zu ändern. Der erste Anstoß kam vom Pasteur-Institut. Emile Roux und Elias Metschnikoff hatten für wissenschaftliche Arbeiten zwei Geldpreise bekommen und beschlossen, dafür einige Affen zu kaufen. An ihnen könnte man testen, ob sie sich eventuell mit dem Syphilis-Gift infizieren lassen. In der Tat: Roux und Metschnikoff konnten die »Krankheit der Venus« auf einige Schimpansen übertragen.

Etwas später, am 3. März 1905, gelingt es dem Zoologen Fritz Schaudinn, den Erreger der Syphilis endlich aufzuspüren. Schauplatz ist diesmal Berlin, und zwar die Hautklinik der Charité. Schaudinn soll dort eigentlich nur die Angabe eines anderen Wissenschaftlers nachprüfen, der behauptet hatte, im Blut und Gewebe syphilitischer Personen winzige bewegliche Körperchen gefunden zu haben, vermutlich Protozoen, die für die Syphilis und einige andere Krankheiten verantwortlich seien.

Solch angebliche Entdeckungen waren nichts Neues. In den vergangenen Jahrzehnten hatten verschiedene Forscher geglaubt, in nicht weniger als zwanzig Fällen die Erreger entdeckt zu haben. Keine dieser »Entdeckungen« hielt den Nachprüfungen stand.

So war es leider auch diesmal. Die Überprüfung der Resultate ergab nichts Neues. Schaudinn war schon dabei, das Mikroskop wieder einzupacken, das er eigens vom Reichsgesundheitsamt, wo er als Regierungsrat arbeitete, mit in die Charité gebracht hatte. Da reicht ihm sein Kollege, mit dem er das Material zusammen untersucht hat, Stabsarzt Dr. Erich Hoffmann, noch einige Gewebestückchen von syphilitischen Geschwüren.

Schaudinn beugt sich wieder übers Mikroskop und untersucht die neuen Präparate. Nach einiger Zeit erblickt er ein sehr feines, sehr blasses, fast nicht wahrnehmbares

Schräubchen, das sich lebhaft bewegt. Ohne Zweifel gehört es zur Gattung der Spirochäten, die man seit einigen Jahren kennt. Sie verursachen im allgemeinen nur banale Infektionen; einige von ihnen sind aber auch für das gefürchtete Rückfallfieber verantwortlich.

Doch dieses Schräubchen ist unendlich viel zierlicher als die gröberen Spirochäten, die Schaudinn und Hoffmann bisher gesehen haben. Deshalb verfolgen die beiden Forscher ihre Spur intensiv weiter. Bald sind sie davon überzeugt, den Syphiliserreger in Form der blassen Spirochäte tatsächlich gefunden zu haben.

Doch ihnen geht es wie vielen ihrer Vorgänger, ihre Entdeckung wird zunächst nicht anerkannt. Aber Schaudinn läßt sich nicht beirren, auch nicht von der unverhohlenen Skepsis größter Autoritäten. Und bald steht fest: die Spirochäte, die Schaudinn »pallida«, die blasse, nennt, und nichts anderes ist die Ursache der Krankheit, die so vielen Menschen nicht nur Leiden, sondern auch Schmach und Schaden zu bringen pflegt. Einer der ersten, die Schaudinns Befunde bestätigen, ist Elias Metschnikoff in Paris.

Nach Paris und Berlin ist der nächste Platz des Erfolges im Kampf gegen die Syphilis das Institut von Professor Alberto Ascoli, einem Schüler Ehrlichs, in Padua. Italienischen Forschern gelingt es dort, durch Einspritzen von Syphilismaterial in die vordere Augenkammer von Kaninchen eine syphilitische Entzündung zu erzeugen.

Bald darauf, 1906, kamen die Italiener E. Bertarelli und M. Truffi noch einen weiteren Schritt vorwärts: sie erzeugten Syphilis am Skrotum von Kaninchen, indem sie mit der Pinzette einige Stücke von Infektionsmaterial in den Hodensack einschoben. Mit dieser Methode entwickelte sich bei den Versuchstieren regelmäßig eine Syphilis des ersten Stadiums an der Infektionsstelle. Endlich hatten die Forscher ein Versuchstier, an dem neue chemotherapeutische Substanzen erprobt werden konnten.

Ehrlich hört begeistert zu, als ihm der Chef seiner bakteriologischen Abteilung, Professor Max Neisser, von der Entdeckung des Erregers durch Fritz Schaudinn vom Kaiserlichen Gesundheitsamt berichtet.

»Schade nur«, meint er, »daß es nicht Albertus magnus gelungen ist.« »Albertus magnus« ist Ehrlichs Freund Albert Neisser, mit dem Ehrlich seit Kindheitstagen befreundet ist. Neisser hatte 1879 mit 24 Jahren den Erreger der Gonorrhoe entdeckt. Seither war es Neissers großes Ziel, den Syphiliserreger zu finden. Neisser hat deshalb sogar eine große Expedition nach Batavia unternommen, um an Affen entsprechende Versuche anzustellen.

Da auch Schaudinn zwischen Trypanosomen und Spirillen eine gewisse Verwandtschaft vermutete, liegt es für Ehrlich sehr nahe, nun auch die Syphilis-Spirochäten in den Kreis seiner chemotherapeutischen Versuche einzubeziehen.

Noch vor Ehrlich hat bereits der Berliner Hygieniker Paul Uhlenhuth den Versuch unternommen, die sogenannte Hühner-Spirillose, eine von Spirochäten verursachte Krankheit, mit »Atoxyl« zu behandeln. Auch Erich Hoffmann, der Mitentdecker der Spirochäta pallida, Professor Salmon in Paris und andere erproben in den Jahren von 1905 an die Wirkung von Arsenverbindungen gegen Spirochäten.

Professor Uhlenhuth wird sich zeit seines Lebens aufgrund dieser Tatsache für den Mann halten, der eigentlich die Chemotherapie der Syphilis begründet hat. Manche Auseinandersetzung zwischen ihm und Ehrlich wird es deshalb geben.

Ehrlich erkennt Uhlenhuth in seinem 1910 erschienenen

Buch »Die Chemotherapie der experimentellen Spirillosen« auch durchaus an: »Es gebührt also Uhlenhuth und seinen Mitarbeitern das Verdienst, im Experiment zuerst eine Heilwirkung des Atoxyls bei gewissen Spirillen nachgewiesen und die Übertragbarkeit dieser Ergebnisse auf die menschliche Therapie betont und selbst ausgeführt zu haben.«

Bereits 1908 hat Ehrlich Professor Oskar Lassar in Berlin gebeten, Syphilis mit Arsacetin zu behandeln. »Daß ich selbst von Anfang an den Plan hatte, die zunächst an Trypanosomeninfektionen gewonnenen Erfahrungen auf die Spirillosen und insbesondere auf die Syphilis auszudehnen, kann ich nach alldem nicht als besonderes Verdienst betrachten.«

Schon am 28. September 1906 hatte Ehrlich die Vereinigten Chemischen Werke Charlottenburg, die das Atoxyl herstellten, ersucht, auch atoxylsaures Quecksilber zu synthetisieren. »Daß ich mit diesem meinem Vorschlag nur auf die Syphilis zielen konnte und zielen wollte, ist ganz selbstverständlich.«

In Ehrlichs Laboratorium unternimmt man allerdings 1907 und 1908 keine chemotherapeutischen Versuche an syphilitischen Tieren. Der Grund: Albert Neisser führte die entsprechenden Erprobungen an Tieren für Ehrlich durch.

Im Georg-Speyer-Haus machen Ehrlich und Bertheim 1907 eine wichtige Feststellung. Sie haben sich schon seit einiger Zeit gewundert, warum die bisher verwandten Arsenobenzole im Reagenzglas auf die Parasiten meist überhaupt nicht wirkten, ganz im Gegensatz zu ihrem starken Effekt im tierischen Organismus.

Nun hat Ehrlich in seiner klassischen Schrift: »Das Sauerstoffbedürfnis des Organismus« sich gerade mit den Oxydations- und Reduktionsvorgängen in den Zellen eingehend beschäftigt. Deshalb findet er jetzt auch bald eine überzeugende Erklärung für diesen Sachverhalt. Im Gegensatz zur dreiwertigen Arsensäure ist im »Arsenil« der am Benzolrest haftende sauerstoffhaltige Arsenkomplex fünfwertig.

»Es war also geboten«, so schreibt Ehrlich, »diese Substanz überzuführen in die Reduktionsprodukte, in denen das Arsen nur dreiwertig fungiert.« Mit anderen Worten: die fünfwertigen Arsenprodukte wirkten deshalb im Reagenzglas nicht, weil erst der tierische Organismus die notwendige Reduktion vornimmt. »Wir müssen dem Organismus diese Arbeit abnehmen«, sagte Ehrlich, »und von fünfwertigen zu den dreiwertigen, bereits reduzierten Arsenobenzolverbindungen übergehen. Um so mehr, weil sich im Organismus der Abbau natürlich in individuell schwankenden Proportionen vollzieht.«

1907 schließlich überquert Neisser nochmals mit einem Stab von Assistenten und Wärtern den Ozean, um für seine grundlegende Monographie »Beiträge zur Pathologie und Therapie der Syphilis« Material zu sammeln.

Neisser erprobt im Tierversuch auch das schon Ende 1906 – also noch bevor das Speyer-Haus den Vertrag mit Hoechst schloß – hergestellte »Arsacetin«, das Präparat 306. (Ende 1906 wurden im Speyer-Haus die ersten »Arsenobenzole« gewonnen). Auch Professor Karl Herxheimer, der Chef der dermatologischen Abteilung des städtischen Krankenhauses in Frankfurt, wendet Arsacetin erfolgreich bei Syphilis an, wie aus einem Brief Ehrlichs vom 5. August 1907 an Hoechst hervorgeht:

Hochgeehrte Herren!
Bei Ihrem großen Interesse für unser Gebiet teile ich Ihnen ergebenst mit, daß die Versuche an Menschen, die zunächst bei Lues angestellt werden, bis jetzt sehr günstig verlaufen sind. Trotzdem wir vorsichtshalber uns noch in

kleinen Dosen bewegen – 0,35 ist die bis jetzt verwandte Maximal-Einzelgabe – sind doch schon nach wenig Injektionen, im ganzen 0,9 der Substanz, höchst auffällige Besserungen der spezifischen Krankheitsherde beobachtet worden, von denen Dr. Herxheimer ganz entzückt ist. Dabei können wir nach meiner Ansicht noch weit mehr von den Präparaten geben und dadurch den Erfolg noch wesentlich steigern. Natürlich muß man hier etwas langsam vorgehen, damit man nicht unangenehme Überraschungen erlebt.

Ich bin auch überzeugt, daß wie sich das Präparat bei dieser einen Affektion so gut bewährt hat, es auch bei den Trypanosomenerkrankungen uns nicht im Stich lassen wird. Ich will aber zunächst, da wir jetzt mit der Herstellung der Substanz noch Schwierigkeiten haben und dieselbe im Speyerhause nur in kleinem Maßstabe herstellen können, mich auf die Behandlung der Syphilis beschränken und dann, wenn diese Sache gesichert und die Materialschwierigkeit überwunden ist, auch an die Trypanosomenbehandlung des Menschen herangehen. Auf jeden Fall scheint mir, wie ich das schon immer vermutet hatte, jetzt die Sache sehr aussichtsreich zu sein und wird es zunächst das wichtigste sein, durch umgehende und ausgiebige Patentierung event. selbst überflüssiger Substanzen das Gebiet zu decken. Ganz besonders wichtig wird es aber sein, für unser Präparat einen Namenschutz in den Kulturländern zu erwirken.

Mit besten Empfehlungen und in vorzüglicher Hochachtung

Ihr ergebener

P. Ehrlich

Ehrlich ist 1907 allerdings auch noch sehr intensiv mit seinen Forschungen auf dem Gebiet der Trypanosomen beschäftigt. Im Mittelpunkt dabei steht die Frage, warum bestimmte Gruppen dieser Erreger arzneifest, wie Ehrlich sich ausdrückt, werden.

Über die dabei gewonnenen Erfahrungen berichtet Ehrlich in einem Vortrag am 13. September 1907 vor der Berliner Medizinischen Gesellschaft unter dem Titel »Chemotherapeutische Trypanosomen-Studien«. Er zeigt, wie die verschiedensten Stämme von Trypanosomen, die zunächst sehr empfindlich auf chemotherapeutische Agentien reagierten, allmählich »arzneifest« wurden. Eine Eigenschaft, die auch auf viele weitere Generationen der Mikroorganismen vererbt wurde.

Jetzt war klar, warum es bei Infektionen, wie etwa der von Trypanosomen verursachten Schlafkrankheit, immer wieder zu Rückfällen und einem Versagen der Therapie kam. Julius Morgenroth, Ehrlichs Mitarbeiter, schreibt dazu: »Die volle Erkenntnis der Bedeutung, welche der Arzneifestigkeit zukommt, war für Ehrlich der Anlaß, als Ideal chemotherapeutischer Bestrebungen ein Heilverfahren zu fordern, welches mit einem Schlag, durch einmalige Behandlung, sämtliche Parasiten im Blut wie in den Geweben vernichtet.«

Deshalb Ehrlichs Suche nach der »Zauberkugel«, der »Therapia magna sterilisans«.

Im Juli 1907 synthetisiert der Chemiker Dr. Schmitz eine neue, dreiwertige Arsenobenzol-Substanz. Sie erhält die Präparatnummer 418 und zeigt im Tierversuch besonders erstaunliche therapeutische Wirkungen. Schwerkranke, ja bereits im Sterben liegende Tiere können mit »Arsenophenylglycin« – so nennt Ehrlich das Präparat 418 – durch eine einzige Injektion geheilt werden.

Wie schon mit dem Vorläufer, dem »Arsacetin« (einst Präparat 306), werden auch bei Menschen bald gute Erfolge beobachtet.

Wiederum kommt eine Therapie in Sicht. Es scheint im übrigen, als würde die Verbindung nicht nur an einer einzelnen Gruppierung, sondern an verschiedenen Molekülgruppen der Parasiten verankert.

Ehrlich drückt das in seiner bilderreichen Sprache so aus: »Der Arzneistoff wird gewissermaßen in seinen verschiedenen Gruppierungen von besonderen Fängen des Protoplasmas gefesselt, gleichwie ein Schmetterling, dessen einzelne Teile mit verschiedenen Nadeln fixiert werden. Genau wie der Schmetterling erst am Rumpf und dann sukzessive an den Flügeln aufgespannt wird, gilt dies auch von den komplizierter gebauten Arzneisubstanzen.«

Professor Albert Neisser kann mit »418« in Breslau in frühen Stadien der Lues Heilwirkungen registrieren. Er kann sogar so hoffnungslose Spätformen wie Rückenmarksschwindsucht beeinflussen. Daneben wird »418« in einer großen Irrenanstalt an unheilbar scheinenden Kranken mit progressiver Paralyse und in Manila auf seine Wirkung bei Frambösie untersucht.

Überdies liefert Ehrlich an Robert Koch, der die Arsenobenzole gegen Schlafkrankheit erprobt, wöchentlich 150 bis 200 g dieses Präparates. Wie Ehrlich Ende November 1908 an die Farbwerke Hoechst schreibt, ist »die Arbeit, die uns hierdurch erwächst, eine sehr große, da wir wöchentlich 300 bis 400 g Arsenophenylglycin fertigstellen und in Vakuumröhrchen abfüllen müssen. Ich würde Ihnen nun zu außerordentlichem Dank verpflichtet sein, wenn Sie es ermöglichen könnten, uns für die nächsten Wochen einen tüchtigen, gelernten Laboratoriumsdiener freundlichst zu überlassen, damit wir diese kolossale Arbeit bewältigen können und die im Laufe befindlichen Behandlungen keine Unterbrechungen erleiden . . .«

Nobelpreis für Paul Ehrlich

Im November 1908 kommt aus Stockholm eine überaus gute Nachricht: Paul Ehrlich erhält die höchste Auszeichnung, die einem Wissenschaftler zuteil werden kann: den Nobelpreis.

In der Begründung heißt es: Ehrlich habe sich unvergängliche Verdienste um die medizinische und biologische Forschung erworben, namentlich um die Wertbestimmung der Serumpräparate.

Auch in diesem Zusammenhang gibt es zwei hübsche Ehrlich-Anekdoten: Als Ehrlich in Stockholm am Bahnhof ankommt, empfängt ihn Professor Lundberg, ein jüngerer schwedischer Kollege. Er holt Ehrlichs Gepäck und will ihm auch die beiden Zigarrenkisten abnehmen, die Ehrlich zusammen mit verschiedenen Papieren in der Hand hält. Doch da wehrt Ehrlich ganz erschrocken ab: »Bitte nicht, lieber Herr Kollege, Sie können von mir alles haben. Nur meine Zigarren nicht. Die gebe ich niemals aus der Hand.«

Später, im Hotel, meldet sich bei Ehrlich der Berichterstatter einer schwedischen Zeitung. Es handelt sich um ein kurzes Interview. Ehrlich, Journalisten gegenüber stets freundlich und aufgeschlossen, ist gern dazu bereit. Merkwürdigerweise interessiert sich der Reporter aber nicht für Chemotherapie, Serologie oder Immunologie. Er befragt den Wissenschaftler aus Frankfurt vielmehr recht ausdauernd über seine Einstellung zu philosophischen Problemen.

Ehrlich, der sich ja selbst stets als einen »Monomanen« bezeichnet, der sich ausschließlich seinen speziellen medizinischen Fragen widmet, fühlt sich bei dem Gespräch bald nicht mehr wohl. Philosophie ist nun einmal nicht sein Gebiet. Trotzdem bleibt er sehr höflich und bemüht sich, wenigstens über den Zusammenhang zwischen Medizin und Philosophie zu reden. Schließlich gab es nicht wenige Philosophen, die Ärzte waren, oder umgekehrt, wie zum Beispiel Hippokrates.

Allmählich wundert sich der Journalist aber doch, daß der Nobelpreisträger philosophische Fragen mit Erklärungen seiner »Seitenkettentheorie« und Erläuterungen über die Zell-Rezeptoren verbindet. »Ich spreche doch mit Professor Eucken«, versucht er sich zu vergewissern. Jetzt wird Ehrlich sehr fröhlich. Er muß nicht weiter auf philosophische Fragen Rede und Antwort stehen. »Aber nein«, sagt er lächelnd zu dem Journalisten. »Ich bin nicht Eucken, soweit habe ich es noch nicht gebracht.«

Wie sich herausstellt, wohnte Rudolf Eucken, Professor der Philosophie in Jena, nur wenige Türen von Ehrlich entfernt im gleichen Hotel. Eucken hat den Nobelpreis für Literatur bekommen, »in Anerkennung seines ernsten Suchens nach Wahrheit, der Konsequenz eines umfassenden Denkens und der Warmherzigkeit und Strenge, mit denen er in seinen zahlreichen Werken für eine idealistische Lebensphilosophie eingetreten ist und diese weiterentwickelt hat«.

Die Übergabe der Nobelpreise durch den schwedischen König im festlich geschmückten Konservatorium war ein Ereignis, das Ehrlich sehr beeindruckte. »Alles, was die Hauptstadt an hervorragenden Vertretern auf dem Gebiete der Wissenschaft, der Kunst und der Literatur besitzt, ferner Diplomaten, hohe Offiziere und Beamte neben ihren Damen waren anwesend«, berichtet eine schwedische Zeitung. »Der König, der Kronprinz und die Kronprinzessin sowie andere Prinzen und Prinzessinnen waren mit großem Gefolge erschienen.«

»Nachdem die Hofkapelle das Vorspiel zu den Meistersingern vorgetragen hatte, betrat der Vorsitzende der

Nobel-Stiftung, Universitätskanzler Graf Wachtmeister, die Rednerbühne. Er begrüßte den König und hielt dann eine Rede über die Absichten und die großartige Schenkung Nobels. Die Hofkapelle spielte hierauf ein Andantino con Variazioni von Norman, und dann war der feierliche Augenblick gekommen, wo die Namen der Preisgekrönten verlesen wurden. Der Präsident der Akademie der Wissenschaften, Professor Hasselberg, teilte mit, daß Professor Lippmann von der Universität der Sorbonne in Paris den Nobel-Preis für Physik erhalten habe, und erwähnte dessen epochemachende Entdeckungen. Lippmann empfing, wie nach ihm die übrigen Preisgekrönten, unter dem lebhaften Beifall der Versammlung aus der Hand des Königs den Preis, das Diplom und die Medaille, wobei der König seine herzlichen Glückwünsche aussprach. Alsdann teilte Professor Hasselberg mit, daß der Nobel-Preis für Chemie dem Professor Rutherford aus Manchester zuerkannt worden sei, und hob dessen wissenschaftliche Verdienste hervor.«

»Der Nobel-Preis für Medizin ist in diesem Jahre geteilt worden und den Professoren Metschnikoff (Rußland) und Ehrlich aus Frankfurt a.M. zugefallen; über die Bedeutung der beiden Gelehrten für die medizinische Wissenschaft sprach der Rektor des Karolinischen Instituts, Graf Mörner. Professor Hjärm gab schließlich kund, daß der Literatur-Preis dem Professor Eucken aus Jena zugesprochen sei, und beleuchtete dessen Tätigkeit in einer glänzenden Rede. Von den Preisgekrönten waren Lippmann, Rutherford, Ehrlich und Eucken persönlich erschienen; den Preis für Professor Metschnikoff nahm der hiesige russische Gesandte, Baron v. Budberg, in Empfang.«

Der feierliche Akt schloß mit der Ouvertüre zur »Jungfrau von Orléans« und der schwedischen Königshymne.

An die Feier schloß sich dann ein großes Festmahl im Grand Hotel an, bei dem der Kronprinz anwesend war.

Am nächsten Tag veranstalteten der König und die Königin ein Festmahl im Schloß, an dem der Kronprinz und seine Frau, der Herzog und die Herzogin von Södermanland, der Staatsminister, der Minister des Auswärtigen, der Reichsmarschall, die preisgekrönten Professoren und die Spitzen der Nobel-Stiftung teilnahmen.

Auch die deutschen Zeitungen berichteten ausführlich über die Nobelfeier. Sie bemerken natürlich mit besonderer Genugtuung, wie zahlreich die Deutschen unter den bisher achtmal verliehenen Nobelpreisen vertreten sind. So stellt das »Berliner Tageblatt« fest: »Die Preise wurden in diesem Jahr schon zum achten Mal verteilt, und nicht uninteressant dürfte ein Überblick über den Anteil sein, den die verschiedenen Nationen bisher daran gehabt haben. Erfreulich ist es für uns, daß die Deutschen den ersten Platz einnehmen. Bei allen fünf Preisen sind sie beteiligt gewesen. Der Literaturpreis ist 1902 Theodor Mommsen, der Friedenspreis 1905 Bertha von Suttner verliehen worden. Der Chemiepreis ist viermal nach Deutschland gekommen. 1901 und 1902 erhielten ihn die Professoren an der Berliner Universität Jakob Heinrich von Hoff und Emil Fischer, 1905 Professor Adolf von Baeyer in München und 1907 der Professor der Landwirtschaftlichen Hochschule in Berlin Eduard Buchner. Den Physikpreis hat 1901 Professor Röntgen in München und 1905 Professor Philipp Lenard in Kiel davongetragen. Und auch der Medizinpreis ist zweimal bisher deutschen Gelehrten zuteil geworden. 1901 Emil von Behring, dem Entdecker des Heilserums gegen Diphtherie, und 1905 Robert Koch.

Diesen zehn deutschen Preisträgern stehen nur drei skandinavische Preisträger gegenüber, die alle in einem Jahre,

1903, gekrönt wurden. Björnson erhielt den Literatur-
preis, Professor Finsen für seine Forschungen zur Licht-
therapie den Medizinpreis und Professor Svante Arrheni-
us, der bei uns im letzten Jahr durch sein Buch ›Das
Werden der Welten‹ auch in weiteren Kreisen bekanntgeworden ist, den Physikpreis.«

Ehrlichs Nobelpreis-Vortrag trägt den Titel: »Die Partial-
funktionen der Zelle«.

Wie aus einem solchen Anlaß üblich, begibt sich Paul
Ehrlich auf eine »tour d'horizon« seiner wissenschaftlichen Arbeiten. Er geht aus von der Erkenntnis, daß die
Zeit rein beschreibender Naturwissenschaften vorbei sei
und man mit Hilfe chemischer Methoden zum wirklichen Verständnis der Lebensvorgänge kommen müsse.

Auch die Stadt Frankfurt feiert den zurückgekehrten
Nobelpreisträger. Am 9. Januar wird ein großer Ehrlich-
Festkommers veranstaltet. Daran nehmen auch die Vertreter der Universitäten von Marburg, Gießen, Würzburg, Göttingen und Breslau teil. Neben den bürgerlichen
Vertretern waren die sozialdemokratischen Stadtverord-
neten eingeladen.

Wie der »Vorwärts«, das sozialdemokratische Partei-
organ, berichtete, nahm die sozialdemokratische Frak-
tion »diese Einladung auch an und schrieb an den den
Kommers arrangierenden Ausschuß u.a., die Arbeiter-
schaft würde ebenfalls mit Freuden einem genialen
Forscher und damit der Wissenschaft huldigen. Nur
bitte man um Bescheid darüber, ob den eingeladenen
Arbeitervertretern die Teilnahme an der Feier durch
das Wegbleiben monarchistischer Kundgebungen ermöglicht werde.«

Die Veranstalter hingegen fanden es als »selbstverständlich, daß der Kommers mit einem Kaiserhoch beginnen
wird«. »Diese Antwort«, so meinte der »Vorwärts«,

»machte es den sozialdemokratischen Abgeordneten unmöglich, an der Feier teilzunehmen.«

Eine etwas kleinliche Auseinandersetzung, wie es scheint.

Es wurde dennoch eine gelungene, fröhlich-festliche Veranstaltung. Frankfurts Oberbürgermeister Adickes, der zusammen mit Ministerialdirektor Althoff das meiste Verdienst daran besitzt, daß Ehrlich sich in Frankfurt mit einem eigenen Institut etablieren konnte, hielt eine Rede auf Ehrlich. Die »Frankfurter Zeitung« berichtete: »Oberbürgermeister Adickes erklärte, er wolle eine Ouvertüre geben, und zwar nicht eine Ouvertüre nach altem Stil, die alle Melodien andeutet, die man nachher zu hören bekommt, sondern nach neuem Stil mit nur einem Leitmotiv: dem Ausdruck der Bewunderung, der Dankbarkeit und der Liebe. (Bravo!) Mag Ehrlich hier sprechen oder in Berlin, Paris, London, New York, stets hängt die ganze wissenschaftliche Welt an seinem Mund, der stets Neues zu künden hat. In diesem Augenblick, wo er ruhmvoll von nordischer Fahrt heimgekehrt ist zum heimischen Herd, aufgenommen unter die Generale – sie zählt nur Generale – der »Nobel-Garde ihrer Majestät der Wissenschaft« (Beifall), freuen wir uns von Herzen, daß diese äußere Ehrung einem Mann zuteil geworden ist, dessen innere Werte wir schon so lange so hoch schätzen.«

»Wir denken in dieser Stunde besonders seines Vetters Carl Weigert, der viel getan hat, ihn herzuziehen, dem er in vielen Dingen gleicht und dem er nur in *einer* Beziehung nachsteht: in der Gabe, in sächsischen und anderen Dialekten Andekdoten zu erzählen.« (Heiterkeit.)

»Und noch einen Fehler hat Paul Ehrlich: Er ist kein Altfrankfurter (Heiterkeit). Nun können wir ja nicht alle von Frankfurt sein. (Heiterkeit.) Und je mehr wir bemüht sind, die Stadt zu einem Zentralpunkt für Kunst und Wissenschaft zu machen, desto mehr muß die Zahl der ›Eingeplackten‹ zunehmen. (Heiterkeit.) Ehrlich ist aber in den zehn Jahren seines Hierseins so fest mit der Stadt und ihren wissenschaftlichen Entwicklungen verwachsen, daß wir ihn mit Grund den unseren nennen können.« (Beifall)

Geheimrat Albert Neisser – Breslau hatte es, da der eigentliche Festredner, Prof. Fränkel – Halle verhindert war, übernommen, aus dem Stegreif die wissenschaftliche Bedeutung Ehrlichs zu schildern. Er tat das mit Wärme und Begeisterung, indem er Ehrlich einen der größten Mediziner und medizinischen Forscher Deutschlands, ja der ganzen Welt nannte, einen Anreger und Bahnbrecher, der eine unübersehbare Reihe neuer Forschungsgebiete eröffnete, von dem radikal nach allen Seiten außerordentliche Wirkungen ausstrahlten. Ein ganzes Lexikon müßte man zusammenstellen, wollte man nur die Namen aufzählen all der Entdeckungen, die er gemacht hat.

»Dabei kann man ihn nicht einen ›Entdecker‹ nennen, denn er hat stets nach vorbedachter Arbeitsmethode einen ganz bestimmten Weg eingeschlagen und hat meist das vorher gewählte Ziel erreicht. Fast möchte man ihn einen Künstler nennen, einen Künstler voll genialen und phantasievollen Geistes. Aber er ist auch unübertrefflich als Beobachter und mathematischer Denker, der alle Dinge auf die einfachsten Schemata und Formeln zu bringen weiß. Nach einer Schilderung der hervorragendsten Erfolge Ehrlichs erwähnt der Redner auch die äußeren Ehren, die dem ›Geh. Obermedizinalrat‹ zuteil wurden. Nur eines fehlt ihm: er ist Zeit seines Lebens ein ›unordentlicher Professor‹ geblieben, er ist nie Ordinarius geworden. (Heiterkeit). Und das war vielleicht sein

Glück, denn so konnte er, ohne von Verwaltungsgeschäften und Lehrtätigkeit abgezogen zu werden, seine ganze Zeit der wissenschaftlichen Forschung widmen. Mit einem zweiten Hoch auf Ehrlich – diesmal »vom medizinischen Standpunkt« aus – schloß der Redner unter lebhaftem Beifall.

Paul Ehrlich bedankt sich für die Ehrungen mit einigen liebenswürdigen, humorvollen Worten. Er hält dabei ein wenig Rückblick auf sein Leben und erzählt, daß er einst im Abiturexamen fast durchgefallen wäre und als Student eine Zeitlang Vorlesungen »geschwänzt« habe. Daß trotzdem aus ihm noch etwas geworden sei, war »ein kleines Wunder«.

VIERTER TEIL

»606« bringt den Durchbruch

Noch während des Festkommers hatte Ehrlich ein Telegramm bekommen: Sein Schwiegervater, Kommerzienrat Joseph Pinkus, war gestorben. Am nächsten Tag fahren Ehrlich und seine Frau nach Neustadt in Schlesien zu den Trauerfeierlichkeiten. Frau Ehrlich hat ihren Vater verloren, Paul Ehrlich den Schwiegervater, Freund und Gönner, der stets bereit war, einzuspringen, wenn Ehrlichs bescheidene Mittel für private Forschungszwecke nicht ausreichten. Die Stadt Neustadt hat einen Unternehmer verloren, der wußte, daß der wirtschaftliche Erfolg auch große soziale Verpflichtungen mit sich bringt. In dieser Hinsicht, wie auch auf kulturellem Gebiet, hat Joseph Pinkus stets eine offene Hand gehabt.

Sein soziales und kulturelles Werk wird nun von Max Pinkus, dem Bruder von Frau Hedwig, fortgesetzt, ja, noch wesentlich verstärkt. Zu den Sammlungen seines Vaters alter Porzellane, schlesischer Gläser und Fayencen fügt Max Pinkus eine Sammlung von über 30 000 Büchern hinzu, darunter 12 000 Erstausgaben, vor allem Werke über Schlesiens Geschichte und Kultur und Erstausgaben schlesischer Dichter, von dem Mystiker Jacob Böhme, Angelus Silesius über Eichendorff bis zu Gerhart Hauptmann. Der Wiener Literatur-Historiker

Professor Srbik nennt diese Bibliothek von Silesiaca »einmalig«.

Ein oft gesehener Gast im Hause Pinkus in Neustadt ist Gerhart Hauptmann, über den Pinkus als Privatdruck eine Bibliographie veröffentlicht.

Zurückgekehrt aus Schlesien, beginnt Mitte Januar 1909 für Ehrlich ein besonders intensiver Abschnitt der Forschung, aber auch eine akute Verschärfung der schon seit Jahren chronischen Finanzmisere seiner Institute. Glücklicherweise sind Ehrlichs amerikanische Freunde tätig, um eine größere Spende für Ehrlich von Rockefeller zu erreichen. Vor dem Sommer wird das freilich nicht der Fall sein können, berichtet Ehrlichs Freund in New York, Dr. Christian Herter.

Was die bisher synthetisierten Verbindungen anlangt, die Arsenobenzole, so zweifelt Ehrlich zwar keinen Augenblick, daß er auf dem richtigen Weg ist, die Frage ist nur, wie lange sich die Strecke noch hinziehen wird, um endlich über Präparate zu verfügen, die ebenso wirksam wie unschädlich sind. »Arsacetin« hat zwar jetzt einen festen Platz im Arzneimittelschatz gefunden, aber es stellt sich doch immer deutlicher heraus, daß die hohen Dosierungen, die zur Bekämpfung der Syphilis notwendig sind, von manchen Menschen nicht gut vertragen werden.

Wie schon »Atoxyl«, schädigt offensichtlich auch »Arsacetin« in manchen Fällen die Sehnerven, es kommt unter Umständen zur Erblindung. Auch bei der Behandlung der Schlafkrankheit durch »Arsacetin« müssen Rückschläge registriert werden, obschon hier die Dosierung niedriger ist und die Schwarzen in Afrika das Präparat zum Teil besser zu vertragen scheinen.

»Arsacetin« – kein ideales Präparat

Es hat keinen Zweck: Ehrlich muß sich eingestehen, das »Arsacetin« ist augenscheinlich im Kampf gegen die Syphilis nicht das ideale Präparat, wenngleich es sich in manchen Fällen dem Quecksilber als weit überlegen erweist.

Auch beim »Arsenophenylglycin«, dem Präparat »418«, das sich im Tierversuch so großartig bewährte, gibt es erste Berichte über die Behandlung beim Menschen, die enttäuschend sind. Noch ist es freilich zu früh, um hier schon ein genaueres Urteil zu fällen.

Wann aber wird man im Speyer-Haus das »ideale« Präparat schaffen, die »Zauberkugel«, mit der die Ära der »Therapia sterilisans magna« beginnt, eine Verbindung mit stärkster Parasitotropie und geringster Organotropie?

Im Vorjahr, auf dem Kongreß der Deutschen Dermatologischen Gesellschaft, bei dem Ehrlich ausführlich über die erstaunlichen Wirkungen von »418« im Tierversuch berichtete, hatte er – beinahe als wolle er sich selbst vor übertriebenen Hoffnungen warnen – erklärt: »Ich bin mir vollkommen bewußt, daß die Tierversuche zunächst noch keine Rückschlüsse auf die *Therapie des Menschen* zulassen, da hier die individuelle Empfindlichkeit und die degenerativen Charaktere bei einzelnen Individuen, insbesondere bei solchen, die eine latente Schädigung bestimmter lebenswichtiger Organsysteme aufweisen, die Aufgabe außerordentlich erschweren.«

»Aber doch«, so fuhr Ehrlich fort, »sind die günstigen Heilresultate bei den verschiedensten Tieren mit allen Trypanosomeninfektionen möglich, und es ist gar nicht abzusehen, warum das nicht auch beim Menschen glükken sollte.« »Wenn diese eine Substanz« – Ehrlich meint

Präparat »418« –, »die sich bis jetzt am meisten bewährt hat, vielleicht für die Übertragung auf die menschliche Pathologie noch nicht geeignet sein sollte, so dürfen wir deswegen nicht die Flinte ins Korn werfen und unsere Hoffnung aufgeben.« »Rom ist«, so sagt Ehrlich, »nicht an einem Tage erbaut! Dann müssen wir eben weiter auf dem Weg fortschreiten, der uns jetzt klar vorgezeichnet ist.«

Die Flinte ins Korn werfen – Ehrlich hat in den Jahren von 1906 bis 1909 bestimmt kein einziges Mal daran gedacht. Es gibt zwei recht entgegengesetzte Äußerungen von ihm. Später, als der große Durchbruch gelungen war, meinte er einmal zu einem Kollegen, nach sieben Jahren Pech habe er eben jetzt einmal Erfolg gehabt. In anderem Zusammenhang und bei anderer Gelegenheit äußerte er: Im Grunde sei der Weg zum Salvarsan durch die planmäßigen Synthesen und Versuche im Speyer-Haus, durch die Kunst des »Chemischen Zielens«, so klar vorgezeichnet gewesen, daß das Präparat einfach kommen mußte.

Vor allem die erste Äußerung war wohl nur ein liebenswürdiges Understatement, wie Ehrlich es gelegentlich liebte. Die Jahre bis 1909 waren ja durchaus nicht erfolglos, wenn auch keine der Verbindungen die ursprünglichen Hoffnungen erfüllt hatte.

Überdies war der Zeitaufwand ja auch nicht so langwierig. Wenn man von Ehrlichs Versuchen, unter den Farbstoffen ein Mittel gegen Trypanosomen zu finden, absieht, dann waren es bei den Arsenobenzolen kaum drei Jahre: von der Aufklärung der Struktur des »Atoxyls« und der Synthese des »Arsacetins« (Präparat 306) bis zum »606«.

So langwierig diese Zeit Ehrlich und seinen Mitarbeitern erschienen sein mag: sie war kurz, wenn man sich vergegenwärtigt, daß heute für ein neues großes Arzneimittel mit der Synthese von etwa 8000 bis 10 000 Substanzen und einem Zeitraum von etwa zehn Jahren gerechnet werden muß.

Auf der anderen Seite: rund dreihundert Präparate, von 306 bis 606, Synthesen und Tierversuche, für die damalige Zeit war dies wohl einmalig.

Sicherlich gab es damals im Speyer-Haus einige Mitarbeiter Ehrlichs, die gelegentlich von großen Zweifeln heimgesucht wurden, ob sein Weg der richtige war, mochte es um die Trypanosomen gehen oder um die Syphilis-Spirochäten – Ehrlichs Interesse galt damals ja noch der Bekämpfung beider Erregergruppen. Auch gab es Mitarbeiter und Freunde, die allgemein die Arsenobenzole für ungeeignet hielten, weil sie giftig waren.

Wie verhält sich Ehrlich in der Zeit der Zweifel und Rückschläge?

Alle, die ihn kannten, bestätigen ihm einen optimistisch-heiteren Grundzug, der ihn glücklicherweise nie verließ, wenn man vielleicht von den letzten Lebensjahren und den Salvarsan-Auseinandersetzungen absieht.

Professor Adolf Lazarus, einer der Mitarbeiter während der Zeit der Blutuntersuchungen in Berlin und späterer Biograph, schreibt: »Ein gütiges Geschick hatte Ehrlich ein sanguinisches Temperament geschenkt, das ihm oft über Fährnisse des Lebens, über viele verdrießliche und sorgenvolle Stunden rasch hinweggeholfen hat. Sein Optimismus war ihm ein unerschöpflich sprudelnder Quell, aus dem ihm dauernd neue Kräfte zuströmten, nicht nur die realen Schwierigkeiten zu besiegen, die seinen Plänen bei der Durchführung sich entgegenstellten, sondern auch den wohlbegründeten und wohlgemeinten Bedenken und Einwänden treuer Mitarbeiter, auf deren Urteil er selbst den größten Wert legte, standzuhalten.«

Ehrlich bezeichnet sich selbst als »Monomanen« und meint damit die ausschließliche Konzentration auf seine Arbeit, die sein ganzes Leben ausfüllt. »Man darf nicht in zu vielen Wassern fischen«, sagt er, »das ist eines der Geheimnisse des Erfolges.«

Ein anderes Mal meint Ehrlich von sich selbst, er habe sich bewußt Scheuklappen aufgesetzt, um durch nichts abgelenkt zu werden.

»Andere als wissenschaftliche Gespräche waren deshalb unmöglich, wenn man mit ihm allein war«, notiert Professor Carl von Noorden, ein bekannter Internist und Spezialist für Stoffwechselkrankheiten in seinen unveröffentlichten Tagebüchern über die Begegnung mit Ehrlich.

Beide kennen sich schon aus Berliner Tagen. Noorden trifft Ehrlich nicht nur gelegentlich auf Frankfurter Gesellschaften, wo der Forscher meist ein etwas unglückliches Gesicht macht, weil er zur »Konversation« über für ihn oft völlig uninteressante Themen genötigt ist. Von Zeit zu Zeit kommt Noorden auch ins Institut zu Ehrlich, um ihn zu untersuchen und wegen kleinerer Beschwerden zu behandeln.

Bei solchen Gelegenheiten gelingt es Noorden nur schwer, Ehrlich in Fragen seiner Gesundheit »beim Thema zu halten«. Schon nach kürzester Zeit spricht Ehrlich wieder ausschließlich von seiner Arbeit.

Forscher – auch im Konzert

Ehrlich nimmt sich selten Zeit für musische Dinge. Seine Vorliebe für leichte Musik wurde schon erwähnt. Konzerte hingegen besucht Ehrlich nur gelegentlich auf intensive Bitten seiner Frau. Wenn sie dann im Saal neben ihm sitzt, genügt ein Blick auf ihn, um festzustellen, daß seine Gedanken, kaum daß die ersten Töne einer Ouvertüre erklungen sind, schon längst wieder bei seiner Seitenkettentheorie oder dem Verhältnis zwischen Organotropie und Parasitotropie der neuesten Verbindung weilen.

Ehrlich macht daraus kein Hehl. »Das waren wirklich zwei unvergeßliche Stunden«, sagt er einmal zu seiner Frau, als sie einen Konzertsaal verlassen. Frau Hedwig sieht ihn erstaunt an. Sollte ihr Mann doch einmal Gefallen an schöner, ernsthafter Musik gefunden haben?

Aber nein! Ehrlich sagt hochzufrieden: »Ich habe mich schon lange nicht mehr so gut auf meine Probleme mit dem Arsenophenylglycin konzentrieren können. Wir müssen morgen sofort eine kleine Substitutionsänderung machen.«

Auch mit bildender Kunst, etwa Malerei, oder mit Poesie beschäftigt sich Ehrlich kaum. Sein Freund Dr. B. Laquer versucht zwar auf diesem Gebiet eine kleine »Ehrenrettung«, indem er folgende Geschichte berichtet: »Als ich ihn am Strande von Scheveningen auf schreitende Frauengestalten aufmerksam machte, zitierte er den schönen Vers von Gottfried Keller: ›Wenn schlanke Lilien wandelten, vom Westwind leis beschwungen‹, und gelegentlich des Nobelpreises war er entzückt von dem Vergleich des Preises mit jener einfachen Stahlfeder, welche eine Verehrerin an Friedrich Hebbel mit der Aufschrift gesandt: ›Wohl bin ich stumm, doch gebraucht von Dir, sprech' ich zu ewigen Zeiten.‹«

274

Auch Nietzsche-Verse hörten ihn gelegentlich Freunde und Mitarbeiter zitieren. Besonders liebte er:

Das Wenigste gerade, das Leiseste,
einer Eidechse Rascheln, ein Hauch,
ein Husch, ein Augenblick –
Wenig macht die Art des besten Glücks.

Gerne liest Ehrlich die neueren französischen Schriftsteller. In seinem Bücherschrank stehen Romane von André Gide, Guy de Maupassant oder Anatole France.

Kriminalromane regen zum Mitdenken an

Ehrlichs Vorliebe für Kriminalromane – auch sein Vetter Weigert war ein leidenschaftlicher Leser dieser Literatur – ist notorisch. Voll Spannung wartet der Nobelpreisträger auf eine Kriminalserie, die blutrünstige Umschläge trägt und jeden Samstag in Fortsetzungen geliefert wird. Ehrlich hatte dadurch auch offenbar geglaubt, einige kriminalistische Fähigkeiten erworben zu haben. Professor Georg Schöne, Chirurg in Greifswald, der 1906/07 einige Zeit bei Ehrlich arbeitete und ihn später noch oft besuchte, berichtet darüber: »Eines Sonntags waren einige Herren im Institut zusammengekommen; ein Diebstahl war gemeldet worden. Ehrlich stand mit den Herren zusammen und erörterte die Mittel und Wege, wie man dem Täter auf die Spur kommen könnte. In aller Harmlosigkeit wagte ich, eine Anregung zu geben. Da drehte sich Ehrlich um, sah mich sehr überlegen an und sagte: ›Ich habe die ganze Literatur an Kriminalromanen gelesen und weiß Bescheid‹.«
Besonders schätzt Ehrlich die Sherlock-Holmes-Ge-

schichten von Conan Doyle. Als der englische Schriftsteller davon hört, schickt er ihm sein Bild mit einer Widmung. Es ist noch heute im Besitz der Enkel Ehrlichs.

Ehrlich findet, daß Kriminalromane zum Mitdenken anregen, im Gegensatz etwa zu Liebesromanen. Überdies findet er in solchen Geschichten die notwendige Entspannung, wenn er spät nachts das Arbeitszimmer verläßt und ins Schlafzimmer geht. Um seine Frau nicht zu stören, hat er eigens durch einen schwarzen Vorhang das Zimmer teilen lassen. Es ist fast stets schon ein Uhr nachts oder später, wenn Ehrlichs strapazierte Nerven ihm endlich Schlaf gewähren.

In den Stunden zuvor, zumeist gegen neun oder zehn Uhr abends, zieht er sich von seiner Familie zurück und sitzt in seinem Arbeitszimmer. Ehrlich legt dann auf bunten Blöcken die Arbeitsanweisungen für seine Mitarbeiter für den nächsten Tag nieder. Der Pförtner des Serum-Instituts, den Ehrlich von Berlin mitgebracht hat, Wilhelm Kadereit, holt die »Blöcke« am nächsten Morgen ab, kopiert sie und verteilt sie an die betreffenden Wissenschaftler.

Er besteht darauf: seine Anweisungen müssen bis aufs I-Tüpfelchen ausgeführt werden. Geschieht dies nicht, läßt einer seiner Kollegen gar einen »Block« unbeachtet, so kann der sonst so friedliche Forscher in beachtliche Rage geraten. Er selbst – freiheitsdurstig wie er ist – hat einst als junger Mann bei Gerhardt an der Charité in Berlin unter dem Mangel an selbständiger Arbeitsmöglichkeit sehr gelitten. Doch das hat Ehrlich angesichts solcher Auftritte offenbar völlig vergessen.

Allerdings: Ehrlich ist nicht nachtragend. Sein Zorn verfliegt schnell, und wenige Stunden später unterhält er sich friedlich und freundlich mit dem gleichen Mitarbeiter, den er soeben noch kräftig beschimpft hat.

Die Arbeitszeit im Institut ist – zumindest für das wissenschaftliche Personal – recht angenehm. »Wenn man bedenkt, welches Maß an experimenteller Arbeit Ehrlich geleistet hat, so sollte man denken, er hätte Tag und Nacht in seinen Instituten zugebracht«, schreibt Georg Schöne. »Davon war nun nicht die Rede. Er kam zwar regelmäßig, aber spät, zwischen 10 und 11 Uhr, und länger als bis halb drei oder drei Uhr blieb er kaum.«

»Auch den Mitarbeitern im alten Institut wurde nahegelegt, sich auf eine ähnlich kurze Arbeitszeit im Institut selbst zu beschränken. Vor zehn Uhr wurde man jedenfalls nicht gern gesehen; auch am späten Nachmittag war kaum jemand anzutreffen. Diese vollendete Ruhe, diese selbstverständliche Überlegenheit der Qualität über die Quantität der Arbeit hat mir damals großen Eindruck gemacht und war auch bewunderungswürdig. Wieviel Zeit blieb zur ruhigen häuslichen Arbeit, zum Nachdenken auf Spaziergängen! In dieser Atmosphäre konnte einem schon etwas einfallen und der Einfall verarbeitet werden.«

Auch Schöne bestätigt: »Ehrlich war eine ausgesprochen organisatorische Begabung und beherrschte die Kunst, über den Dingen zu stehen und den Kopf freizuhalten . . .« Schöne sah in der schöpferischen Kraft, nämlich der Konzentration, eines der Hauptgeheimnisse für den Erfolg Ehrlichs. »Diese Konzentration ging so weit, daß Ehrlich wirklich ganz in den Problemen lebte, die ihn zur Zeit beschäftigten. Das waren zu meiner Zeit die beiden: Krebs und Chemotherapie. Er lebte in ihnen nicht nur im Institut, sondern überhaupt. Tag und Nacht.«

Professor H. Sachs, einer der ältesten Mitarbeiter Ehrlichs, hat seinem Kollegen Schöne einmal erzählt, »wie er ihn zu Hause auf dem Teppich liegend vorgefunden habe, Kriminalromane lesend. Nebenher aber arbeitete das

Forscherhirn weiter, und mit einem Male pflegte er dann nach einer seiner farbigen Karten zu greifen und zu schreiben: »Lieber Herr Kollege...« usw. oder: ... »Sehr verehrter lieber Herr Kollege...« usw. oder: »Lieber Herr Sachs, Sie könnten einmal...« usw.

Nach dem Bericht von G. Schöne war es nicht einmal gerne gesehen, wenn Chemiker oder Biologen zu lange im Labor verweilten. Das kostete Strom, Materialien und Versuchstiere.

Ehrlich hat, bevor er ins Institut kommt, bereits zu Hause »vorgearbeitet.« Beim Frühstück – das er stets allein und in seinem Arbeitszimmer einnimmt – liest er Post und aktuelle Manuskripte. Wenn er sich dann mit der Pferdedroschke oder später mit dem Auto von der Westendstraße 62 ins Institut nach Sachsenhausen bringen läßt, trägt er seine Papiere in einem großen Couvert bei sich. Auf dem Couvert steht: »Bei Verlust bitte an Professor Paul Ehrlich, Westendstraße 62, zu senden. Der Überbringer erhält zehn Mark Belohnung.«

Eine kleine Vorsichtsmaßname, denn Ehrlich vergißt solche Couverts häufig. Nicht selten sind es die Droschkenfahrer, die sie zurückbringen. Manchmal schreibt sich Ehrlich auch eine Postkarte an die eigene Adresse, um sich an ein wichtiges Problem zu erinnern.

Ist Ehrlich dann in der Sandhofstraße in Sachsenhausen eingetroffen, gilt, wie Martha Marquardt berichtet, »sein erster Gang den Laboratorien der beiden Institute, mit Ausnahme der selbständig arbeitenden Abteilungen. Es sind dies die prüfungstechnische Abteilung, in der alle in den deutschen Fabriken hergestellten Serumpräparate für die menschliche und Tiermedizin nach staatlich geregelten Vorschriften geprüft werden. Diese Abteilung wird von einem von der Regierung abgesandten Stabsarzt geleitet. Dann ist da die serologische Abteilung, in der die

Untersuchungen auf Wassermannsche Reaktion für die Krankenhäuser und Ärzte der Stadt Frankfurt durchgeführt werden und über die Probleme der Serologie und Immunitätsforschung weitergearbeitet wird.

Ehrlich besichtigt die im Gang befindlichen Versuche der chemischen und biologischen Abteilungen des Speyer-Hauses, der Karzinomabteilung des Seruminstitutes und bespricht neue Versuchsanordnungen.

Der Rundgang ist gegen 1 Uhr beendet, und mir bleibt der Anblick unvergeßlich, wenn ich Paul Ehrlich aus dem neben dem Seruminstitut liegenden, nur durch eine schmale eingezäunte Gartenanlage getrennten Georg-Speyer-Hause herüberkommen sah: das kleine, fünfundzwanzig Stück Importen enthaltende Zigarrenkistchen unter den linken Arm geklemmt, in der Rechten die große Hornbrille, die er an einem der Seitenbalken auf- und abwippen läßt, den Blick geradeaus und doch ganz nach innen gerichtet, in tiefstes Nachdenken versunken, selbst im Winter ohne Überrock, nur mit dem Hut bedeckt, und oft ohne Hut, Regen und Wind und schlimmstes Unwetter nicht achtend – ein tief eindrucksvolles Bild des ganz seiner Wissenschaft hingegebenen Forschers.

Am frühen Nachmittag fährt Ehrlich in die Westendstraße zu einem späten Mittagessen und einer kleinen Ruhepause. Später arbeitet er zu Hause weiter.

Am Abend, nach dem Abendbrot, muß ihm seine Frau nicht selten einen kleinen Melodienreigen am Klavier vorspielen. Wie einst schon in Strehlen, wenn eine der Schwestern am Klavier saß, behauptet Ehrlich auch noch heute, dabei kämen ihm die besten Gedanken.«

Hata: In drei Monaten zum Erfolg

Im März 1909 kommt ein neuer japanischer Mitarbeiter nach Frankfurt: Dr. S. Hata. Ehrlich hatte schon vor Monaten an seinen alten Freund, Professor S. Kitasato, geschrieben, er brauche einen Assistenten, der Erfahrung in der Übertragung von Spirochäten-Infektionen auf Versuchstiere besitze. Kitasato, jetzt Chef des Instituts für Infektionskrankheiten in Tokyo, einst Mitarbeiter bei Robert Koch und Mitentdecker der Serumtherapie, hat Hata ausgewählt.

Hata überprüft nun im Speyer-Haus alle Farbstoff-Verbindungen und Arsenobenzole auf ihre Wirkung gegenüber Trypanosomen und Spirochäten. Zu den von Spirochäten erzeugten Infektionen gehört nicht nur die Syphilis, sondern die sogenannte Hühner-Spirillose und das Rückfallfieber. Wie bereits erwähnt, weiß man dank der Untersuchungen von Professor Paul Uhlenhuth, aber auch von Hoffmann und Salmon in Paris, daß die Spirochätenerkrankungen gut durch Arsenverbindungen zu beeinflussen sind.

Ehrlichs Mitarbeiter Alfred Bertheim und Ludwig Benda haben seit dem »Arsenophenylglycin« viele weitere Arsenobenzole hergestellt.

Als »therapeutisches Sieb« diente ihnen dabei die Arzneifestigkeit der Parasiten. Zeigte eine neue Verbindung Wirkung auf Stämme von Trypanosomen, die gegen die bisherigen Farbstoffe und Arsenobenzole künstlich resistent gemacht worden waren, dann mußte die neue Verbindung auch tatsächlich neue Eigenschaften besitzen. Nach Ehrlichs Ansicht verfügten die Zellen der Parasiten für die neue Verbindung noch über freie Rezeptoren.

Ehrlich beschreibt in der schon zitierten Rede vor der Deutschen Gesellschaft für Dermatologie diese Situation

mit der ihm eigenen Bildhaftigkeit: » ... Die Arsanilfe-
stigkeit beruht ... auf einer Einziehung der Avidität des
Chemorezeptors. Wollen wir also einen solchen Fall noch
therapeutisch beeinflussen, so müssen wir chemische
Substanzen suchen, die durch ihre Konstitution einen
erhöhten Aviditätsstummel ergreifen und so die Verankerung an das Trypanosom bedingen können.«
Auch das sei nur, so schreibt Ehrlich, »natürlich eine
Frage der chemischen Durcharbeitung, und es ist mir
im Speyer-Haus durch die Beihilfe der chemischen
Abteilung gelungen, eine solche als ›Beißzange‹ wirkende Substanz aufzufinden, die dem Gebiet der Arsenoverbindungen angehört und die ich als Substanz 418
bezeichne.«
Ehrlich fährt fort: »Sie sehen aus der Tabelle, daß es
gelingt, Mäuse, die am zweiten Tag der Infektion behandelt werden, und die sogar nur wenige Stunden vor dem
Tod stehen, durch eine einmalige Injektion der Substanz
418, die nur einen Bruchteil der Dosis letalis darstellt, zur
sicheren Heilung zu bringen. Wenn man bedenkt, was es
heißt, einen von Millionen, Milliarden von Parasiten
infizierten Organismus mit einem Schlage zu sterilisieren, wird man dieses Resultat sicher als ein sehr hoff-
nungsvolles bezeichnen müssen.«
Nach dem »418« waren in der Sandhofstraße bis 1909
fast 200 weitere Präparate synthetisiert und im Tierversuch geprüft worden. Immer wieder werden neue Atome
und Atomgruppen an den Benzolring mit dem Arsenrest
gehängt.
Ehrlich und seine Mitarbeiter finden heraus, daß zum
Beispiel die sogenannten »Methylgruppen« (CH3) »dys-
therapeutisch« wirken, den Effekt der Verbindung auf die
Trypanosomen verschlechtern. Andere Gruppen dagegen
– etwa die Einführung von Substituenten in Orthostel-

lung zur Hydroxyl-Gruppe – ergaben eine wesentliche Verstärkung der Wirkung.

Das Arsenophenylglycin (»418«) erweist sich trotz der ausgezeichneten Erfolge im Tierversuch und Behandlungserfolgen beim Menschen doch nicht als geeignet, in die Therapie eingeführt zu werden.

Es mußte nach Derivaten gesucht werden, die weniger giftig waren. Ebenso mußten neben den Trypanosomen nun konsequent auch die Spirillen in den Kreis der Untersuchungen einbezogen werden. »Danach war als Achse«, so schreibt Bertheim, »um welche auch die neuen Versuche gravitieren mußten, die Konzeption des Arsenorezeptors gegeben, der auf den dreiwertigen Arsenrest eingestellt ist.«

Wie bereits erwähnt, wirkten Atoxyl – das Ehrlich als Arsanilsäure bezeichnet – und »Arsacetin« im Reagenzglas gegenüber Spirillen nicht. Ehrlich fand heraus, daß diese Verbindungen einen fünfwertigen Arsenrest besaßen. Und den mußte der Organismus erst reduzieren, um solche Substanzen effektiv werden zu lassen.

Die Wirkung fünfwertiger Substanzen blieb unsicher, geht doch die Reduzierung im lebenden Organismus keineswegs immer gleich vor sich. Um ihm »die Arbeit der Reduzierung abzunehmen«, strebte Ehrlich Präparate mit dreiwertigem Arsenrest an.

Die Erkenntnis, Verbindungen mit einem dreiwertigen Arsenrest synthetisieren zu müssen, war nach Paul Ehrlichs Worten »die Hauptursache, die zum Salvarsan geführt hat«. So sei zum Beispiel bei Professor Uhlenhuth, der sich so gerne als den Begründer der Chemotherapie fühlt, diese entscheidende Feststellung »gänzlich unbeachtet geblieben«.

Die Stunde des Erfolgs kommt Ende Mai/Anfang Juni 1909 langsam, fast unbemerkt. Hata hat, wie berichtet, alle bisher hergestellten Farbstoffverbindungen und die Arsenobenzole auf ihre Wirkung gegen Trypanosomen-Infektionen bei Mäusen und bei durch Spirochäten verursachten Infektionen, wie dem Rückfall-Fieber und der Hühner-Spirillose, überprüft.

Hata muß aber vor allem auch die Wirkung an Tieren prüfen, die mit Syphilis-Spirochäten infiziert sind. Dr. Truffi in Italien hatte festgestellt, daß sich Kaninchen mit der »blassen Spirochäte« infizieren lassen. Er schickt Hata einen Spirochätenstamm, der aus menschlichem Syphilismaterial gewonnen und erfolgreich auf Kaninchen überimpft worden ist.

Bald darauf fährt Hata sogar nach Italien, um sich von dem Kollegen Truffi demonstrieren zu lassen, wie man am besten Kaninchen infiziert. Im Georg-Speyer-Haus gibt es nun auch bald zahlreiche unschuldige Kaninchen, die die Zeichen der »Liebeskrankheit« tragen.

Der nächste Zug ist nun wieder bei den Chemikern. Ende Mai stellt Bertheim im Auftrag von Ehrlich das Präparat 592 und Ende Mai/Anfang Juni die Verbindung 606 her, und zwar durch die Reduzierung der Nitro-oxy-phenolarsinsäure.

Bertheim berichtet darüber in der Festschrift zu Ehrlichs 60. Geburtstag: »Das Reaktionsprodukt war identisch mit der früher durch Mononitrieren der Phenolarsinsäure enthaltenen Nitrophenolarsinsäure, sodaß also letztere die 3-Nitro-4-oxy-phenyl-Arsinsäure darstellte.«

Bertheim schreibt weiter: »Die Nitrogruppe gehört zu den dystherapeutischen Gruppen; vorteilhaft dagegen wirkt die Aminogruppe, wie schon das Beispiel des Atoxyls gelehrt hatte. Da außerdem für einen eventuellen Heilstoff nur dreiwertiges Arsen in Frage kommen konnte, mußte die Nitrophenylarsinsäure einer durchgreifenden Reduktion unterworfen werden. Als Ehrlich und

Bertheim zu diesem Ende Natriumhydrosulfit in starkem Überschuß bei ca. 55-60° einwirken ließen, wurde sowohl der Arsensäurerest zur Arseno- als auch die Nitrogruppe zur Aminogruppe reduziert, so daß also 3,3'-Diamino-4,4'-dioxy-arsenobenzol entstand (Mai 1909). Das Rohprodukt bildet ein hellgelbes, mikrokristallines Pulver, unlöslich in Wasser, leicht löslich in wäßriger Salzsäure, sowie Alkalilauge, schwer löslich in Soda. Die biologischen Versuche mit dieser Substanz, Nr. 592 unseres Laboratoriumjournals, gestalteten sich bald so aussichtsvoll, daß eine weitere chemische Bearbeitung geboten war. Eine Reihe von Versuchen wurde angestellt, den Körper, der noch Asche (insbesondere Calciumsalze), schweflige Säure und geringe Mengen geschwefelter Substanzen enthielt, zu reinigen und in eine für die biologische Anwendung passendere Form zu bringen. Beides ließ sich annähernd erreichen, indem man die Rohbase in ihr Dichlorhydrat, das salzsaure Diamino-dioxy-arsenobenzol überführte. Dieses Präparat zeigte infolge seiner größeren Reinheit eine geringere Toxizität. Es bildet ein hellgelbes mikrokristallinisches Pulver, leicht löslich in Wasser, Methylalkohol, Äthylenglycol, Glycerin, wenig löslich in Äthylalkohol, sehr wenig in Eisessig, Aceton, Äther, konzentrierter Salzsäure. Die gelbe wäßrige Lösung reagiert sauer auf Lackmus.«

Die Nitro-phenyl-arsinsäure hatte Benda schon 1907 bei Cassella in Mainkur hergestellt und mit einem kurzen Begleitschreiben vom 8. Oktober 1907 an Ehrlich zur Reduktion übersandt: »Ich sende Ihnen o-Nitrophenol-p-arsinsäure, dargestellt durch Nitrieren von diazotiertem und verkochtem Atoxyl. Dieses Produkt müßte bei der Reduktion

$$HO \left\langle\!\!\!\bigcirc\!\!\!\right\rangle AsO_3H_2$$
$$NH_2$$

liefern, vorausgesetzt, daß nicht gleichzeitig die AsO_3H_2-Gruppe mitreduziert wird. Es müßte nun festgestellt werden, ob es zweckmäßiger ist, behufs Darstellung dieses o-Amidooxy-Körpers das Nitroderivat zu machen und zu reduzieren, oder aber mittels einer starken Diazoverbindung einen Azofarbstoff zu bilden und diesen zu reduzieren. Diese Amidooxyverbindung wäre nach verschiedenen Seiten sehr interessant ...«

Bereits zwei Tage später bedankte sich Ehrlich bei Benda. In einem Brief vom 9. Oktober 1907 erwidert er: »Ich habe eben Ihren Brief erhalten und danke Ihnen sehr für die beiden Präparate. Die o-Nitro-phenol-arsinsäure werde ich gleich auf die Toxität prüfen lassen. Auch ich glaube, daß es sehr interessant sein wird, einmal das o-Amido-derivat, evtl. einige Abkömmlinge zu untersuchen ...«

Doch dann geschah nichts mehr. Ehrlich hatte nämlich die Nitro-phenyl-arsinsäure doch nicht reduziert, sondern gleich an Dr. Wilhelm Roehl, den Leiter der biologischen Abteilung, weitergegeben.

Roehl prüfte zwar die Nitro-phenyl-arsinsäure im Tierversuch, aber er konnte keine besondere Wirkung feststellen.

Hätte das Salvarsan also eineinhalb Jahre früher hergestellt werden können? – eine quälende Frage, wenn man bedenkt, wie vielen Menschen in dieser Zeit hätte geholfen werden können.

Frau Marquardt stellt es in ihrem Ehrlich-Buch so dar, als sei Ehrlich auf »R« – gemeint kann nur Roehl sein – sehr böse gewesen, als er 1910 von Benda von der »übersehenen« Nitro-phenyl-arsinsäure hörte.

In Wirklichkeit verhielt sich die Sache ganz anders, wie aus einem Brief Ehrlichs an Benda vom 27. Mai 1910 hervorgeht. Ehrlich schrieb:

»Ich danke Ihnen bestens für Ihren freundlichen Brief und bitte sehr um Entschuldigung, daß ich wegen der Reise und aller möglichen sonstigen Abhaltungen in meiner Korrespondenz zu lässig war.

Was die Nitrophenolarsinsäure betrifft, so muß ich offen gestehen, daß ich bei der langen Zeit, die seitdem vergangen ist, und den vielen Sachen, die mir durch den Kopf gegangen sind, es ganz vergessen hatte. Sie werden mir hierfür gewiß Indemnität gewähren, da selbst Ihnen das gleiche passiert ist. Übrigens zweifle ich auch, ob – wenn wir damals die Reduktion durchgeführt hätten – wir zu einem befriedigenden Resultat gelangt wären, denn Sie wissen ja, daß wir damals wirklich schwer herstellbare Präparate, z.B. das Arsenophenol, in einer konservierten Form gar nicht erhalten konnten.

Viel wichtiger ist aber, daß selbst wenn wir damals das Präparat gewonnen hätten, uns die richtige Verwendung hätte entgehen müssen, da ja das Präparat auf Spirillen eingestellt ist und wir damals weder mit Rekurrens noch mit Syphilis gearbeitet haben. Es wäre sehr leicht möglich gewesen, daß wenn wir damals das Reduktionsprodukt 606 hergestellt hätten, wir an der richtigen Verwendung vorübergegangen und später nicht mehr darauf zurückgekommen wären.

Es wird Sie interessieren, in welcher Weise die Entstehung des Mittels vor sich gegangen ist. Ich wollte wegen der Halogenozeptoren die monochlorierte Oxyphenylarsinsäure haben, die durch Chlorieren nicht glatt erhältlich war. Ich verabredete daher mit Bertheim, der übrigens Ihr damaliges Präparat, das in die biologische Abteilung gekommen war, garnicht zu Gesicht bekommen hatte, daß wir das Mononitroprodukt des Phenols herstellen wollten. Als nun dieses einmal hergestellt war, bat ich

Bertheim, auch einmal das Nitroprodukt direkt zu reduzieren. Besondere Erwartungen knüpfte ich hieran nicht,
und zwar aus dem Grunde, weil die Metarsanilsäure gar-
nichts getaugt hatte und daher die in der Metastellung
befindliche Amidogruppe keinen großen therapeutischen
Wert haben konnte. Sie sehen also, daß – wie ich gern
gestehe – ein gewisser Zufall bei der Herstellung mitge-
spielt hat. Wäre nicht Hata gekommen und mit ihm die
Möglichkeit, Rekurrens und Syphilis in den Kreis der
Prüfung einzubeziehen, so wäre eben das Präparat verloren gegangen.
Sie können sich denken, wie sehr ich jetzt nachträglich
bedaure, daß die damals, als Sie das Nitrophenol herstellten, herrschenden Konditionen eine erfolgreiche Erprobung des Mittels ausschlossen. Damals beherrschten ja
hier und überall die Trypanosomen das ganze experimentelle Gebiet; auch hätten wir bei den elenden pekuniären
Verhältnissen garnicht die so ungeheuer viel Geld ver-
schlingenden Spirillenversuche machen können.
Von großer Wichtigkeit wird es sein, ob auf dem von
Ihnen gefundenen interessanten und großartigen Wege es
möglich sein wird, das isomere Amidol herzustellen . . .«

Zurück zu den Tagen Ende Mai 1909. Ehrlich weilt zu
Besuch in Neustadt in Schlesien, wo nach dem Tode seines Schwiegervaters ein Verwandter seiner Frau die Leitung der Leinenwebereien übernommen hat. Als er am 2.
Juni zurückgekehrt ist, hat Bertheim das Präparat 606
hergestellt. Es soll die berühmteste Präparatnummer der
Welt werden und wird später Salvarsan genannt.
Hata prüft an diesem Tag die Präparate 594, Acetylami-
dal, und 596, Jodamidal. Er hat die Injektionslösung neutralisiert, doch die Versuchstiere waren zugrunde gegangen.

Anschließend testet Hata 606 im Tierversuch, und zwar erprobt er die neue Substanz zuerst an Vögeln. Sie sind mit Spirochäten infiziert und leiden an der Hühnerspirillose. Zu seinem großen Erstaunen stellt er fest, daß eine einzige Injektion genügt, um die Infektion zu beseitigen.

Hühnerspirillose ist allerdings durch arsenhaltige Präparate verhältnismäßig leicht zu heilen. Schon Atoxyl, Arsacetin und Arsenophenylglycin waren dazu in der Lage. Doch von 606 genügte eine wesentlich geringere Dosierung, um die Spirillen im Blut bewegungslos und damit »kampfunfähig« zu machen: nur 0,0035 Gramm je Kilogramm Körpergewicht eines Tieres, z.B. eines Kaninchens.

Eine noch geringere Dosis reichte aus, um die Tiere vorbeugend gegen Infektionen zu schützen.

Anders als die Hühnerspirillose war das ebenfalls von Spirochäten erzeugte Rückfallfieber »am schwersten zu beeinflussen«, wie Ehrlich wußte. Gerade hier muß sich ein »wirklicher Fortschritt in der Heilwirkung besonders eklatant« dokumentieren.

Erprobung beim Rückfallfieber

Hata konzentrierte sich deshalb hauptsächlich auf die Erprobung von 606 beim Rückfallfieber oder wissenschaftlich: »Rekurrens«. Zunächst wurde die Wirkung des Präparates im Reagenzglas getestet. Man mischt zu diesem Zweck eine Lösung von 606 mit dem Blut von Tieren, die vorher mit Rekurrens-Spirillen infiziert worden waren. Unter dem Mikroskop beobachtet man, ob die Spirillen nach einiger Zeit unbeweglich werden. Dann ist der Effekt klar. Die Spirillen sind zugrunde gegangen oder haben zumindest ihre Kraft zu infizieren verloren.

Injiziert man solche Spirochäten gesunden Tieren, erkranken sie nicht, die Erreger sind nicht mehr infektiös.

Nach ausgedehnten Versuchen an Mäusen und Ratten, die mit den Spirochäten des Rückfallfiebers infiziert sind, kam Hata bei 606 zu folgendem Ergebnis: »Wenn wir in dem Dioxydiamidoarsenobenzol ein bei Mäusen- und Rattenrekurrenz sichere Schutz- und Heilwirkung entfaltendes Mittel haben, mit dem ich noch seither unerreichte Erfolge erzielen konnte.«

Hata unterstreicht im Hinblick auf die Giftigkeit von »606« besonders, »daß unangenehme Nebenerscheinungen am Nervensystem, wie Zittern, Tanzen und besonders Amaurosen, die durch viele andere Chemikalien leicht erzeugt werden, bei den mit Dioxydiamidoarsenobenzol behandelten Tieren niemals beobachtet worden sind«.

Am 19. Mai fährt Ehrlich mit dem Zug um 10 Uhr 39 vom Frankfurter Hauptbahnhof nach Hoechst zu einer vertraulichen Besprechung über die Arsenobenzole. Er berichtet über die neuesten Entwicklungen und Hoffnungen, die er und Hata daran knüpfen.

Vorsorglich läßt Hoechst das Dioxy-diamido-arsenobenzol am 10. Juni 1909 patentieren. In dieser Patentschrift ist allerdings nur von der günstigen Wirkung der neuen Verbindung auf Rekurrenz-Spirillen die Rede.

Bei einer späteren Patentverhandlung im Reichspatentamt in Berlin begleitet Ehrlich ein junger Jurist von den Farbwerken: Dr. Richard Weidlich. Beide Herren wohnen im »Excelsior«, dem damals von Ehrlich bevorzugten Hotel; später wird Ehrlich auch gerne im vornehmen »Adlon« absteigen. Als Weidlich einmal von einem schwierigen Patentgespräch, an dem Ehrlich nicht teilnahm, zurück ins »Excelsior« kommt, berichtet er freudestrahlend dem Geheimrat von einem Verhandlungserfolg.

Ehrlich hört aufmerksam und hochzufrieden zu und erklärt: »Mein lieber Weidlich, das ist ja ganz ausgezeichnet. Darauf müssen wir unbedingt einiges trinken.« Weidlich freut sich auf eine gute Flasche Wein, aber Ehrlich bestellt nur Mineralwasser und erzählt unentwegt von seiner Arbeit im Inistitut. »Wissen Sie, verstehen Sie« – seine bevorzugten Satzeinleitungen – »wir müssen nur noch den therapeutischen Index verbessern, das Verhältnis zwischen Organotropie und Parasitotropie . . . auch neue Substitutionsgruppen müssen eingeführt werden . . . usw.«
Ehrlich spricht ohne Unterlaß auf den Juristen Weidlich weiter ein. Der versteht ohnehin nur die Hälfte und wartet ergeben auf eine Flasche Wein. Doch Ehrlich trinkt eine Flasche Mineralwasser nach der anderen . . . »vom Wein ist an diesem Abend nicht mehr die Rede«.
Frau Marquardt, Ehrlichs Sekretärin, berichtet, Ehrlich habe öfters auch Besuchern ein Glas Wein offeriert, ein Angebot, das glücklicherweise nie akzeptiert wurde, denn im Institut gab es überhaupt keinen Wein. Selbst das Mineralwasser, das Frau Marquardt den Gästen vorsetzt, wird im Eifer des Gespräches meist von Ehrlich selbst getrunken . . .

»606« bei Syphilis

Nachdem sich herausgestellt hat, daß beim Rückfallfieber – auf das »Atoxyl« fast überhaupt keine Wirkung besaß – die neue Verbindung ein ausgezeichnetes Ergebnis erzielte, probierten Ehrlich und Hata »606« auch bei Syphilis aus.
Nach den Protokollen geschah der erste Versuch – der historische gewissermaßen – mit »606« an Tieren, die mit

Syphilis infiziert waren, am 8. Juni 1909. Es handelte sich um Kaninchen mit syphilitischer Hornhautentzündung der Augen, einer sogenannten syphilitischen Keratitis.

Dr. Wilhelm Roehl, bis Oktober 1909 Leiter der biologischen Abteilung des Speyer-Hauses, unterstützt dabei seinen japanischen Kollegen, wie Hata in einem gemeinsam mit Ehrlich herausgegebenen Buch »Die experimentellen Spirillosen« dankbar erwähnt.

Die Hornhaut der Augen dieser Tiere hatte sich im Verlauf der Infektion stark getrübt. Nun, nach Einspritzungen von »606«, heilte die Entzündung schnell ab, die vorher stark getrübte Hornhaut der Tiere wird wieder klar. Das ist ein eindeutiger Beweis für die Wirkung des Präparates »606«.

Noch besser läßt sich die Wirkung von »606« an einer anderen Syphilisform studieren, wenn man nämlich syphilitisches Material in die Haut des Hodensacks, des Skrotums, von Kaninchenböcken einbringt.

Hata beginnt am 23. Juni 1909 die Erprobung von »606«. Er beobachtet: Nach der Injektion des Mittels heilen die syphilitischen Geschwüre innerhalb von zwei bis drei Wochen glatt ab.

»Das bisher günstigste Resultat«

Bald stellt Hata fest: »Unter den bisher untersuchten Mitteln habe ich mit dem Dioxyamidoarsenobenzol bei allen Heilversuchen der drei Spirillenerkrankungen immer das günstigste Resultat gefunden.«

Ganz im Sinne der Ehrlichschen Seitenkettentheorie fährt Hata fort: »Wie mir scheint, geht aus meinen bisherigen Versuchen hervor, daß wir in dem Dioxydiamido-arsenobenzol ein Mittel in der Hand haben, mit dessen

Hilfe es gelingt, die beiden in den Spirochäten vorhandenen Rezeptoren so anzugreifen, daß die Parasiten im Tierkörper, ohne Gefahr für diesen, leicht vernichtet werden, d.h. die mit Spirochäten infizierten Tiere glatt zu heilen.«

Hata bemerkt weiter: »Ich bin mir sehr wohl bewußt, daß damit die Wirksamkeit des Mittels am Krankenbett zunächst noch keineswegs sichergestellt ist. Das aber kann man schon jetzt sagen, daß die bisherigen Versuche immerhin wichtige Fingerzeige ergeben für die Wege, auf denen man zu einer wirklich wirksamen spezifischen Therapie der Spirochätenkrankheiten gelangen kann.«

Ehrlich ist nicht minder vorsichtig als Hata. Trotz der so günstigen Tierversuche muß erst einmal sichergestellt werden, daß »606« neben seinen therapeutischen Fähigkeiten nicht doch ernsthafte Nebenerscheinungen beim Menschen auslöst. Gerade in diesen Tagen, am 24. Mai 1909, hat ihm ein Freund, der Dermatologe Eduard Arning, aus Hamburg geschrieben. Er hat bei der Lues-Behandlung mit Arsacetin zwei Fälle von schweren Störungen der Sehnerven erlebt und bittet Ehrlich zu eruieren, worauf dies zurückzuführen sei. »Irgend eine in die Zeit der beiden traurigen Fälle (es geht leider beiden schlechter) fallende Schädlichkeit läßt sich nicht eruieren . . .«

Am 26. Juni antwortet Ehrlich:

»Die Mitteilung über Ihren dritten Fall von Amaurose hat mich ausserordentlich aufgeregt! Wenn ich mir aber bedenke, dass Sie im ganzen 120 Fälle behandelt haben und die Augenstörungen nur in der einen Periode von Ende Februar bis Mitte April, also in etwa 1 1/2 Monaten vorgekommen sind, so scheint mir das doch gerade schreiend dafür zu sprechen, dass in dieser Periode irgend ein neues Akzidens vorgekommen sein muss, das diese erhöhte Schädlichkeit des Präparates bedingt hat. Dass das nicht auf eine schlechte Beschaffenheit des Arsacetins zu beziehen ist, folgt ja aus den doppelten Untersuchungen; es muss also irgendwie an den Patienten gelegen sein.

In dieser Beziehung wäre es mir äusserst erwünscht, klar zu sehen, und würde ich Ihnen sehr verbunden sein, wenn Sie mir freundlichst mitteilen wollten, wieviel Fälle der ersten Periode, also bis Ende Februar, behandelt worden sind, und wieviel in der Unglücksperiode von Ende Februar ab. Sie erinnern sich, dass ich gleich, nachdem die gute Beschaffenheit des Präparates nachgewiesen war, auf Darmvorgänge hingewiesen hatte, und an dieser Ansicht halte ich auch heute noch fest. Da ich wusste, dass die geschwefelten Derivate des Atoxyls weit giftiger sind als das gewöhnliche Atoxyl, hatte ich Freund Neisser gebeten, da er sowieso in der Schwefelreihe arbeitet, einige Versuche anzustellen. Es sind allerdings wenig Versuche, die aber in der von mir angedeuteten Richtung zu sprechen scheinen und nun in grösserem Massstabe fortgesetzt werden sollen. Wenn sich meine Anschauung weiter bewähren sollte, so könnten folgende Vorgänge vollkommen ausreichen, um diese Erscheinung zu erklären: Wenn sich im Darm übermässig Schwefelwasserstoff bildet, wie sie durch vorwiegende Eiweisskost, und zwar mit Eiweißstoffen, die viel oder leicht abspaltenden Schwefel enthalten, einerseits, durch intensive Fäulnisvorgänge im Darm andererseits. Es ist ja unendlich schwer, nachträglich noch solche Sachen festzustellen, aber ein Diätzettel aus diesen beiden Unglücksmonaten im Vergleich zu den anderen würde doch vielleicht einen Ausblick geben. Freund Neisser schreibt auch auf grund

seiner Versuche, dass man die Patienten bei Arsacetinku-
ren vorwiegend vegetarisch ernähren sollte.

Ich kann, sehr verehrter und lieber Freund, nur nochmals
darauf hinweisen, dass ja bei Einführung aller Arzneimittel schlimme Erfahrungen gemacht werden und gemacht
worden sind. Ich erinnere an die Jodoformvergiftung, an
die Sulfonalvergiftung, an Erblindung nach Bandwurm-
kuren. Phenol, Sublimat, Chinin (Schwarzwasserfieber),
alle diese Stoffe sind aber trotz der im Anfang beobachte-
ten Unfälle als wertvolle Arzneimittel bestehen geblieben. Es hat sich eben hier überall darum gehandelt, die
Ursachen der Schädlichkeit festzustellen und sie auf diese
Weise zu eliminieren. Wenn man alle diese Mittel nach
den ersten Unfällen gleich ganz ausgeschaltet hätte,
würde man das Kind mit dem Bade ausgeschüttet haben.
– Dass das Arsacetin für eine sterilisierende Behandlung
der Syphilis nicht geeignet ist, muss ja leider nach Ihren
Versuchen zugestanden werden. Dass weiterhin auch die
Maximaldosen reduziert werden müssen, steht fest. Aber
bei Schlafkrankheit, bei Pellagra, und wahrscheinlich bei
Rückenmarkserkrankungen ist es sicher dem Atoxyl
mindestens gleichwertig, von den vielerlei Versuchen bis
zum Affen hinauf, die eine Ueberlegenheit des Arsacetins
gegenüber dem Atoxyl mit Sicherheit ergeben haben, garnicht zu sprechen.«

Am 24. Juni hat Ehrlich in einem Brief an Hoechst kurz
sein »606« erwähnt:

»Dann wollte ich noch bemerken, dass auch ferner die
Anwendung des Diamidodioxyarsenobenzols – das übrigens im Gegensatz zum Tetrachloridioxyarsenobenzol
auch auf Trypanosomen gute Wirkung übt – bei Rekurrens sich sehr zu bewähren scheint, so dass ich die Hoff-

nung hege, dass dieses Mittel bei Spirochaetenkrankheiten, insbesondere Rekurrens und vielleicht Syphilis einen *grossen Fortschritt* bedeuten wird. Zu diesem Behuf wird es aber notwendig sein, ein großes Quantum – mehrere Kilo – des Diamidodioxyarsenobenzols vorzubereiten, damit es gleichzeitig an den verschiedensten Stellen bei differenten Krankheiten an Tier und Mensch ausprobiert werden kann. In Rücksicht hierauf wollte ich Sie bitten, die große Liebenswürdigkeit zu haben, uns nochmals ein größeres Quantum, vielleicht 2-3 kg des p-Oxyphenylarsenats gütigst herstellen zu lassen . . .«

Ehrlich vermutet, daß insgesamt – so in einem Schreiben an Hoechst – die Nebenwirkungen des Arsacetins »dadurch bedingt worden sind, daß die Dosis von 0,6 zu hoch gegriffen ist. Dieselbe war berechnet nach den Erfahrungen Kochs quoad Atoxyl, aber diese Dosis ist abgeleitet von Negern, die offenbar gegen Arsenikalien resistenter sind als Europäer. Wenn wir also mit den Atoxilinen, Arsacetin, sterilisierende Wirkung versuchen und erreichen wollen, müssen natürlich möglichst hohe Dosen gegeben werden. Das kann man auch wohl bei Rekurrens, wo man nur 2-3 Injektionen macht, aber für die Behandlung der Syphilis, bei der lang andauernde Suiten von Doppelinjektionen notwendig sind, dürfte Atoxyl ebenso wenig wie Arsacetin in Zukunft in schematischer Weise gebraucht werden, sondern nur bei bestimmten Indikationen: rebellischen, quecksilber-resistenten Krankheitserscheinungen. Aber ich hoffe, daß es uns mit den neuen Halogenprodukten gelingen wird, auch für die Syphilis etwas brauchbares zu finden.«
Am 28. Juni 1909 erwähnt Ehrlich wiederum in einem der Briefe, die nun fast täglich mit Hoechst gewechselt werden, das neue »606« . . . »Da ich der Ansicht bin, daß

beim Arsenophenylglycin das Experimentelle für uns wesentlich abgeschlossen ist und es sich nur noch um mehr technische Ergänzungen, die Kombination mit anderen Stoffen, die Ausprobierung in der Praxis handelt, wollen wir unsere Tätigkeit in den nächsten Zeiten vorwiegend auf die neue Substanz, das Diamidodioxyarsenobenzol konzentrieren, da ich hoffe, daß dies die zweite Verbindung ist, die nach anderen Richtungen, aber vielleicht ebenso wichtig sein wird als das Arsenophenylglycin.«

Als Ehrlich Mitte August aus dem Urlaub in Gastein nach Frankfurt zurückkehrt, liegen weitere günstige Berichte über das »606« vor.

Am 8. Oktober 1909 kann Ehrlich deswegen nach Hoechst berichten:

»Das Diamidodioxyarsenobenzol hat sich auch weiterhin bei der Behandlung verschiedener Spirillenkrankheiten, und zwar

1) bei Rekurrens an Maus und Ratte
2) bei Vogelspirillose am Huhn
3) bei Kaninchensyphilis (Hodenschanker, Augensyphilis)

sehr gut bewährt und ist in dieser Richtung allen anderen bisher verwandten Arsenikalien überlegen. Ich habe daher auch das allergrößte Vertrauen, daß dieses Präparat auch für die menschliche Syphilistherapie geeignet sein dürfte und wollte daher vorschlagen, freundlichst in Erwägung zu ziehen, ob es nicht angezeigt wäre, dieses Präparat, das ja in Deutschland geschützt ist, eventuell auch in anderen Ländern zum Patentschutz anzumelden.«

Im September schreibt Ehrlich an seinen Kollegen Professor Konrad Alt, der in Uchtspringe eine Irrenanstalt leitet: »Herr Dr. Hata, der bei mir arbeitet, hat neuerdings ein Präparat geprüft, das auf Recurrens-Spirillen weit energischer wirkt als Arsenophenylglycin. Man ist damit in der Lage, mit Hilfe einer einzigen Injektion Ratten und Mäusen, die mit Recurrens infiziert waren, der Heilung zuzuführen, was mit keinem einzigen unserer vielen Präparate möglich ist. Ich glaube daher, daß dieses Präparat für Spirochäten viel mehr leisten würde als Arsenophenylglycin und wollte Sie fragen, ob Sie Lust hätten, auch dieses Mittel in den Kreis Ihrer Untersuchungen einzubeziehen. Bei Behandlung von Menschen ist diese Aufgabe insofern eine schwierige, als das Präparat noch gar nicht bei Menschen angewandt worden ist und daß es wahrscheinlich bei Injektionen etwas empfindlicher und schmerzhafter sein wird als das Arsenophenylglycin.«

»Vielleicht sind Sie so freundlich«, bittet Ehrlich, »sich die Sache einmal zu überlegen. Wenn es Ihnen zu verantwortungsvoll erscheint, verstehe ich das sehr gut, und es würde daher eine negative Antwort von Ihrer Seite mich nicht im mindesten verstimmen und die Gefühle der Dankbarkeit für Ihre so wertvolle Hilfe in keiner Weise mindern.«

Ähnliche Briefe schickt Ehrlich an den Oberarzt einer Magdeburger Klinik, Dr. Schreiber, und an Dr. Julius Iversen in Petersburg.

In Iversens Klinik gibt es viele Fälle von Rückfallfieber. Iversen soll feststellen, ob »606« gegen den Erreger dieser Krankheit wirkt, der Spirochaeta obermeieri, wie sie zunächst nach ihrem Entdecker Obermeier von der Berliner Charité genannt wurde. Später erhielt sie den Artnamen Borrelia recurrentis.

Professor Alt in Uchtspringe schätzt seinen Kollegen Paul Ehrlich ganz besonders. Auf Vorschlag von August von

Wassermann hatte Ehrlich ihm bereits das Arsenophenyl-glycin zur Verfügung gestellt. Alt hat damit rund 140 Geisteskranke behandelt, bei denen eine syphilitische Infektion als Ursache ihres Leidens vermutet worden war.

Das Präparat hat nach dem Bericht Alts an Ehrlich »in vielen Dingen recht gute Dienste getan und keine unliebsamen Zwischenfälle gebracht«.

Wirkliche Heilungen vermochte Alt mit dem Arsenophenylglycin freilich nicht zu erzielen. Die Diagnose »Progressive Paralyse« bedeutet auch in seiner Klinik, wie in allen übrigen, fast stets ein Todesurteil, das höchstens einen gewissen Aufschub zuließ.

Salvarsan statt Arsenophenylglycin

Angesichts solch verzweifelter Prognose akzeptiert Alt gern den Vorschlag Ehrlichs. Er erprobt das »606« bei einigen hoffnungslosen Fällen von Spätsyphilis. Zwei seiner Oberärzte testen zunächst am eigenen Körper die Injektion von »606«. Danach injiziert Alt den ersten Kranken in den Muskel Dosen von 0,3 g der alkalisch gelösten Substanz »606«.

Alt verspricht sich keine Heilung. Er ist davon überzeugt, daß im Prinzip syphilitische Spätformen nicht geheilt, sondern höchstens in ihrer Wirkung abgeschwächt werden könnten. »Ich konnte es anfänglich gar nicht fassen und glauben, daß durch die eine Injektion ein so wunderbarer Umschwung in dem Krankheitsbild bis dahin äußerst hartnäckig und unbeeinflußbar verlaufener Fälle herbeigeführt sei.«

Auch bei der zweiten Gruppe von Patienten wirkt »606« eindeutig positiv. Jetzt schickt Alt ein begeistertes Telegramm an Paul Ehrlich.

Wenige Wochen später referiert Alt vor der Medizinischen Gesellschaft in Magdeburg über die ersten klinischen Versuche mit »606«. 23 Kranke sind bis dahin mit »606« behandelt worden. Die meisten waren Paralytiker. Man hatte bei fast allen auch schon Arsenophenylglycin versucht. Ohne Erfolg! Jetzt aber – nach Injektionen mit »606« – zeigten sehr bald zwei Kranke eine negative Wassermann-Reaktion. Bei zwei weiteren gingen die positiven Werte stark zurück.

Bei drei weiteren Patienten hatte sich die positive Reaktion immerhin etwas vermindert.

Am wirksamsten bei frischer Syphilis

Diese Änderung der Wassermann-Reaktion war erstaunlich. Gerade bei schon sehr alter Syphilis – und die Fälle von Paralyse gehören ja fast stets dazu – konnte, wenn überhaupt, erst nach langer Behandlung die Wassermann-Reaktion beeinflußt werden.

Nicht selten blieb ein positiver Wassermann als »Serumnarbe« selbst in jenen Fällen zurück, in denen die Krankheitserscheinungen verschwunden waren.

Viel erfolgreicher als bei progressiver Paralyse – wo das Präparat im allgemeinen keine Heilung bewirkt – erweist »606« sich aber bei frischer Syphilis.

Die Ergebnisse sprechen sich in der medizinischen Welt zunächst nur langsam herum. Ehrlich ist darüber nur froh. Nur kein Aufsehen im gegenwärtigen Stadium! Noch besitzt er viel zuwenig Patientenberichte. Auch weiß man nicht sicher, ob die ersten Erfolge von »606« dauerhaft sein werden. Vielleicht zwingt es die Spirochäten nur zu einem zeitweiligen Rückzug.

Vor allem aber ist bisher nicht eindeutig bewiesen, daß

»606« wirklich unschädlich ist. Hat es nicht auch beim Atoxyl einige Zeit gedauert, bis Schäden am Sehnerv auffallen waren?

Paul Ehrlich muß deshalb in der ersten Zeit manche Ärzte regelrecht überreden, bis sie Versuche mit seinem neuen Präparat vornehmen.

Zum ersten Mal offiziell erwähnt Ehrlich das »606« auf dem Ärztlichen Fortbildungskongreß am 1. Dezember 1909 in Berlin. In seinem Vortrag über die »Chemotherapie der Infektionskrankheiten«, in dem Ehrlich ausführlich die Methoden schildert, Chemorezeptoren aufzufinden, die für bestimmte Parasiten besonders charakteristisch sind, formuliert er:

»Wenn ich also schon an anderer Stelle gesagt habe, der Chemotherapeut muß lernen, so heißt das nichts anderes, als eben für jede Parasitenart charakteristische Nebengruppierungen ausfindig zu machen, mit Hilfe deren man ein bestimmtes hochtherapeutisches Radikal – z.B. Arsen-, Jod- und Quecksilberreste – den betreffenden Parasiten aufzuzwingen vermag.

Ich denke, daß die systematische Verfolgung dieses Weges noch zu manchen erfreulichen Resultaten führen wird, und ich darf hier wohl anführen, daß es Herrn Dr. Hata, dem bewährten Schüler von Kitasato, neuerdings gelungen ist, aus einer großen Reihe von Verbindungen und nach langen Bemühungen bei zwei von Herrn Dr. Bertheim hergestellten Substanzen – Reduktionsstufen disubstituierter Phenylarsinsäure – maximale Spirillocidie aufzufinden und damit Mäuse zu heilen, die mit den Spirillen des Rückfallfiebers infiziert waren – und zwar genügte zu dieser Heilung schon 1/3 der Dosis maxima tolerata. Auch bei anderen Spirillenerkrankungen, besonders bei Hühnerspirillose, hat Dr. Hata ganz ausgezeichnete Resultate erhalten, die an der am Schlusse angefügten Übersichtstabelle Ihnen ohne weiteres ersichtlich sein werden. Sie sehen, daß von der einen Verbindung schon 1,5 mg pro Kilo genügt, um ein Tier zur Heilung zu bringen. Es ist das eine ganz kolossale Leistung, da es auf den Menschen übertragen nur einer Dose von 1/10 g entsprechen würde. Auch bei Kaninchensyphilis sind ganz eklatante Heilerfolge erzielt worden. Sehr große Schanker konnten durch eine einmalige Dosis zur Heilung gebracht werden. Schon am nächsten Tage waren die vorher in größter Menge vorhandenen Spirillen nicht mehr vorhanden, und es erfolgte im Verlauf von 2-3 Wochen eine restlose Heilung mit einer kleinen Narbe.

Das, was ich Ihnen hier geschildert habe, ist die erste Etappe der Versuche, deren Hauptteil möglichst an kleinen Versuchstieren, Mäusen oder Ratten, ausgeführt wird, und die nur dazu bestimmt ist, darüber zu entscheiden, ob ein bestimmtes Mittel überhaupt ein Heilstoff ist, und in welcher Weise er ungefähr wirkt. Sind auf diese Weise eine Reihe von Arzneimitteln aus einer größeren Zahl ausgewählt worden, so beginnt die Hauptarbeit des Experimentators, die außerordentliche Ansprüche an Zeit und Mittel stellt. Es handelt sich hier im wesentlichen darum, aus einer Reihe homologer Verbindungen die optimale herauszusuchen. Hierbei kommen verschiedene Gesichtspunkte in Betracht.«

Vorsichtige Worte auf dem Internisten-Kongreß

Am 18. April 1910 tagt wie stets um diese Zeit der Internisten-Kongreß in Wiesbaden. Ehrlich liebte die stille Stadt mit den großzügigen Kuranlagen und dem weiten

Park sehr. Als er noch in Berlin wohnte und arbeitete, hat er stets hier übernachtet, wenn er nach Frankfurt oder Hoechst mußte, und zwar im »Hotel Bristol du Parc«, wie sich das »Parkhotel« auf der Wilhelmstraße stolz nennt.

Diesmal ist Ehrlich nicht nur Zuhörer auf dem Kongreß im großen Konzertsaal des Kurhauses. Er hat sich entschlossen, vor einem Forum, das sein Lehrer Frerichs einst begründete, die erste Mitteilung über sein »606« zu machen. Einiges von seiner außerordentlichen Wirkung auf die Syphilis ist in den Kreisen vor allem der Dermatologen ohnehin schon bekanntgeworden. Immerhin: Ehrlich äußerst sich sehr vorsichtig.

Er berichtet über die experimentellen Untersuchungen von Hata und die klinischen Prüfungen von Dr. Schreiber und Professor Alt. Anhand der Behandlungsergebnisse von Dr. Iversen an Patienten mit Rekurrensfieber stellt er fest: »1. Das Natriumsalz des Dioxydiamidoarsenobenzols ist imstande, einen Fieberanfall zu kupieren und in 92 Prozent aller Fälle einen weiteren Anfall zu verhüten. 2. Die therapeutische Dosis für Rekurrens beträgt 0,2-0,3 g dieser Substanz. 3. Nach Injektion einer solchen Quantität verschwinden die Spirochäten innerhalb 4-10 Stunden aus dem Blut vollständig.« Die Temperatur fällt ab. Hinsichtlich der Verträglichkeit erwähnt er die lokale Schmerzhaftigkeit und die völlige Schmerzlosigkeit der intravenösen Injektion.

Nachdem er die Vorzüge des Präparates bei Rekurrens so herausgehoben hat, fährt er wörtlich fort: »Bei der Syphilis liegen die Verhältnisse – ebenso wie bei der Schlafkrankheit – viel komplizierter, indem die zahlreichen bei dieser Erkrankung auftretenden Rezidive beweisen, daß auch die Zahl der Rezidivformen eine viel größere sein muß.

Meine Herren! Es sind ja die Resultate, über die Herr Oberarzt Dr. Schreiber heute berichten wird, zu meiner Freude überraschend günstige, aber ob hier schon eine definitive und vollkommene Sterilisation eingetreten ist, das festzustellen wird jahrelanger Beobachtung bedürfen. Aber andererseits dürfen wir nicht verkennen, daß wir ja noch im allerersten Beginn der Therapie stehen.«

Nach dem Internisten-Kongreß nimmt die Arbeit im Georg-Speyer-Haus ein bisher ungeahntes Ausmaß an. Aus aller Welt erhält Ehrlich Briefe, in denen Ärzte oder Patienten um das neue Mittel gegen die Syphilis bitten. Es handelt sich nicht nur um Patienten mit frischen Infektionen, sondern auch um viele, deren Erkrankungen lange zurückliegen, Menschen, die hoffen dürfen, für immer geheilt zu sein. Trotzdem quält viele die Angst, die Krankheit könnte eines Tages im Gehirn oder Rückenmark aufs neue ausbrechen und zur gefürchteten »Gehirnerweichung«, der »progressiven Paralyse«, oder der »Tabes«, im Volksmund »Rückenmarksschwindsucht«, führen.

Abschied von Robert Koch

Ehrlich plant im Mai 1910 nach Baden-Baden zu reisen, um den Freund und Lehrmeister Robert Koch zu besuchen, der dort zur Erholung weilt. Koch hat sich, wie erwähnt, im Jahre 1903 von der Leitung des Instituts für Infektionskrankheiten zurückgezogen.

»Zur Ruhe setzen«, das hatte für Koch freilich nur bedeutet, sich von der Alltagsarbeit im Institut zu befreien und mehr Zeit zu haben für seine strapaziösen Reisen in fremde Länder, noch intensiver zu helfen bei der Bekämpfung tropischer Infektionen, ob es sich um die

Malaria, die Rinderpest oder die Schlafkrankheit handelt. Er hat nie eine Sekunde daran gedacht, sich zu schonen und auf die eigene Gesundheit zu achten.

Vor zwei Jahren, 1908, hat Koch noch eine große Weltreise unternommen, wie stets von seiner Frau begleitet. Er hat Japan besucht, wo ihm ungewöhnliche Ehrungen dargebracht wurden. An der Spitze der japanischen Wissenschaftler, die den Schöpfer der Bakteriologie feiern, steht Shibasaburo Kitasato, sein einstiger Schüler, der zusammen mit Behring 1890 am Institut Kochs in Berlin die Serumtherapie begründete und erstmals den Erreger des Tetanus in Reinkultur züchtete.

Über London, wo er an einem internationalen Kongreß zur Bekämpfung der Schlafkrankheit teilnahm, reiste Koch auch nach den USA. In New York wird er von Andrew Carnegie gefeiert. Carnegie sagt in seinem Festvortrag über das Werk des deutschen Forschers: »Der wahre Held der Zivilisation ist nicht derjenige, der tötet, sondern der seinen Mitmenschen dient und sie rettet ...«

Anschließend nimmt Koch auch noch auf Wunsch der Reichsregierung an einem Kongreß über Tuberkulose in Washington teil, er wird zum Ehrenpräsidenten gewählt und hält einen großen Vortrag über »Das Verhältnis zwischen Menschen- und Rindertuberkulose«. Im Oktober 1908 kehrt er mit seiner Frau nach Berlin zurück. Obwohl pensioniert, arbeitet er am Institut für Infektionskrankheiten in einem kleinen, für ihn eingerichteten Labor weiter an seinen Tuberkuloseforschungen.

Chef des Instituts ist sein Lieblingsschüler, der einst 1880 zu ihm ins Reichsgesundheitsamt abkommandiert worden war: Professor Georg Gaffky. Zu Gaffkys 60. Geburtstag hält Koch eine große Tischrede, und am 7. April 1910 spricht er, wie sich später zeigen wird, zum letzten Mal in der Akademie der Wissenschaften in Berlin über die Epidemiologie der Tuberkulose.

Koch ist zu dieser Zeit schon herzkrank. Doch das wissen nur wenige, seine Frau natürlich undGaffky.

Vor allem auf seinen Reisen, in Bulawajo, 1907 am Viktoriasee, aber auch in den USA, hatte Koch mehrfach Herzanfälle erlitten. Warnungen, auf die er nicht hören wollte.

Jetzt, in der Nacht vom 9. zum 10. April, trifft Koch der bisher schwerste Herzanfall. Er selbst glaubt an sein Ende. Schon vor einigen Monaten hat er seinem Freunde Ehrlich gesagt, er ahne, er werde die Schwelle des 70. Lebensjahres wohl nicht mehr erreichen. Nach zwei Wochen erholt er sich soweit wieder, daß er sogar kleinere Ausfahrten in Begleitung seines Privatassistenten Bernhard Möller machen kann.

Auch leichtere Arbeiten nimmt Koch wieder auf. So beschäftigt er sich mit einem Gutachten für die Stadt Berlin zur Errichtung eines Tuberkulosekrankenhauses.

Am 20. Mai reist Koch zur weiteren Erholung in ein Sanatorium nach Baden-Baden. Seine Frau und ein Mitarbeiter begleiten ihn. Koch fühlt sich recht wohl, schmiedet Pläne für neue Arbeiten. Auch mit künftigen Reisen beschäftigt sich der Unermüdliche.

Am Abend des 27. Mai setzt er sich in einen Sessel vor der weitgeöffneten Balkontür. Er will den Blick auf die blühenden Bäume im Garten genießen. Später möchte Koch an der gemeinsamen Abendtafel teilnehmen. Doch bei der Visite findet ihn der Arzt tot im Sessel: Robert Koch ist sanft in jenes Reich hinübergegangen, »aus dem kein Wanderer wiederkehrt«.

Seine Frau hatte ihm versprechen müssen, im Falle seines Todes solle keine große Trauerfeier stattfinden. Er wolle vielmehr in aller Stille eingeäschert werden. So geschieht es auch. Nur ein sehr kleiner Kreis, zu dem seine Frau, sein Schwiegersohn, Generaloberarzt Dr. Pfuhl, und sein ältester Enkel ebenso gehören wie sein Nachfolger im Institut, Geheimrat Gaffky.

Aus Frankfurt kamen Paul Ehrlich und Sanitätsrat Libbertz, der Leiter der Serumabteilung in Hoechst. Für seinen alten Freund und Mitarbeiter, Professor Kitasato in Tokio, legt Dr. Hata einen Kranz nieder.

Die bronzene Urne mit der Asche des Forschers wird in einem kleinen Mausoleum im Institut für Infektionskrankheiten beigesetzt. Das Mausoleum existiert noch heute, es blieb im Zweiten Weltkrieg, während ringsherum der größte Teil des Instituts in Trümmer sank, unversehrt.

Ehrlich schreibt einen tiefempfundenen Nachruf auf seinen Lehrer und Freund, der stets sein größtes Vorbild war:

»Als Leiter des ›Koch'schen Instituts‹ war er ein unübertrefflicher Lehrer. Hier war die Pflanzstätte seiner Schule, welche die hervorragendsten Hygieniker und Bakteriologen der Zeit hervorgehen ließ. Koch verfolgte selbst den Fortgang jeder Arbeit, ließ seinen Schülern die beste methodische Schulung zu teil werden, jedem stand er hilfreich mit Rat und Tat zur Seite, in wahrer Kollegialität als ein väterlicher Freund. Jedem Widerspruch war er zugänglich, selbst mit dem jüngsten Anfänger diskutierte er in freundlichster Weise, und bei aller strengen Selbstzucht, die er von sich selbst forderte, war er nachsichtig bei den Fehlern anderer – nur unbedingte Wahrhaftigkeit und Offenheit forderte sein lauterer Charakter auch von den übrigen.

Zu den schönsten Erinnerungen gehören für mich, und wohl für alle, die daran teilgenommen haben, die Referierabende, die unter seiner Leitung im Institut stattfanden. Die wichtigen Arbeiten referierte er gewöhnlich selbst, und fast zu jedem Thema ergriff er das Wort, stets belehrend und klärend eingreifend. Kongressen und größeren Versammlungen, die für ihn immer größere Ehrungen bedeutet hätten, hielt er sich fern. Von wunderbarem Reiz war es aber für jeden, dem es vergönnt war, im engen Kreise seiner Freunde und Mitarbeiter dem großen Mann zuzuhören. In überaus klarer, einfacher Weise wußte er zu sprechen, in freimütigster Art verstand er es zu plaudern, unermüdet konnte man seinen Worten lauschen, und wenn man von ihm schied, so hatte man das Gefühl einer wirklichen geistigen Erfrischung.«

»Die Natur hat hier in einer Persönlichkeit ihre Gaben verschwenderisch gehäuft, und nur durch solch seltene glückliche Vereinigung war es dem Meister möglich, die Ergebnisse tiefgründiger Laboratoriumsforschung gleichzeitig in so grandioser Weise in die Praxis umzusetzen. Bewunderungswürdig bleibt für uns alle, die wir ihn erlebt haben, sein meisterhaftes Forschergenie, sein überlegener Verstand, seine unerschöpfliche Leistungsfähigkeit, seine gigantische Energie und nicht zuletzt sein heroischer Mut, der ihn den größten Gefahren trotzen ließ und der ihn befähigte, das zu werden, was er uns allen und der Nachwelt war: ein Beschützer der Volkswohlfahrt, ein siegreicher Feldherr und Führer im Kampfe gegen ihre schlimmsten Feinde.«

B. Laquer, ein Mitarbeiter aus Charité-Tagen, meint, von all seinen Zeitgenossen habe wohl Robert Koch am stärksten auf Paul Ehrlich eingewirkt. »Ehrlich schätzte und verehrte in ihm das Germanische, das Souveräne und das Draufgängerische, das rücksichtslose Einsetzen der Person, des Körpers; die gleichen Eigenschaften sah und bewunderte er auf bedeutsamem, amtlich organisatorischem Gebiet, bei seinem großen, in steter Dankbarkeit verehrten Gönner Friedrich Althoff. Jakob Burckhardt spricht an einer Stelle von der ›Terribilitia‹ Michelangelos. Jene Unnahbarkeit der ganz Einsamen besaß Ehrlich zum Glück für seine Umwelt nicht. Das Bismarcksche Bekenntnis, daß seine Kritik an Dingen und Menschen stärker entwickelt sei als das Wohlwollen für jene, hätte Ehrlich nie ablegen können. Auch hat er, wie jener Staatsmann, wohl niemals ganze Nächte ›durchgehaßt‹.«

Nachdem der erste aus dem »Dreigestirn der Medizin« dahingegangen ist, freut sich Ehrlich um so mehr, wieder von Emil von Behring zu hören, der 1907 einen schweren gesundheitlichen und nervlichen Zusammenbruch erlitten hatte und bis Mitte 1910 in dem Sanatorium von Professor von Hoesslin in München hatte zubringen müssen. Jetzt scheint Behring wieder wohlauf und voll wissenschaftlichen Tatendursts. Ehrlich schreibt ihm und warnt vor zu großer neuer Aktivität:

Lieber Behring,
Ich komme mir wirklich ganz schuldbewußt vor, daß ich Deinen freundschaftlichen Brief, welcher mich wirklich so sehr erfreut hat, erst so spät beantworte. Als Entschuldigung kann ich nur anführen, daß die letzten Wochen gerade für mich sehr harte waren und daß des Tages wachsende Lasten mir die Spannkraft geraubt hatten.
Von Deiner Lahmlegung hatte ich mit herzlichem Bedauern gehört. Solchen Zwischenfällen ist ja jeder, der hohen Zielen nachgeht, unwiderruflich ausgesetzt – sei es in der oder in jener Richtung. Auch ich selbst kann davon ein Lied singen und habe zwei volle Jahre der besten Zeit herangeben müssen. Aber wie ich das damals glücklich überwunden, so ist das, wie ich fest überzeugt bin, auch bei Dir glücklicherweise der Fall und kann ich daher Dei-

nen Entschluß, Deine wissenschaftliche Tätigkeit wieder aufzunehmen, mit aufrichtiger Freude begrüßen.

Ein solcher Übergang von langer Arbeitspause zur Tätigkeit hat, wie ich bei mir erfahren, seine Schwierigkeit – die ist aber leicht zu überwinden, wenn man sich im Anfang nicht gleich mit allen Kräften einsetzt, sondern peu à peu vorgeht und sich im Beginn auf das gerade Notwendige beschränkt. Dieses Programm kann ich Dir also aus eigener Erfahrung als ein wirklich gutes und zum Ziel führendes ans Herz legen. Du wirst auch sehen, daß die Jahre der erzwungenen Ruhe – ich nenne sie Gefangenschaft – schließlich eine sehr gute Nachwirkung haben und einem später die Arbeit doppelte Freude macht und doppelt leicht von der Hand geht.

Dann möchte ich Dir noch besonders danken für Dein so freundschaftliches Interesse, das Du meinen chemotherapeutischen Arbeiten entgegenbringst. Es scheint ja jetzt die Sache vorläufig gut zu gehen, aber die Arbeit selbst war durch fünf Jahre eine schwierige und von Nackenschlägen und Enttäuschungen erfüllte – mein Hauptverdienst war, daß ich nicht bei den immerwährenden Mißerfolgen die Flinte ins Korn warf, sondern den Mut doch nicht verlor.

8 Tage später! Nun haben mich doch die entsetzlichen Störungen wirklich abgehalten, den Brief rechtzeitig fertig zu stellen. Daß ich Deinem Wunsche entsprechend Herrn Dr. v. Hösslin, dem ich mich bestens zu empfehlen bitte, 606 umgehend trotz großen Materialmangels gesandt habe, weißt Du wohl.

Nun will und muß ich aber schließen (es ist 12 Uhr nacht) und bin in der sicheren Erwartung, daß Du bald wieder in Aktion treten und wieder der »Alte« sein wirst
mit herzlichen Grüßen und in treuer Freundschaft
Dein P. Ehrlich.

Großproduktion in Hoechst

Dem großen Materialmangel an »606«, von dem Ehrlich in seinem Brief an Behring spricht, soll nun energisch abgeholfen werden. Am 30. Juni 1910 erhält in Hoechst der Chemiker Dr. B. Reuter den Auftrag, nach Frankfurt zu fahren, um sich im Speyer-Haus die im Labormaßstab betriebene Herstellung von »606« anzusehen. Dazu bemerkt er in seinem Bericht, daß Dr. Bertheim sich eine sehr komplizierte, aus vielen Glasglocken und Glasbüretten konstruierte Apparatur zurechtgebaut hatte.

Der erste Ansatz wurde mit 197 g Nitrooxyphenylarsinsäure als Ausgangsprodukt gefahren, die in viereinhalb Liter Wasser und 135 Kubikzentimeter Natronlauge gelöst wurden.

Das Ganze spielte sich in einem 30-Liter-Kessel in einem Wasserbad ab. Die Apparatur mit Glasflaschen, Tontöpfen, Saug- und Druckleitungen usw. war in Reuters Labor aufgebaut. Der Ansatz war in einem Tag fertig.

Am 9. Juli 1910 bekam Ehrlich das erste Produkt. Er prüfte es und schrieb Reuter, das Präparat sei »optimal« ausgefallen.

Daraufhin wurden mehrere gleichartige Ansätze hergestellt, bis man vom 27.7. an 300 g Nitrosäure als Ausgangsprodukt benutzte. Ja, dank einer neuen vergrößerten Apparatur konnten ab 15.8. sogar 600 g Nitrosäure verwendet werden.

Dafür mußten drei Arbeiter eingestellt werden, die nicht die geringste Übung im chemischen Arbeiten hatten, sich aber bald einarbeiteten. An manchen Tagen wurde allerdings von früh 6 bis abends 8 oder sogar 10 Uhr gearbeitet, damit eine Operation in einem Tag fertig wurde.

Schon vier Wochen später konnte eine neue Apparatur in Betrieb genommen werden, die aus verschiedenen Kesseln von 60-400 Liter Inhalt bestand, Porzellantöpfen und Tontöpfen, zwei emaillierten 1000-Liter-Kesseln für den Aether, der zur Reinigung gebraucht wurde, und all den vielen Zwischenleitungen, Nutschen, Vakuumtrokkenschrank. Kurz, in dieser Größenordnung füllten die notwendigen Apparaturen bereits einen großen Raum mit Nebenräumen. Und hier wurden die Ausbeuten zunächst schlechter.

Das lag einmal an der viel längeren Zeit, die das Vorprodukt z.B. abgesaugt werden mußte. Als man statt dessen abpreßte, ging es viel schneller, die Ausbeute stieg. Die Glasrührer und Tonapparate brachen oft, so daß man sich bemühte, sie durch Emaillekessel zu ersetzen. Glas ließ sich nicht durch Zinn, wohl aber durch Silber ersetzen.

So ging es eigentlich recht zufriedenstellend, abgesehen von kleinen Pannen, bis zum 8.9.1910. Von da ab wurden mehrere Operationen zurückgewiesen. Es stellte sich heraus, daß die Nitrosäure nicht den Anforderungen entsprach, man konnte so große Mengen mit dem Bertheimschen Verfahren nicht mehr herstellen.

Drei Chemiker bemühten sich um eine Verbesserung. Schon nach kurzer Zeit waren wieder gute Ansätze das Ergebnis. Doch nach vier Operationen war das »606« auf einmal nicht mehr schön gelb, sondern grasgrün, eine Erscheinung, die auch Benda im Georg-Speyer-Haus beobachtet hatte. Sie beeinträchtigte zwar nicht die Wirkung, trotzdem konnte ein grasgrünes Produkt natürlich nicht abgegeben werden.

Endlich hatte man den Grund gefunden und beseitigt. Um den Produktionsausfall aufzuholen, wurde nun in Tag- und Nachtschichten gearbeitet, bis wieder einmal die Nitrosäureproduktion nicht mehr nachkam.

Unter persönlicher Leitung von Dr. von Brüning wurden

große Anstrengungen unternommen, um so schnell wie möglich eine größere Apparatur zu konstruieren und aufzubauen. Alle Glasteile wurden durch Silberleitungen, alle Tongefäße durch emaillierte Eisengefäße ersetzt.

Ovationen in Königsberg

Am 20. September 1910 tagt in Königsberg die 82. Versammlung Deutscher Naturforscher und Ärzte. Die Teilnehmer bereiten dem Schöpfer des Salvarsans geradezu Ovationen.

Geheimrat Albert Neisser, »Oberhaupt« der deutschen Dermatologen und Venerologen, hält das einleitende Referat. Er faßt noch einmal alle Forschungsergebnisse zusammen, die in den vergangenen Jahrzehnten im Kampf gegen die Syphilis erzielt worden sind. Dazu würdigt er das Werk Paul Ehrlichs:

»Wenn wir alle Tatsachen überblicken, so kann wohl niemand in Abrede stellen, daß die Syphilistherapie im Lauf der letzten Jahre enorme Fortschritte gemacht hat, namentlich in bezug auf die Möglichkeit, der Syphilisverbreitung entgegenzuwirken. Was dem einzelnen Kranken geleistet wird, um ihn schnell von der Krankheit zu befreien und sie milder zu gestalten, das dient natürlich der Allgemeinbekämpfung der Syphilis als Volksseuche und soziale Kalamität. Je eher, je schneller und je bequemer wir den einzelnen Kranken ungefährlich, nicht ansteckend machen können, um so geringer wird die Zahl der Infektionsquellen. Und damit muß und wird nicht nur die Zahl der Syphilitischen sinken, sondern auch die Zahl derjenigen, welche jetzt zu Tausenden und Abertausenden den schweren Nachkrankheiten und einem vorzeitigen Tod verfallen. Und weil wir jetzt schon wissen, daß gerade nach diesen Richtungen hin das neue Ehrlichsche Mittel eine wunderbare Waffe gegen die Syphilis darstellt, deshalb ist das Gefühl unserer Dankbarkeit und Bewunderung für Ehrlich so groß und von Herzen kommend.«

Und Neisser schließt mit den Worten: »Man wird es uns Deutschen, denke ich, nicht verübeln dürfen, wenn wir mit Stolz feststellen, daß die Forscher, denen wir diese Fortschritte verdanken, mit Ausnahme von Metschnikoff und Roux durchweg unsere Landsleute sind: Schaudinn und Hoffmann und Wassermann und ich selbst und Bruck und Uhlenhuth und schließlich Paul Ehrlich, dem wir das Vollkommenste, über das die Syphilistherapie bisher verfügt, verdanken! Nennt man mit Recht die Syphilis die Geißel der Menschheit, so dürfen wir ihn mit demselben Recht als einen Wohltäter der Menschheit bezeichnen.«

Eine reizende kleine Episode am Rande: Dieser Paul Ehrlich, dem schließlich die Ovationen der erlauchten Gesellschaft galten, er hat zunächst Schwierigkeiten, überhaupt in den Festsaal zu kommen. Keiner von den Saalordnern nämlich kennt den berühmten Mann persönlich . . .

»Unter anhaltendem Beifall«, wie die Deutsche Medizinische Wochenschrift vermerkt, geht dann Ehrlich selbst ans Rednerpult, um eine erste Bilanz der rund 10 000 Fälle vorzulegen, bei denen bisher Salvarsan angewandt worden ist.

Ehrlich zieht Bilanz

Immer wieder von Applaus unterbrochen, schließt Ehrlich seine kurzes Referat: »Ich glaube die Hoffnung aussprechen zu dürfen, daß das Dioxydiamidoarsenobenzol wirklich ein Mittel darstellt, das für die menschliche Therapie, speziell für die Syphilis, aber auch für andere Erkrankungen, eine wertvolle Bereicherung unseres Arzneischatzes bedeutet, eine Bereicherung um ein spezifisches Heilmittel, dessen Wert und Wirkung bei allen Stadien der Syphilis nicht mehr angezweifelt wird, dessen Unentbehrlichkeit für bestimmte Formen allseitig anerkannt ist. Ich habe auch auseinandergesetzt, daß die Anwendung des Präparates keine Gefahren bietet, wenn die Kontraindikationen nur genau beachtet werden. Ich bin der Überzeugung, daß es nicht so leicht sein wird, ein ähnliches Mittel zu finden, das sich durch einen gleich hervorragenden therapeutischen Effekt auszeichnet, ohne irgendwelche erhebliche Nebenwirkungen darzubieten. Es liegt daher meines Erachtens keine Veranlassung vor, schon jetzt ein Präparat ›607‹ zu suchen und im Streben nach zukünftigem Besseren das vorhandene Gute zu vernachlässigen. Auch bei diesem liegt noch ein reiches Feld wissenschaftlicher Betätigung vor. Die Pfosten sind in den Grund getrieben; nun gilt es zu bauen das fertige Haus.«

In Königsberg verbringt Ehrlich übrigens auch ein paar »Gedenkminuten« vor dem Denkmal Immanuel Kants – und hängt dabei ehrfürchtigen Gedanken über den Ruhm derer nach, die dem menschlichen Geist Weg und Richtung gewiesen haben.

Nicht minder als die Ärzteschaft feiert die breite Öffentlichkeit Paul Ehrlich und sein »606«. Die Begeisterung ist durchaus verständlich. Die Syphilis war ja keine Krank-

314

heit wie irgendeine andere. Nicht daß sie so gefährlich war, schreckte die Menschen am meisten. Die »Krankheit mit dem schlechten Ruf« bedeutete Schande und gesellschaftliche Verfemung.

Nun war es allerdings nicht so, wie oft dargestellt, daß es vor dem »Salvarsan« überhaupt keine wirkungsvolle Behandlungsmöglichkeit der »Krankheit der Venus« gegeben hätte. Schon vor Paracelsus kannten die Ärzte das Quecksilber als Spezifikum gegen sie, die »pünktlich« mit dem Beginn der Neuzeit über die europäischen Länder gekommen war.

Nach allen Berichten war die Syphilis in den ersten Jahrzehnten und Jahrhunderten unvergleichlich aggressiver gewesen; sie verursachte schwerste Erscheinungen an Haut und Knochen, von den Zerstörungen an den inneren Organen gar nicht zu reden.

Nicht Ärzte, sondern Kurpfuscher wagten die ersten Quecksilber-Kuren. Das giftige Metall wurde dabei in solchen Dosierungen angewandt, daß niemand zu sagen vermochte, ob Patienten an der Krankheit oder an übertriebenen Quecksilberbehandlungen gestorben waren. Ulrich von Hutten, eines der frühen Opfer der Syphilis, schildert in einem seiner Bücher sehr eindringlich die elf Quecksilber-Kuren, denen er selbst sich – übrigens erfolglos – aussetzte.

Und nun kam die Nachricht von der Entdeckung eines Mittels, das diese Krankheit sicher und schnell heilte. Oft sogar schon mit einer einzigen Injektion.

Schwierige Herstellung von »606«

Ab Herbst macht dann die Herstellung von »606« in Hoechst weitere Fortschritte. Betriebsleiter Dr. Reuter kann die wichtigsten Bedingungen für die Herstellung eines guten Endproduktes festlegen:

1. Gute Nitrosäure
2. Schnelles Arbeiten mit Hydrosulfit bei niederer Temperatur.
3. Vermeiden von Kupfer und Eisen in der Apparatur
4. Schnelles Absaugen der Base
5. Zur Rohbase darf beim Losen nicht mehr als 1 Mol. HCL zugegeben werden.
6. Der Aether muß gut fraktioniert sein, er darf hauptsächlich keinen Aldehyd enthalten.
7. Die Rohbase oder Reduktionsflüssigkeit darf nicht über Nacht stehen.
8. Schnelles Hochgehen beim Reduzieren mit der Temperatur
9. Klares Filtrieren der salzsauren Methyllösung

Man sieht: einfach war die Herstellung des Salvarsans wirklich nicht. Eine Hauptschwierigkeit war ja die Empfindlichkeit gegenüber Luft. Deshalb mußte entweder im Vakuum oder unter Kohlendioxyd gearbeitet werden. So hatten im Georg-Speyer-Haus zwei Apotheker das »606« abgewogen, abgefüllt in Ampullen und diese zugeschmolzen. In Hoechst wurden dafür zunächst fünf Leute eingestellt, die regelrecht eintrainiert wurden. Von November 1910 waren 25 Leute mit dem Wiegen und Pulverisieren beschäftigt und 20 Mann schmolzen die Ampullen zu. Mit diesem Personal konnten täglich 12-14 000 Ampullen hergestellt werden.

Vom 1. September bis 1. Dezember 1910 wurden insgesamt 375 395 Ampullen produziert. Davon waren nach der biologischen Prüfung durch Paul Ehrlich hyperideal 358 129 Ampullen, fast hyperideal 1093 Ampullen, ideal 16 173 Ampullen. Aus 1993 kg Arsanilsäure wurden 319,926 kg Salvarsan produziert. Das entspricht einer Ausbeute von 15,87 Prozent.

Bald waren im Betrieb und Laboratorium

ein Aufseher

8 Arbeiter mit Wochenlohn

46 Arbeiter mit Tagelohn

beschäftigt. Zu diesen 55 Mitarbeitern kamen noch drei Chemiker. Im Juli 1910 hatte Dr. Reuter mit drei Mann angefangen.

Während man sich in Hoechst abmühte, die Probleme der Großproduktion zu bewältigen, wird der Druck der Ärzteschaft immer größer, endlich das »606« für den allgemeinen Gebrauch freizugeben. Viele unter den Ärzten grollen ohnehin, weil sie von Ehrlich nicht in die Schar der Prüfer aufgenommen wurden. Sie lesen seit Ende 1909 und das ganze Jahr 1910 nur die Berichte der Kollegen, die das Salvarsan erproben und in den höchsten Tönen darüber schreiben.

Man munkelt überdies von sagenhaften Honoraren, die bestimmte Berliner »Salvarsan-Ärzte« beziehen sollen, weil sie mit den von Ehrlich erhaltenen Prüfsubstanzen reiche Patienten behandeln.

Wenn Ärzte sich an Ehrlich oder Hoechst wenden und um das Präparat bitten, erhalten sie höfliche Absagebriefe.

Ehrlich will den Kreis der Prüfer nicht willkürlich vergrößern. Er ist ja ohnehin weiter gespannt als bei der Erprobung aller bisherigen Heilmittel. Nur so behält er einen vollständigen Überblick über die jeweiligen Ergebnisse.

Hoechst muß mehrmals den Ärzten mitteilen, daß sich die Freigabe des Präparates verzögert. Bis November 1910 muß sich die pharmazeutische Abteilung von Hoechst immer wieder neue Briefe einfallen lassen, um die Verzögerung der »Salvarsan«-Lieferung zu begründen. Endlich, Ende November, erhalten die Ärzte ein Schreiben:

»Wir teilen Ihnen hierdurch mit,
daß wir das neue Ehrlichsche Arsenpräparat, das
›Diamidodioxyarsenobenzol‹
Mitte Dezember unter dem
gesetzlich geschützten Namen
›Salvarsan‹

in den Handel bringen werden. Das Präparat, wofür wir Gebrauchsanweisung beilegen, wird in zugeschmolzenen Röhrchen, enthaltend eine Dosis von 0,6 g, abgegeben, und ist durch Apotheker bzw. Drogisten zu beziehen.«

Es war ein besonderer Zufall, daß ein schon seit vielen Monaten festgesetzter Vortrag Ehrlichs vor Ärzten im großen Saal des Senckenbergischen Museums just am Tag der Freigabe des »Salvarsans« stattfand. So konnte Ehrlich eine große Zahl von Kollegen unmittelbar über die Erfahrungen mit dem neuen Präparat informieren.
Zunächst berichtete er, warum das Präparat so lange erprobt worden sei. Während man früher neue Mittel nur an einigen Kliniken, oft nicht einmal an hundert Fällen habe erproben lassen, so sei ein solcher Modus procedendi in Zukunft nicht mehr angängig, wenn man Mängel und Schädlichkeiten eines Präparates vor seiner Einführung wirklich ausfindig machen wolle.
Die Hoffnung, eine Therapie mit völlig unschädlichen

Substanzen zu entwickeln, wird sich nach Ansicht Ehrlichs ohnehin kaum jemals erfüllen. Mit einer gewissen Toxizität von Arzneimitteln werde man immer rechnen müssen, zumal es sich um differente Verbindungen, besonders aus der Arsenikreihe, handle.

Ehrlich verschwieg bei dieser Gelegenheit nicht die Pressionen, denen er ausgesetzt war, weil er das Präparat nur bestimmten Ärzten zur Erprobung übergeben hatte. Doch nur so sei es ihm möglich gewesen, den Überblick zu behalten, alle Indikationen und Gegenindikationen klar herauszufinden. Jetzt, nachdem das Mittel an 20 000 bis 30 000 Fällen erprobt worden ist, betrachtet Ehrlich die umfassenden Vorarbeiten als abgeschlossen. »Ich übergebe das Präparat ›606‹ mit gutem Gewissen der Ärzteschaft«, sagt Ehrlich. »Ich weiß mit Sicherheit, daß das Präparat eines der mächtigsten spezifischen Heilmittel gegen die Syphilis ist.«

Das Jahr 1910 war für Ehrlich voll unvergleichlicher Anstrengungen gewesen. Der Weg vom vielversprechenden Laborpräparat »606« bis zum in der Hoechster Großproduktion hergestellten »Salvarsan« hat viel Energie, Ausdauer und Einfallskraft gekostet. Kleinere Anfeindungen wegen des Abgabemodus sind nicht ausgeblieben. Sie sollten nur ein winziges Vorspiel zu dem »Salvarsankrieg« sein, der im nächsten Jahr in voller Hitze entbrennen wird. Doch Ehrlichs empfindliche Nerven haben sie schon jetzt schwer getroffen.

Dazu kommt noch aus den USA eine Nachricht, die ihn tief erschüttert: sein Freund Christian Herter ist am 5. Dezember 1910 an Lungenentzündung gestorben. »Es ist ein großes, für die Mitmenschen warmschlagendes Herz zum Stillstand gekommen«, heißt es in einem der amerikanischen Nachrufe, die Mrs. Herter zusammen mit der Todesanzeige nach Frankfurt schickt – »ein tiefer Denker ist heimgegangen zum Frieden. Ein Künstler der wissenschaftlichen Technik sowie der Musik ist abberufen zur Harmonie der Sphären.«

Ehrlich, der weder den Tod seiner Mutter im vergangenen Jahr noch jenen seines Freundes und Lehrmeisters Koch im Mai überwinden konnte, ist von der Nachricht furchtbar getroffen.

FÜNFTER TEIL

Der »Salvarsan-Krieg« bricht aus

Selbst als das »Salvarsan« Mitte Dezember 1910 freigege-
ben worden ist, beschäftigt sich Ehrlich weiterhin mit
jedem Bericht eines ärztlichen Kollegen über die Erfahrungen mit dem Medikament. Es ist eine bisher einzigartige Form von Arzneimittel-Monitoring, wie man heute
sagen würde.
Auch die allgemeine Anwendung beweist: Salvarsan ist
ein hochwirksames Mittel gegen Syphilis, und zwar
besonders gegen die Frühstadien, in denen die Anstek-
kungsgefahr am größten ist.
In einem Artikel für die Münchener Medizinische Wochenschrift stellte Ehrlich ausdrücklich fest, daß er jetzt
seine Vorarbeiten als »abgeschlossen betrachten kann«.
»Und wenn derzeit auch die übertriebenen Hoffnungen,
daß mit einmaliger Injektion einer relativ kleinen Dosis
die Syphilis in einem großen Prozentsatz der Fälle sofort
ausgerottet werden kann – zu denen meine Äußerungen
übrigens nie Veranlassung gegeben haben – sich nicht
erfüllt haben und an Stelle des übertriebenen Optimismus vielleicht ein ebenso unberechtigter Pessimismus
getreten ist, wenn gewisse ernste Erscheinungen (Fingers
Neurorezidive) Bedenken wegen der Anwendung erregt
haben, so halte ich diesen Umstand nicht für nachteilig

für die Freigabe des Mittels, da es geeignet ist, die Ärzte zu bestimmen, bei der Anwendung von Salvarsan Vorsicht walten zu lassen und die Patienten durch Aussicht auf Unerfüllbares nicht zu enttäuschen.«

Ebensowenig, meint Ehrlich, könne er in dem Umstand, daß über die beste Behandlungsform und die beste Dosierung ein definitives Urteil noch nicht gewonnen ist, einen Hindernisgrund erblicken. »Man wird auch nicht verlangen können, daß ein so schwieriges Problem wie das der Syphilisbehandlung mit ihren verschiedensten Manifestationen im Laufe eines halben Jahres eine definitive Lösung findet – ist dieses doch nicht einmal im Quecksilber der Fall, trotz jahrhundertelanger Erfahrung!«

In der »Wiener Klinische Wochenschrift« stellt Ehrlich fest: »Ich glaube, daß die Periode der Kinderkrankheiten, die bei der Einführung jedes neuen Arzneimittels unvermeidlich sind, hinter uns liegt und daß die Heilkraft und der Nutzen des Präparates immer deutlicher zutage treten wird.«

Es zeigt sich freilich bald, daß die Spätformen der Syphilis, also Tabes und Paralyse, entgegen den ersten Hoffnungen der Psychiater und Neurologen, mit Salvarsan im allgemeinen nicht entscheidend beeinflußt werden können. Ehrlich neigt viel eher dazu, bei Erkrankungen des Zentralnervensystems wie auch syphilitisch bedingten Aorta-Schädigungen und einer Reihe von Stoffwechselkrankheiten, wie etwa Diabetes, die Salvarsantherapie sogar ausdrücklich als kontraindiziert anzusehen.

Leider wird in dieser Beziehung von manchen Ärzten in erstaunlichem Maß gesündigt. Ehrlich ist darüber erbost, weil die sich so ergebenden Zwischenfälle zumeist dem Salvarsan zur Last gelegt werden.

Toxische Nebenerscheinungen, über die in der Literatur oft ausführlich berichtet wird, hängen fast nie mit der

Beschaffenheit des Präparates zusammen, sondern mit dem sogenannten »Wasserfehler«. Manche Ärzte benützen zur Lösung des Salvarsan-Pulvers nicht einwandfrei destilliertes Wasser, mit dem Ergebnis, daß im Wasser befindliche Bakterien gelegentlich eine recht heftige Reaktion nach Injektion der Flüssigkeit auslösen. Es passiert überdies, daß geöffnete Salvarsan-Ampullen mit Inhalt für einige Zeit stehen bleiben. Sauerstoff aber ist ein Feind des Salvarsans. Er führt zu einer Oxydierung und zur verstärkten Giftigkeit der Verbindung. »Aus diesem Grunde hatte ich auch stets in den Gebrauchsanweisungen angegeben«, schreibt Ehrlich, »die Lösungen erst *unmittelbar vor der Anwendung* herzustellen, und ich glaube, daß die Vernachlässigung dieser Vorsichtsregel in vielen Fällen Anlaß zu schweren Schäden gegeben hat.

Die Schädlichkeiten, die dem Salvarsan anzuhaften schienen, sind nicht auf eine besondere toxische Quote des Salvarsans zu beziehen, sondern sie haben ihren Grund teils in einer falschen Applikation (Injektion von Bakterienendotoxinen), teils in der Art der Erkrankung:
1. in der Existenz von Spirochätenherden, in die das Mittel nur allmählich und schwer eindringen kann (Neurorezidive);
2. im Auftreten lokaler Reaktionen, die dadurch zustande kommen, daß unter dem Einfluß des stark keimtötenden Mittels die Endotoxine eine lokale Reaktion auslösen, wie wir sie zuerst von Koch beim Tuberkulin kennengelernt haben. Diese Reaktionen haben sich im Nervensystem besonders unangenehm bemerkbar gemacht, aber jedes Mittel, welches eine maximale keimabtötende Wirkung besitzt, wird mit diesem Umstand zu kämpfen haben.

Re vera sind die Unfälle, die durch das Salvarsan bedingt sein können, fast vorwiegend auf die Anwendung zu gro-

ßer Dosen bei Affektionen – insbesondere spirochäten-
reichen Affektionen – des Zentralnervensystems zurückzuführen und meistens noch verschärft durch die Kombination mit einem Wasserfehler. Aber ich habe die feste
Überzeugung, daß durch die Aufdeckung der Ursachen
auch diese Zufälle vermeidbar sein werden.
Auf jeden Fall sind im verflossenen Jahre nach dieser
Richtung hin schon große Fortschritte gemacht und die
Richtlinien, nach denen die Therapie sich zu entwickeln
hat, festgelegt worden. Allerorten sind viele und tüchtige
Hände am Werk gewesen, um die Prinzipien einer möglichst sicheren und möglichst ungefährlichen Behand-
lungsweise aufzustellen, und ich hoffe, daß weitere wichtige Fortschritte nachfolgen werden.«
Ähnlich hatte er seinem alten Freund, Professor Dr.
Simon Flexner, dem Direktor des Rockefeller Institute of
Medical Research, nach New York berichtet. In einem
langen, bisher nicht veröffentlichten Brief schilderte er
die ausgezeichneten Erfolge der Salvarsanbehandlung
beim Wechselfieber und der Frambösie. »Ich glaube
daher«, schreibt Ehrlich, »daß das Prinzip der Therapie
magna sterilisans sich bei Mensch und Tier ganz richtig
bewährt hat.«
»Was nun die Syphilis anbetrifft, so scheint mir aus den
mir zugehenden Nachrichten und Publikationen hervor-
zugehen, daß bei Frühfällen – ich meine also bei Schankern und bei der Syphilis II recens mit Roseola – es möglich ist, durch eine intensive Behandlung nicht nur in
vereinzelten Fällen, sondern in einem ganz hohen Prozentsatz Heilung herbeizuführen. Allerdings ist für diese
Behandlung ein bestimmtes Schema notwendig und die
Anwendung großer Dosen. Es gibt hier mehrere Wege,
die zum Ziel führen:
1) eine große intramuskuläre Injektion der sauren Lö-

sung, dieselbe ist aber schmerzhaft und erfordert eine sehr geschickte Hand, 2) scheinen intravenöse Injektionen in kurzen Zwischenräumen diesen Zweck zu erreichen. Ich erwähne hier – um nur einige anzuführen – Bayet-Brüssel, der bei Frühschankern alle 5-6 Tage 0,5 bis 0,6 intravenös injiziert, bei älteren Schankern und Syphilis II recens 2,5-3,0 in toto. Wenn man sich nicht auf Salvarsan allein beschränkt, sondern außerdem noch Quecksilber zwischenwirft, dürfte man mit kleineren Dosen auskommen. Ich glaube also, daß bei der Frühsyphilis Dauerheilungen durch eine richtige Behandlungsmethode in sehr großer Zahl erreichbar werden.

Dagegen wird von allen Autoren angegeben, daß die späteren Formen der Syphilis in radikaler Weise sehr schwer beeinflußbar sind. Die Erscheinungen schwinden ja bei genügenden Dosen außerordentlich prompt, aber der Wassermann ist sehr hartnäckig und hat die Tendenz wiederzukehren. Ob es möglich sein wird, eine Behandlungsform zu finden, die auch in diesen Fällen noch Radikalheilung ermöglicht, weiß ich nicht, hoffe es aber. Ich glaube, daß zu diesem Zweck eine sehr intensive Behandlung notwendig sein wird und daß man in diesen Fällen vielleicht mit dem Salvarsan gleichzeitig eine intensive Quecksilberkur einleiten muß. Wenigstens hat Stabsarzt Gennerich in Kiel, der Marinesoldaten behandelt und der diese Kombination in systematischer Weise durchgeführt hat, auch quoad Wassermannreaktion sehr günstige Resultate zu verzeichnen.«

Auch mit den Nebenwirkungen setzt er sich Flexner gegenüber auseinander:

»Aber nun komme ich zu dem allerwichtigsten Punkt, nämlich zu den Nebenerscheinungen, die so außerordentlich häufig auftreten und in Fieber, Kopfschmerzen, Erbrechen, Diarrhoen bestehen, die aber auch gelegentlich einen ganz schweren Charakter, schwerstes, tagelanges Kranksein mit profusen Diarrhoen annehmen können. Ich selbst habe lange Zeit geglaubt, daß diese Erscheinungen dem Salvarsan zukämen, aber durch die zentralisierte Beobachtung bin ich doch zu der Anschauung gekommen, daß diese Erscheinungen mit dem Salvarsan nur indirekt zusammenhängen können, insofern als ich Nachricht erhielt, daß an einzelnen Stellen ganz schwere Erscheinungen gehäuft auftreten, während sie an anderen ganz fehlen. Die verwandten Salvarsanmarken, von denen ich mir einige Röhrchen kommen ließ, waren tadellos.

So hatte z.B. Dr. Galewsky – Dresden während einiger Wochen die allerschwersten bedrohlichen Erscheinungen: Profuse Diarrhoen (bis zu 30 Stühlen), Kopfschmerzen, Erbrechen und 8 Tage langes schwerstes Kranksein. Nachdem er sein Wasser zu den Injektionslösungen aus einer anderen Apotheke bezog, sah er von diesen Erscheinungen keine Spur mehr auftreten!

Wechselmann hat zuerst darauf aufmerksam gemacht, daß diese Erscheinungen mit dem Bakteriengehalt des destillierten Wassers zusammenhängen müssen, und er hat gezeigt, daß in der Tat durch geeignete Kautelen: Verwendung eines *absolut frisch* destillierten Wassers die Nebenerscheinungen so gut wie vollkommen vermieden werden können. Die Patienten fiebern nicht mehr, haben kein Erbrechen, keine Kopfschmerzen, spüren überhaupt keinerlei Unbehagen.

Sie können mir glauben, das war eine der größten Überraschungen, die mir die Periode der Salvarsanbehandlung eingebracht hat! Ich habe mir die größte Mühe gegeben, diese neue Vorsichtsmaßregel nun überall einzuführen, aber Sie haben keine Ahnung, welchen Schwierigkeiten ich begegnet bin. Alle Kollegen sagten mir: ›Ich glaube es nicht‹, ›das ist nicht möglich‹, ›es ist mir nicht wahr-scheinlich‹, und dergleichen mehr, und der Grund, den sie meist anführten, war der: ›Wir beobachten ja so häu-fig, daß, wenn wir mit der gleichen Lösung mehrere Patienten nacheinander injizieren, nur einer reagiert, während die anderen keinerlei Beschwerden haben; es können also doch keine Bakterien in Betracht kommen!‹ Und doch ist es so! Ist nämlich die Verunreinigung des Wassers eine sehr hochgradige, so wird *jeder* Patient aus-nahmslos in schwerer Weise reagieren; sind nur wenige Bakterienleichen im Wasser enthalten – und das wird wohl meist der Fall sein – so werden eben nicht alle Patienten reagieren, sondern nur ein gewisser Teil, der überempfindlicher ist gegen diese Bakterientoxine, sei es, daß es an seiner Konstitution, sei es, daß es an der Art der Krankheit gelegen ist.

Es war mir ein Herzensbedürfnis, Ihnen die Überzeu-gung, die ich gewonnen habe, auszusprechen, da Sie doch in Ihrer zentralen Stellung, die Sie in der Wissenschaft einnehmen, mehr als jeder andere imstande sind, den richtigen Prinzipien Geltung zu verschaffen.

Mit herzlichen Grüßen,

In alter Freundschaft

Ihr . . .«

Diskussion um den Salvarsan-Preis

Unabhängig von den Nebenwirkungen wird von vielen Seiten der hohe Preis des Salvarsans kritisiert. Im folgen-den ein Kommentar, der für viele stehen mag:

»Nun wird niemand vorwärtsstrebenden Ärzten einen Vorwurf machen, wenn sie ein Heilmittel gefunden zu haben glauben, das sich schließlich doch nicht bewährt.

Aber die amerikanische Reklame, mit der solche noch nicht genügend erprobten Präparate der Welt angepriesen werden, muß unangenehm auffallen. Die Erklärung dafür liegt jedoch außerordentlich nahe: längst schon hat sich das industrielle Großkapital der fabrikmäßigen Herstellung medizinischer Präparate bemächtigt. Namentlich zwei mit vielen Millionen arbeitende Riesenunternehmen widmen sich diesem Geschäft: die Höchster Farbwerke in Höchst und die Elberfelder Farbenfabriken in Elberfeld. Und dieses Geschäft ist äußerst lohnend: in den Jahren 1906 und 1907 gewährten die Höchster Farbwerke ihren Aktionären je 30 Proz. Dividende auf 25½ Millionen Mark eingezahltes Aktienkapital; die letzte Dividende betrug bei Höchst 27 Proz. und bei Elberfeld 24 Proz. Was an diesen Präparaten verdient wird, beweist ein Bericht aus einer englischen ärztlichen Zeitschrift, den wir den ›Mitteilungen des Vereins vivisektionsgegnerischer Ärzte‹ entnehmen. Da heißt es: ›Die Emanosoltabletten der Höchster Farbwerke waren schwach radioaktiv, entsprechend einem Gehalt von 1,5 Proz. Pechblende, ihr Verkaufswert beträgt 2 Mk. das Stück, ihr wirklicher Wert (denn außer der Emanation enthalten sie nur Salz und Natron) 2 Pfg.‹«

War der Preis wirklich zu hoch? Paul Ehrlich und Hoechst antworteten darauf zunächst vielleicht allzu summarisch: wer eine solche Behauptung aufstelle, könne wenig Ahnung von dem Aufwand für die Forschung und Produktion pharmazeutischer Heilmittel haben.

Eine Rechnung besonderer Art

Schon am 12. Dezember 1910 war in der »Gazette de Lausanne« ein Artikel von Dr. Bourget erschienen, Direktor der medizinischen Klinik von Lausanne. Daraus ein Auszug:

»Das Salvarsan wird in kleinen Glasampullen verkauft, die 60 Zentigramm enthalten und netto bar zu 7 Fr 50 an den Apotheker und zu 12 Fr 50 an die Öffentlichkeit verkauft werden. Wie in Emissionsprospekten weist auch diese Packungsbeilage darauf hin, daß sich das Werk das Recht vorbehält, die Bestellungen anteilmäßig zu reduzieren, wenn sie den verfügbaren Lagerbestand überschreiten.

Läßt sich dieser phantastische Preis durch die wertvollen Bestandteile erklären? Ich glaube nicht, da das 606 eine Kombination aus Benzol zu 1 Fr/kg und Arseniger Säure zu 1 Fr 60/kg ist. Soweit zu den Ausgangsstoffen. Die Herstellungskosten des Produktes könnten bei höchstens 10 Fr pro kg liegen, und viele Chemiker würden sich damit begnügen, um die bislang geheimnisumwobene Kombination, deren Formel allerdings bekannt ist (Diamino-dioxyarsenobenzol), herzustellen.«

Aber auch den therapeutischen Wert des »Salvarsans« bezweifelt Bourget aufs heftigste. »Ist dieses Arzneimittel tatsächlich eine therapeutische Entdeckung von Professor Ehrlich, wie in der ganzen Welt bekanntgegeben wurde?

Ich glaube nicht, da Arsen schon seit altersher zur Behandlung von Wechselfieber verwendet wurde.

Dioskurides, ein griechischer Militärarzt aus dem ersten Jahrhundert christlicher Zeitrechnung, hat eine Formel für Pillen aus arseniger Säure hinterlassen, die später von Gallienus und insbesondere von Plinius dem Jüngeren für die Heilung aller Arten von Krankheiten, die mit der Syphilis zusammenhängen, hoch gelobt wurden. Sie werden heute noch als Arzneimittel unter dem Namen Dioskurides-Körnchen hergestellt.

Seit jeher wurde Arsen in der Medizin in irgendeiner Form zur Behandlung von dyskrasischen Krankheiten eingesetzt ...

Es gibt Hunderte von Arzneimitteln, die Arsen enthalten.

Bereits 1900 empfiehlt Professor Armand Gauthier aus Paris das Soda-Kakodylat (eine organische Arsen-Verbindung) und das Arrhenal (Soda-Methylarsinat) als wertvolle Medikamente gegen Dyskrasie, mit denen gute Ergebnisse bei Syphilis und Trypanosomiasis bei Pferden erzielt wurden.

Diese Ergebnisse sind bekannt und aufgrund zehnjähriger Experimente klassifiziert; sie zeigen die Arsenwirkung in ihrer günstigsten und ungefährlichsten Form.

Das Soda-Kakodylat von Armand Gauthier kostet 45 fr/kg, ein Preis, der dem Hersteller noch eine breite Gewinnspanne läßt.

Angesichts solcher Gewinne bemühen sich alle deutschen Werke um die Herstellung von organischen Arsen-Verbindungen, und Woche für Woche wird in den Fachzeitschriften für neue Verbindungen dieser Art geworben.

Ist das neue 606, das für würdig erachtet wird, den Namen Salvarsan zu tragen, mehr wert als die organischen Präparate von Armand Gauthier und anderen?

Ich habe dies nie geglaubt, und zwar aus chemischen und physiologischen Gründen, die zu speziell sind, um in einer anderen als einer wissenschaftlichen Zeitschrift näher dargelegt zu werden.

Die therapeutische Wirkung ist ausschließlich auf das Arsen zurückzuführen, dessen allgemeine Eigenschaften seit langem bekannt sind – selbst den Pferdehändlern, die ihr Pferd für den nächsten Viehmarkt verjüngen wollen.

Ich habe die mit dem 606 durchgeführten Experimente mit größter Sorgfalt verfolgt und gesehen, daß die subkutanen und intramuskulären Injektionen starke Schmerzen und häufig große Abszesse hervorriefen. Angesichts solcher Vorkommnisse wurde das Arzneimittel stark verdünnt direkt in die Venen des Kranken gespritzt und man behauptet, daß es auf diese Weise verträglicher sei.

Dieses Verfahren wird noch nicht lange in der Praxis angewandt und ich fürchte, daß es innerhalb kurzer Zeit mehr Opfer fordern wird, als man wagen wird bekanntzugeben.

Zum Beweis des oben Gesagten möchte ich auf die Sitzungsprotokolle der Société de thérapeutique de Paris vom 9. November 1910 verweisen, in denen Professor Armand Gauthier bereits von 18 bekannten Todesfällen berichtet, sowie auf die Ärzte-Konferenz in Wien vom 2. Dezember 1910, auf der die therapeutischen Ergebnisse einer nüchternen Beurteilung unterzogen wurden und die Hauptredner zu dem Schluß kommen, daß die Wirkung des 606 nicht spezifisch und nicht besser ist als die der anderen arsenhaltigen Verbindungen, auch des Quecksilbers.

Die meisten Mitglieder dieser Gesellschaft berichten von Unfällen und Todesfällen. Einer der meistgehörten Berichterstatter teilt mit, daß er 10 Kinder mit relativ kleinen Dosen behandelt und 3 Todesfälle zu verzeichnen hatte: er fügt zwar hinzu, daß sie aus Schwäche gestorben sind, erklärt abschließend jedoch, daß er von nun an den Patienten selbst entscheiden läßt, ob er mit dem 606 behandelt werden möchte, womit er vermeidet, allein eine Verantwortung zu tragen, die sich als zu groß erweisen kann.«

Dieser Beitrag von Professor Bourget, der offenbar annahm, in den Kesseln der Farbwerke würden die beiden Ausgangssubstanzen – Arsensäure und Benzol – einfach zusammengeschüttet, wird in Zukunft das »Basispaier« aller »Salvarsan«-Gegner werden. Leider nahm Ehrlich zunächst den wissenschaftlichen »Gallimathias« des Lausanner Professors nicht ernst genug, um ihn einer umfassenden Antwort zu würdigen. Auch Hoechst schweigt zu den Vorwürfen wegen der Preisgestaltung des Salvarsan.

Was die Nebenwirkungen beim Salvarsan anlangt, so äußert sich Professor Hans Schloßberger in seinem Werk: »Die experimentellen Grundlagen der Salvarsantherapie«: »Daß ... derartige chemotherapeutisch maximal wirksame Substanzen wie das Salvarsan und seine Abkömmlinge für den damit behandelten durchseuchten Organismus ebensowenig absolut indifferent sind wie die stark wirkenden symptomatischen Arzneimittel, bedarf eigentlich keines weiteren Kommentars. Es ist im Grunde genommen eine Selbstverständlichkeit, daß solche chemischen Stoffe – es sei zum Vergleich nur an die Spezifica Quecksilber, Chinin und Wismut erinnert – Nebenwirkungen haben.«

»Dann ist ein Fortschritt unmöglich . . .«

Man kann nicht wegen vorübergehender Beschwerden einem Syphilitiker das Präparat vorenthalten, das Siechtum verhindert und Heilung bringt. Je schwerer die Krankheit, desto stärker müssen die Mittel sein, sie zu überwinden, desto näher liegt es, daß dabei unerwünschte und individuell oft recht verschiedene Nebenwirkungen nicht immer vermieden werden können.

Zu dieser Frage, die auch heute noch bei vielen Arzneimitteln unvermindert aktuell ist, hat sich Ehrlich noch
im Jahre 1910 geäußert: In seinem gemeinsam mit Hata
verfaßten Buch »Die experimentelle Chemotherapie der
Spirillosen« schreibt er: »Es ist vielfach die Forderung
aufgestellt worden, daß man für die menschliche Therapie und insbesondere für die Syphilis ausschließlich Mittel verwenden sollte, die absolut ungefährlich sind. Wenn
man diese Forderung erfüllen will, ist ein Fortschritt der
Therapie in chemotherapeutischem Sinne überhaupt unmöglich; denn Substanzen, die den lebenden Körper zu
sterilisieren vermögen, können nicht als indifferent
betrachtet werden, sondern es muß ihnen immerhin ein
gewisser Charakter von Giftigkeit innewohnen. Die neueren Untersuchungen auf dem Gebiet der Quecksilberbehandlung der Syphilis haben ja auch gezeigt, daß die
erreichbaren Resultate durchaus nicht als vollkommen
befriedigend anzusehen sind. Ein Teil der Fälle wird trotz
intensivster Kuren nicht geheilt und geht einem traurigen
Schicksal entgegen; andererseits ist der behandelnde Arzt
gezwungen, immer stärker wirkende Applikationsformen
anzuwenden, die für den Patienten auch gefährlich werden können. In dieser Beziehung will ich nur an eines der
am kräftigsten wirkenden Quecksilberpräparate erinnern, an das graue Öl, bei dessen Anwendung schon 80 in
der Literatur verzeichnete Todesfälle vorgekommen
sind.«

Auch der Chirurg muß abwägen

»Wohin würde es führen«, so fragt Ehrlich, »wenn man
an den Chirurgen die Forderung stellt, er dürfe bei
Erkrankungen nicht lebensgefährlicher Natur nur opera-

tive Eingriffe vornehmen, die absolut ungefährlich sind? Mit einem solchen Ansinnen würde die wunderbare Entwicklung der Chirurgie überhaupt mit einem Schlage unterbunden werden. Der Chirurg arbeitet mit dem stählernen, der Chemotherapeut mit dem chemischen Messer, womit er das Kranke von dem Gesunden trennt. Es ist klar, daß ein Unterschied zwischen der therapeutischen Moral des Internisten und des Chirurgen nicht bestehen kann. Und wenn er tatsächlich doch existiert, so beruht das nur auf der Vorstellung, daß eine Medizin nicht schaden dürfe, während jedem bekannt ist, daß eine Operation stets Gefahren bieten kann.«

Aber genauso wie der Chirurg abwägen muß zwischen der Gefahr der Krankheit selbst und dem Operationsrisiko – und dies dem Patienten auch zu erläutern hat –, genauso muß der Chemotherapeut seinem Patienten sagen können, ob und welches Komplikationsrisiko besteht.

Um diese Aufgabe gewissenhaft lösen zu können, müssen neue Arzneimittel an einer möglichst großen Zahl von Kranken sorgfältig erprobt werden.

Deshalb hatten Ehrlich und die Farbwerke Hoechst rund 60 000 Proben unentgeltlich an Ärzte abgegeben. Rund 10 000 Patienten waren mit Salvarsan behandelt worden. Ehrlich selbst bemühte sich unermüdlich um Dosierung, Injektionstechnik und vorteilhafteste Zusammensetzung der Injektionsflüssigkeit.

Schließlich verweist Ehrlich noch auf die Länder wie Frankreich, wo pharmazeutische Produkte keinen Patentschutz genießen. »Dort steht also jedermann die Fabrikation des Produktes frei; durch die Vielzahl der von den Höchster Farbwerken in Deutschland etc. genommenen Patente ist der Weg der Herstellung aufs genaueste angegeben und dadurch der ausländischen Industrie ermöglicht, sich bequem, mühelos und ohne

Kosten die Erfolge der deutschen Forscherarbeit zunutze zu machen. Denn sie brauchte keine Erfindungen zu machen, sondern konnte einfach das ausgearbeitete Verfahren übernehmen. Und trotzdem hat nur eine einzige ausländische Firma es vermocht, die Produktion von Salvarsan aufzunehmen ...«

Ehrlich und seine Mitarbeiter sind zu dieser Zeit schon dabei, das Salvarsan weiter zu verbessern. Vor allem gilt es, einer Schwierigkeit Herr zu werden, die für den Arzt und den Patienten die Salvarsan-Anwendung kompliziert: das Präparat ist schlecht wasserlöslich. Man muß es, in sehr großem Volumen gelöst, in die Venen einfließen lassen.

Neue Experimente beginnen. Salvarsan soll in eine bessere Form gebracht werden, um leichter löslich und für die intravenöse Injektion geeigneter zu werden.

Als Ehrlich im Jahre 1911 bei Präparat 914 angelangt ist, haben er und seine Helfer wieder einmal einen entscheidenden Abschnitt erreicht. Salvarsan läßt sich jetzt mit Natriumphenolat umsetzen: die Geburtsstunde des »Neosalvarsan« hat geschlagen. Dieses Mittel hat zudem nur noch einen Arsengehalt von etwa 19 Prozent. Man kann jetzt höhere und an Nebenwirkungen ärmere Dosen injizieren.

Die Heilwirkung ist doppelt so stark vom Neosalvarsan als die vom Salvarsan, die sterilisierende Dosis des Neosalvarsans bei der Skrotumsyphilis des Kaninchens beträgt 0,03-0,04 g/kg Körpergewicht. Da Neosalvarsan nur zwei Drittel Salvarsan enthält, so ergibt sich auf Salvarsan berechnet eine Dosis von 0,2-0,27 g/kg. Bei intravenöser Injektion muß man aber 0,6 g/kg Salvarsan anwenden, um die Spirochäten zu töten. Neosalvarsan ist zudem auf Schleimhäuten und auf der Hornhaut praktisch reizlos und es wird hervorragend resorbiert. Klinische Beobachtungen ergaben gute Verträglichkeit von 1,5 g Neosalvarsan als Tagesdosis pro Patient. Da von anderer Seite mit so hohen Dosierungen aber Zwischenfälle beobachtet wurden, pendelte sich die tägliche Gebrauchsdosis um 0,6-0,7 g pro Patient ein.

In den Jahren 1912 und 1913 fesselt das Salvarsan und seine Weiterentwicklung fast die ganze Aufmerksamkeit Ehrlichs; es geht neben der Anwendung gegen die Syphilis vor allem um die anderen, von Spirochäten verursachten Erkrankungen, bei denen die Wirkung der Arsenobenzole weiter erprobt und untersucht werden muß. Vor allem bei der Behandlung der Frambösie, der Himbeerseuche, in tropischen Ländern erweist es sich als von überragender Wirksamkeit. Über erste Ergebnisse hatte er seinem Freund Professor Simon Flexner in New York schon berichtet.

Ehrungen aus vielen Ländern stellen sich jetzt fast von selbst ein. Ehrlich ist nun eine Weltberühmtheit: die Stadt Frankfurt benennt die bisherige Sandhofstraße, in der seine Institute liegen, in Paul-Ehrlich-Straße um, Ehrlich erhält den Titel »Wirklicher Geheimrat« mit dem Prädikat Exzellenz. Die Gesellschaft Deutscher Chemiker – und darüber freut sich Ehrlich ganz besonders – ernennt ihn zum Ehrenmitglied.

Am 24. Oktober 1912 hält Ehrlich bei der Hauptversammlung der Kaiser-Wilhelms-Gesellschaft zur Förderung der Wissenschaften ein großes Referat über Chemotherapie. Der Kaiser, der mit manchen Naturwissenschaftlern nicht allzuviel anzufangen weiß, aber – nach dem Zeugnis Richard Willstätters – Paul Ehrlich besonders schätzt, zeichnet den Vortrag durch persönliche Anwesenheit aus. In diesem Zusammenhang eine Anekdote, die wir dem Chemiker und Nobelpreisträger Richard Willstätter, einem Freunde Ehrlichs, verdanken:

Ehrlich berichtet nicht nur über die Geschichte und den Erfolg des Salvarsans gegen die Syphilis, sondern auch gegen andere Seuchen, wie zum Beispiel gegen die in verschiedenen Gebieten der Tropen beheimatete Frambösie, der Himbeerseuche.

Nach dem Vortrag geruhten Majestät sich mit Ehrlich zu unterhalten. Der Kaiser bemerkte dabei: Die Kaiserin hat auch so eine Krankheit, einen Ausschlag nach dem Genuß von Erdbeeren. »Was Ihre Frau Gemahlin hat«, so hörte Willstätter Ehrlich antworten, »ist aber von der Frambösie ganz verschieden.«

»In Ehrlich war eine herrliche Mischung von Stolz und Bescheidenheit«, schreibt sein erster Biograph, Professor Adolf Lazarus. »Er hätte ja den Boden sachlicher Kritik verlassen müssen, wenn er sich der unvergänglichen Bedeutung seiner Leistungen nicht bewußt gewesen wäre; er verbarg auch niemals seine Freude über die ungezählten Auszeichnungen, die er von Behörden und wissenschaftlichen Gesellschaften empfangen hatte. Gerade weil ihm ungebührlich lange die Anerkennung versagt worden war, empfand er später jede einzelne als Genugtuung. Vor allem auch deshalb, weil er darin nicht sosehr seine persönliche Leistung, als das Geleistete anerkannt sah. Aber oft suchte er sein eigenes Verdienst als gering darzustellen mit dem Hinweis darauf, daß er seine reichen Erfolge ganz besonderen Glücksumständen zu verdanken habe, und daß vor allem das Zusammentreffen mit Männern wie Weigert, Heidenhain, Frerichs, Waldeyer, Koch, Althoff, Neisser, um nur Verstorbene zu nennen, ihn in entscheidender Weise gefördert hätte.

Von peinlicher Gewissenhaftigkeit war Ehrlich stets in der Hervorhebung und Würdigung der Verdienste und Leistungen anderer Forscher, wie er auch umgekehrt sehr energisch jedem auf die Finger klopfte, der auf dem

Gebiete des geistigen Eigentums keine ganz klare Scheidung zwischen mein und dein kannte. Seinen Mitarbeitern und Schülern gewährte er in großzügiger Art den vollen moralischen und materiellen Ertrag ihrer Arbeit, und so entsprach den strengen Anforderungen, die er an ihren Fleiß, an ihre stete Bereitschaft und Gewissenhaftigkeit zu stellen gewohnt war, reichlich der Lohn, dessen köstlicher Teil ja das Bewußtsein war, unter Ehrlichs Führung ein unsterbliches Werk fördern zu helfen.

Schon in seinen jungen Jahren erzählte man sich über Ehrlichs Zerstreutheit die ergötzlichsten Beispiele, für deren Ergänzung er bis in die letzte Zeit noch manchen Stoff lieferte. Aber in allen Dingen von wirklicher Bedeutung war er von einer Umsicht, Klarheit und Präzision, daß kein Feldherr ihn darin übertroffen hätte. Und wenn er manchem so ganz als der weltfremde Gelehrte erscheinen mochte, so belehrte der nähere Umgang sehr bald darüber, daß er nicht nur ein unvergleichlicher Menschenkenner war, dem nicht leicht einer über die Beweggründe seines Handelns etwas vormachte, sondern daß er auch mit hervorragendem Geschick die Menschen zu leiten und ihre Fähigkeiten für sein Werk zu benützen verstand, ohne sie aber jemals gegen ihren eigenen Vorteil auszunützen.«

» . . . Ein feiner Psychologe«

Ehrlichs Menschenkenntnis und Organisationskraft wird von fast allen, die ihn kannten, gerühmt: »Bei aller Naivität war er ein feiner Psychologe, der Menschen mit großer Sicherheit beurteilte«, schreibt Professor Bechhold, langjähriger Mitarbeiter Ehrlichs und Mitglied des Kgl. Instituts für experimentelle Therapie.

Bechhold konnte Ehrlichs Organisationsfähigkeit besonders bei der experimentellen Arbeit mit bösartigen Geschwülsten beobachten. »Gerade hier konnte Ehrlich eine Gabe offenbaren, die ihm kein Fernstehender zutrauen würde: eine hervorragende Organisationskraft. – Wer ihn bloß aus einem Besuch im Laboratorium kennt, wird darüber lächeln. Da standen Tausende von Gläschen und Chemikalien, unter denen nur er sich zurechtfand. Als einmal einer seiner Schüler Ordnung in dieses Chaos gebracht und die Gläschen systematisch rangiert hatte, mußte Ehrlich seine Tätigkeit zu seinem großen Ärger eine Zeitlang unterbrechen, da er sich gar nicht mehr zurechtfand, bis die bisherige Unordnung wiederhergestellt war. Man kann auch nicht behaupten, daß der Raum im übrigen ein peinlich akkurates Gemüt befriedigte: die Farben machten sich an Tischen, Stühlen und auf dem Fußboden bemerkbar, und besonders die Wände, sowie die Türfüllungen waren mit Zeichen und chemischen Formeln bedeckt. Der Forscher liebte es nämlich, wenn ihm etwas einfiel oder wenn er etwas erklärte, dies gerade an der nächsten Stelle mit Blei- oder Farbstift aufzumalen bzw. zu erläutern; wo keine leere Stelle vor ihm sicher war.«

»Was ich hier schildere, ist das Urbild der Unordnung. Und doch wußte er zu ordnen, zu organisieren, wie kein zweiter. Bei der Krebsforschung handelte es sich darum, die verschiedensten Krebsstämme auf Tausende von Mäusen und Ratten zu übertragen, sie in hundert und mehr Generationen weiter zu verimpfen und doch zu überblicken. Auch das gelang Ehrlich in überraschender Weise. Wie er überhaupt nie den Überblick verlor über das enorme Tatsachenmaterial, das ihm aus den eigenen Laboratorien und den Kliniken zuströmte.«

Ehrlichs Persönlichkeit, so meint Bechhold, sei nicht

leicht zu analysieren: »Es fehlt so ganz der Maßstab, den man sonst an Menschen legt. Vielleicht kommt man ihr am nächsten, wenn man berücksichtigt, daß die wissenschaftlichen Fragen, welche ihn bewegten, ihn so ganz erfüllten, daß für anderes nicht viel Raum blieb. Einen Gedanken, den er gefaßt hatte, wälzte er hin und her, sprach davon seinen Nebenmenschen, mochten sie Mitarbeiter, ein Minister oder ein Kaufmann sein.«

Verstanden, so meint Bechhold, wurde Ehrlich zunächst kaum von einem seiner Gesprächspartner. »Denn in der Gestaltlosigkeit, in der er sie vorbrachte, waren seine Ideen noch nicht zu verstehen. Dann wieder fand er Bilder, Vergleiche von einer verblüffenden Vorstellungskraft. – Ehrlich verarbeitete nur Tatsachen, die er kreuz und quer aufgelesen hatte, die er sich in seiner eigenen Weise verknüpfte. Man war manchmal überrascht, wenn er aus seinem Gedächtnisschrank ein Faktum herausholte, das vielleicht der Entdecker längst vergessen hatte. Hingegen fehlten ihm ganz und gar das schulmäßige Wissen, die schulmäßigen Theorien, er machte auch nicht den geringsten Versuch, sich in sie hineinzuarbeiten, wie es ihm überhaupt nicht lag, auf die Gedanken eines anderen einzugehen, sofern sie nicht in Widerspruch zu seinen eigenen standen. Er wollte es auch gar nicht, er wollte nicht abgezogen sein von der Gedankenwelt, er hatte Scheuklappen an, wie er sich ausdrückte. Unsereinem, der von der Kompliziertheit der Tatsachen erdrückt, von Bedenken geplagt wird, erscheinen die Gedanken Ehrlichs von einer fast kindlichen Einfachheit, und doch bewies er eine Treffsicherheit in seinem wissenschaftlichen Urteil und den wissenschaftlichen grundlegenden Gedanken, daß man sich selbst immer wieder zurufen sollte: je einfacher, desto richtiger.«

340

»Bei dieser Konzentration auf die ihn bewegenden wissenschaftlichen Fragen blieb nicht viel Raum für die allgemeinen Probleme der Menschheit, und viele Genüsse, die anderen Erholung und Ablenkung bieten, blieben ihm versagt. Sein Verhältnis zur Kunst und zu den anderen Wissenschaften möchte man als ein naives bezeichnen; so reizte ihn in hohem Grade die Lektüre von Detektivromanen.«

»Eine gewisse Naivität«, schreibt Bechhold, »fast könnte man sagen Kindlichkeit, erhöhte den Reiz seiner Persönlichkeit.«

Naivität – es war die Naivität, die Kindlichkeit, die Einfachheit des besonderen Menschen, des Genialen, wie sie etwa auch Einstein auszeichnete und viele andere Wissenschaftler und Künstler.

»Und doch stand Paul Ehrlich fest auf dieser Erde, wenn es galt, die Gesichter seiner Traumwelt in die Wirklichkeit umzusetzen«, schreibt Otto Warburg, Biochemiker und Nobelpreisträger des Jahres 1931, der Ehrlich 1912 bei einem Besuch in dessen Frankfurter Institut kennenlernen durfte. »Es war ein schöner Sommerabend«, berichtet Warburg, »und er lud mich ein, mit ihm in seinem Pferdewagen nach Kronberg im Taunus zu fahren. Damals hatte ich gerade den Anstieg der Sauerstoffatmung bei der Befruchtung tierischer Eier gefunden, und daran anknüpfend, sprach Ehrlich auf der Fahrt unablässig über die Verteilung des Sauerstoffs im Körper und über sein berühmtes Jugendwerk: ›Das Sauerstoffbedürfnis des Organismus‹, von dem all seine späteren Ideen ausgegangen seien; und wie man diese Ideen nunmehr nach der quantitativen Seite ausbauen müsse. ›Ja, quantitativ!‹ rief er immer wieder aus und schien nichts zu sehen von den Bergen und Tälern, die uns umgaben.«

Einen sehr plastischen Eindruck von Ehrlichs Wesen und

Arbeit vermittelt auch ein in jenen Jahren in der berühmten Frankfurter Zeitung erschienener Artikel über den Forscher:

»Besuche bei Paul Ehrlich«

» . . . Ich ging einige Male als Journalist zu Ehrlich, um Auskünfte zu erbitten. Das einemal, um etwas über das Salvarsan zu erfahren, später, um in Statistiken über das weltbekannte Mittel Einsicht zu nehmen, zuletzt, um ihn über die Preisgestaltung des Salvarsans zu befragen. Im Institut für experimentelle Therapie ist jeder Quadratmeter ausgenutzt. Es sind keine Vorzimmer zu durchschreiten, und keine feierliche Wartezeit schafft Abstand. ›Der Direktor‹ stand auf einer Tür, und man betrat, nach gehöriger Anmeldung, ein kleines Zimmer. In seinen Arbeitsräumen scheint Ehrlich das Bedürfnis nach einer ästhetischen Umwelt nicht gekannt zu haben. Vom modernen Kunstgewerbe und den Bequemlichkeiten, die es dem Schaffenden bietet, war dieses Zimmer vollkommen unberührt. Jeder Schreiber hat's behaglicher. Ich blickte umher: ein Sofa, aber nicht zum Platznehmen, denn es war über und über mit Zeitschriften vollgestapelt, ein paar Stühle, gleichfalls mit Gedrucktem belegt, ein Schreibtisch, aber nicht leicht für seinen Dienst zu gebrauchen, denn es standen Gläser, Flaschen, Phiolen darauf. Als Ehrlich mir bei meinem ersten Besuch etwas notieren wollte, legte er den Papierbogen auf die Knie. Über dem Schreibtisch ein Bildnis – ich glaube, von Robert Koch. An den Wänden graphische Darstellungen, geheimnisvolle Kurven, Krankheitserscheinungen von Tieren. Für einen Mann, von dem die Welt sprach, eine sehr bescheidene Unterkunft. Der heilige Geist der Ordnung waltete augenscheinlich nicht im Zimmer des Direktors. Aber er kannte sich in dem Durcheinander aus und fand die Zeitschrift, das Buch, die Statistik, die er suchte, sofort. Einige ihm ganz besonders wichtige Zahlen hatte er an die Innenseite einer Schranktür geschrieben – da konnte er sie nicht verlieren.

Und dann er selber. Wie mochte er sich geben? Wie trug er den Kopf? Eine Exzellenz von erobernder Herzlichkeit. Die Erscheinung schlank, fast zierlich, der graue Kopf mit dem kurzen Vollbart frisch in der Farbe, die schwarzumrandete Brille mitten auf der feinen Nase, die hellen, ungewöhnlich lebhaften Augen blickten über die Gläser weg. Wie Quecksilber beweglich der ganze Mann. Keine Spur von angenommener Würde und Distanzhalten. Er wirbelte den Bleistift, er schwang die Brille, er griff nach einem Papier, er faßte im Drang des Gesprächs den Besucher an der Schulter. Und er rauchte immerzu. Ein zu schweres Kraut für meinen Geschmack. Das hatte ich bald heraus, als ich von seinen Zigarren mitrauchen mußte, da er mir den Genuß meiner Zigarette versagte. Er rauchte und sprach, ganz von seinen Ideen erfüllt, die er dem Laien in bewundernswerter Weise faßlich machte. Nicht daß er – dem Besucher gegenüber – ein sachlicher Redner gewesen wäre. Eher das Gegenteil. Ich denke mir, daß es einem, der mit Bleistift und Papier zu ihm ging, um seine Worte mitzunehmen, übel erging. Wunderlich genug: Das Gespräch des Mannes, dessen Werk man Präzisionsmechanik nennen kann, war kein Schraubengewinde. Er liebte Einschaltungen. Er sprach über die hereditäre Syphilis und zwischendurch rühmte er sein Taschenmesserchen, erzählte von einem Sherlock-Holmes-Roman, flocht Reiseerlebnisse aus fremdsprachigen Ländern ein, erkundigte sich nach dem Wert einer Zeitschrift – kurz, sein Gespräch glitt oft vom Gegenstand ab, und ich mußte höllisch aufpassen, um nicht zu vergessen, wo er bei der hereditären Syphilis stehengeblieben war. Wenn er dann wieder zum Thema kam, war ihm keine Zwischenfrage zuviel, und er entwickelte eine himmlische Geduld, mir Dinge klarzumachen, zu deren Verständnis ich nicht guten Willen allein, sondern Fachwissen hätte mitbringen müssen. Zur Verdeutlichung seiner Ideen standen ihm die glücklichsten Bilder zur Verfügung: er verglich den menschlichen Körper mit einem Laboratorium, die Blutgefäße mit einem Wasserleitungssystem, er gab dem Kampf gegen die Spirochäten gigantische Formen, so daß ich mich auf einem Schlachtfeld fühlte. Er war immer in Eifer; aber in solchen Augenblicken glühte er förmlich, und man merkte ihm dann die reine Freude des Schaffenden an, den die zähe Verfolgung eines Grundgedankens zum Ziele führte. Er hatte ein helles Vergnügen an seinem Triumph über die kleinsten Feinde des Menschen, ein Triumph, der ihm nicht zugefallen war, sondern den er sich in jahrzehntelanger scharfsinniger Arbeit errechnet hatte.

Gar zu häufig wird Ehrlich diese stolzen Augenblicke nicht gekannt haben. Er trug schwer an seinem Verantwortlichkeitsgefühl und klagte mir schon bei meinem ersten Besuch über die Fülle von Angeboten aus aller Welt, Bitten von Kranken, die er mit Salvarsan heilen sollte. Als ob die Natur alles heile! Es sei doch ganz natürlich, daß einem in Grund und Boden verseuchten Körper auch Salvarsan nicht helfen könne! Er wurde sehr ernst, als er von den Vorwürfen sprach, sein Mittel zu früh herausgebracht zu haben, und schilderte mir die unendliche Reihe von Versuchen, die der Freigabe des Mittels vorausgingen. Er hat dann auch dauernd nach Fehlerquellen gesucht und unablässig an der Vervollkommnung des Salvarsans gearbeitet. Mit unermüdlicher Gewissenhaftigkeit wurden in seinem Institut die Statistiken geführt. Alle Bezieher des Mittels wurden in bestimmten Zwischenräumen nach den Resultaten befragt. Ich durfte einmal Stichproben bei ihm machen und erbat mir aufs Geratewohl Berichte aus Hamburg, London, New York, Melbourne und aus anderen Städten. In wenigen Minuten legte seine Registratur die Eingänge vor. Diese Leistung seines Instituts machte ihm viel Spaß, und er ergötzte sich an meinem Staunen über die Promptheit, mit der die statistische Abteilung funktionierte.

So wenig er sich als Wohltäter der leidenden Menschheit fühlte, er wußte bei aller Bescheidenheit des Auftretens, wer er war, und seine Arbeit schien ihm neben allen Ehren, die sie ihm brachte und von denen er nie sprach, auch des materiellen Lohnes wert. Als ich mit ihm über den Salvarsan-Preis sprach und öffentlich gemachter Bemerkungen gedachte, denen zufolge an dem Mittel unerlaubt hohe Gewinne gemacht würden, fuhr er zornig los. Er hatte alle Ursache dazu, denn jene Bemerkungen waren in vollkommener Unkenntnis der komplizierten Herstellung des Präparates, der Kostspieligkeit der Vorarbeiten, der dem Institut als solchem für weitere Forschungen zur Verfügung stehenden Summen usw. gemacht worden. Ehrlich erklärte mir das alles, aber er setzte mir ohne Rückhalt auseinander, daß er selbst und seine Mitarbeiter auch am Gewinn beteiligt seien. Er beanspruche diesen Gewinn als Entschädigung für seine Arbeit, und er werde ebenso beteiligt sein an Entdeckungen, die noch in seinem Institut gemacht würden. ›Ich‹, sagte er etwa, ›habe die Leitung. Ich kann nicht alles machen, aber ich gebe an und berechne. Irgendwo muß das Resultat herauskommen. Dann steh' ich als Entdekker mit dahinter. Und selbstverständlich soll das Institut etwas davon haben, denn das liegt mir am Herzen, daß es

345

Mittel für weitere Forschungen hat.‹ Mich freute diese mannhafte Aufrichtigkeit. Ein anderer als Ehrlich hätte vielleicht ein Eingehen auf die Gewinnfrage vermieden. Er tat es nicht. Wie er das Pathos nicht kannte und keine Phrasen machte, so spielte er auch nicht den Selbstlosen, der sich verschenkt. Er stellte seine Leistung an die Welt in Rechnung, aber mich dünkt, sie wird doch ewig die Beschenkte bleiben.«

Geburtstagsfeier in der Westendstraße

Am 14. März 1914 feiert Ehrlich seinen sechzigsten Geburtstag. Hunderte von Telegrammen und Briefen aus aller Welt treffen in der Westendstraße 62 ein. Die wissenschaftliche Welt, aber auch die breite Öffentlichkeit, feiert den Gelehrten.

Ehrlichs Mitarbeiter und Schüler haben einen Band herausgebracht: »Paul Ehrlich, eine Darstellung seines wissenschaftlichen Wirkens«, der nicht weniger als 688 Seiten umfaßt. Arthur von Weinberg, Ehrlichs vermögender Freund, hat dieses Werk finanziell ermöglicht und die biographische Einführung geschrieben.

In dem Band werden alle großen Forschungsperioden Ehrlichs beleuchtet: Über seine Studien zur Histologie und Biologie der Zellen, die in die Berliner Zeit fallen, referieren Professor W. Waldeyer, Ehrlichs Lehrer in Straßburg, Professor Dr. Leonor Michaelis, Berlin (der im übrigen Ehrlichs nie gedruckte, lange verschollene Doktorarbeit in Leipzig wiederentdeckte), Professor A. Lazarus, Professor L. Edinger, Freund Ehrlichs aus gemeinsamen Tagen in Straßburg, Frankfurt, Professor M. Neisser, Frankfurt, Dr. R. Gonder, Frankfurt, und Dr. A. C. Hof, Frankfurt.

Einen breiten Abschnitt des Buches bilden die Aufsätze über Ehrlichs Immunitätsforschungen (1890-1904). Professor Georg Gaffky gibt den einleitenden Überblick, danach referieren Professor August von Wassermann, Berlin, der vor allem Ehrlichs Seitenkettentheorie ausführlich würdigt, Professor Theodor Madsen, Leiter des staatlichen Seruminstituts in Kopenhagen, Dr. L. Marks, Frankfurt, Professor Freiherr E. von Dungern, Hamburg, Dr. H. Aronson, Berlin, Professor P. Th. Müller, Graz, Dr. H. Ritz, Frankfurt, Professor H. Sachs, einer der engsten Mitarbeiter Ehrlichs in Frankfurt, Professor E. Marx, Frankfurt, Professor K. E. Boehncke, Frankfurt, Professor R. Otto, Berlin, Professor U. Friedemann und schließlich Professor C. Levaditi, der rumänisch-französische Syphilisforscher, Paris.

Über Ehrlichs Arbeiten auf dem Gebiet der bösartigen Geschwülste, die vor allem die ersten Jahre in Frankfurt (1902-1906) betreffen, verfaßte Professor V. Czerny, einer der großen deutschen Krebsforscher, Heidelberg, einen Überblick. Dann referieren Professor H. Apolant über Ehrlichs Ergebnisse in der experimentellen Geschwulstforschung und Professor Georg Schöne über Ehrlichs Gedanken der Athrepsie und ihrer Rolle beim Wachstum der Tumore.

Der Einleitungsaufsatz im Abschnitt »Chemie und Biochemie« stammt von Professor R. Willstätter, Berlin. Besonders hervorzuheben sind anschließend die Referate von Professor A. Bertheim über die Arsenverbindungen und von Dr. L. Benda, der Ehrlichs chemische Arbeiten behandelt, die zum Salvarsangebiet hinführten. Benda benützt die Gelegenheit, Ehrlichs Arbeitsweise als Chemiker ausführlich zu schildern:

»Betreten wir Ehrlichs Laboratorium, so sehen wir zu

unserer Überraschung, daß hier manches fehlt, was sonst zum Bestand eines chemischen Laboratoriums gerechnet wird.

In einem mittelgroßen Raum befindet sich ein mächtiger Tisch, auf dem – eng aneinandergereiht – viele Hunderte von Flaschen und Fläschchen mit den verschiedenartigsten Substanzen stehen: anscheinend ein unentwirrbares Chaos, in dem aber Ehrlich, der die Präparate nach einem originellen System geordnet hat, sich vollkommen zurechtfindet.

Aus diesem Meer von Gläsern ragt einsam heraus ein großer Bunsenbrenner. Daneben steht ein Kästchen mit Reagenzgläsern. Einige Regale an der Wand mit den gebräuchlichen Reagenzien und Solvenzien vervollständigen die Einrichtung des Laboratoriums, in welchem Ehrlich ohne Assistenz arbeitet.

Kolben und Retorten, Trichter, Bechergläser, Schalen, Kühler, Thermometer und alle anderen Geräte, die sonst zum Handwerkszeug des Chemikers gehören, würde man hier vergeblich suchen. Ehrlich bedient sich seit Jahren fast ausschließlich des Reagenzglases, um seine orientierenden Beobachtungen zu machen. Das einfache Instrument genügt ihm, um fast jede Reaktion so weit zu verfolgen, daß er sich die richtige Ansicht über deren Verlauf bilden kann. Er ist ein Virtuose in der Kunst des Reagenzglasversuches.

So hat er, um nur eines aus dem vielen herauszugreifen, hier im Reagenzglasversuch festgestellt, daß das Atoxyl nicht, wie man bis dahin geglaubt hatte, ein Arsensäureanilid, sondern daß es ein primäres Amin ist; er hat eben diese Substanz mit seinem Lieblingsreduktionsmittel, dem Natriumhydrosulfit, im Reagenzglase in das bis dahin unbekannte Diaminoarsenobenzol übergeführt, und er hat mit diesen beiden Reagenzglasversuchen den

Grundstein zu dem Gebäude der modernen Arsenchemie und Arsentherapie gelegt.

Wenn Ehrlich eine Reaktion gefunden hat, die ihm interessant genug erscheint, weiterverfolgt zu werden, so teilt er seine Beobachtungen einem Freunde oder Mitarbeiter mit, und nun folgt die Disposition des Arbeitsprogramms. – Jeden Tag wenigstens einmal erscheint Ehrlich in den – im Gegensatz zu seinem eigenen Arbeitsraum mit den allermodernsten Einrichtungen ausgestatteten – Laboratorien seiner Assistenten und bespricht mit letzteren den Fortgang der Untersuchungen.

Das Zusammenarbeiten mit Ehrlich ist ein Vergnügen. – Die Zähigkeit, mit der er einen Gedanken verfolgt, ein Problem anpackt und festhält, bis er es gelöst hat, wirkt suggestiv auf den Mitarbeiter. Der Optimismus, von dem er erfüllt ist und der ihn davor bewahrt, sich von Enttäuschungen – die ja jedem Forscher beschieden sind – niederdrücken zu lassen, überträgt sich auf seine Schüler. – Wie oft, wenn ein Präparat, auf das wir große Hoffnungen gesetzt hatten, sich als zu giftig, als zu wenig wirksam erwies, wenn der Quotient von Dosis curativa : Dosis tolerata zu groß ausfiel, ermutigte er uns: ›Wenn wir jetzt noch Chlor einführen oder wenn wir die Sulfogruppen eliminieren, dann haben wir, was wir brauchen‹. Und wir schöpften neuen Mut, führten Chlor ein, eliminierten Sulfogruppen und – erreichten häufig das Ziel.

Auch die Freude, die Ehrlich empfindet und die man ihm vom Gesicht ablesen kann, wenn man ihm ein besonders schön kristallisierendes Präparat oder eine leuchtende Ausfärbung eines neuen Farbstoffes bringt, wirkt auf den Mitarbeiter wohltuend und spornt ihn zu neuen ›Taten‹ an.

Ehrlich ist als Chemiker Autodidakt; aber er ist der ›geborene Chemiker‹. Die so glückliche Verschmelzung des hervorragenden Biologen und Mediziners mit dem Chemiker, wie wir sie in der Person Ehrlichs und sonst wohl kaum ein zweites Mal wieder vor uns haben, ist den beiden Disziplinen, der chemischen wie der medizinischen, zugute gekommen.«

Bertheim und Benda waren, wie der Leser sich erinnern wird, die beiden wichtigsten chemischen Helfer bei der Entwicklung des Salvarsans; Bertheim im Georg-Speyer-Haus, Benda im Labor von Cassella.

Einen weiteren Aufsatz über den Ehrlich so wichtigen Begriff von »Konstitution, Distribution und Wirkung« hat Professor M. Jakoby, Berlin, verfaßt. Für zwei weitere Beiträge zeichnen Professor G. Embden und Professor H. Bechhold, beide Frankfurt. Sie behandeln das Thema »Physiologische und pathologische Chemie und Desinfektion«.

Bei dem letzten Abschnitt »Chemotherapie« hat es sich Ehrlichs Freund Professor Albert Neisser, Breslau, nicht nehmen lassen, ein weit ausholendes Resümee zu halten. Er schreibt über Ehrlichs Forscherrolle:

»So großartig Paul Ehrlichs Entdeckungen sind, Ehrlich ist kein ›Entdecker‹ im landläufigen Sinne. Nicht wie so mancher, der, während er das allgemeine Feld pflügte, plötzlich ein Goldkorn findet, oder wie der, dessen Hirn ein plötzlich erleuchtender Gedankenstrahl entflammt, welcher sich fassen und zu nutzbringender Form wandeln läßt – nicht so hat uns Ehrlich seine Entdeckungen geschenkt. Seine Taten sind vergleichbar denen eines Schützen, welcher seine Waffe, die Leistungen seiner Geschosse, die Wege, die sie nehmen müssen, genau kennt, und dessen Auge immer nur ein bestimmtes Ziel sieht, dessen Erreichung ihm Endzweck ist. Zuerst irren die Geschosse vielleicht ins Leere, aber immer enger wird der Kreis ihrer Bahn, immer größer die Zahl der Treffer, bis dann endlich, von der durch Beobachtung und Erfahrung gelenkten Hand des Schützen entsendet, der Meisterschuß ins Schwarze gelingt.«

»Nicht aus Zufallsentdeckungen setzt sich Ehrlichs Lebenswerk zusammen, sondern mühevoller, auf ein vornherein ins Auge gefaßtes Ziel gerichteter, auf bestimmten Voraussetzungen aufgebauter Arbeit sind seine Erfolge zu danken. So gilt denn der Leitsatz, den er seiner Therapie vorangesetzt hat: ›Wir müssen zielen lernen‹, nicht nur für diese, sondern auch in weiterem, größerem Sinne für sein gesamtes Schaffen.

Gerade aber in der Entwicklung der ›Chemotherapie‹ kommt so recht das Methodische und Absichtliche der Ehrlichschen Arbeitsweise zum Ausdruck. Denn sie ist die Krönung eigentlich all seiner Studien und Untersuchungen, beginnend mit den spezifischen Färbungen der Mastzellenkörnelung, mit der Verwendung des Methylenblaus für vitale Färbungen, der Farbgemische für die Trennung der verschiedenen Blutzellen bis zur Feststellung, daß auch bestimmte Affinitäten zwischen Chemikalien und Einzelzellen resp. Parasiten bestünden und therapeutisch nutzbar gemacht werden könnten.

›In systematischer Weise Heilmittel ausfindig machen, die sich als spezifisch gegen die Krankheitserreger gerichtet erweisen, ist die Hauptaufgabe der Chemotherapie.‹ Während im allgemeinen die pharmakologische Wissenschaft chemische Präparate nach ihren toxikologischen und physiologischen Funktionen prüfte, ihre ätiologisch-therapeutische Wirkung aber unbeachtet ließ, z.B. die Wirkung des Chinins auf den Magen oder die Niere gesunder Tiere studierte, nicht aber die Tätigkeit des Mittels im malariainfizierten Tierkörper verfolgte, also eigentlich nur die ›leere Bühne‹ betrachtete, sieht Ehrlich als ein striktes Erfordernis der Chemotherapie ein

Zusammenarbeiten von Chemie und biologischem Tier-
experiment an. Auf diese Weise dürfen nicht nur symptomatischen Aufgaben dienende Pharmaka studiert, sondern es müssen durch methodische Versuche spezifische
Substanzen gesucht werden.«

Die »Chemotherapeutischen Studien« behandelt Professor Julius Morgenroth, Ehrlichs Mitarbeiter und Mitau-
tor bei den »Hämolysinen« in den ersten Frankfurter
Jahren. Morgenroth schreibt u.a.:

»Wer Gelegenheit hatte, mit Ehrlich zu der Zeit, als er
noch in kleinen und bescheidenen Laboratorien mit
wenigen Mitarbeitern tätig war, in nähere Berührung zu
treten, der konnte von ihm oft genug die Äußerung hören,
daß der Schwerpunkt seiner Tätigkeit in der geistigen
Durchdringung und Durcharbeitung der Probleme liege,
da ihm der Mangel an Mitteln nur die Anwendung der
einfachsten Technik gestatte. Dieser Anwendung der
möglichst einfachen Technik ist indessen Ehrlich auch
unter günstigen äußeren Verhältnissen gerade auf dem
Gebiet der Chemotherapie dauernd treu geblieben; denn
auch dieses Prinzip war nicht, wie Ehrlich selbst wohl
glaubte, durch äußere Umstände diktiert, sondern es lag
in wesentlichen Zügen seines Geistes begründet. Einfachste Methodik in möglichst quantitativer Ausgestaltung
beherrscht auch seine chemotherapeutischen Arbeiten.
Das Prinzip ist für die wenigen Forscher, die ihm auf
dieses schwierige Gebiet folgten, maßgebend geblieben.

Es vollzog sich hier eine Wandlung, wie sie auf den verschiedensten Gebieten der Biologie durch das Wirken
Ehrlichs eingetreten ist: Zurückdrängen der Fehlerquellen durch den Massenversuch, Erhöhung der Variabilität
und der Vergleichbarkeit der Versuche durch Verfeine-
rung des quantitativen Arbeitens. Wir erblicken dieselbe
Erscheinung bei der Wertbestimmung der Heilsera, den

Forschungen über Hämolysine und der Karzinomforschung. In allen Fällen steht die denkbar einfachste Versuchstechnik der äußersten Kühnheit und scharfsinnigsten Durchführung der theoretischen Konzeption gegenüber.

Das Wesen dieser Methodik drückt Ehrlich selbst treffend durch einen charakteristischen Vergleich aus:

›Es gibt gewiß viele Aufgaben, bei denen man durch Entwicklung einer besonderen geistigen Fähigkeit auch mit kleinen materiellen Mitteln wichtigste Resultate finden kann, ebenso wie es einem Fachmann auch möglich ist, ein kompliziertes Schloß mit einem Stückchen Draht zu öffnen; aber wo solche praktisch-therapeutischen Aufgaben in Frage stehen, kommt man in dieser Weise nicht vorwärts. Hier ist die Tür so verriegelt und verrammelt, daß sie nur mit Gewalt gesprengt werden kann, ebenso wie eine Festung heute nicht mehr durch Verrat und einen kleinen Schlüssel, sondern nur noch durch Pulver und Geschoß erobert werden kann.‹

Betrachtet man Ehrlichs gesamte Tätigkeit unter dem hier skizzierten leitenden Gesichtspunkt, so darf man wohl behaupten, daß seine chemotherapeutischen Arbeiten den Höhepunkt seines Schaffens bedeuten, nicht weil sie ihn zu großen und praktisch wichtigen Entdeckungen führten, die schließlich bis zu einem gewissen Grad immer ›ein Spiel des Ausprobierens und des Zufalls sein müssen‹; vielmehr ist hier in einer bis dahin kaum geahnten Weise Ehrlich die mit heißem Bemühen erstrebte Vereinigung von Chemie und Biologie gelungen.«

»Was die biologische Seite der Chemotherapie betrifft, so leistete der Versuch an Trypanosomen und später an Spirillen in bezug auf Übersichtlichkeit und Möglichkeit der Variation mehr, als man je von biologischen Vorgängen hätte erwarten können, deren innere Komplikation ja schließlich doch unübersehbar blieb. Noch nie hat wohl vorher ein Forscher Organismen von so weitgehender Beeinflußbarkeit zum Experiment geboten erhalten, allerdings wohl auch niemals proteusartige Gebilde mit so sicherem Griff in Gesetze gebannt und experimentell bezwungen. Die Erforschung der Arzneifestigkeit und der Serumfestigkeit zeigen Ehrlich, um ein Wort Goethes anzuwenden, als wahren ›Direktor der Natur‹.

Es gibt kaum ein Gebiet von Ehrlichs Tätigkeit, welches in so augenfälliger Weise zeigt, daß Ehrlich nicht dem geistigen Typus des Gelehrten, sondern dem des Erfinders angehört, und zwar, um eine von Max Eyth aufgestellte Einteilung zu gebrauchen, des Erfinders erster Ordnung, der neue Ziele mit neuen Mitteln zu erreichen sucht. Dies ist vielleicht dem Umstande zuzuschreiben, daß sich hier seine Erfinderwerkstätte außerordentlich erweitert hat und daß Ehrlich, den viele seiner Freunde bis dahin als eine Art weltentrückten und allein oder mit wenigen Mitarbeitern schaffenden, manchmal etwas phantastisch oder gar alchimistisch sich gebärdenden ›Zauberer‹ kannten, allen Forderungen der praktischen Wirklichkeit gerecht wurde und sich mit zielsicherer organisatorischer Fähigkeit an die Spitze einer großangelegten Institution setzte und deren für lange Zeit vorbildliche Ausgestaltung ins Leben rief. Man darf den durch Ehrlich geschaffenen Ausbau der Chemotherapie als den Sieg einer neuartigen Organisation betrachten.

Hier wirkt Ehrlich als ein Stratege der Wissenschaft, mit souveränem Blick das jeweilige Gefechtsfeld bestimmend und überblickend, und eine Schar ausgewählter Taktiker führend. Wenn man mit Moltkes Wort die Strategie als ›ein System der Aushilfen‹ bezeichnet, so trifft auch dieser Ausdruck in vollem Maße auf Ehrlichs chemotherapeutische Tätigkeit, wie auf sein Wirken über-

haupt, zu. Äußerste Beweglichkeit in der Wahl der Methoden, zweckmäßiger Wechsel der Angriffspunkte gegenüber den immer wieder dem suchenden Geist entfliehenden biologischen Erscheinungen, höchste Plastizität des Arbeitsplanes kennzeichnen, wie schon ausgeführt, seine gesamte Arbeit und besonders diese Phase seiner Entwicklung und machen es zu einem – nicht immer leichten – Genuß, sie im einzelnen zu verfolgen.«
Die »Experimentellen Grundlagen der Salvarsanwirkung« werden in einem gemeinsamen Aufsatz der beiden hervorragenden japanischen Mitarbeiter Ehrlichs dargestellt: S. Hata und K. Shiga, Tokio.
Den Schluß des umfangreichen Werkes bilden ein Bericht von Dr. J. Benario über »Die klinische Erprobung des Salvarsans« und ein Aufsatz von Dr. K. Bierbaum, Frankfurt: »Salvarsan bei Tierkrankheiten«. Die Zeitschrift »Die Naturwissenschaften, Wochenschrift für die Fortschritte der Naturwissenschaft, der Medizin und der Technik« widmet ein ganzes Heft Paul Ehrlich und seinen Forschungen.

Titelbilder in den Illustrierten

Aber auch die allgemeine Presse feiert den Forscher. »Das Illustrierte Blatt«, das im Verlag der Frankfurter Societäts-Druckerei erscheint, bringt ein schönes Titelbild von Paul Ehrlich mit Reagenzglas und Bunsenbrenner im Labor und eine ausführliche Würdigung im Inneren des Blattes.
Die »Berliner Illustrierte« veröffentlicht auf ihrem Titelbild Ehrlich und Behring – da ja Behring einen Tag nach Ehrlich, am 15. März, ebenfalls seinen 60. Geburtstag feiert. Von den Spannungen, die zwischen den beiden

Großen herrschen, weiß natürlich die mitunter breite Öffentlichkeit nichts.

Die »Frankfurter Nachrichten«, eine der großen Tageszeitungen der Stadt, bringen am Samstag, den 14. März 1914, eine »Paul-Ehrlich-Nummer«. Darin findet sich im Lokalteil eine hübsche Schilderung »Ehrlich in Frankfurt«:

» . . . Ehrlichs ruhmreiche Laufbahn hat hier in Frankfurt zur glänzenden Höhe geführt, zu der eine ganze Welt voll Ehrfurcht und Bewunderung aufblickt.

Frankfurt ist für Ehrlich zu einer lieben zweiten Heimat geworden. Ein Jahr vor seiner Hierherkunft war er zum Geheimen Medizinalrat ernannt worden. Die erste äußere Auszeichnung, die ihm in Frankfurt zuteil wurde, erfolgte im Jahre 1903 durch die Verleihung der Großen goldenen Medaille für Wissenschaft. Zwei Jahre später wurde er zum ordentlichen Honorarprofessor der medizinischen Fakultät in Göttingen ernannt, und wieder zwei Jahre darauf wurde ihm der Charakter als Geheimer Obermedizinalrat verliehen. Im gleichen Jahr erhielt er mit Elias Metschnikoff in Paris gemeinsam den Nobelpreis für Medizin und wurde damit auch der großen Öffentlichkeit bekannt. Dann kam die Entdeckung des Salvarsans und damit die geradezu volkstümliche Berühmtheit des Gelehrten, dem kurz danach der Charakter als Wirklicher Geheimer Rat mit dem Prädikat Exzellenz verliehen wurde.

Frankfurt ist also für Exzellenz Ehrlich der Boden gewesen, auf dem sich ihm eine fast unabsehbare Reihe von Erfolgen und ehrenden Auszeichnungen aufbauten. Die hohen in- und ausländischen Orden, die man ihm hier überbrachte, sind kaum aufzuzählen; aber was mindestens genauso wichtig ist: Frankfurts Einwohnerschaft ist stolz auf ihren berühmten Mitbürger und sie hat ihn liebgewonnen. Man vermutet nicht die Exzellenz, nicht die Weltberühmtheit, wenn man den hageren, mittelgroßen, mit höchster Einfachheit gekleideten weißbärtigen Herrn in der Straßenbahn von dem Laboratorium nach seinem mit künstlerischer Vornehmheit eingerichteten behaglichen Heim in der Westendstraße fahren sieht. Und doch schon nach einigen Worten der Unterhaltung muß man erkennen, daß man mit einem bedeutenden Manne spricht. Die Worte kommen klar und scharf, sie lassen keinen Zweifel und keinerlei Deutung zu. Als ich einmal mit Exzellenz Ehrlich über das Salvarsan sprach, ergoß sich eine Flut von Fachausdrücken über mich, von denen ich auch nicht einen verstand, aber kaum hatte ich ihn hierauf aufmerksam gemacht, da gab er eine so übersichtliche und so leicht verständliche Darlegung, daß die ganze Sache auch sofort einem Laien verständlich sein mußte. Man hört so oft, daß große Männer in ihrem Heim einen anderen Menschen anziehen; bei Ehrlich ist das nicht so. Er lebt sein Leben in ständiger Regelmäßigkeit. Das Sprichwort ›Morgenstunde hat Gold im Munde‹ trifft bei ihm nicht zu. Der Tag fängt bei ihm spät an, da er sich in den frühen Morgenstunden weniger zum Arbeiten disponiert fühlt. Deshalb ist ihm ein Vortrag am Vormittag auch nicht angenehm. Von 11 bis 5 Uhr ist die durch keine Pause unterbrochene Arbeitszeit im Laboratorium. Nachher kommt das Mittagsbrot und eine kleine Ruhezeit. Bis 10 Uhr abends ruht sich sein Geist gerne durch leichte Lektüre aus. Dann aber kommen die wichtigsten Dispositionen für den nächsten Tag, die in völliger Einsamkeit und Ruhe oft bis nach Mitternacht dauern. Mit raschem Blick werden die wissenschaftlichen Zeitschriften durchgeblickt und interessante Stellen mit einem dicken bunten Stift angekreuzt. Diese bunten Bleistifte, von denen immer einige in der Westentasche stekken, sind unentbehrlich und spielen eine große Rolle. Ehrlich liebt seine Laboratoriumsarbeit so, daß er sich nur schwer zum Reisen entschließt und schon am ersten Tage des Urlaubs nachrechnet, wann er wieder zu Hause sein wird. Besonders das Speyerhaus und seine Farbenchemie fesseln ihn immer von neuem, und seine glücklichsten Momente sind wohl die mit dem Reagenzglas in der Hand, wenn er eine neue Verbindung ausprobiert. Dann vergißt er die Zeit und läßt gar oft daheim auf sich warten.

Die Zigarre ist ihm, wie er sagt, ein unentbehrlicher Regulator. ›Bin ich aufgeregt, so beruhigt sie mich; bin ich matt, so regt sie mich an‹. Seine Zigarre, die er auch gerne anderen verehrt, steht bei vielen Kennern in gutem Ansehen.

Als weitere Liebhaberei kommen noch die wissenschaftlichen Bücher in Betracht, die in stattlicher Zahl angeschafft werden, dann aber in großen Stößen aufgehäuft liegen bleiben müssen, ohne daß eine Hand daran rühren darf. – Sonst ist Ehrlich ein einfacher Mann, der am liebsten mit zwei, drei Menschen beisammen ist und dann gern seine Erlebnisse in heiterer Weise erzählt, die in nichts an sein ernstes Schaffen erinnert.«

In den beiden Empfangszimmern im Ehrlichschen Haus versammeln sich die Freunde und engsten Verwandten: Arthur von Weinberg, Professor Max Neisser, Hans Sachs, Julius Morgenroth und die Mitarbeiter und Assistenten aus dem Institut. Dazu Wilhelm Kadereit und Fräulein Marquardt. Dann noch die engere Familie, neben Frau Hedwig Ehrlich, ihrer Mutter, die beiden Töchter, Frau Stefanie Schwerin und Frau Marianne Landau und die Enkel.

Ein Enkel berichtet über den Großvater

Der älteste von ihnen, Hans Schwerin, erinnert sich noch recht gut an seinen berühmten Großvater. Als er ihn einmal fragte: »Gell, Großpapa, Du bist doch ein sehr berühmter Mann?« da wurde Ehrlich sehr ernst. »So was darfst Du nicht sagen, Hänschen, für's Berühmtsein kann man nichts«, winkte er ab. Hans Schwerin besuchte einst als kleiner Junge mit seinem Bruder Günther und seiner Mutter mindestens einmal im Jahr den Großvater in Frankfurt. »Wir kamen von Breslau, wo wir ja wohnten, meist erst recht spät abends in Frankfurt an. Wenn wir das Haus in der Westendstraße betraten, stand der Großpapa stets auf der Treppe im ersten Stock und begrüßte mich freudig und in schlesischem Dialekt: ›Tag ok, Hänsche, wie schön, daß Ihr da seid.‹«

Ehrlich war ein Mensch, der gut mit Kindern umzugehen wußte. Er erzählte seinen Enkeln gern Märchen – meist selbsterfundene – und verfaßte sogar gelegentlich für »Hänsche« ein kleines Gedicht. »Mein Großvater war grundgütig und immer zu einem kleinen Scherz aufgelegt«, erzählt Schwerin. »So mußte ich schon mit fünf Jahren die Anfangszeilen eines griechischen Verses auswendig lernen. Als dann sein Freund August von Wassermann – für uns ›Onkel Wassermann‹ – zu Besuch kam, sagte der Großvater zu ihm: ›Du, August, das Hänsche ist ein Wunderkind!‹

›Wieso?‹ fragte Wassermann.

›Er spricht schon fließend Griechisch‹, erwiderte Ehrlich. Als Wassermann ungläubig lächelte, sagte Ehrlich mit ernstem Gesicht: ›Nun, Hänsche, zeig's doch mal meinem Freund August!‹«

»Dann mußte ich«, erinnert sich Hans Schwerin, »meine mühsam erlernten Strophen zum besten geben.«

»Halt«, sagte dann Ehrlich sehr schnell. »Du siehst, August, er spricht wirklich Griechisch. Er könnte uns noch stundenlang auf Griechisch etwas vortragen, aber wir haben keine Zeit mehr. Wir müssen arbeiten.«

Paul Ehrlich ging nie zu Fuß, und frische Luft war ihm ganz im Gegensatz zu seinen Zigarren – kein Lebensbedürfnis. Gelegentlich glückte Frau Ehrlich indes eine kleine List: sie gab dem Kutscher ein Extra-Trinkgeld, damit er Ehrlich nicht direkt ins Institut, sondern auf einem Umweg von der Westendstraße über den Stadtwald in sein Institut nach Sachsenhausen fahre. Da Ehrlich stets mit seinen Papieren beschäftigt war, bemerkte er dies fast nie.

Daß Ehrlich von selbst auf seine Gesundheit achtete, seinen Zigarrenkonsum einschränkte oder gar »Leibesübungen« betrieb, konnte selbst Frau Ehrlich nicht erreichen. Freunden, die ihn an seinem 60. Geburtstag zum erstenmal seit längerer Zeit wiedersahen, fiel auf, wie gealtert Ehrlich aussah. »Man glaubte«, so äußerte sich später ein Freund, »einen mindestens Siebzigjährigen vor sich zu haben.«

Aus Anlaß des Geburtstages, so berichtete Frau Marquardt, kommt noch ein ehemaliger Spielgefährte aus Strehlener Jugendtagen zu Besuch: Dr. Meyer, der später in Berlin unter Ehrlich gearbeitet hat und jetzt als Arzt in Hamburg tätig ist. Beide Herren tauschen bei einem Glase Wein die Erinnerungen an die kleinen Streiche auf dem Gymnasium in Breslau aus, entsinnen sich all der Pläne, die sie damals gefaßt hatten. Als der Gast den großen Erfolg erwähnt, den der Gefährte von ehedem errungen hat, meint Ehrlich – was später noch so oft zitiert werden wird – der richtige Forscher brauche eben vier große G's: »Geduld, Geschick, Geld und Glück.«

Auch die vielen Geschichten von Ehrlichs Vergeßlichkeit

werden von dem Besucher Dr. Meyer um eine neue bereichert: »Einmal haben Sie einen langen kalten Winter stets
nur Ihren Sommermantel getragen, weil Sie Ihren Win-
termantel nicht finden konnten. Dabei hing er die ganze
Zeit im Auditorium.«
Von Hoechst hat Ehrlich ein großes Blumenarrangement
zum 60. erhalten. Er bedankt sich dafür in einem Brief
am 26. März:

Ich muß sehr um Entschuldigung bitten, daß ich erst
heute Ihnen für Ihre freundlichen Wünsche zu meinem
Geburtstage und die wunderschöne Blumenspende mei-
nen verspäteten aber allerherzlichsten Dank ausspreche.
Ich bitte um Nachsicht wegen der Verzögerung meines
Dankes, aber ich war, wie Sie wissen, in den letzten Zeiten etwas unpässlich.
Ich möchte bei diesem Anlaß noch mit besonderem
Dank zum Ausdruck bringen, daß mich die viele Hilfe
und Unterstützung, sowie das volle Verständnis meiner
Bestrebungen, das ich bei Ihnen jederzeit gefunden habe,
stets mit der größten Freude und Genugtuung erfüllt hat.
Und daß Sie alles getan haben, um die Steine des Ansto-
ßes auf dem schwierigen Wege, den ich gehen mußte,
nach Möglichkeit wegzuräumen, habe ich immer dankbar empfunden. So hoffe ich auch, daß es unseren vereinten Bemühungen gelingen wird, die Gegnerschaft, die
sich jetzt noch breit macht, bald zurückzuschlagen.

Bald nach der Geburtstagsfeier zeichnen sich neuer
Ärger, neue Aufregungen ab.

Ein Polizeiarzt verfolgt Ehrlich

Da ist in Berlin ein vierzigjähriger Dermatologe, Dr. Richard Dreuw, der sich in der Vergangenheit viel mit Fragen der Friseur-, Schul- und Polizeihygiene befaßt hat. Im Nebenamt ist er für die Berliner Sittenpolizei als Polizeiarzt tätig. Er beschäftigt sich seit 1910 kritisch mit dem Salvarsan.

Am 13. Dezember 1910 trat Dreuw mit seinen Beschuldigungen gegen das Präparat zum ersten Mal in einer Sitzung der Dermatologischen Gesellschaft in Berlin auf. Wenn Ehrlich manche Ärzte vorwarfen, er habe sich für die Erprobung des Salvarsans zuviel Zeit gelassen, so beschuldigte Dreuw den Forscher, er habe sein Arsenpräparat zu vorzeitig, nach nur fünfmonatiger Erprobung und nur in einigen hundert Fällen, herausgebracht.

Da der Vorsitzende der Gesellschaft ihm angeblich mehrmals das Wort abschneiden wollte und die meisten der einflußreichen Fachzeitschriften seine Aufsätze gegen das Salvarsan nicht abdrucken, entstand bei Dreuw die »Erkenntnis«, in Deutschland walte ein übermächtiges »Salvarsan-Syndikat«, das kritische Artikel unter allen Umständen unterdrücke. Es kam noch hinzu, daß ihm das Berliner Polizeipräsidium verbot, den Titel »Polizeiarzt« zu führen, da er nur als einer von acht nebenamtlichen Ärzten bei der Prostituiertenkontrolle beschäftigt sei.

Ein Vetter Ehrlichs, Dr. Felix Pinkus, Chef des Froebel-Krankenhauses in Berlin, ergrimmt über die hemmungslosen Angriffe gegen die Person des Forschers, erwirkte später über den Berliner Magistrat, daß der Vertrag zwischen Dreuw und dem Polizeipräsidium gelöst wurde.

Jetzt wurde aus Dreuw ein Mann, der nur noch ein Ziel kannte: einen Kreuzzug gegen das Salvarsan und seinen Schöpfer zu entfesseln. Als Helfer standen ihm dabei einige Abgeordnete, einige Zeitungen wie die »Deutsche Volkszeitung« in Berlin, die linksgerichtete »Volksstimme« in Frankfurt, das in Berlin erscheinende »Kleine Journal« und andere zur Verfügung. Einige von ihnen, wie etwa das »Deutsche Volksblatt«, vermischten ihre Berichte über die angeblichen 275 Todesfälle nach Salvarsan ganz ungeniert mit antisemitischen Auslassungen. »Interessant ist nur«, schrieb das »Deutsche Volksblatt«, nachdem es Dreuw ausführlich mit seinen Vorwürfen zu Worte kommen ließ, »wie die jüdische Gelehrtenwelt, die sich – und das ist sehr bezeichnend – sehr häufig gerade auf dem finanziell sehr einträglichen Gebiete der luetischen Erkrankung betätigt ... nun ihren Konnationalen zu Hilfe eilt und eine Geschäftsrettung vorzunehmen versucht.«

Unverhüllter Judenhaß, der schon die Vorahnung an den »Stürmer« aufkommen läßt, präsentiert sich in einem in Basel erscheinenden Blättchen, das sich »Der Samstag« nennt. »An diesem Ehrlich-Hata-Rummel, an dieser Weltsensation und gigantischer Judenmacht hat sich alles beteiligt, medizinische Kongresse, Berliner Tageblatt, Frankfurter Zeitung, Jugend, Simplizissimus, Varieté-Künstler usw.« heißt es dort.

Der überschwengliche Artikel in der Silvesterausgabe 1910 der »Frankfurter Fackel«, die Ehrlich mit Christus verglich, muß für den »Samstag« dazu herhalten, den »ganzen Wahnsinn dieser Begeisterung zu ermessen«. Und weiter: »Der Heiland aus Frankfurt macht mit seinem Salvarsan ein Vermögen (jetzt via Höchster Farbwerke), da der Preis des Mittels im Einzelverkauf 7-800 Prozent der Herstellungskosten beträgt.«

In anderen Zeitungen wird die antisemitische Tendenz geschickt verborgen, aber sie ist auch dort zu verspüren, auch wenn betont jüdische Wissenschaftler, wie etwa der bekannte Toxikologe Lewin, als Salvarsan-Gegner herausgestellt werden. Dazu kommen »Der christliche Volksfreund« und »Der Türmer«, die das Salvarsan aus prinzipiellen Gründen ablehnen, »weil es geeignet sei, die ›Sünde wider das Fleisch‹ ungeschehen zu machen.«

Im »Türmer«, der im gleichen Stuttgarter Verlag wie der »Christliche Hausfreund« erscheint, ist es vor allem der Offenbacher Schriftsteller Heinrich Müller, der gegen das Salvarsan zu Felde zieht und dem »Experten« Dreuw publizistische Unterstützung verleiht.

Dreuw genießt zu diesem Zeitpunkt zweifellos den Ruhm, den er in manchen Kreisen als »unerschrockener Kämpfer« gegen den berühmten Paul Ehrlich und das Salvarsan-Syndikat besitzt.

Ende Januar 1914 hat er dem Reichsgesundheitsamt eine Denkschrift überreicht, in der nichts Geringeres als ein Reichsverbot des Mittels gefordert wird oder zumindest eine so entschiedene Dosierungsbegrenzung, daß es tatsächlich wohl unwirksam geworden wäre.

Unter dem Druck einiger Abgeordneter, darunter Erzberger vom Zentrum, wird Dreuw sogar die Ehre zuteil, vom Präsidenten des Reichsgesundheitsamtes empfangen zu werden. Am 10. März 1914 war es überdies auf Betreiben von Dreuw zu einer Debatte im Reichstag über das Salvarsan gekommen. Wieder ist von mehr als 275 Todesfällen, von Erblindungen und Nervenschädigungen die Rede. Dabei hatte sich Ehrlich in drei großen Zusammenfassungen bis ins Detail mit allen Vorwürfen auseinandergesetzt. Über 130 wissenschaftliche Arbeiten zitierte er dabei.

Ehrlich, so schwer er unter den Angriffen leidet, hat sich nach außen in seinen Reaktionen große Zurückhaltung auferlegt. In Gesprächen mit Frankfurter Zeitungen und der »Freien Presse« in Wien im Frühjahr 1914 macht er lediglich darauf aufmerksam, daß inzwischen wohl weit über eine Million Menschen mit Salvarsan behandelt worden wären. Selbst wenn, was Ehrlich bestreitet, tatsächlich im Zuge von solchen Behandlungen 275 Todesfälle vorgekommen seien, so sei dies ein sehr geringer Prozentsatz angesichts der Zahl der Anwendungen. Es kann in derartigen Fällen auch das Vorgehen des Arztes, aber auch die Haltung des Kranken die Schuld tragen. Auch sei zu beachten, daß die Salvarsanbehandlung oft bei so weit fortgeschrittenen und veralteten Fällen vorgenommen werde, daß keine Heilung mehr zu erwarten ist. Ehrlich sagt nach dem Bericht der »Freien Presse« vom 18. Februar weiter: Die Zahl der Todesfälle infolge von Syphilis sei furchtbar. In Paris allein sterben an den Folgen von Syphiliserkrankung jährlich etwa 3000 Menschen im besten Alter. Die Krankheitserscheinungen bei ihnen sind meistens Herzkrankheiten, Erweiterung der Blutgefäße, Paralyse, Rückenmarksschwindsucht und so weiter. Wenn man bei solchen Fällen Salvarsan anwende, könne allerdings der Fall eintreten, daß der Kranke dabei bleibe. Vielleicht sofort, oder nach Stunden oder auch nach längerer oder kürzerer Zeit. Ein typisches Vorkommnis erzählte dabei Ehrlich aus Paris. Dort sollte ein Erkrankter in Salvarsanbehandlung genommen werden, allein er starb in der Nacht vorher. Wäre die Injektion schon erfolgt gewesen, dann hätte es auch bei diesem Fall geheißen, der Tod sei auf das Salvarsan zurückzuführen. Bei allen Vorkommnissen ergebe sich immer wieder von neuem die Erfahrung, daß die Behandlung um so wirksamer und sicherer sei, je früher sie angefangen werde. Es komme jedoch häufig vor, daß kaum Geheilte sich von neuem anstecken und in dieser neuen Erkrankung eine Wirkungslosigkeit des Salvarsans erblicken.

Auf die direkte Frage, ob die Anwendung von Salvarsan ihn zu irgendwelchen Bedenken veranlaßt hätte, erwiderte Ehrlich: »Wenn die Vorteile die Nachteile nicht bedeutend überwögen, dächte ich keine Sekunde daran, das Mittel noch länger zur Behandlung zuzulassen. Das gleiche wäre der Fall, wenn es ein Mittel gäbe, das wirksamer wäre!«

Eine von der Berliner »Medizinischen Gesellschaft« schon seit längerer Zeit für den 4. März 1914 geplante Aussprache über das Salvarsan erhält durch die jüngsten Angriffe besondere Aktualität. Die »Frankfurter Zeitung« berichtet darüber:

»Im Salvarsan hat man zweifellos ein außerordentlich energisch wirkendes Mittel, das in den verschiedensten Stadien der Krankheit, besonders kombiniert mit anderen Mitteln, in erster Linie mit Quecksilber, hervorragende Erfolge zeitigte. Bei der Kürze der Zeit ist jedoch ein abschließendes Urteil nicht möglich. Trotz der guten Resultate ist vor allzu großen Hoffnungen, besonders was die späte Erkrankung, in erster Linie die Rückenmarksschwindsucht betrifft, zu warnen. Die Gefahren der Salvarsanbehandlung sind verhältnismäßig nicht groß. Die Zahl von 87 Todesfällen, die eine mit dem vorigen Jahr abschließende Statistik aufweist, ist im Vergleich mit der außerordentlich großen Zahl der behandelten Fälle nicht sehr erheblich. Freilich muß es unser Bemühen bleiben, den Grund dieser Todesfälle zu erklären und solche Eventualitäten nach Möglichkeit auszuschließen. Augenstörungen, welche bei Anwendung anderer arsenhaltiger

Medikamente beobachtet wurden, kommen beim Salvarsan kaum vor.

Sprach Geheimrat Edmund Lesser sich zwar durchaus anerkennend, doch etwas resigniert aus, so klangen die Ausführungen von Professor Wechselmann über das Salvarsan durchaus enthusiastisch. Den Unterschied der Zeit vor der Entdeckung des Salvarsans und nachher charakterisierte er dadurch, daß man früher nur von einer Behandlung der Syphilis sprach, seit Ehrlichs Salvarsan dagegen von Heilungen. Im Gegensatz zu den meisten Syphilidologen wandte Wechselmann das Salvarsan in Kombination mit anderen Heilmitteln an. Die Erfolge, über die er berichtete, klingen außerordentlich. Wechselmann hat bisher über 451 Injektionen mit Salvarsan gemacht und hat in allen Stadien der Krankheit ausgezeichnete Resultate erzielt, die er sich, wenn es gewünscht wird, gern polizeiärztlich kontrollieren lassen würde. Todesfälle durch alleinige Behandlung mit Salvarsan sind von ihm nie beobachtet worden und nach seiner Meinung wäre erst einmal festzustellen, ob bei der Kombination von Quecksilber mit Salvarsan, also zwei immerhin giftigen Substanzen, wirklich das Salvarsan dasjenige ist, das die schlimmere Wirkung ausübte. Durch keine anderen Mittel wird die Wassermannsche Reaktion, die ja vielfach direkt als Prüfstein der Heilerfolge betrachtet wird, derart günstig beeinflußt, als durch Salvarsan, und auch klinisch sieht man unter dieser Behandlung Heilungen bei Fällen, gegen die eine andere Therapie machtlos war.«

Zur Verteidigung Ehrlichs

Der Reichstagsabgeordnete Dr. med. Struve, Kiel, der dem Anti-Salvarsan-Kämpfer Dreuw durchaus nicht ohne Sympathie gegenübersteht (»Dr. Dreuw nimmt seinen Kampf sehr ernst, er wird ihn auch weiterführen, das weiß ich von ihm selbst«) protestiert im März 1914 in der »Deutschen Rundschau« gegen die »Angriffe auf die persönliche Ehrenhaftigkeit von Excellenz Ehrlich«:

»Auch nicht den Schatten eines Beweises können meines Erachtens die Gegner dafür anführen, daß Geheimrat Ehrlich 1910 nur dann, wenn er von den Ärzten gute Berichte über die Wirkung des Salvarsans bekommen habe, ihnen neues Material gesandt habe, bei Eingang ungünstiger Erfahrungen aber weitere Proben verweigert hätte. Tatsache ist, daß alle Herren, die offizielle Stellungen hatten oder sonst wissenschaftlich bekannt waren, immer wieder 606 erhalten haben, einerlei wie sie geantwortet haben – sogar wenn sie manchmal überhaupt nicht berichteten. Weder von einer Bevorzugung der ›Freunde‹ Ehrlichs kann die Rede sein, noch von einem ›Monopol‹. In Berlin allein haben über fünfzig Ärzte Versuchsmengen erhalten.

Solche unerhörten Vorwürfe richten sich selbst und ihre Verbreiter.

Was die Todesfälle nach Salvarsan angeht, so ist zuzugeben, daß solche vorgekommen sind. Dr. Dreuw spricht von 274, die in der Literatur veröffentlicht sind, und fügt die ungeheuerliche Behauptung an: ›Die Zahl der Todesfälle könne auf das Zehnfache angenommen werden, wenn schon so viele Fälle in der medizinischen Literatur niedergelegt seien!‹ Mit diesem Ausspruch nutzt er weder sich noch der deutschen Medizin. Außerdem zitiert er Professor Armand Gauthier: Das Salvarsan hätte schon mehr Todesfälle verschuldet als die Syphilis, ›denn man stürbe nicht an frischer Syphilis‹. Schiefer kann doch nicht geurteilt werden!

Weiß Herr Dreuw nicht, daß jedes Jahr Tausende unserer Volksgenossen an ungeheilter Syphilis, an Paralyse, an Rückenmarksschwindsucht, an Herz- und Blutgefäßerkrankungen zugrunde gehen? Daß die Syphilis jährlich viel mehr Opfer kostet als Pocken und Cholera? Daß das Siechtum dieser Kranken das elendste ist, das man sich nur denken kann, daß wir einen großen Teil unserer Irrenanstalten frei von Insassen hätten, wenn wir diese Ursache ausschalten könnten! Lohnt es sich nicht, um diese Massensterblichkeit zu verhüten, Gefahren für den Einzelnen in Kauf zu nehmen, Gefahren, die viel geringer sind als die bei jedem größeren chirurgischen Eingriff? Denn die Zahl 274 ist auch irreführend! Sie stammt ebenfalls von Mentberger. Mit einem wahren Bienenfleiß ist dort zusammengesucht, was man nur irgendwie dem Salvarsan zur Last legen kann. Wie unwissenschaftlich aber Herr Mentberger vorgegangen ist, ersehe ich aus einer Kritik in den Therapeutischen Monatsheften, Heft 2, Februar 1914, in der es heißt: Mentberger stellt 274 Todesfälle zusammen, die er nicht nur ausdrücklich als ›Todesfälle nach Salvarsan‹ bezeichnet, sondern auch noch ausdrücklich samt und sonders mit der Salvarsanbehandlung in Beziehung gebracht sehen will. Darunter befindet sich neben vielen ähnlichen der folgende:

224. Fall Czerny. 61jähriger Kaufmann mit Mastdarmkrebs erhielt 0,6 gr EH. intramuskulär. Gute Beeinflussung, starb an Krebsmetastasen 5 Monate später.

Solche Art von Statistik spricht für sich selbst, ebenso der Umstand, daß Mentberger den ›Wasserfehler‹ ausdrücklich vollkommen ins Reich der Fabel verweist. Dr. Dreuw seinerseits erwähnt: Lähmungen der Sehnerven,

Erblindungen, Ertaubungen usw. ›Diese Fälle seien so zahlreich, daß es unmöglich ist, einzeln aufzuzählen‹. ›Wer gibt den Erblindeten ihr Gesicht wieder, wer den Tauben ihr Gehör?‹

Hierzu ist zu bemerken, ich folge der Autorität von Geheimrat Neisser-Breslau, es ist bisher noch nicht eine einzige beglaubigte Erblindung, die auf Salvarsan zurückzuführen wäre, bekannt geworden. Ertaubungen sind reichlich beobachtet, nur hat Dr. Dreuw vergessen, daß mit Sicherheit festgestellt ist, daß diese Ertaubungen Erscheinungen der Syphilis sind und daß man sie mit Sicherheit durch das Salvarsan selbst heilen kann.

Was will nun Dr. Dreuw? Am liebsten ein Verbot der Herstellung von Salvarsan, auf jeden Fall aber eine Verwendung nur in Mengen, die die bisherige Maximaldosis von Arsen nicht übersteigen. Also anstatt daß jetzt 0,4 gr gegeben wird, sollen nur 5 Milligramm auf einmal eingeflößt werden.

Mit diesem Vorschlag zeigt er, daß er von den ganzen Motiven der Salvarsanbehandlung unberührt geblieben ist. Solche minimalen Mengen würden in keiner Weise heilen, die Syphiliserreger nur reizen und die schwersten Folgeerscheinungen, Neurorezidive usw. heraufbeschwören.

Was sagen nun die Männer, die die Syphilis und ihre Behandlung aus eigener Praxis kennen? Zunächst zwei Franzosen. In der Presse médicale No. 11, Februar 1914, finde ich folgende Worte von Professor Jeanselme, Hospital Broca, Paris: ›Aus meiner Statistik geht hervor, daß alle Personen, denen ich vor Ausbruch der sekundären Erscheinungen eine genügende Anzahl Einspritzungen mit '606' machte, noch heute frei von Erscheinungen sind nach einer Beobachtungsdauer von 2½ Jahren und länger. Diese Personen betrachte ich als geheilt.‹ Es folgen die klinischen Gründe für diese Behauptung. ›Alle schwangeren Frauen, an frischer Syphilis erkrankt und mit '606' behandelt, sind niedergekommen mit fast oder ganz ausgetragenen und lebenden Kindern.‹ Die Behandlung mit Quecksilber gibt unendlich weniger günstige Resultate.

Sein Fachgenosse Professor Hudelo meint: Ich habe in länger als 3 Jahren mehr als 1200 Kranke mit Salvarsan behandelt: Er hält Salvarsan für ein ›wunderbares Reinigungsmittel‹, geeignet, die frische Syphilis in einigen Wochen zu unterdrücken und daher besonders sozial zu wirken, d.h. neue Ansteckungen zu verhindern.

Ein Blick auf größere medizinische Veranstaltungen der letzten Zeit:

Die Dermatologische Sektion des Londoner Internationalen Kongresses im Sommer 1913 hat sich mit Entschiedenheit für Salvarsan erklärt. Auch auf der Naturforscherversammlung in Wien ist keine einzige Stimme gegen Ehrlich oder sein Mittel laut geworden. Im Januar war der Kongreß der Italienischen Dermatologen in Rom. Das Ergebnis? Ehrlich wurde zum Ehrenmitglied ernannt.

Was sagt Geheimrat Neisser-Breslau?

Dessen letztes Urteil: 22. Februar 1914, lautet: ›Das Salvarsan ist von der ausgezeichnetsten Heilkraft gegen die Syphilis und kann Heilerfolge herbeiführen, die wir früher mit Quecksilber nicht erreichen konnten. Ich darf mir darüber ein Urteil erlauben, da ich sicherlich zu denen gehöre, die 20 Jahre lang intensiver, wie wohl alle meine Fachkollegen, die Quecksilberbehandlung durchgeführt haben. Und doch sind jetzt die Resultate nach jeder Richtung hin glänzender. Wenn wir trotzdem Salvarsan in Kombination mit Quecksilber anwenden, so geschieht das nicht deshalb, weil Salvarsan nicht auch alleine die

Syphilis heilt, sondern weil wir uns als Ärzte für verpflichtet halten, jede Möglichkeit, dem Kranken zu helfen, auszunützen.‹

Professor Hoffmann-Bonn urteilt: ›Im Salvarsan haben wir ein ausgezeichnet wirksames Spezifikum, das Jod und Quecksilber übertrifft und in allen Stadien der Syphilis Erfolg hat. Die Heilungen: 94-100% bei primärer Syphilis, 83% bei sekundärer, bei tertiärer 60%.‹ Heilung nennt Professor Hoffmann völliges Fehlen von Krankheitserscheinungen und dauernd negativer Wassermann, also auch keine Blutreaktion in einer Zeit bis zu drei Jahren.

Excellenz Ehrlich hat selber, das habe ich manchmal von ihm gehört, die mit Salvarsan verbundenen Nachteile stets laut und energisch betont – auch wenn alle Praktiker noch sosehr dankten und lobten. Alle Arbeiten Ehrlichs berücksichtigen vorzugsweise diesen Punkt. Immer hat ihn dabei das Bestreben geleitet, die Ursachen der Schädigung aufzufinden und sie dadurch vermeidbar zu machen. Welche Aufregung, als man zunächst von den Neurorezidiven hörte; nun wissen wir, daß sie nur Folgen einer ungenügenden Behandlung sind, daß sie nicht mehr in Betracht kommen, wenn man in der Frühperiode der Sekundärsyphilis eine intensive Behandlung mit Gründlichkeit und Ausdauer einschlägt. Zur Salvarsanbehandlung gehören allerdings Kenntnisse, gehört andauerndes Studium, eine gute Beobachtung und ein erhöhtes Verantwortlichkeitsgefühl. Dann aber ist kein Mittel so geeignet, Vertrauen zwischen Arzt und Patient zu säen wie dies: Die gesunden Kinder danken noch mehr als Vater und Mutter.«

So weit der Arzt und Abgeordnete Dr. Struve.

Natürlich meldet sich daraufhin sofort wieder die Gegenseite zu Wort.

Der »Freigeist« und das Salvarsan

Vorübergehend verlagert sich dann im Juni 1914 die Szene des Salvarsanstreites von Berlin nach Frankfurt. Hier lebt ein »Schriftsteller« namens Karl Wassmann. In einem winzigen Zimmer in der »Pension Phönix« in der Elbestraße 46 schreibt und redigiert Karl Wassmann zusammen mit seinem Bruder Heinrich ein winziges Blatt: »Der Freigeist, Moderne Zeitung für alle kulturellen Interessen«.

Die Zeitschrift erscheint, je nach der Finanzlage Wassmanns, etwa alle zehn Tage und kostet zehn Pfennig. Wassmann ist auch sein eigener Vertriebschef: in den Cafés rund um die Hauptwache sucht sich der meist in Mönchskutte und Sandalen auftretende Freigeist-Herausgeber seine Leser.

Zwischen von ihm selbst verfaßten Poemen wie etwa »Meine Seele schreit nach Glück – Nach deiner Liebe, die Du nicht schenken darfst, weil ich – ein Bettler bin« – und Gedichten des von Wassmann sehr verehrten Heine beschäftigt sich der »Freigeist« von 1913 an in heftiger Form mit dem »Kampf zwischen Prostitution und Salvarsan«.

Der Anlaß ist zunächst rein lokal. Dirnen und Zuhälter haben Wassmann geklagt, im Frankfurter Krankenhaus werde das Salvarsan, ein völlig unerprobtes Präparat, zwangsweise an erkrankten Liebesdienerinnen angewandt. Der Chefarzt der dermatologischen Abteilung, Professor Herxheimer, und sein Oberarzt seien nichts anderes als Agenten profitsüchtiger Unternehmer, denen nichts mehr heilig sei. Die Gewinnsucht gewisser Leute schreite sogar bis zum vorsätzlichen Mord.

Wassmann schreibt: »Die meisten Patienten und Patientinnen haben eine schwere und dauernde Schädigung ihrer Gesundheit durch das Salvarsan davongetragen. Wir haben hier vor allen Dingen die Heilbehandlung der Prostituierten im Auge. Ein Teil der Patientinnen ist erblindet, bei einem anderen Teile haben sich Lähmungen der Arme und Beine eingestellt, einige Patientinnen sind auf den Assenstein gekommen, wieder andere befinden sich im Siechenheim, weil sie ihre Bewegungsfreiheit durch das Allerweltsheilmittel Salvarsan verloren haben, und der Rest ist elend zu Grunde gegangen. Wir haben eine Patientin gesehen, der das Salvarsan zu einer inneren Blutvergiftung verholfen hat. Das betreffende Mädchen ist am ganzen Körper verstümmelt und verschnitten, da die durch die innere Blutvergiftung hervorgerufenen Eiterungen jedesmal auf operativem Wege beseitigt werden mußten. Das sind die traurigen Folgeerscheinungen von Salvarsan. Besonders tragisch ist der Tod der Prostituierten Lucie Pöllmann. Das Mädchen wurde frisch und gesund wie ein Fisch im Wasser wegen des bekannten ›Kreuzes im Blute‹ als geschlechtskrank im Krankenhause eingeliefert. Hätte man in diesem Falle eine Quecksilber-Behandlung angeordnet, so wäre das Mädchen mit tödlicher Sicherheit am Leben geblieben. Die Gewaltbehandlung mit Salvarsan wurde angeordnet, die denn auch tatsächlich einige Tage später dem Mädchen das Leben gekostet hat. Wer hatte das Recht, die Gewaltbehandlung mit Salvarsan anzuordnen? Als die Freundinnen und Bekannten des Mädchens ihren tragischen Tod erfuhren und die Leiche noch einmal sehen wollten, eröffnete man ihnen im städtischen Krankenhause, daß eine Lucie Pöllmann überhaupt nicht gestorben sei. Erst auf Drängen gab man zu, daß sie tot sei, die Leiche sei aber schon seziert. Wer hat die Sezierung der Leiche angeordnet? Um der Toten ein anständiges Begräbnis zu ermöglichen, wurde eine Sammlung unter den Prostituierten veranstaltet, die mehr als 80 Mark ergab. Mit diesem Gelde wurde Lucie Pöllmann begraben. Daß es sich die Sittenpolizei nicht versagen konnte, bei dem Begräbnis anwesend zu sein, ist selbstverständlich. Fürchtete sie etwa, daß der Toten ein Rächer erstehen würde? Wir können sie beruhigen, denn Lucie Pöllmann hat keinen Liebsten gehabt. Der Vorfall mußte für jeden rechtlich denkenden Menschen die Veranlassung geben, sich einmal ordentlich und gründlich mit diesem Allerweltsheilmittel Salvarsan zu beschäftigen.

Die Öffentlichkeit hat ein Recht, Aufklärung darüber zu fordern, warum sich die Mädchen mit Salvarsan behandeln lassen müssen. Wer maßt sich das Recht an, den Ärzten des Spitals Versuchskaninchen zuzuführen? In welchem Gesetzesparagraphen ist diese Rechtsanmaßung begründet? Wir werden nicht ruhen, bis wir über diese Fragen eine einwandfreie Aufklärung erhalten haben. Wenn zum Studium der Ärzte unbedingt Karnikkel nötig sind, dann mögen sich die Ärzte nach freiwilligen Objekten umsehen. Man suche sich die Patienten und Patientinnen der 1. und 2. Klasse aus. Aber nicht die zur zwangsweisen Heilung eingelieferten Freudenmädchen, mit denen man sich anscheinend alles erlauben darf. Die Mädchen können sich ja nicht wehren, weil sie rechtlos sind. Lassen sie sich mit Salvarsan nicht gutwillig behandeln, so werden sie einfach in Polizeihaft gesteckt, bis sie mürbe sind. Das ist eine Gewaltbehandlung wie sie schlimmer nicht gedacht werden kann. Sie erinnert an die finsteren Zeiten des Mittelalters, aus dem ja noch teilweise die Kasernierungs-Vorschriften für die Prostituierten stammen. Daß hier teilweise Wandel geschaffen worden ist, müssen wir dem derzeitigen Sitten-Kommissar als Verdienst anrechnen. War es doch schon so weit, daß in der Rosengasse die Fenster der Bordellwohnungen mit

Schlössern geschlossen werden sollten und teilweise auch eine Zeitlang geschlossen waren. – Als man einsah, daß die Mädchen durch diese mittelalterliche Maßnahme kein Licht und keine Luft mehr hatten, ließ man sie wieder fallen. Möchte doch endlich einmal die Zeit herannahen, wo in dieses dunkle Kapitel ein freiheitlicher Zug hineinweht, der den Mädchen anstelle der unheimlich vielen Pflichten auch einige Rechte verleiht. Zur Zeit haben diese Kinder der Liebe überhaupt kein Recht. Sie werden ausgebeutet bis aufs Hemd, schikaniert bis aufs Blut und in Krankheitsfällen behandelt wie ein Stück Vieh. Ist das menschlich? Nein und abermals nein.«

Offensichtlich provoziert Wassmann bewußt, will er es möglicherweise sogar auf einen Prozeß ankommen lassen, um sich und dem »Freigeist« zu Publizität zu verhelfen.

Ehrlich und die Farbwerke Hoechst sind sich einig, Wassmann diesen Gefallen nicht zu tun. Professor Karl Herxheimer jedoch, Chef der Frankfurter Klinik, meint, er könne diese unerhörten Anwürfe nicht auf seinen Kollegen und sich sitzenlassen. Obwohl Ehrlich und Hoechst ihm abraten, sich mit solchen Revolverjournalisten einzulassen, stellt Herxheimer Strafantrag. Die Staatsanwaltschaft tut das gleiche im öffentlichen Interesse.

Auch nachdem Anklage erhoben ist und ein Verfahren gegen Wassmann vorbereitet wird, fährt der »Freigeist« mit seinen gehässigen Angriffen fort. Immer wieder geht es dabei um angebliche Salvarsan-Todesfälle und die unternehmerische Gewinnsucht.

Der Berliner »Polizeiarzt« tritt dabei als einer der »Kronzeugen« des »Freigeist« auf. Er ist zum lebenslangen Hasser Paul Ehrlichs und des Salvarsans geworden – weit über den Tod des Forschers hinaus.

Zu Dreuw gesellt sich der Schweizer Privatdozent Dr. F.

Kanngießer, der in einigen Fachzeitschriften, aber auch im »Freigeist« und im »Türmer«, ebenfalls heftige Attacken gegen das Salvarsan produziert. Ende Mai erscheinen dann in einigen kleinen Blättern und natürlich im »Freigeist« Anzeigen, wonach im »Großen Börsensaal« in Frankfurt am Freitag, dem 5. Juni 1914, abends 9 Uhr, eine

Große Volksversammlung

Thema: »Am Vorabend des Salvarsanprozesses«

Redner: Redakteur Heinrich Müller vom »Türmer«
Redakteur Karl Waßmann vom »Freigeist«

stattfindet.

Sensationelle Diskussion! Frauen willkommen!
Nur Personen über 18 Jahren haben Zutritt
Eintritt 30 Pfg., Reserv. Platz 75 Pfennig

Karten im Vorverkauf nur an Zeitungen.

In einem vertraulichen Bericht, den ein Mitarbeiter für die Farbwerke Hoechst verfaßte, heißt es über diese Veranstaltung, die dem »Freigeist« und Wassmann große Publizität sichern sollte: »Der Vortrag im ›Börsensaal‹ war außerordentlich gut besucht. Der große Börsensaal war bis auf den letzten Platz besetzt. Das Publikum bestand meist aus jungen Leuten, sehr viel Proletariat. Wassmann und sein Bruder haben sich angeblich zur Lebensaufgabe gemacht, die armen Prostituierten zu retten. Wassmann stellte die Behauptung auf, daß diejenigen Mädchen von der Polizei nicht behelligt werden, die

Geld hergeben, diejenigen, die das nicht tun, werden der Zwangsbehandlung mit Salvarsan unterworfen.«

»In seinem Vortrage wurde im übrigen nur altes Material aufgetischt, so z.B., daß die eingelieferten Prostituierten als Versuchskaninchen für das Salvarsan benutzt werden. Wie willkürlich vorgegangen wird, zeigt besonders ein Fall, in dem ein Mädchen sich beim Anzünden des Weihnachtsbaumes an der Brust etwas verbrannt hat und wegen dieser Rötung zwangsweise mit Salvarsan behandelt wurde, natürlich nur im Interesse des Ehrlich-Syndikates. Als zu Beginn der Salvarsan-Behandlung Stimmen gegen das Mittel laut wurden, haben die Höchster Farbwerke an sämtliche Ärzte des Salvarsan-Syndikats ein Rundschreiben geschickt und um Begutachtung des Salvarsans gebeten. Dabei sind in den Briefen der Farbwerke hohe Belohnungen in Aussicht gestellt worden, wenn die Atteste gut ausfallen würden. Professor Silex – Berlin soll ein solches Schriftstück mit Entrüstung in den Papierkorb geworfen haben.

Die französische Zeitung ›Le Matin‹ hat Artikel von Hallopeau und Gauthier gebracht, in welchen sie vor dem Salvarsan warnten. Die Höchster Farbwerke, die einen Rückgang des Absatzes befürchten, haben dem ›Matin‹ Frs. 400 000 Schweigegeld angeboten, über die mit Dank quittiert wurde. Beweis: eidliche Aussage des früheren Redakteurs Mr. J. (!) Rue de la Boëtie 18, Paris.

Das Salvarsan ist der größte Schwindel des zwanzigsten Jahrhunderts und lediglich erfunden, um die Taschen des Salvarsan-Syndikats zu füllen. Es ist ein Wuchergeschäft gröbster Art, weil nach den Berechnungen von Professor Finger in Wien der Herstellungspreis pro Kilo M 9,30 beträgt, während das Mittel an das Publikum zu einem Preise von M 16 000 pro Kilo verhandelt wird. Dr.

Dreuw hat nachgewiesen, daß seit der Anwendung von Salvarsan bei den Berliner Prostituierten 99% mehr Rezidive auftraten als zur Zeit der Hg-Behandlung.

Auch die Welt muß erfahren, wohin die vielen Gelder gegangen sind. Wassmann will am Montag Exzellenz Ehrlich unter dessen Zeugeneid fragen, wieviel Geld er von den Höchster Farbwerken für das Salvarsan bekommen hat.«

»Die Farbwerke fürchten für den Rückgang ihrer Aktien und haben im vergangenen Monat einen energischen Brief an Ehrlich geschrieben, er sollte seine Publikationen gefälligst einstellen. Wenn er nicht aufhört, immer wieder neue Kontraindikationen zu erfinden, so müßten die Farbwerke damit drohen, Ehrlichs Kontrakt zu lösen. So weit geht die Macht des Kapitals. Die vielen Opfer aus den Gräbern schreien zu uns und wir müssen uns des Ausspruches von Neisser entsinnen: ›ein Schuft derjenige Arzt, der vor dem Opfer eines Menschenlebens bei seinem Versuch zurückschreckt‹.«

»Noch viel übler, wenn das möglich ist, war der Eindruck, den der Redakteur vom ›Türmer‹ machte. Ehrlich ist gar nicht der Erfinder des Salvarsans, wie fälschlich behauptet wird. Einen großen Anteil hätte der bekannte Arzt Dr. Hata, der aber schleunigst verschwinden mußte. Der praktische Arzt Dr. Bertheim hat das Salvarsan erfunden und das Präparat bzw. die Resultate seiner Arbeit Ehrlich nur ›leihweise‹ überlassen. In dem historischen Werdegang des Salvarsans, den Müller entwickelte, wimmelte es von Unwahrheiten, die der Redner mit sehr viel größerer Leichtigkeit überwand als die Schwierigkeiten, wie sie die Aussprache von Worten wie Arsacetin und Arsenophenylglycin bieten. Arsacetin ist vom Reichsgesundheitsamt offiziell verboten worden, und trotz alledem hätte dasselbe Reichsgesundheitsamt sich nicht gescheut, hinter den Kulissen M 200 000 für die Prüfung des Arsenophenylglycins auszugeben. Das wird zwar alles am Montag in der Verhandlung geleugnet werden, doch besitzt Müller für alle seine Behauptungen vollgültigen Beweis.

Im übrigen verbreitete Müller dieselben Märchen wie Wassmann, besonders die Affäre mit dem ›Matin‹.«

»Ein Versuch des Redakteurs vom ›Türmer‹, für antisemitische Agitation Stimmung zu machen, scheiterte an dem Protest der Versammlung.«

»...Die Angabe von Ehrlich, daß das Salvarsan sein 606tes Präparat sei, könnte nur ein Dummer glauben. Wenn dies der Fall wäre, so hätte Ehrlich durchschnittlich jeden zweiten Tag ein neues Präparat erfunden, wenn man das Arsacetin oder dessen Vorprodukt als erstes annehmen wollte.«

Verhandlungsdauer fünfzehn Stunden

Am 8. Juni kommt es dann im Frankfurter Landgericht unter dem Vorsitz von Landgerichtsdirektor Dr. Heinrich Heldmann zu dem mit Spannung erwarteten Prozeß.

Die meisten großen Zeitungen finden, daß Wassmann seine gerechte Strafe erhalten und daß der Vorsitzende – sieht man von der fünfzehnstündigen Marathonsitzung ab – den Prozeß fair und umsichtig geführt habe.

Die Frankfurter Zeitung schreibt u.a.:

»Was nun den Herrn Wassmann angeht, so sind die Ansichten über ihn verschieden; die einen halten ihn nicht für ganz zurechnungsfähig, die anderen meinen, er wisse ganz gut, was er tut, und er sei ein eitler Reklameheld. Aber auch die, die dieser Meinung sind, hätten ihn mit seiner Kampagne nicht ernstgenommen, wenn ihm nicht unbegreiflicherweise eine ernste Zeitschrift, ›Der Türmer‹, zu Hilfe gekommen wäre. Nun blieb nichts als die Klage übrig. Bei einer solchen Klage kommt es aber weniger auf die Bestrafung, als darauf an, daß die Beschuldigungen klargestellt werden. Dieser Zweck ist erreicht worden, und danach hätte man den Wassmann mit ein paar Monaten laufen lassen sollen. Er hat sich freilich seine schwere Strafe selbst zuzuschreiben, denn er hat durch sein unverschämtes Benehmen in der Verhandlung alles getan, um über die Schuld hinaus, die er schon auf sich geladen hatte, noch weitere Beleidigungen zu häufen.«

Der Frankfurter Generalanzeiger stellt klar:

»Nicht die Sache des Salvarsans, die Person Wassmanns stand vor Gericht. Diese Wandlung brachte für den Kenner nicht erst die Prozeßverhandlung, die mit der Verurteilung und Verhaftung des Angeklagten endete. Mit der dem Herrn ›Schriftsteller‹ Wassmann eigenen Pose hat er sich mit Worten der Selbstbeweihräucherung die Märtyrerkrone aufs Haupt gesetzt und mit einem drastischen Zitat von der Stätte entfernt, an der das Urteil über ihn und nicht über das Salvarsan gesprochen wurde. Gewiß, es hat sich gezeigt, daß das Salvarsan überzeugte Gegner hat, die in ihm lediglich das schädliche Gift sehen und neben den Schädigungen nicht auch die ungeheuren Heilerfolge der sogenannten kombinierten Methode mit Quecksilber und Neosalvarsan gelten lassen wollen. Aber selbst ein so ausgesprochener Gegner wie der Berliner Dr. Dreuw kann die guten Wirkungen, die Salvarsan nach Äußerungen anderer Sachverständiger unbestritten ausübt, mit seinem Material nicht totschlagen. Und wenn man erst hört, daß Dreuw nur Gegner des Salvarsans aus Prinzip, nicht aus eigener Anschauung ist – denn er hat nie mit Salvarsan operiert – so hat das, was er vorbringt, das Unüberzeugende aller Gerüchte, die nur vom Hörensagen kommen, dann ist sein Material überhaupt nicht aus der Praxis geschöpft.

Trotzdem, das Salvarsan, das sei zugegeben, ist auch nach diesem Prozeß eine bestrittene Sache, man vergesse aber in diesem Widerstreit, der zu allen Zeiten der fördernde Begleiter alles Neuen war, nicht den lauten und stillen Dank der Vielen, die tatsächlich diesem Neuen Besserung und Linderung verdanken.«

Die Frankfurter Nachrichten berichten:

»Sachverständige von internationalem Ruf wie Professor Erich Hoffmann, Bonn, der Mitentdecker der Spirochäta pallida, legen überzeugend dar, daß es sich bei Salvarsan um das hervorragendste Mittel handelt, das es in der Syphilistherapie gibt. Die Beweisaufnahme ergibt: auf der dermatologischen Abteilung des städtischen Krankenhauses in Frankfurt wurden rund 10 000 Patienten mit Salvarsan oder in Kombination Salvarsan und Quecksilber behandelt. Zwang oder Disziplinarstrafen gab es nur in einem Fall. Dabei handelte es sich um eine Prostituierte, die beleidigend geworden war und die Schwester bedroht hat. Diese Frau wurde später wegen Hysterie in eine Irrenanstalt eingeliefert.

Insgesamt ergab sich, daß in Frankfurt 1200 Prostituierte mit Salvarsan behandelt worden waren.

Die im Saal anwesenden Prostituierten und Wassmann versuchen wiederholt, die Verhandlung durch Zwischenrufe zu stören. Wassmann gefällt sich in seiner Rolle im Mittelpunkt des Prozesses. Mit seinem wichtigsten Kronzeugen, dem Polizeiarzt Dreuw, erlebt er allerdings eine Enttäuschung. Anders als in seinen sehr aggressiven Artikeln verhält sich Dreuw jetzt äußerst vorsichtig. Er muß einräumen, daß er keine eigenen Erfahrungen mit Salvarsan besitzt. Er habe nur einmal einer Injektion beigewohnt.«

Dreuw stellt sich nicht vor Wassmann

Die »Frankfurter Nachrichten« schreiben über Dreuw am nächsten Tag, am 9. Juni: »An der Gerichtsstätte war der Berliner Arzt nicht der rücksichtslose Angreifer, als den ihn mancher hier aus Zeitungen kannte. Er lehnte das Salvarsan für seine Person ab, ohne sich zu einer entscheidenden Verurteilung des Heilmittels und seiner Anwendung entschließen zu können. Gewissenssache nannte er die Stellung des Arztes zu der Erfindung Ehrlichs. Nun gut, Gewissen hier und Gewissen da. Wer wagt es, den Andersdenkenden zu verurteilen? Dr. Dreuw tat es nicht, und damit fiel des Angeklagten wichtigste Entlastung.«
»Wie ist es mit dem Vorwurf«, fragt der Vorsitzende den Angeklagten, »die Ärzte seien mit Titel und Geld gewonnene Agenten profitgieriger Unternehmer?«
Wassmann: »Wir wissen, daß das Großkapital hinter der Sache steckt. Die Herstellung des Mittels kostet acht Mark das Kilo und für zehntausend Mark wird es verkauft.«
Gleichzeitig wirft der Angeklagte der Staatsanwaltschaft vor, sie habe »kneifen« und gar keine Anklage gegen ihn erheben wollen. Als er daraufhin eine Ordnungsstrafe bekommt, reagiert Wassmann: »Man will mich nicht hören, weil die Regierung dahintersteckt. Man will keine Aufklärung.«
Professor Herxheimer berichtet als Zeuge, er habe Salvarsan zuerst im Mai 1910 angewandt, und zwar zunächst an Patienten, die freiwillig ins Krankenhaus kamen und damit einverstanden waren. Erst vom Juni an wurde es

bei Prostituierten angewandt. Damals sei das Mittel bereits von zahlreichen Stellen geprüft gewesen. »Ich handle aus wissenschaftlicher Überzeugung, andere Motive gibt es für mich nicht«, betonte Herxheimer.

Nach Herxheimers Feststellungen ist im städtischen Krankenhaus in Frankfurt niemand am Salvarsan gestorben. Es seien ihm auch keine Erblindungen und Paralysen bekanntgeworden, dagegen sechs Fälle von Lähmungen, sie könnten jedoch auch auf anderen Ursachen beruhen.

Der Verteidiger stellt den Antrag, den Angeklagten auf seinen Geisteszustand untersuchen zu lassen. Das Ergebnis: Wassmann ist theatralisch und egozentrisch veranlagt, aber voll zurechnungsfähig.

Der Staatsanwalt beantragt ein halbes Jahr Gefängnis. Das Gericht entschließt sich, eine doppelt so hohe Strafe auszusprechen. Noch im Gerichtssaal wird Wassmann verhaftet.

Das Gerichtsspektakel dauerte fünfzehn Stunden. Paul Ehrlich hat ihm als Zeuge beigewohnt und war kurz vernommen worden. Man merkte ihm an, wie sehr er darunter litt, in einem solchen Prozeß auftreten zu müssen. Professor Erich Hoffmann, der ihn anderntags noch kurz im Institut besuchte, notiert in seinen Lebenserinnerungen, welch niedergeschlagenen Eindruck Ehrlich machte. Ehrlich selbst äußert sich über den Salvarsan-Krieg in einem persönlichen Brief an die Deutsche Medizinische Wochenschrift am 19. Juni, also 10 Tage nach dem Prozeß: »Der Prozeß hat ja gezeigt, welches Lumpengesindel hier im Spiel ist: Naturheilkundige, Impfgegner, Kurpfuscher, Antivivisektionisten und Antisemiten sind vereint am Werk, mich mit Schmutz zu bewerfen, und diese Leute haben sich ein Netz von absoluten und knalligsten Lügen zurechtgesponnen. Dazu gehört das ›Syndikat‹, das die Ärzte und die ganze Presse gekauft hat: dazu gehört auch die Fabel vom 8-Mark-Preis. Vor dem Prozeß und in der Verhandlung wurde behauptet, daß Prof. Silex ein Schreiben der Höchster Farbwerke wegen Beeinflussung mit Entrüstung in den Papierkorb geworfen habe. Silex hat auf eine diesbezügliche Anfrage der Höchster laut Anlage geantwortet:

›Sie haben in dem Kampf mir immer treu und freundschaftlich zur Seite gestanden und ich hoffe, daß das auch in Zukunft der Fall sein wird. Natürlich wäre es sehr schön, die im Serum enthaltenen Stoffe in reinem Zustand zu besitzen, aber es wäre ein kolossaler Schaden, wenn bis dahin jede Forschung sistiert werden sollte.‹«

Natürlich erfährt der Ausgang des Prozesses von den Salvarsan-Gegnern eine ganz andere Beleuchtung: »Justitia syphilitica« nennt »Das kleine Journal« eine Betrachtung am 15. Juni, in der es heißt: »Eine Niederlage der Gegner des Salvarsanmißbrauchs ist der Prozeß in Frankfurt am Main nicht gewesen. Dieser Prozeß ist überhaupt kein Glied in der Kette der Kämpfe . . .«

Keine Medizin, nur ein Geschäft

In Frankfurt ist es wieder die linksgerichtete »Volksstimme«, in der der Salvarsan-Gegner Kannegießer schon vor dem Prozeß erklären durfte: »Das Salvarsan ist keine Medizin, sondern ein Geschäft«, die nun heftige Urteilsschelte übt. Ihr geht es bei ihrem Kampf weniger um die medizinische Seite, sondern mehr um die »Ausbeutung« der Menschen durch die Profitgier des Großkapitals.

Die »Volksstimme« zitiert einen Anonymus, der die prophetischen Worte gefunden habe: »Wenn nach vielen Kämpfen der Skandal zu Ungunsten dieses Giftes entschieden sein wird, dann wird das Kapital seine Blutsteuer in Form von vielen Millionen von der leidenden Menschheit genommen haben.«

Auch in der »Volksstimme« wird wieder das Märchen von den 1000 Prozent Profit gebracht, den die Farbwerke angeblich mit dem Salvarsan verdienten. Als Dauer-Kronzeuge muß dabei wieder »Polizeiarzt« Dreuw herhalten oder die Ausführungen Heinrich Müllers im »Türmer«. Es ist überhaupt ein unentwegter Trick dieser Art von Presse, sich dauernd wechselseitig zu zitieren und sich im Notfall auf die durch andere Veröffentlichungen notwendig gewordene »Berichterstattungspflicht« zu berufen. Natürlich pflegen auch die Naturheilkundigen in diesen Chor aufs neue einzustimmen.

Paul Ehrlich will dazu nicht länger schweigen. Am 20. Februar 1914 schreibt er an die Farbwerke:

Hochgeehrte Herren!

Wie ich höre, kommt es möglicherweise im Reichstage zu einer Interpellation des Zentrums resp. der Sozialdemokraten. Es wird dabei natürlich auch der alte Schwindel erwähnt werden, daß das Kilogramm Salvarsan 3 oder 8 Mark herzustellen kosten soll. Ich würde Ihnen nun sehr verbunden sein, wenn Sie mir freundlichst ein präzises Exposé über den Unsinn einer solchen Behauptung möglichst schnell ausarbeiten und in 4-5 Exemplaren zur Verfügung stellen wollten, da ich jetzt mit der Zusammenstellung von anderem Material und der Beantwortung in der Sache Dreuw kolossal in Anspruch genommen bin.

Übrigens bedauere ich gar nicht diesen Dreuw-Skandal, da sich hier endlich einmal Gelegenheit bietet, Klarheit zu schaffen und eine Eiterbeule aufzustechen . . .«

Dreuw hat jetzt auch eine Broschüre zusammengestellt, »Der Salvarsan-Kampf«, das erste von mehreren Aufklärungswerken, die noch lange über den Tod Ehrlichs hinaus erscheinen werden.

Ehrlich hat einen ausführlichen Artikel über die »Preisgestaltung des Salvarsans« verfaßt. Die »Frankfurter Zeitung« veröffentlicht diesen Beitrag am 24. Juni in vollem Wortlaut (hier geringfügig gekürzt wiedergegeben):

Die Preisgestaltung des Salvarsans

»Es ist gesagt worden, der Herstellungspreis eines Kilogramms Salvarsan betrage 8 Mark, der Verkaufspreis 16 000 Mark. Zugegeben: Ein Präparat zur Bekämpfung einer Volksseuche sollte nicht so hoch im Preis stehen, daß es nicht jedem, der es nötig hat, erlangbar wäre. Leider sind wir noch nicht so weit, daß der Staat ein Rezept ankauft, die Herstellung monopolisiert und das Heilmittel zum Selbstkostenpreis abgibt, und deshalb wird man den Entdeckern und Herstellern, die das Risiko tragen, auch einen dauernden, entsprechenden Gewinn zubilligen müssen. (Nebenbei bemerkt, ist nicht bekannt geworden, daß an Syphilis Erkrankte wegen Mangel an Mitteln – es sei denn in der ersten Zeit der Salvarsan-Therapie – auf die Salvarsan-Kur hätten verzichten müssen. Es darf auch bei dieser Gelegenheit darauf hingewiesen werden, daß eine Salvarsan-Kur sich billiger stellt, wie eine der früher üblichen Behandlungen mit Quecksilber.)

Wie steht es nun überhaupt mit der Preisgestaltung des Salvarsans? Über die beiden Kontrastzahlen 8 Mark und 16 000 Mark wird lächeln, wer ein wenig in solchen Dingen Bescheid weiß. Leider gibt es aber sogar in den gebildeten Kreisen Leute, die sich die Herstellung und den Versand des Salvarsans so vorstellen, als handle es sich um leicht zusammenzumengende Flüssigkeiten, die aus großen Kübeln abgefüllt werden, etwa so, wie in den Brauereien Flaschenbier abgefüllt wird. Die Sache liegt ein wenig anders . . .

Das Georg-Speyer-Haus, das seine Existenz der Hochherzigkeit eines Frankfurter Mitbürgers verdankt, ist mit zwei Millionen dotiert. Das Rockefeller-Institut verfügt über 35 Millionen, das Pariser Institut Pasteur nach Antritt der Osirsischen Erbschaft über nicht viel weniger. Das Speyer-Haus ist auf Gewinnbeteiligung an den in seinen Laboratorien gemachten Entdeckungen angewiesen, wenn es seinen Zweck erfüllen soll, und keiner, dem am Range der deutschen Wissenschaft etwas liegt, keiner, der den Wunsch hat, die Forschertätigkeit im Speyer-Haus nicht durch Geldnot behindert zu sehen, wird diesem Institut, in dem das Salvarsan zuerst hergestellt wurde, die Gewinnbeteiligung entziehen wollen. Auch Geheimrat Ehrlich und seine Mitarbeiter haben vertragsmäßig Anteile an dem Gewinn, der aus ihren Entdeckungen resultiert, und zwar beziehen sie die ihnen zufallenden Beträge aus den Summen, die dem Speyer-Haus von den Fabriken entrichtet werden.

Doch nun zu dem Kilogramm Salvarsan. Die Höchster Farbwerke bringen es für 8000 Mark auf den pharmazeutischen Markt, der Gewinn der Grossisten und der Apotheker tritt dann noch hinzu, sodaß also das Kilogramm Salvarsan tatsächlich in den Apotheken 16 000 Mark kostet. Wir finden den Gewinn der Apotheker sehr groß, er ist aber, so viel wir wissen, bei Medikamenten gesetzlich geregelt und dürfte beim Verkauf von Morphium, Diphtherie-Heilserum, Tuberkulin usw. usw. prozentual nicht geringer sein. Der Entdecker des Salvarsans und die Fabrik haben nichts damit zu tun und die Apotheker werden sich ihrerseits darauf berufen, daß sie das Salvarsan nicht kilogrammweise, sondern grammweise verkaufen. Aus einem Kilogramm Salvarsan werden 1700 bis 20 000 Ampullen verwogen, eine einfache Rechnung ergibt, daß kein Mensch, der in die bedauerliche Lage kommt, sich das Salvarsan injizieren lassen zu müssen, mit dem winzigen Bruchteil eines Kilogramms ein großes Kapital in seinem Körper investieren kann. Immerhin: er würde erheblich billiger kuriert, wenn das Salvarsan nur 8 Mark pro Kilogramm kosten würde.

Die Behauptung, das Salvarsan sei mit 8 Mk. pro Kilo genügend bezahlt, ist auf einen in der »Gazette de Lausanne« im Jahre 1910 erschienenen Artikel von Prof. Dr. Bourget – Lausanne zurückzuführen, der ausführte, daß 1 Kilo Benzol ca. Fr. 1,-, 1 Kilo arsenige Säure ca. Fr. 2,60 koste; rechne man hierzu noch ca. Fr. 7,- Kosten, so komme man auf einen Herstellungspreis von ca. Fr. 10,- gleich Mk. 8,- pro Kilo. Das klingt so, wie wenn man dem Preise eines Kilogramms Stahl den eines Kilogramms feinster Uhrfedern (das etwa Mk. 500 000,- kostet) gleichsetzen wollte. So einfach ist die Herstellung des Salvarsans denn doch nicht und wenn Prof. Bourget annehmen wollte, daß er durch einfaches Zusammenbringen von Benzol und arseniger Säure das chemisch so komplizierte Salvarsan erhalten könne, so spricht das nicht dafür, daß er jemals sich mit Chemie befaßt hat. Um Salvarsan herzustellen, sind vielmehr eine ganze Reihe von chemischen Einwirkungen und Umsetzungen erforderlich, und erst über eine große Anzahl von immer wieder weiter zu bearbeitenden Zwischenkörpern (z.B. Arsanilsäure, Diazoarsinsäure, Paraoxyphenylarsinsäure, Nitrophenylarsinsäure usw.) gelangt man zum Salvarsan. Da es ein unbedingtes Erfordernis ist, daß jedes dieser Zwischenprodukte absolut chemisch rein sein muß, treten selbstverständlich bei diesen verschiedenartigen Umsetzungen immer Verluste an Ausbeute ein, und nur ein kleiner Teil der ursprünglich angewandten Stoffe wird zum Schluß im Salvarsan gewonnen. Hierzu kommt, daß die Herstellung so empfindlicher Substanzen, wie sie das Salvarsan und seine Vorprodukte sind, ganz besonderen Schwierigkeiten unterworfen ist. Die Apparatur, die zu deren Herstellung dient, ist zum größten Teil aus Silber angefertigt und, da die Vor- und Endprodukte beim Herstellungsprozeß nicht mit Luft in Berührung kommen dürfen, so ist die Apparatur nicht nur sehr kostspielig, sondern auch technisch kompliziert. Weiter: wegen der Zersetzlichkeit der Roh- und Zwischenprodukte muß jede Salvarsan-Herstellung von Anfang bis zu Ende in ganz kurzer Zeit durchgeführt werden, so daß nur verhältnismäßig kleine Mengen gleichzeitig hergestellt werden können. Ferner ist zu berücksichtigen, daß jede einzelne Darstellungsnummer, ehe sie zur Ausgabe gelangt, biologisch auf Toxizität untersucht werden muß, und daß eine besondere, mit sehr erheblichen Kosten verknüpfte Abteilung des Speyerhauses allein diesen Zwecken dient. Bei dieser im Interesse der gefahrlosen Anwendung des Mittels unbedingt erforderlichen Kontrolle ergibt sich nun, daß eine ganze Reihe fertiggestellter Salvarsanmengen als nicht den Anforderungen an den Heilwert oder relative Ungiftigkeit entsprechend von der Ausgabe ausgeschlossen werden müssen ...

Wenn nun schließlich ein gutes Salvarsan-Produkt hergestellt worden ist, so kann dieses nicht etwa in der üblichen Verpackung (Flaschen, Kartons, Tabletten) an die Abnehmer herausgegeben werden. Das Mittel würde beim Stehen an der Luft sofort giftige Oxydationsprodukte ergeben. Es muß vor Berührung mit Luft dadurch geschützt werden, daß es in Ampullen unter einer Kohlensäureatmosphäre eingeschmolzen wird. Auch hierbei bieten sich wieder erhebliche technische Schwierigkeiten.

Der Ampullen-Inhalt muß selbstverständlich aufs genaueste dosiert und mit allen Vorsichtsmaßregeln und technischen Kniffen eingeschmolzen werden ...

Wie außerordentlich groß die Schwierigkeiten der Salvarsan-Darstellung sind, ist auch aus Folgendem ersichtlich. In Frankreich und anderen romanischen Ländern, die pharmazeutische Produkte vom Patentschutz ausschließen, besteht kein Patentschutz auf das Salvarsan, es steht also dort die Fabrikation des Produktes frei; durch die von den Höchster Farbwerken entnommene sehr große Zahl von Patenten ist der Weg zur Herstellung aufs genaueste gegeben und dadurch der ausländischen Industrie ermöglicht, sich bequem, mühelos und ohne Kosten die Erfolge der deutschen Forscherarbeit zu nutze zu machen. Denn sie brauchte keine Erfindungen zu machen, brauchte keine jahrelangen Vorarbeiten durchzuführen, sondern konnte einfach das ausgearbeitete Verfahren übernehmen. Trotzdem hat nur eine einzige ausländische Firma es vermocht, die Fabrikation von Salvarsan aufzunehmen. Das ist der beste Beweis für die Schwierigkeiten der Herstellung des Präparats.

Überall, wo in der Welt gerechnet wird, erscheinen beim Gesamtüberschlag die Vor-Auslagen. Bei den Arbeiten, die zur Entdeckung des Salvarsans geführt haben, waren sie wahrlich nicht gering. Die laufenden Mittel des Speyer-Hauses wurden nicht nur vollständig aufgezehrt, sondern auch die von Privaten (auch von Geh. Rat Ehrlich) zur Verfügung gestellten reichlichen Mittel wurden erschöpft und außerdem noch ein Defizit von Mk. 120 000 verursacht. Die Höchster Farbwerke haben ihrerseits für die Vorarbeiten und Versuche bis zum eigentlichen Beginn der Fabrikation gleichfalls sehr beträchtliche Summen aufgewandt. Und endlich: die Herstellung des Salvarsans war ein Abschluß, aber auch ein Anfang neuer Arbeiten. Denn es ist notwendig, daß außer der schon erwähnten Kontrolle des Salvarsans fortlaufend wissenschaftliche Untersuchungen ausgeführt werden, deren Endzweck es ist, die Arbeit auf dem Salvarsangebiet nach Möglichkeit zu fördern und Präparate von leichterer Anwendbarkeit oder besserer Wirkung ausfindig zu machen . . .

Es sei endlich noch mitgeteilt, daß sich die Hersteller des Salvarsans in liberaler Weise von Anfang an verpflichteten, einen bestimmten, wesentlichen Anteil des Salvarsan-Ertägnisses zur Gründung eines Fonds abzuzweigen, der ausschließlich für die Förderung wissenschaftlicher Zwecke, unter anderem der so überaus wichtigen Krebsforschung, dienen soll. Auch die Georg-und-Franziska-Speyer-Studienstiftung hat bestimmt, daß von ihr aus ein weiterer erheblicher Teil der zufließenden Erträgnisse aus dem Salvarsan der Förderung wissenschaftlicher Zwecke, besonders in Frankfurt, dienen soll. So kommen die Gewinne aus dem Salvarsan, die in der ganzen Welt erzielt werden, zu einem guten Teil der Förderung der Wissenschaft in Deutschland wieder zugute.

Wer alle diese angeführten Momente berücksichtigt: die umfangreichen, auf lange Jahre sich erstreckenden Vorarbeiten, die fortlaufende wissenschaftliche Laboratoriumsarbeit, die schwierige und subtile Fabrikation und Verpackung, die vertragsmäßigen Abgaben, und die Schaffung und Unterhaltung eines wissenschaftlichen Fonds, der wird unschwer zu der Anschauung kommen, daß die Angaben über den Preis von 8 Mk. pro Kilo geradezu absurd sind.«

Die Salvarsan-Gegner bleiben davon unbeeindruckt. Die meisten der ihnen wohlwollend gesonnenen Zeitungen bringen die Ausführungen überhaupt nicht, nur in wenigen Sätzen oder mit verzerrenden Kommentaren.

Ein »Türmer« streicht die Flagge

Einer der Hauptwortführer im »Salvarsan-Kampf«, der Schriftsteller und »Türmer«-Mitarbeiter Heinrich Müller, streicht allerdings die Flagge. Die Farbwerke haben ihm angekündigt, sie würden einen Prozeß gegen ihn anstrengen, wenn er seine Vorwürfe nicht zurücknehme. Daraufhin erklärt der wendige Autor eilig:

Angesichts der wenig erfreulichen Ergebnisse, die der Prozeß gegen Karl Wassmann in Frankfurt gezeitigt hat, halte ich es für meine publizistische Pflicht, meine kritischen Beiträge zur Salvarsan-Affäre einer Nachprüfung und Berichtigung zu unterziehen. Wenn ich einerseits für mich das Recht in Anspruch nehmen darf, in gutem Glauben auf die Richtigkeit der mir unterbreiteten Mitteilungen in der Salvarsan-Affäre das Wort ergriffen zu haben, so bin ich andererseits doch auf Grund der Beweisaufnahme im Wassmann-Prozeß und im Hinblick auf die Erklärung der Höchster Farbwerke in der Presse zu der Überzeugung gekommen, daß ich nicht in der Lage bin, meine Anschuldigungen weiter aufrecht zu erhalten. Ich sehe mich daher gezwungen, die nachstehende Erklärung abzugeben:

1. Ich bedaure, die Mitteilung weiter verbreitet zu haben, daß die Höchster Farbwerke, um vorteilhafte Sachverständigen-Gutachten über das Salvarsan zu erlangen, den Ärzten für Abgabe günstiger Atteste hohe Honorare zugesichert hätten. Ich erkenne an, daß nicht eine einzige gutachtliche Publikation unter Beeinflussung der Höchster Farbwerke entstanden ist und daß für keine einzige solche Publikation eine Honorierung erfolgt ist.

2. Ich bedaure, die Mitteilung weiter verbreitet zu haben, daß die Höchster Farbwerke dem »Matin« ein Schweige-

geld von 400 000 Franken bezahlt hätten, damit er seine Angriffe gegen das Salvarsan einstelle. Ich erkenne an, daß die Höchster Farbwerke weder dem »Matin«, noch sonst einer inländischen oder ausländischen Zeitung jemals auch nur den geringsten Betrag zum Zwecke der Verhinderung ungünstiger Berichte über das Salvarsan bezahlt haben.

3. Ich bedaure, die Höchster Farbwerke sowohl in der Presse wie auch in der bekannten Frankfurter Börsen-Versammlung angegriffen zu haben. Ich erkenne an, daß die Mitteilungen, auf denen meine Anschuldigungen beruhten, sich als unwahr herausgestellt haben. Ausdrücklich stelle ich fest, daß es mir fern gelegen hat, die Höchster Farbwerke in irgend einer Form zu beleidigen oder zu verleumden.

Heinrich Müller.

Häufig freilich sind es keine wissenschaftlichen Argumente, die gegen Ehrlich und das Salvarsan vorgebracht werden. So haben zum Beispiel manche kritische Stimmen, die in Frankreich laut werden, spezielle Gründe. Dort hatte man unter dem Einfluß der Pasteurschen Schule gehofft, einen Impfstoff gegen die Syphilis schaffen zu können. Und das wäre nicht nur ein wissenschaftlicher, sondern auch ein nationaler Triumph gewesen.

Eine französische Zeitung, »Le Journal«, hat derlei Hintergründe auch ungeniert ausgesprochen und Ehrlich verteidigt: »Wenn die Gegner fragen: gibt es keine französischen Mittel gegen die Syphilis, darf man die Gegenfrage stellen: hat man je die Impfung nach Jenner abgelehnt, weil es ein englisches Mittel ist? Sollen die Kranken ein französisches Mittel, das nicht hilft, einem deutschen vorziehen, das hilft?«

SECHSTER TEIL

Das Leben neigt sich . . .

Bald nach seinem 60. Geburtstag geht es mit Ehrlichs Gesundheit bergab. »Er bat mich schon frühzeitig öfters um ärztlichen Rat wegen kleiner Unstimmigkeiten des Gesundheitsgefühls«, schreibt der Internist Professor Carl von Noorden in seinen unveröffentlichten Erinnerungen. Noorden, vor allem auf Stoffwechselerkrankungen spezialisiert, ist mit Ehrlich schon seit vielen Jahrzehnten bekannt.

Im kleinen Arbeitszimmer des Instituts untersuchte Noorden seinen berühmten Patienten. Noorden wurde stets streng verpflichtet, niemandem darüber etwas zu sagen. »Wir kamen bald auf die Belastung durch die vielen großen und langandauernden Gesellschaften zu sprechen, die zweifellos damals die wesentliche Ursache der kleinen Unstimmigkeiten waren, freilich vergesellschaftet mit übertriebenen Rauchschwaden schwerer Havanna-Zigarren.«

Noorden meint, Ehrlichs weiches Gemüt sei nicht imstande gewesen, sich dem Ansturm der »Frankfurter Großgeselligkeit« zu entziehen. Er litt schwer darunter. Gesellschaftlich ungewandt, hatte er sich anfangs ohne zu klagen gefügt, wurde sich aber nicht dessen bewußt, daß dies zu lawinenartigem Anschwellen der Anforderungen und Verpflichtungen führte.

Ehrlich klagte: wenn er einmal eine Einladung ablehne, würden er oder seine Frau persönlich bestürmt, er müsse kommen; man flehe darum, und dann habe er nicht das Herz, die Leute zu kränken.

Seine Frau bedrängte ihren Mann seit Jahren, stärker auf seine Gesundheit zu achten. Auch sein schon 1904 verstorbener Vetter und Freund, Carl Weigert, hat früher Ehrlich in diesem Sinne zu beeinflussen versucht. Weigert selbst hat nicht geraucht und an alkoholischen Getränken nur genippt. »Da sieht man, wohin solche Abstinenz führt«, hat Ehrlich scherzend zu Noorden gesagt, als ihm dieser die Havannas verbieten will. Schließlich kann es Ehrlich selbst nicht mehr länger ignorieren: seine Gesundheit läßt bedenklich nach; er leidet an Diabetes, dazu kommt eine Arteriosklerose. Die schwere psychische Belastung durch den Salvarsankampf wirkt sich nun auf ihn auch physisch aus.

Dennoch versucht Ehrlich die Leitung seiner beiden Institute fest in den Händen zu halten und sich vor allem um die weitere Verbesserung des Salvarsans – jetzt meist »Alt-Salvarsan« genannt – und des Neosalvarsans zu kümmern. Da oder dort vermag er den Weltruhm, den er genießt, auch zur Förderung anderer wissenschaftlicher Forschungsstätten oder einzelner vielversprechender Persönlichkeiten zu nutzen. Es bleibt nicht aus, daß bei dem Gerangel um die Besetzung von medizinischen Lehrstühlen von allen möglichen Beteiligten sein Rat oder seine Unterstützung erbeten wird. Entscheidungen, die Ehrlich sehr schwerfallen, denn er ist mit seinem Urteil außerordentlich vorsichtig und will zudem niemand wehetun.

Andererseits ist er in diesen Fragen keineswegs so weltfremd, wie er gelegentlich dargestellt wird. Er weiß aus langer Erfahrung, daß es auch in der Wissenschaft nicht ganz ohne taktische Winkelzüge abgeht und daß Freunde und Helfer mit Gegenleistungen belohnt werden müssen.

Der Gang im Speyer-Haus, der zu Ehrlichs Zimmer führt, ist fast jeden Tag voll von Besuchern. Es warten Syphilis-Kranke, die sich nur mehr von Ehrlich selbst Hilfe erhoffen, häufig aber auch medizinische Kollegen, die sich einmal mit dem berühmten Mann unterhalten haben wollen. Ehrlich ist zu gutmütig, um jemand einfach wieder fortzuschicken. Aber er verliert durch derlei Gespräche natürlich wertvolle Zeit.

Wie man Besucher wieder los wird ...

Bleibt ein Besucher zu lange, dann gibt es freilich Tricks, um sein Verweilen etwas abzukürzen. Ehrlichs Freund August von Wassermann verriet einen von ihnen: »Da hatte Ehrlich oft die lustigsten und die unschuldigsten Mittel, um zu seiner Arbeit zu kommen. So erinnere ich mich, daß eines schönen Tages ein russischer Gelehrter in das Laboratorium kam und gar zu lange blieb; man sprach über die Verwandtschaft von Farben zu bestimmten Zellen. Ehrlich sah mehrere Male ungeduldig nach der Uhr; alles nutzte nichts. Da nahm er ein Organ, das kurz vorher mit Fluorescin gefärbt war. Es ist dies eine Farbe, die noch in der undenkbarsten Verdünnung dem Wasser eine schillernde Farbe verleiht. Ehrlich gab das Organ dem Besucher und sagte: ›Damit Sie sich einen Begriff von der chemischen Verwandtschaft derartiger Farben machen, gehen Sie nun in den Nebenraum und waschen Sie das Organ so lange aus, bis keine Farbe mehr abgeht‹.«

Ehrlich und Wassermann hörten daraufhin ein »stundenlanges Rauschen des aufgedrehten Hahns, hatten aber Ruhe, bis der Gast zurückkam und erklärte, daß er seine Bemühungen aufgeben müsse und Abschied nahm«.

Gelegentlich, besonders wenn es sich um unerwünschte Verwaltungsbürokraten handelte, wurden angeblich im Labor auch übelriechende Dämpfe erzeugt, um die Besucher »in die Flucht zu schlagen«.

Ehrlich und der Gründer Israels

Im März 1914 erhielt Ehrlich den Besuch eines jüdischen Chemikers, der zwar aus Rußland stammte, aber sehr geläufig Deutsch sprach. Es handelte sich um Dr. Chaim Weizmann, damals Führer der zionistischen Bewegung, später Begründer und erster Präsident des Staates Israel.

Weizmann war um jene Zeit intensiv mit den Vorbereitungen zur Gründung einer hebräischen Universität in Jerusalem beschäftigt. Baron Edmond Rothschild in Paris, ein großer Förderer Weizmanns, war bereit, die Sache zu unterstützen, wenn es Weizmann gelang, Paul Ehrlich als Vorsitzenden des Universitäts-Komitees zu gewinnen.

Die Universität, über die Weizmann mit Ehrlich sprach, wurde erst 1925 errichtet, nachdem im Krieg der Grundstein gelegt worden war. Im Sommersemester 1927 hat Ehrlichs Schwiegersohn, Professor Edmund Landau, dann wirklich Vorlesungen an der Hebräischen Universität gehalten.

Am Vorabend des Krieges

Ende Juni verbringt Ehrlich ein paar Tage in Salzburg im »Europäischen Hof«. Anschließend ist ein längerer Urlaub geplant. Er fährt, wie so oft, wenn er nicht zu lange und zu weit dem Institut fernbleiben will, nach Baden-Baden. In diesem weltberühmten Kurort trifft sich die Welt des Hochadels, des Reichtums, der Politik – in manchen Sommermonaten weilen in Baden-Baden mehr russische Großfürsten und französische Diplomaten und Finanzmagnaten als in Moskau oder Paris. Obzwar Ehrlich für mondäne Genüsse nicht empfänglich ist, schätzt er den Ort wegen seines Klimas und seiner vorzüglichen Hotellerie. Er bevorzugt dabei nicht das konservative Hotel Meßmer, in dem einst Jahr für Jahr Wilhelm I. abzusteigen pflegte, sondern das »Holland-Hotel« mit seiner schönen Terrasse und dem großen Park.

Diesmal fühlt sich Ehrlich allerdings nicht so wohl wie sonst. Die erhoffte leichte Erholung will sich nicht einstellen. Ehrlich weiß natürlich nicht, wie ernst es um ihn steht. Wie nicht selten bei bedeutenden Medizinern sind sie, wenn es um die eigene Diagnose geht, von erstaunlichem Euphemismus. Immerhin macht Ehrlich am 21. Juli sein Testament. »Ich ernenne«, so schreibt er, »meine geliebte Frau Hedwig, geb. Pinkus, zur unbeschränkten Alleinerbin.«

Weiter verfügt Ehrlich: »Es soll durch diese Bestimmung alles umfaßt werden, was an Grundvermögen (Haus), Einrichtungen und Kapitalvermögen zeitweilig vorhanden ist. Zu dem aus dem Salvarsan erhältlichen Gewinn soll die im laufenden Todesjahr erzielte Gewinnsumme zugeschlagen werden. Dagegen soll meine Frau von der Salvarsangewinnsumme folgende Legate und Stiftungen abgeben:

1. 10 000 M an die Universität Göttingen
2. 10 000 M an meine Geburtsstadt Strehlen i/Schles.
3. 1500 M laufend pro anno an meine Sekretärin Martha Marquardt,
4. 750 M laufend pro anno an Institutsportier Wilhelm Kadereit,
5. Soll aus der Salvarsangewinnsumme weiter eine Hedwig-Paul-Ehrlich-Stiftung in Höhe von 200 000 M abgezweigt werden, deren Zinsen den Mitgliedern der Familie Ehrlich zukommen sollen. Für die ersten 5 Jahre soll die Familie Knoche bedacht werden, die spätere Verteilung der Zinsen soll meiner Frau überlassen werden.
In Betreff der in der Zukunft noch zu erwartenden Salvarsangewinne (exclusive der in das Todesjahr fallenden) bestimme ich, daß von der Gewinnsumme jährlich 10 000 M vorerst meiner Frau zugeteilt werden und der Rest gleichmäßig zwischen meiner geliebten Frau und meinen teuren Töchtern, Frau Kommerzienrat Stefanie Schwerin in Breslau und Frau Marianne Landau in Göttingen geteilt werden.«
Soweit das Testament.
Die Versorgung seiner Mitarbeiter geschah durch die vertraglichen Regelungen des Speyer-Hauses. So erhielt zum Beispiel S. Hata mehrere Jahre lang 10 000 Mark für seine Beteiligung am Salvarsan. Auch Ludwig Benda und Alfred Bertheim hatten aus den Salvarsan-Gewinnen ihren Anteil bekommen.

Europa taumelt in den Krieg

Der politische Himmel ist in jenen Julitagen 1914 tief bewölkt. Am 28. Juni sind in Sarajewo der österreichische Thronfolger Erzherzog Franz Ferdinand und seine

Gemahlin von serbischen Terroristen ermordet worden. Österreich, durch das Bündnis mit Deutschland abgesichert, verlangt Wiedergutmachung, stellt ein Ultimatum. Serbien wiederum wird durch starke panslawische Kräfte in Rußland gestärkt. Rußland selbst vertraut im Falle eines Krieges auf sein Bündnis mit Frankreich, und Frankreich rechnet fest mit Englands Hilfe.

Wilhelm II., der so häufig bramarbasierende Kaiser, in Wirklichkeit alles andere als kriegslüstern, versucht im letzten Augenblick, Österreich zu behutsamem Vorgehen gegenüber Belgrad zu gewinnen. Doch die Entwicklung ist schon nicht mehr aufzuhalten, Österreich hat Serbien den Krieg erklärt, die Welle der Mobilmachungen rollt über Europa hinweg.

Ehrlich in Baden-Baden glaubt nicht an einen europäischen Krieg. Militärische Auseinandersetzungen erscheinen ihm »mittelalterlich«, sie haben in einer Welt, in der sich die Menschen zur Vernunft, zur Anständigkeit und zum zivilisatorischen Fortschritt bekennen, nichts mehr zu suchen. Schon den Krieg von 1870/71, von dem ihm sein Vetter Weigert viel erzählte, hat er für ein Unglück gehalten. Für den schändlichen Mord an dem Thronfolgerpaar muß man andere Möglichkeiten der Genugtuung finden. Daß es in dieser Welt genügend Staatsmänner gibt, die unter Berufung auf »nationale Interessen« das Schicksal von Millionen von Menschen aufs Spiel setzen, ist für Ehrlich unbegreifbar.

Es geht ihm bei solchen politischen Überlegungen wie mit seinem Verhältnis zu einzelnen Menschen. »Wenn einer nicht schon von Natur aus anständig ist«, so sagt Ehrlich einmal zu seinem Freund Wassermann, »dann sollte er es wenigstens aus Vernunft sein.«

Doch am 1. August »gehen in Europa die Lichter aus«, wie es der englische Außenminister Sir Edward Grey formuliert; die Regierungen Europas taumeln in den Krieg, den so recht keiner gewollt hat, den nur unglaublicher staatsmännischer und diplomatischer Dilettantismus nicht zu verhindern gewußt hat. Als der frühere Reichskanzler Fürst Bülow seinen Nachfolger, Herrn von Bethmann Hollweg, wenige Tage nach Kriegsausbruch trifft und ihn fragt: »Wie ist denn das alles gekommen?«, zuckt der Kanzler ratlos die Schultern: »Ach, wenn das jemand wüßte!«

Bei der breiten Bevölkerung auf beiden Seiten ist die Begeisterung ungeheuer. Blumengeschmückt, von Frauen und jubelnden Kindern begleitet, ziehen die Soldaten zu den Bahnhöfen. Es ist überall das gleiche Bild. Auch in Baden-Baden, wo die Hotels plötzlich leer geworden sind, sieht man statt eleganter Damen und französischer Rennstallbesitzer nur mehr Feldgrau . . .

Der Reichstag billigt mit den Stimmen der Sozialdemokraten am 4. August die Kriegskredite. Wilhelm II. spricht vom Balkon in Berlin die berühmten Worte: »Ich kenne keine Parteien mehr, ich kenne nur noch Deutsche.« Weihnachten bereits, so steht es an den Zügen, die nach dem Westen rollen, hoffen Deutschlands Soldaten nach dem siegreichen Krieg wieder zu Hause zu sein. Die Franzosen und Briten rechnen sogar nur mit einem Krieg von wenigen Wochen.

Ehrlich fährt von Baden-Baden zurück nach Frankfurt. Obwohl er fest davon überzeugt ist, daß dieser Krieg dem Reich aufgezwungen worden ist, so hat ihn doch sein Ausbruch zutiefst entsetzt. »Das kann nicht gut ausgehen«, vertraut er seinen Bekannten an.

»Deutschland hat ein gutes Gewissen«

Auf der anderen Seite besitzt Ehrlich, sowenig er sich zeit seines Lebens mit der Politik beschäftigt hatte, durchaus patriotisches Gefühl: In einem seiner letzten Briefe – er stammt vom 28. Juni 1915 und ist an einen Kollegen in Spanien gerichtet – wird diese Einstellung deutlich: »Außerordentlich glücklich bin ich über das tiefe Verständnis, welches Sie der jetzigen Zeitlage entgegenbringen. Auf jeden Fall hat Deutschland ein gutes Gewissen.«

Einen der engsten Mitarbeiter verliert Ehrlich schon in den ersten Kriegstagen: Alfred Bertheim. Nicht auf dem Schlachtfeld, sondern im Quartier in Berlin hatte sich der Reserveoffizier Bertheim, als er eine Treppe hinuntereilen wollte, mit den Sporen seiner Stiefel verfangen, war tödlich gestürzt. Ehrlich widmet dem »treuen, hochgeschätzten Kameraden« einen warmherzigen Nachruf in der »Frankfurter Zeitung«. »Von der Auffindung der chemischen Konstitution des Atoxyls, dem Grundstein des sich anschließenden neuen Aufblühens der Arsenchemie, ist Alfred Bertheim bis zu seinem jähen Ende an meiner Seite gewesen. Ihm gebührt das Verdienst, die chemische Synthese des Salvarsans ausgeführt zu haben, und so wird sein Name mit der Auffindung dieses für die praktische Medizin bedeutsamen Heilmittels unauslöschlich verbunden sein.«

In den »Feindstaaten« erkennt man im übrigen schon in den ersten Kriegswochen, wie abhängig man von den Produkten der deutschen chemischen und besonders der pharmazeutischen Industrie ist. Schon am 28. August werden deshalb in England die gesetzlichen Grundlagen dafür geschaffen, die deutschen Patente bei besonders notwendigen Erzeugnissen außer Kraft zu setzen. Der engliche »Board of Trade« wird ermächtigt, auf Antrag Patente und Handelsmarken aufzuheben, wenn Firmen die Ausnutzung deutscher Erfindungen für wünschenswert und notwendig halten.

»Unter denjenigen Werken«, so schreibt der Chefredakteur der Deutschen Medizinischen Wochenschrift, Professor Schwalbe, am 22. Oktober 1914, »die mit der nötigen Skrupellosigkeit ausgerüstet sind, hat sich alsbald die auch den deutschen Ärzten wohlbekannte Firma Bourroughs, Wellcome & Co. erhoben und sich zunächst auf das zur Zeit vielleicht wertvollste pharmazeutische Handelsobjekt, das Salvarsan, geworfen. Die Firma hat den Antrag gestellt, daß ihr auf das Patent der Höchster Farbwerke Lizenz gegeben und das Recht, ihre Produkte unter dem Namen Salvarsan und Neosalvarsan zu verkaufen, eingeräumt werden solle ... Man sieht, das Leitmotiv englischer Ethik in Theorie und Praxis ›Right or wrong – my country‹ hat durch den Krieg eine umfassende Erweiterung erfahren. Man weiß – und Paul Ehrlich hat es ... eingehend geschildert – welche Schwierigkeiten die einwandfreie Herstellung des Salvarsans verursacht und welche eindringende Sachkenntnis und praktische Übung zu ihrer Überwindung nötig ist. Solche Fähigkeiten lassen sich nicht ›kriegsmäßig‹ erwerben. Sollte die Londoner Firma wirklich die Fabrikation des Salvarsans unternehmen, so werden wahrscheinlich die durch ihr Fabrikat hervorgerufenen Schädigungen der Engländer als eine neue ›englische Krankheit‹ eine ständige Rubrik in der englischen Literatur bilden.«

Sorgen um das Salvarsan

Dieser Kommentar seines Freundes Schwalbe war sicherlich ganz im Sinne Ehrlichs. In seinem Schriftwechsel mit den Farbwerken Hoechst kehrt immer wieder die Sorge hervor, daß sein Salvarsan durch unzulängliche ausländische Nachahmer und Zwangslizenzhersteller zu Schädigungen der Patienten führen und so schließlich zu Einbußen seines Rufes kommen könne.

Sorgfältig untersucht Ehrlich deshalb jede Probe des englischen Salvarsans, von dem er gelegentlich einige Ampullen auf dem Umweg über die Schweiz erhält. Sie fallen keineswegs zu seiner Zufriedenheit aus.

In den Vereinigten Staaten, wo es mit der Versorgung mit Salvarsan der englischen Seeblockade wegen schlecht aussieht, macht man sich schon sehr frühzeitig Gedanken über den Aufbau einer eigenen Produktion. Dies soll allerdings mit Ehrlichs Hilfe geschehen. Schon am 27. April 1914 schreibt der berühmte kanadisch-amerikanische Kliniker William Osler an Ehrlich: »Dear Ehrlich, do you think it would be possible to arrange the manufacture of Salvarsan in the United States under your direction? I have letters and have been asked to communicate with you through the American Ambassador in Berlin. Perhaps Flexner has already communicated with you. No doubt the Rockefeller Institute would undertake the control, and arrange that your financial interests were protected.«

Die weiteren Kriegsereignisse haben diese fairen Pläne durchkreuzt. Die Reichsregierung hatte ein Verbot zur Ausfuhr von Salvarsan erlassen, das auch für neutrale Länder galt. Das brachte es mit sich, daß der Aufbau von Salvarsan-Produktionen in allen Ländern mit der mangelnden Versorgung leicht begründet werden konnte.

Ehrlich setzte sich deshalb sehr stark für die Aufhebung dieses Ausfuhrverbots ein. »Am gefährlichsten sieht die Sache natürlich in Amerika aus«, schreibt Ehrlich am 4. Februar 1915 an Hoechst: »Wenn auch dort glücklicherweise durch Ihre Vorsicht ein größerer Vorrat jetzt vorhanden ist, so daß für die nächsten Monate keine Not besteht, so würde doch später, bei weiterem Andauern des Verbots, ein Zeitpunkt kommen können, wo Salvarsan-Mangel eintritt, und dann würden die Amerikaner – davon bin ich fest überzeugt, die Gelegenheit mit Freuden benützen, um das Vorgehen Englands nachzumachen, unter der Angabe, daß das Salvarsan ein unentbehrliches Arzneimittel darstelle und daher, da die Firma außerstande sei, dauernd zu liefern, das Land selbst für die regelmäßige Herstellung sorgen müsse.«

Genauso, wie Ehrlich es befürchtete, ist es dann auch gekommen. Die Amerikaner beriefen sich später auf eine Notlage – William Oslers zuerst so faire Pläne waren vergessen – und errichteten eigene Salvarsan-Produktionen. Schließlich erfährt Ehrlich im Mai 1915, daß auch Japan eine eigene Salvarsanproduktion aufbaut. Sein alter Mitarbeiter Hata hat dazu den Auftrag erhalten. Etwas resigniert schreibt Ehrlich am 29. Mai nach Hoechst: »Ich erlaube mir, Ihnen die Abschrift eines heute eingetroffenen Briefes von Dr. Hata einzusenden . . . Hata hat eigentlich immer guten Willen gezeigt und sich sehr um Salvarsan bemüht; aber er ist jetzt in einer sehr schwierigen Situation, da er offenbar einen Regierungsauftrag erhalten hat.«

»Auf jeden Fall ist die Salvarsansachlage durch den Krieg sehr kompliziert und auch sehr ungünstig geworden. Jetzt werden die Japaner ihr Salvarsan selber machen und möglichst billig abgeben, und auch nach Friedensschluß wird es bei der Preisdrückerei bleiben. Aber schließlich kann man nicht viel dagegen machen. – Ich fürchte sehr, daß auch Amerika dazu übergehen wird, nächstens Salvarsan herzustellen unter dem Vorwande, daß man das Präparat von Höchst nicht bekommen kann und bei der Unentbehrlichkeit des Mittels gezwungen sei, die Herstellung selbst zu übernehmen ...«

Ehrlich und sein »elender Appetit«

Im Winter 1914 ist Ehrlich in einem besonders schlechten Zustand. Er kann das Haus fast nicht mehr verlassen. Zu seinen eigentlichen Krankheitsbeschwerden kommt eine chronische Appetitlosigkeit. Für Frau Ehrlich wird es immer schwieriger, ihren Mann zu bewegen, wenigstens ein paar Bissen zu essen.

Am 5. Oktober 1914 schreibt Ehrlich an Dr. Ammelburg von Hoechst: »Darf ich Sie vielleicht bitten, mir freundlichst etwas Literatur über Erepton einzusenden. Bei meinem elenden Appetit würde ich sehr gern wissen, ob man Erepton zweckmäßig auch per os nehmen kann. Mit bestem Dank und freundschaftlichen Grüßen.«

Schon am nächsten Tag antwortet Ammelburg und schickt Ehrlich einige Unterlagen über Präparate, die zur Deckung des menschlichen Eiweißbedarfs dienen. Über Erepton berichtet Ammelburg, daß es sich durchaus per os nehmen läßt und es, ohne den Stickstoffwechsel zu belasten, gut resorbiert wird.

Ehrlich unterhält sich jetzt viel mit seiner Frau über die ersten Jahre ihrer Ehe in Berlin und über die Ägyptenreise, der einzigen, bei der keine beruflichen Verpflichtungen auf dem Programm standen. Hocherfreut ist Ehrlich auch jedesmal, wenn eine seiner Töchter mit den Enkeln zu Besuch kommt.

Leider findet er sich in den stillen Tagen im Winter 1914/15 nicht bereit, die Geschichte seines Lebens zu schreiben, obwohl er viel von einzelnen Ereignissen berichtet. »Ich habe es«, so scherzt Ehrlich im Gespräch, »eben auch viel schwerer als Goethe. Mir fehlt der Eckermann, um meine Gedanken aufzuzeichnen.«

Mit Dr. G. L. Dreyfus von der von Ehrlich ganz besonders geschätzten »Münchner Medizinischen Wochenschrift« plaudert Ehrlich in jenen Tagen über seine ersten Jahre in Berlin. »Mit größter Anschaulichkeit«, so schreibt Dreyfus, »und Erinnerungstreue erzählte er von dem Anfang seiner wissenschaftlichen Laufbahn, von der Assistentenzeit in der Charité, von den Arbeiten in Berlin am Lützowufer in dem kleinen Privatlaboratorium. Das sei die einzige Zeit gewesen, wo er wirklich *gearbeitet* habe. Zu dieser Zeit war er so versunken in seiner geistigen Welt, daß er glaubte, nichts könnte ihn ablenken. Als aber eine schwere Erkrankung ihn bedrohte, riß er sich von allem los und lebte über ein Jahr nur seiner Gesundheit. Er vermochte es tatsächlich, alle Wissenschaft für so lange beiseite zu lassen. Er fühlte damals selbst, wieviel er noch zu geben hatte, daß ein Schaffen nach seiner Art nur möglich war, wenn er ohne Rücksicht auf seinen Körper ganz seinen wissenschaftlichen Ideen nachgehen konnte. Und wie sehr kam sein Körper bei der geistigen Betätigung zu kurz. Mit unaufhaltsamer Notwendigkeit mußte dieser nie ruhende Geist seinen Körper vor der Zeit verbrauchen ...

Es machte ihm im vergangenen Winter die größte Freude, fast fortlaufend von seinem Werdegang zu erzählen. Bei solchen Einblicken in die wissenschaftliche Werkstätte dieses Mannes erkannte man deutlich, daß das Erfassen größter Probleme dem genialen Wissenschaftler

wie selbstverständlich als reife Frucht in den Schoß
fällt . . .«

»Sinn nur für Kleinnatur«

Stundenlang sitzt Ehrlich im Frühjahr 1915 im weißen
Korbstuhl auf der Terrasse des Gartens, der sich auf der
Rückseite des Hauses in der Westendstraße befindet.
Von hier aus beobachtet er eine kleine Eberesche, die sich
auf dem absterbenden Stamme einer Pappel entwickelt
hat. Jeder Vogel, jeder Käfer oder jedes Insekt im Garten
fesselt seine Aufmerksamkeit. In seinen biografischen
Aufzeichnungen hat Ehrlich zu diesem Punkt notiert:
»Natursinn nur für Kleinnatur. Tierfreund.« Schönen
Landschaften etwa konnte Ehrlich nach eigenem Zeugnis
nur schwer etwas abgewinnen.
Auch Besucher, die ihn zu einem netten Plausch animie-
ren, sind ihm meist willkommen. Für einige Minuten
kann er sogar dem Bericht über eine kleine Einladung von
Freunden oder einer Verlobungsfeier Interesse abgewinnen.
Fast täglich richtet er noch ein Schreiben und Anfragen
an Hoechst. Im Februar 1915 ist das Salvarsan-Natrium
den Ärzten übergeben worden, und Ehrlich wartet auf die
ersten Reaktionen. Immer wieder bittet er Hoechst auch
um die Abgabe von Gratisampullen der Salvarsane für
seine wissenschaftlichen Freunde in aller Welt, obwohl
die Ausfuhr in zahlreiche Länder einschneidenden Aufla-
gen unterworfen oder ganz verboten ist.
Aber Ehrlich kann nun einmal schlecht Bitten abschla-
gen, die ihm – abgesehen von wissenschaftlichen Not-
wendigkeiten – in reicher Zahl ins Haus flattern. Es sind
mitunter ganz unverhüllte Schnorr-Briefe dabei, und

Frau Ehrlich kann ihren Mann nur mühsam davon abbringen, selbst in solchen Fällen noch in die Tasche zu greifen . . .

Große Männer – Romantiker oder Klassiker

Gelegentlich liest Ehrlich in dem Buch von Wilhelm Ostwald, das er seit Jahren besitzt und sehr ideenreich findet. Es heißt »Große Männer«, im Untertitel: »Studien zur Biologie des Genies«.

Der Chemiker Ostwald untersucht anhand des Lebens und Werkes von berühmten Naturwissenschaftlern wie Humphry Davy, Julius Robert Mayer, Michael Faraday, Justus Liebig, Carl Gerhardt oder Hermann Helmholtz die Bedingungen und Umstände, aus denen sich die großen Männer entwickeln, wie auch die Zeitdauer ihrer höchsten Produktivität. Er unterscheidet dabei, je nach dem Tempo des »geistigen Pulsschlags«, zwischen »Romantikern« und »Klassikern«.

Zu den »Romantikern« gehören die reaktionsschnellen, sehr rasch produzierenden Wissenschaftler. Kennzeichen für die »Klassiker« ist, daß sie langsam arbeiten, verschlossener sind und im allgemeinen nicht gerne ihr Lehramt ausüben. Zu den Romantikern rechnet Ostwald die Chemiker Jacob van't Hoff und vor allem Justus Liebig; zu den Klassikern Hermann Helmholtz, Michael Faraday und Julius Robert Mayer.

Romantiker sind nach Ostwald Männer, die eine Wissenschaft revolutionieren. Klassiker bringen solche Wirkungen gewöhnlich nicht unmittelbar hervor, obwohl eine grundlegende Umwendung recht oft die Folge ihrer Arbeit ist. Demgemäß wird auch eine Wissenschaft um so mehr Raum für die Tätigkeit der Forscher vom romantischen Typ lassen, je *jünger* sie ist und je stärkere Wandlungen sie daher noch durchzumachen hat, bevor sie zu ihrer dauerhaften Form gelangt ist.

Die Arbeitsweise des Romantikers führt nach Ostwald dazu, daß bei ihm die Erschöpfungserscheinungen besonders »bald und besonders schwer auftreten werden. Sie sind aber keineswegs auf diesen Typ beschränkt, denn sie hängen außerdem noch von vielen anderen Umständen ab, wie Gesundheit, Umgebung, Anerkennung usw. Aber die große Reaktionsgeschwindigkeit verführt ihn besonders leicht zur Überspannung seiner Kräfte, zur Raubwirtschaft mit seiner Energie. So werden wir die Zusammenbrüche, welche vorübergehende oder zuweilen auch dauernde Unterbrechungen ihrer Betätigung hervorbringen, bei ihnen häufiger antreffen als bei den Klassikern, wenn sie auch bei diesen nicht fehlen.«

Wir wissen nicht, ob Ehrlich bei der Lektüre der Ostwaldschen Gedanken seine eigene Person einordnete, ob als Romantiker oder Klassiker. Die Nachwelt wird ihn wohl mehr zu den Romantikern zählen, ebenso wie übrigens Emil von Behring. Robert Koch zeigt statt dessen wesentliche Merkmale des Klassikers.

Ostwald, 1909 für seine Arbeiten zur chemischen Katalyse mit dem Nobelpreis für Chemie ausgezeichnet – er gilt als Begründer der modernen physikalischen Chemie –, war ein leidenschaftlicher Gegner des Schulsystems von damals. Es fordere zu lange Zeit und bevorzuge zu einseitig die philologischen Fächer. Es behindere geradezu die Entwicklung des genialen Romantikers, zu dessen hervorstechendsten Merkmalen die geistige Frühreife und Originalität gehören. Ehrlich glaubt – auch bei ihm selbst – an ein »Intelligenzmaximum in der Jugend«. Er urteilte zwar nicht ebenso scharf wie Ostwald, aber auch er war skeptisch gegenüber dem alten klassischen Gymnasium, obwohl er zeit seines Lebens seine große Vorliebe für die lateinische Sprache behielt. Wie berichtet, liebte er es, neue medizinische Begriffe in lateinische Form zu fassen. Man braucht nicht nur an sein chemotherapeutisches Leitprinzip zu denken »Corpora agunt nisi fixata«, an die »Therapia magna sterilisans« und an viele andere Formulierungen.

Eine neue Verbindung gegen Krebs?

Bei den chemischen Forschungen, denen sich Ehrlich noch widmet, interessieren ihn 1915 besonders die Selen-Derivate, die er Anfang Mai von Hoechst erhalten hat. Ehrlichs Freund, August von Wassermann, seit 1913 Direktor des Kaiser-Wilhelm-Institutes für experimentelle Therapie, hat noch vor dem Kriege eine Verbindung des Farbstoffs Eosin mit Selen erfolgreich gegen Krebszellen verwandt . . . »und es war auch für den Fachmann«, so hat 1912 Ehrlich in einem Vortrag über Chemotherapie festgestellt, »eine frappierende, a priori gar nicht vorauszusehende Tatsache, wie unter dem Einfluß des Eosinselens die rapide Verflüssigung des Tumorgewebes auftritt, an die sich die Resorption und Heilung anschließen«.

In seinem Vortrag, den damals der Kaiser durch Anwesenheit ausgezeichnet hatte, hatte Ehrlich weiter gesagt: »Das Interesse an diesem Gebiet ist mit Recht ein ganz eminentes, und wir sehen schon jetzt, daß möglicherweise bei der Tumorbekämpfung eine ganze Reihe verschiedener Substanzen, z.B. Radium, Cholin, Kieselsäure, Arsen, Mesothor u.s.w. eine elektive Zerstörung der Tumorzellen auslösen können. Wenn es sich auch im wesentlichen noch um Tierversuche handelt, so ist auf diesem so unendlich wichtigen Gebiet doch endlich ein Fortschritt in verschiedenster Richtung zu verzeichnen, so daß wir die Hoffnung hegen dürfen, daß es den vereinten Kräften in Zukunft gelingen wird, sei es mit isolierten, sei es mit Kombinationsmethoden, wirklich dieser Geißel Herr zu werden.«

Auch in den nächsten Jahren konnte mit komplexen Metallsalzen ebenfalls eine starke elektive Wirkung gegen Tumorzellen erzielt werden. Doch insgesamt waren Ehrlichs Hoffnungen auf diesem Gebiet verfrüht. »Krebs ist zu schwer«, hat er einmal zu Georg Schöne gesagt.

Völlig wiederum hatte Ehrlich den Kampf gegen den Krebs freilich nie aufgegeben. Jetzt allerdings, bei seinen letzten Arbeiten im Frühjahr 1915, will Ehrlich bei den ihm von Hoechst übersandten Selen-Präparaten in erster Linie feststellen, wie sie auf Spirochäten und Trypanosomen wirken. »Ich fürchte sehr«, schreibt er am 20. Mai nach Hoechst, »daß die Durchführung dieses Programmes durch die Kriegsverhältnisse für die nächsten Zeiten nicht möglich sein wird.« Einer der Mitarbeiter Ehrlichs, Dr. Ritz, befindet sich in der Schweiz, und Fräulein Leupold, eine der treuesten Gehilfinnen Ehrlichs in der biologischen Abteilung, ist seit Monaten krank.

Es fehlt an Forschern und an Versuchstieren

»Eine Erprobung beim Karzinom«, so berichtet Ehrlich weiter, »ist derzeit ausgeschlossen, weil ich noch keinen Nachfolger für Professor Apolant gefunden habe ...«

Professor Hugo Apolant, seit 1903 Leiter der Abteilung für Krebsforschung an Ehrlichs Institut, ist am 6. März 1915 im Alter von 49 Jahren gestorben. Ehrlich hat ihm einen ausführlichen Nachruf in der »Frankfurter Zeitung« gewidmet. Apolant hat nicht nur in der biologischen Krebsforschung Beachtliches geleistet. Er hat schon 1904 die Wirkung von Radiumstrahlen auf Krebs bei Mäusen erkannt.

Aber nicht nur an Forschern herrscht jetzt im Speyer-Haus ein großer Mangel. Es fehlen auch Versuchstiere, wie aus Briefen Ehrlichs im Frühjahr 1915 hervorgeht.

Mitarbeiter Ehrlichs – später Nobelpreisträger

Nach dem Tod von Bertheim ist jetzt der junge Chemiker Dr. Paul Karrer, als Sohn Schweizer Eltern 1889 in Moskau geboren, einer der wichtigsten Helfer Ehrlichs. Mit ihm und Dr. Bauer, einem anderen Chemiker, hat Ehrlich seit einigen Jahren verschiedene Metallverbindungen des Salvarsans bearbeitet. Paul Karrer war schon 1911 an das Speyer-Haus gekommen. Leider hat man es weder im Speyer-Haus noch bei Hoechst, mit dem Karrer auch einen Vertrag hatte, nach dem Tode Ehrlichs verstanden, ihn zu halten, als er 1918 einen Ruf als außerordentlicher Professor der Chemie nach Zürich erhielt. Seine späteren Arbeiten machen ihn berühmt. 1937 wird er für seine Vitaminsynthesen den Nobelpreis für Chemie erhalten.

Ehrlich hat über die Arseno-Metallverbindungen zum ersten Mal auf dem Londoner Kongreß im Sommer 1913 berichtet. Auch seine letzte, gemeinsam mit Karrer im Jahre 1915 verfaßte Arbeit beschäftigt sich mit diesem Thema. »Die Verbindungen mit dreiwertigem Arsenrest«, so stellen Ehrlich und Karrer in der Einleitung fest, »zeichnen sich bekanntlich durch ihren stark ungesättigten Charakter aus, der sie zu den verschiedenartigsten Reaktionen befähigt. Schon vor längerer Zeit haben wir beobachtet, daß solche aromatische Arsenverbindungen mit dreiwertigem Arsen auch die Fähigkeit besitzen, mit Salzen verschiedener Metalle zu komplexen Verbindungen zusammenzutreten, die durch ihre intensive Farbe und ihre große Beständigkeit charakterisiert werden. Der Gültigkeitsbereich dieser Reaktion ist sehr groß: er erstreckt sich einerseits auf alle Arsenoverbindungen, unter bestimmten Bedingungen auch auf verschiedene Arsenoxyde und Arsine, andererseits auf die Salze von Kupfer, Silber, Gold, Quecksilber, Palladium, Platin, Iridium, Ruthenium und Osmium.«

Besondere therapeutische Eigenschaften besaß – allem Anschein nach – das Arsenkupfersalz. Ehrlichs Nachfolger werden sich dann vor allem mit den Silberverbindungen des Salvarsans beschäftigen.

Die Arbeit über »Arseno-Metallverbindungen« ist Ehrlichs letzte, sie wurde von ihm noch abgeschlossen, bei ihrem Erscheinen in den Berichten der Deutschen Chemischen Gesellschaft ist der Forscher nicht mehr am Leben.

1915 sind die Hoffnungen auf ein baldiges Ende des Krieges sowohl in Deutschland als auch in den Staaten der Entente zusammengebrochen. Deutschland hat zwar in den ersten Kriegsmonaten militärisch große Erfolge erzielt, aber eine kriegsentscheidende Schlacht ist nicht gelungen. Die Verletzung der belgischen Neutralität hat schweren psychologischen Schaden angerichtet, vor allem in den Vereinigten Staaten, wie Ehrlich von vielen seiner Freunde weiß. Auch die Witwe seines Freundes Herter hat ihm darüber berichtet. Sie ist im übrigen auch sehr darüber verstimmt, daß Ehrlich bei Kriegsausbruch ein Manifest der deutschen Wissenschaftler und Intellektuellen unterzeichnet hat, in dem der Krieg als Deutschland aufgezwungen erklärt wird.

Frau Ehrlich wird deshalb von Mrs. Herter überraschend kühl aufgenommen werden, als sie eine Generation später, 1941, als Flüchtling vor den Nazis in den Vereinigten Staaten eintrifft.

Die Wissenschaftler sind isoliert

Infolge der englischen Seeblockade verschärft sich die Situation in der Heimat immer mehr. Kohlsuppen werden bald für nicht wenige Menschen zum Hauptnahrungsmittel. Der Krieg aber macht auch vor den Toren der wissenschaftlichen Institute nicht halt. Immer wieder muß Ehrlich Mitarbeiter an das Militär abgeben. Besonders leidet Ehrlich darunter, daß der freie wissenschaftliche Austausch über die Grenzen hinweg, der ihm Bedürfnis und lebenslange Gewohnheit war, nun fast völlig abgeschnitten ist.

Dabei hat er gerade jetzt noch so viele Pläne. »Wenn ich all die Ideen verwirklichen will, die ich auf meinen Blökken niedergelegt habe, kann ich ein Dutzend Chemiker ganz gut ein paar Jahre beschäftigen«, meint er. »Es wirkte unmittelbar erschütternd, aus dem Mund des genialen Mannes Zukunftspläne zu vernehmen, mit zu erleben, wie er bis zuletzt neue Bahnen wissenschaftlichen Denkens beschritt, und gleichzeitig zu wissen, daß die Verwirklichung seiner Pläne durch ein unerbittliches Geschick vereitelt wurde«, berichtet später ein Freund.

Als einer der letzten aus dem Kreis der wissenschaftlichen Freunde hat Paul Ehrlich wohl Dr. B. Laquer gesehen, sein einstiger Famulus an der Charité. »Als ich den Meister am 1. August das letztemal aufsuchte«, so schreibt Laquer, »leuchteten noch ein paar strahlende blaue Augen, das übrige war verfallen. Der jahrelange

Salvarsanfeldzug, der gewaltige Krieg mit seiner völligen Hemmung wissenschaftlichen Arbeitens und wichtiger internationaler Beziehung waren stärker als der zarte Körper des Gelehrten. Doch ging sein Wunsch in Erfüllung, ungebrochenen Geistes und in den Sielen zu sterben.« Mit Laquer hat Ehrlich einst, 1885, eine seiner früheren Arbeiten veröffentlicht, in der schon die Richtung der Chemotherapie aufgezeigt wird, Erfahrungen und Erfolge in der Behandlung des Abdominal-Typhus mit Thallin.

Ende Juli ist Ehrlich noch einmal in seinen beiden Instituten in Frankfurt gewesen. Seinem Faktotum Wilhelm Kadereit will dabei aufgefallen sein, daß der Geheimrat diesmal sehr lange den Blick durch sein Arbeitszimmer habe wandern lassen. Gleichsam als gälte es Abschied zu nehmen.

Letzte Tage in Homburg

Am 3. August 1915 fährt Ehrlich nach Bad Homburg. Seit er 1899 von Berlin nach Frankfurt übergesiedelt ist, war er fast jedes Jahr ein- oder zweimal in dem schönen Ort vor der Höhe, aus dem der französische Spielbankunternehmer François Blanc einen blühenden Kurort gemacht hat. Blanc, der später auch die Spielbank von Monte Carlo gründete, hatte nicht nur den Spielbetrieb in Homburg aufgebaut, sondern auch die Mineralquellen gepachtet und das erste Kurhaus bauen lassen. Kaiser Wilhelm II., Zar Nikolaus und viele Fürstlichkeiten weilten in den Jahren vor und nach der Jahrhundertwende regelmäßig in Homburg.

Wer wollte, konnte damals Jahr für Jahr im August um sieben Uhr morgens den Prince of Wales, den späteren

König von England, beobachten, wie er Ritters Parkhotel verließ und zum Mineralbrunnen spazierte. Da alle hohen Herren auch stets einen Teil ihres Hofstaates bei sich hatten, lebte man in Bad Homburg bald am besten in ganz Hessen.

Ein Kollege als Patient

Ein Verwandter Ehrlichs, der Arzt und Stoffwechselspezialist Dr. Curt Pariser, besitzt in Homburg, unmittelbar am Kurpark, ein herrliches Sanatorium mit einem 12 000 Quadratmeter großen Park. Ehrlich hat hier schon öfters ein paar ruhige Tage verbracht. Wie stets ist seine Frau bei ihm. Auch Ehrlichs Tochter, Frau Marianne Landau, weilt mit ihren Kindern in Homburg, in dem es seit Ausbruch des Krieges freilich an der alten »Pracht und Herrlichkeit« zu mangeln beginnt.

Ein paar Tage lang sieht es tatsächlich so aus, als bessere sich Ehrlichs Gesundheit ein wenig. Er ist fröhlich, scherzt mit den Enkeln, nimmt an der Mittagstafel des Sanatoriums teil, plaudert mit anderen Gästen, bewundert die Schwäne im Kurteich neben dem Sanatorium, macht Ausfahrten in die Homburger Umgebung. Frau Marquardt, seine Sekretärin, wird sogar zum Diktat bestellt.

Dann verschlechtert sich das Befinden plötzlich rapid. Das Ende zeichnet sich ab. Ehrlich selbst nimmt es nicht wahr. Zu einem Berliner Arzt, der zu ihm nach Homburg gekommen ist, flüstert er: »Mein lieber Freund, Sie haben mir so oft geholfen. Ich weiß, Sie werden mich auch jetzt wieder gesund machen.«

Am 17. August erleidet Ehrlich während der Nacht einen Herzanfall. Die Nieren beginnen den Dienst zu verweigern, es kommt zu urämischen Erscheinungen. Ehrlich verliert das Bewußtsein. Er stirbt am Nachmittag des 20. August 1915. »Es war ein sanfter, friedlicher Tod«, schreibt Frau Hedwig Ehrlich in einem Brief vom 26. Oktober an Mrs. Herter. »Bis zuletzt war mein Mann heiter, unterhaltend und geistig frisch. Das ist ja ein Trost, daß er ein so leichtes Ende hatte, aber wie vereinsamt bleiben wir alle zurück. Hundert und hundert Mal höre ich es immer wieder, daß er der beste, reinste Mensch war. Und doch hat er in den letzten Jahren so viel Anfeindungen und Erregungen zu ertragen gehabt, die seine Gesundheit untergraben haben . . .«

Ehrlich hatte sich einst selbst seine Grabstätte ausgesucht: sie ist im alten israelitischen Friedhof in Frankfurt, dem letzten Ruheplatz vieler jüdischer Geschlechter des alten Frankfurt, die viel zur Bedeutung der Stadt beigetragen haben.

Trauerfeier für einen Großen

Am 23. August 1915 wird Ehrlich auf dem Israelitischen Friedhof beigesetzt. Der Davidstern und ein Äskulapstab schmücken das Grab. Unter der großen Trauergemeinde steht Emil von Behring, Freund und manchmal auch Gegenspieler. Behring, im gleichen Jahr wie Ehrlich geboren, ist ebenfalls schon von schwerer Krankheit gezeichnet. Er hat eine lange, sehr schöne Rede ausgearbeitet, am Grabe aber ist er nur fähig, ein paar Worte zu sagen: »Du hattest eine empfindsame Seele. Verzeih, wenn wir dir manchmal weh getan haben.«

Später, in dem veröffentlichten Nachruf, wird es heißen: »Mit dir, Paul Ehrlich, ist einer aus der Heroenzeit der experimentellen-therapeutischen Forschung dahingegangen, und außerdem ein König im Reiche der von dir

selbst begründeten Wissenschaft und ein Lehrer für unge-
zählte Forscher in aller Welt, die sich stolz als deine Schüler bekennen. Denn du hast Schule gemacht, wie kaum
einer vor dir, und bist zum Magister mundi in der medizinischen Wissenschaft geworden ... Jetzt kannst du aus-
ruhen von deinem mühevollen, aber segensreichen Lebenswerk, durch welches du eine für den Fortschritt des
menschlichen Wissens und Könnens wichtige Mission
erfüllt hast. Ave pia anima.«

Als Vertreter der jungen Frankfurter Universität ergriff
Prorektor Professor Panzer das Wort. Er sagte: »Ihren
berühmtesten Lehrer verliert unsere Hochschule in Paul
Ehrlich und mehr noch: einen ihrer Mitbegründer. So
darf er mit vollem Fug heißen. Denn selbst der einzigen
Tatkraft und Begabung eines Adickes hätte kaum gelingen mögen, eine Universität hier aus dem Boden zu
stampfen. Es war dafür jene stille wissenschaftliche
Arbeit nötig, wie sie in dieser Stadt lange vor der Begründung der Universität schon in so eigenartiger Weise geleistet ward. Unter den mancherlei Berühmtheiten aber, die
im vergangenen Jahrhundert in Frankfurt wirkten,
glänzte kein Name heller als der von Paul Ehrlich, ward
in keiner Anstalt bedeutendere Arbeit geleistet als im
Institut für experimentelle Therapie. Er bleibt unter uns,
als eine lebendige wissenschaftliche Kraft, als ein leuch-
tendes Vorbild reinsten wissenschaftlichen Strebens für
Lehrer und Lernende unserer Hochschule.«

»Er war ein Mann der Treue«

Vor Behring und den anderen hatte der liberale Rabbiner
Arnold Lazarus gesprochen, der in enger Verbindung
zum Hause Ehrlich stand. »Das deutsche Vaterland sieht

420

voll Stolz auf diesen Mann, der den Ruhm des deutschen Namens draußen in der Welt verbreitet hat. Aber über der Leistung und dem Erfolg des Mannes steht die deutscheste Kraft in ihm: die Treue. In ihr vor allem begegnet sich der Deutsche mit dem Juden. Paul Ehrlich war treu, weil er ein Deutscher war. Paul Ehrlich war treu, weil er ein Jude war und – blieb. Darum verehren die deutschen Juden ihn als einen, der ihnen vieltausendjährige Judentreue durch Wirkung und Wesen, durch Leistung und Leben fest im Deutschtum verankern half. ›Ein Mann der Treue, reich an Segen!‹ rühmt die Schrift. So hat Paul Ehrlich gelebt. Nein, so lebt er in unserer Erinnerung. So wird er fortleben im Gedächtnis der Zeiten und Völker.«
Es war eine sehr patriotische Rede und zugleich eine Danksagung an den Juden Ehrlich, der in einer Zeit, in der die Assimilierung des Judentums rasch voranschritt, dem Glauben seiner Väter treu geblieben war.

Der Gegensatz zwischen den verschiedenen Richtungen im deutschen Judentum war übrigens in keiner anderen Stadt so ausgeprägt wie in Frankfurt. Die jüdische Gemeinde hatte sich über die Frage des künftigen Weges des Judentums sogar gespalten. Es gab liberale Gruppen, die zur Assimilierung neigten und sogar den Sabbat abschaffen wollten, und im Gegensatz dazu die orthodoxen, die keine Revision der Überlieferung gestatteten. Dazu kamen die immer stärker werdenden Zionisten, die heim »ins gelobte Land« strebten. Sie wiederum, wie eben Chaim Weizmann, spöttelten über die »Kaiserjuden«, Albert Ballin, den Chef der Hapag, oder den Bankier Max Warburg, beide Freunde Wilhelm II. und in den Augen Weizmanns übersteigerte deutsche Patrioten.

Nicht nur die deutsche Presse widmet dem großen Forscher ehrenvolle Nachrufe. Obwohl sich die Völker in unerbittlichen »Stahlgewittern« gegenüberstehen,

schreibt die Londoner Times über den deutschen Forscher: »Er hat neue Tore ins bisher Unbekannte aufgesto-
ßen, und zu dieser Stunde ist die ganze Welt sein Schuld-
ner.« Das sind ebenso wahre wie noble Worte.

Schmähender Nekrolog in Frankreich

In Frankreich kann sich der »Figaro« leider nicht enthalten, seinem Nekrolog Gehässiges hinzuzufügen: »Ehrlich
hat sich im vorigen Jahr entehrt« so schreibt die Zeitung,
»als er das Manifest der deutschen Intellektuellen unter-
zeichnete, sollte die Reue über diese niedrige Handlung
sein Ende beschleunigt haben?«
Der »Figaro« schließt einen vom Haß des Krieges
beherrschten »Nachruf«: »Wie so viele andere Gelehrte
hat Ehrlich seine Methoden besonders auf französische
Entdeckungen angewendet, und seine Arbeiten haben nur
deshalb therapeutische Resultate ergeben, weil sie von
anderen Gelehrten, darunter in erster Reihe von französischen Ärzten, vervollkommnet worden sind.«
Ehrlich hatte sich zeit seines Lebens kaum mit Politik
beschäftigt. Er scheute es, so berichtete einer seiner
Freunde, sich über Gebiete zu äußern, auf denen er sich
nicht zu Hause fühlte. Er war indessen durchaus ein deutscher Patriot und davon überzeugt, daß der Krieg von
1914 dem Reich aufgezwungen worden sei. Er hielt den
Kampf zwar für ein Verhängnis, hoffte aber, daß er von
Deutschland siegreich beendet würde.
So schrieb er z.B. in einem Artikel zur Gründung der
Frankfurter Universität im Sommer 1914: »Während
draußen die Geschütze donnern und den nach langen
Segnungen des Friedens Deutschland aufgezwungenen
Kampf um die Existenz künden, wird in unserer Stadt

fern von den ringenden Heerscharen ein Werk des Friedens vollendet. Ein Werk des Friedens, das Zeugnis ablegt von dem Hochstand der Kultur einer altberühmten Metropole des Handels und der Industrie ...«

Behrings letzte Tage in Marburg

Emil von Behring war bei den Trauerfeierlichkeiten am Grabe Ehrlichs bereits schwer gezeichnet. Von 1907 bis 1910 war er wegen eines physischen und psychischen »Zusammenbruchs« in einem Krankenhaus in München, in der Klinik von Professor von Hoesslin, gewesen.

Später, 1914, hat er noch den Siegeszug seines Tetanus-Antitoxins in Form der prophylaktischen Injektion und die Diphtherie-Schutzimpfung mitgestaltet. Ebenso wie Koch blieb ihm auf dem Gebiet der Tuberkulose ein durchschlagender Erfolg versagt.

Nach dem Tod Paul Ehrlichs hat Behring noch das Hinscheiden seines Freundes Elias Metschnikoff erlebt. Metschnikoff starb am 15. Juli 1916. Der Krieg verhinderte Behrings Teilnahme an der Beisetzung des Mitbegründers der Immunologie.

Im Winter 1916 spürt Behring, daß auch sein Leben zu Ende geht: der körperliche Verfall, die schweren Depressionen steigern sich. Da kann auch das tägliche Schachspiel mit Dr. Magnus, dem späteren Direktor der Münchener chirurgischen Universitätsklinik, nicht mehr viel helfen. Mit Georg Magnus hat Behring in diesen Monaten viele tiefgehende Gespräche geführt. Als dem jungen Chirurgen am 28. März 1917 eine Tochter geboren wurde, sagte Behring: »Da kommt ein junges Leben, und hier geht ein altes.« Am nächsten Tag verschlechterte sich sein Zustand, und sein Internist Professor Gustav von

Bergmann diagnostizierte eine Lungenentzündung. Behring fühlte den Tod sehr deutlich kommen, er hat sich nicht vor ihm gefürchtet, aber auch nichts getan, um ihn zu beschleunigen, berichtet Dr. Magnus. Am 31. März 1917 schließlich, um acht Uhr morgens, schläft Behring friedlich ein. Er hatte dem Tod in den letzten Tagen ruhig entgegengesehen.

Bei der Beisetzung im Mausoleum, das sich Behring lange noch zu seinen Lebzeiten hatte bauen lassen, sagt Bergmann: »Wir sehen in Behring ein Leben in Anspannung aller Kräfte, Kampf bis zuletzt; geworfen, erhob er sich noch einmal, um unter Qualen zu sterben. Das Bild ist zu groß, um auf kleine Fragen zu antworten: was sagen die Studenten, was sagen die Kollegen! Aber ihm wirklich Nahestehende verehrten, liebten ihn . . .«

»Mögen die anderen, die draußen standen, nur eines fühlen – er war auf einem großen Gebiete der Wissenschaft, das geradezu sein Gebiet genannt werden darf, gigantisch wie ein Naturphänomen, das man erleben soll jenseits von Liebe und Haß.« Emil von Behring hat Paul Ehrlich nur um siebzehn Monate überlebt.

Frau Ehrlich verbringt nach dem Tode ihres Mannes einige Wochen in Wiesbaden im Hotel »Rose«. Zuerst sind ihre Töchter, dann ist ihre Mutter bei ihr. Erst danach geht sie in das Haus in der Westendstraße zurück, das nun so leer ist.

Die Inflation beraubt sie ihres beträchtlichen Vermögens. Da das Kuratorium und der neue Leiter des Speyer-Hauses, der 1918 von Zürich nach Frankfurt berufene Professor Wilhelm Kolle, im Jahre 1921 die Zahlungen aus der Salvarsanerfindung – sie betrugen fünfzehn Jahre lang durchschnittlich jährlich 600 000 Mark – nicht mehr länger leisten will, kommt es zu einer unschönen Auseinandersetzung vor einem Frankfurter Zivilgericht. Sie endet mit einem Vergleich: Danach erhält Frau Ehrlich zusätzlich zu ihrer staatlichen Witwenpension noch jährlich 5100 Mark vom Speyer-Haus.

Leider zerbricht über diesem finanziellen Streit das alte freundschaftliche Verhältnis mit Professor Darmstaedter, der einst die Gründung dieses Instituts angeregt und seine Schwägerin gewonnen hatte, die notwendigen Summen zu stiften.

Zum Gedenken Paul Ehrlichs bestimmt

Am 13. Juli 1929 wird von Frau Ehrlich eine Paul-Ehrlich-Stiftung errichtet. Grundlage dazu bildet ein Fonds, der Ehrlich einst persönlich für wissenschaftliche Zwecke zur Verfügung gestanden hatte. Die Satzung bestimmte:

»Der Fonds geht in das Vermögen der ›Vereinigung von Freunden und Förderern der Universität Frankfurt a.Main‹ über und wird dort als besonderer ›Paul-Ehrlich-Fonds‹ verwaltet. Aus den Zinsen des Fonds werden Preise und Stipendien gewährt an deutsche oder ausländische Urheber wertvoller Arbeiten auf den von Paul Ehrlich bearbeiteten Gebieten, insbesondere der experimentellen und Chemotherapie, Blutforschung, Klinische Bakteriologie, Immunitätslehre und Krebsforschung.«

»Die Zinsen sollen nicht notwendigerweise jedes Jahr verwandt werden, sondern es soll zulässig sein, die Zinsen mehrere Jahre zu accumulieren, um auf diese Weise einen größeren Preis oder ein höheres Stipendium geben zu können. Diese Paul-Ehrlich-Preise bzw. Stipendien sollen vorzugsweise an jüngere Gelehrte und Forscher verliehen werden.«

»Aus den Zinsen des Paul-Ehrlich-Fonds soll ferner eine

goldene Paul-Ehrlich-Medaille geschaffen werden. Diese soll nicht regelmäßig verliehen werden, sondern nur für ganz besondere Großtaten auf den genannten Gebieten.«

»Die Verleihung der Paul-Ehrlich-Medaille, der Preise und Stipendien soll durch einen besonderen Stiftungsrat erfolgen. Diesem sollen stets angehören: der jeweilige Vorsitzende der Vereinigung von Freunden und Förderern der Universität Frankfurt a./Main als Vorsitzender und der jeweilige Dekan der med. Fakultät der Universität Frankfurt a./Main als stellvertretender Vorsitzender.«

»Ferner sollen dem 1. Stiftungsrat angehören: die Herren Professoren Heubner, Neufeld, Willstätter. Insoweit eine Vakanz oder ein Bedürfnis eintritt, ist der Stiftungsrat durch Zuwahl zu ergänzen, so daß er stets aus mindestens 5 Personen besteht. Im übrigen soll er seine Geschäftsordnung selber regeln und insbesondere befugt sein, andere Gelehrte als Gutachter beizuziehen.«

»Die Übergabe der Medaille und der Preise soll möglichst jeweils am 14. März, dem Geburtstag Paul Ehrlichs, in Frankfurt a./Main stattfinden. Die Übergabe soll mit einem einfachen akademischen Festakt verbunden sein, zu welchem eine wissenschaftliche Ansprache des Empfängers der Paul-Ehrlich-Medaille oder des Preises gehören soll.

Die Stifterin und die nächsten Angehörigen sind zu dieser Feier einzuladen.«

Die Verleihungen fanden in den nächsten Jahren regelmäßig statt.

Der Paul-Ehrlich-Preis wurde seit seiner Stiftung durch Frau Hedwig Ehrlich an viele international anerkannte Wissenschaftler verliehen, nur ein paar seien hier genannt, stellvertretend für alle: Otto Warburg, Fritz Kauffmann, Peyton Rous, Otto Westphal, Ernst und Helmut Ruska, Dennis Burkitt, Jan Waldenström, Michael Epstein, Torbjorn Casperson, Ludwik Gross, Arnold Graffi und Otto Mühlbock. Besondere Erwähnung verdient Sir Ernest Boris Chain, dem der Preis zum 100. Geburtstag Paul Ehrlichs verliehen wurde. Denn dank seiner Stabilisierung des Penicillins machte die Chemotherapie nach Salvarsan und den Sulfonamiden, auch Gerhard Domagk gehört zu den Preisträgern, wieder einen riesengroßen Schritt vorwärts, das Erbe Paul Ehrlichs in die Zukunft führend.

Nach der Machtübernahme der Nationalsozialisten wird der Kreis der Freunde um Frau Ehrlich kleiner und kleiner. »Wir müssen Rücksichten nehmen«, bedeuten ihr viele, die sich vordem gerne im Glanz des Namens Ehrlich sonnten.

Die wissenschaftliche Literatur über das Salvarsan wird immer größer, zumal der Krieg ein erneutes Ansteigen der venerischen Krankheiten gebracht hatte. Der Name seines Schöpfers wird jedoch immer seltener erwähnt.

Zusammen mit Professor Ludwig Benda, dem einstigen chemischen Mitarbeiter ihres Mannes, ordnet Frau Ehrlich den Nachlaß, pflegt sein Grab auf dem israelitischen Friedhof in Frankfurt, besucht ihre Töchter und die Enkelkinder.

Weinberg endet in Theresienstadt

Als ihr Verwandte nahelegten, Deutschland, in dem die Judenhetze von staatlicher Seite immer stärkere Formen annimmt, zu verlassen, will Frau Ehrlich von solchen Plänen zunächst nichts wissen. Sie wird in dieser Haltung bestärkt durch Arthur von Weinberg, dem Freund ihres Mannes, der ihr schon so oft mit seinem Rat gedient hat.

Weinberg, hochdekorierter Reserveoffizier, Ehrenbürger von Frankfurt, Mitbegründer der 1914 entstandenen Johann Wolfgang Goethe-Universität, vor einiger Zeit noch Chef von Cassella und Aufsichtsratsmitglied der I.G. Farbenindustrie, ist fest davon überzeugt: »Uns alten deutschen Juden, deren Patriotismus und Verdienste bekannt sind, wird man nichts tun.«

Für Weinberg erweist sich solche Hoffnung als tödlicher Irrtum. Er ist über siebzig Jahre und hat sich längst von allen Aufgaben und Ämtern zurückgezogen. Auf einem kleinen Bergschloß an einem bayerischen See lebt er in aller Stille, halb im Verborgenen. Doch eines Tages im Jahre 1942 holt ihn dort auf Betreiben des Münchner Gauleiters die Gestapo. Weinberg wird in das KZ Theresienstadt, in die sogenannte »Prominenten-Baracke«, gebracht.

Dort, in Theresienstadt, ist Weinberg im Alter von 72 Jahren angeblich nach einer Gallenblasenoperation gestorben. Ob der Tod wirklich durch einen ärztlichen Eingriff verschuldet wurde, läßt sich heute nicht mehr mit Sicherheit feststellen.

Was wäre mit Paul Ehrlich geschehen, wäre er nicht früh gestorben? Man darf über eine solche Frage wohl gar nicht nachdenken. Frau Hedwig Ehrlich hat noch in Deutschland miterlebt, daß die Nationalsozialisten im August 1938 die nach ihrem Mann benannte ehemalige Sandhofstraße, in der das Institut für experimentelle Therapie und das Georg-Speyer-Haus liegen, umbenannten. Denn nach dem Willen der neuen Machthaber sollte der Name Ehrlich so schnell wie möglich verschwinden.

Doch obwohl von 1935 an viele Straßen »arisiert« wurden – so auch die Georg-Speyer-Straße –, hatten im Fall der »Paul-Ehrlich-Straße« zunächst selbst die braunen Herrscher gezögert. »Die Erfindung des Salvarsans wird

als Erfolg deutscher Wissenschaft im Ausland gewertet«,
heißt es in einer Entscheidung des Frankfurter Bauamtes.
Die Umbenennung wird abgelehnt.

Am 18. Februar 1936 war das städtische Bauamt dann in
seiner Meinung schon schwankend geworden. Es präsen-
tierte zwei Vorschläge: »1. Vorschlag: Seitherigen Stra-
ßennamen beibehalten, da die Erfindung des Salvarsans
als Erfolg deutscher Wissenschaft auch im Ausland
gewertet wird. Eine Büste E's steht noch heute im Georg-
Speyer-Haus (Institut für Experimentelle Therapie), auch
wird die Paul-Ehrlich-Stiftung noch jährlich verteilt.«
Der zweite Vorschlag lautete auf Umbennung in Robert-
Koch-Straße. Ausdrücklicher Vermerk: »Die Behauptung, die 2. Frau Kochs sei Jüdin, ist durch die Feststellung der Reichsstelle für Sippenforschung vom 4.12.35
KG/G widerlegt worden.«

. . . dann verschwand das Straßenschild

Im August 1938 aber glaubten die Machthaber sich nicht
mehr um die Reaktionen im Lande selbst oder jenseits
der deutschen Grenzen scheren zu müssen. Unter Berufung auf einen Erlaß des Reichsministers des Inneren
intervenierte am 9. August unter dem Vermerk »Eilt« der
Polizeipräsident beim Oberbürgermeister: » . . . bitte ich
mir möglichst umgehend Vorschläge für die Umbenennung dieser Straßen zukommen zu lassen«.

Bereits am 23. August verfügte der Oberbürgermeister die
Umbenennung der Paul-Ehrlich-Straße in Ludwig-Rehn-
Straße. Frau Ehrlich aber muß nun zu ihrem Vornamen
Hedwig noch einen zweiten, nämlich Sara, hinzufügen, um
sich für jedermann als Jüdin erkennbar zu machen.

Unter dem Einfluß ihres zunächst in die Schweiz und

dann nach den USA emigrierten Schwiegersohnes, Hans Schwerin – Professor Landau ist 1938 in Berlin gestorben – versucht nun Frau Ehrlich, Frankfurt zu verlassen. Endlich, 1939, buchstäblich im letzten Moment, ergibt sich die Möglichkeit.

Da ihr Einreisevisum in die Schweiz am 14. Februar ablief, mußten die Formalitäten mit großer Eile abgewickelt werden. Selbstverständlich waren nicht nur hohe bürokratische Hürden zu überwinden, jedes einzelne Stück ihres Umzugsgutes wurde listenmäßig »erfaßt«, sogar die gesamte Kleidung bis zur Leibwäsche mußte sie angeben, von zahlreichen Unbedenklichkeitsbescheinigungen und Vermögensaufstellungen gar nicht zu reden. Selbst der Zoll führte eine »amtliche« Nachschau ihres Reisegepäcks durch.

Die meisten der verbliebenen Wertsachen und viele Dokumente muß sie in Frankfurt zurücklassen. Darunter ist auch die Sammlung wertvollen Silbers und anderer Kunstgegenstände, die sie von ihrem Vater Joseph Pinkus geerbt hatte.

Von Genf aus bemühte sich Frau Ehrlich mit einem Schreiben vom 30. Juni 1939 an die Reichskulturkammer in Berlin, wenigstens die Genehmigung zur Veräußerung der antiken Bildersammlung zum tatsächlichen Wert zu erlangen. Dieser Brief stellt ohne Zweifel ein interessantes »zeitgenössisches« Dokument dar. Deshalb wird er im Wortlaut zitiert.

Frau Hedwig Sara Ehrlich Wtwe.   Genf,
Genf, Hotel La Residence.   den 30. Juni 1939.

An die
Reichskulturkammer
B e r l i n

430

Ich erlaube mir, Ihnen nachstehendes Gesuch zu unter-
breiten. Ich bin Mitte Februar 1939 nach Genf ausgewan-
dert. Mein früherer Wohnsitz war Frankfurt a/M. Westendstraße 62.

Ein Hauptbestandteil des von mir verbliebenen Vermögens, ist eine *aus jahrzehntelangem Familienbesitz stammende* Sammlung antiker Silbergegenstände von ansehn-
lichem Kunstwert, deren Mitnahme, nach den gesetzlichen Bestimmungen, mir nicht erlaubt wurde. Ebenso
wurde mir die Genehmigung versagt, die Sammlung
durch die Kunsthandlung Hahn, Frankfurt, versteigern
zu lassen. Mein Bevollmächtigter, Herr Oberreg.Rat i.R.
Döhmer, Frankfurt a/M. Schumannstr. 24, der mich mit
Genehmigung der zuständigen Stellen vertritt, teilt mir
mit, dass die gesamte Sammlung an die Pfandleihanstalt
abgeliefert werden müsse, gegen Vergütung des Silber-
preises, der nur einen kleinen Teil des Effektivwertes darstellt. Diese besonders harte Maßnahme trifft mich um so
stärker, als ich damit rechnen mußte, aus dem Erlös, eine
Zeit lang meinen Lebensunterhalt bestreiten zu können.
Seit meiner Auswanderung wurde mein Lebensunterhalt
von Freunden meines verstorbenen Mannes, Professor
Paul Ehrlich, bestritten. Vor Kurzem erhielt ich einen
Teil meines Vermögens mit 6% transferiert, welcher
Betrag jedoch nicht allzulang ausreichen dürfte, so daß
ich bald wieder die Mildtätigkeit von Freunden in
Anspruch nehmen müßte. Da diese Freunde die finanzielle Belastung auf die Dauer nicht ertragen können,
stünde ich als fünfundsiebzigjährige Frau den grausam-
sten Nahrungssorgen gegenüber.

Nachdem mein wertvoller Schmuck & Tafelsilber bereits
zur Verfügung gestellt wurde, richte ich die dringende
Bitte an Sie, zu genehmigen, daß die Silbersammlung
zum tatsächlichen Wert veräußert werden darf, wobei ich

zu bedenken bitte, daß ich für die erhaltene Sperrmark nur 6% erhalte.

Das Haus in der Westendstraße, das einst 46 000 Goldmark gekostet hat, mußte Frau Ehrlich für 25 000 Mark verkaufen. Es war, wie das städtische Bauamt feststellte, »stark verwohnt« und veraltet. Der Verkauf mußte außer von dem Finanzamt auch von dem Kreiswirtschaftsberater genehmigt werden. Erstaunlicherweise wurde auf eine Zwangsabgabe »zugunsten des Reiches« verzichtet. Die 25 000 Mark wanderten auf ein Sperrkonto einer deutschen Bank; es ist fraglich, ob Frau Ehrlich je noch etwas von dieser Summe gesehen hat.
Von 1939 bis 1941 lebt Frau Ehrlich in der Schweiz, und zwar in Genf. Geduldig wartet sie auf die Ausreise, nicht ohne Furcht, Adolf Hitler könnte auch die Schweiz besetzen.

An Bord eines Flüchtlingsschiffes . . .

1941 erhält sie das Visum für die Einreise in das »Land der Freiheit«. Sie schreibt noch einen bewegenden Abschiedsbrief an den Mitarbeiter und Freund ihres Mannes, Dr. Ludwig Benda. Er schließt mit dem Satz: »Vergessen Sie die Westendstraße 62 nicht.«
An Bord des portugiesischen Schiffes »Nyassa« verläßt sie im Juli 1941 Europa. Nach einer Überfahrt von 12 Tagen mit einem Aufenthalt in Casablanca, wo weitere Passagiere aufgenommen wurden, widerfährt der »Nyassa« kurz vor der Einfahrt in den Hafen von New York ein Malheur, das den New Yorker Zeitungen am nächsten Tag immerhin einige Schlagzeilen wert ist: Der Mast des Schiffes streift die 133 Fuß hohe Brooklyn-Bridge. Nur in

beschädigtem Zustand kann das Schiff am Pier 28 anlegen. Vorher hatten die 650 Passagiere, die meisten europäische Flüchtlinge, den Anblick der Freiheitsstatue bejubelt.

Es ist für Frau Ehrlich ein wehmütiges Wiedersehen mit New York. 37 Jahre ist es her, daß sie in dieser Stadt, in diesem Lande zum ersten Mal weilte. Damals war sie 40 Jahre alt, heute ist sie 77. »Ich kann mich noch ganz genau an damals erinnern«, sagt sie zu einem Reporter. »Ich bin nur traurig, daß Paul diesmal nicht mehr bei mir ist. Es war sein Traum, in dieses Land zurückzukehren.«

Zwei Monate nach ihrer Ankunft, am 9. Oktober 1941, gibt die American Association zur Erinnerung an Paul Ehrlich und zu Ehren seiner Witwe einen großen Empfang im Waldorf Astoria Hotel in New York. Dr. Thomas Parran, General Surgeon, also Chef des amerikanischen Gesundheitsdienstes, hält die Festansprache. Parran führt seit vielen Jahren in den USA eine intensive Kampagne zur Ausrottung der Geschlechtskrankheiten, und er hat dabei nicht zuletzt gegen Prüderie und Puritanismus einer Gesellschaft zu kämpfen, in der schon allein das Wort »Syphilis« verpönt ist.

Parran stellt in seiner Ansprache Paul Ehrlich in eine Reihe mit den größten Medizinern der Zeit, wie Lord Lister, Louis Pasteur und Robert Koch. »Die Schöpfung des Salvarsans war die brillanteste in der Reihe der Großtaten der modernen Medizin«, sagt Parran. Dank diesem Medikament ist die Zahl der Erkrankungen gegenüber dem Jahr 1917 auf etwa ein Siebentel zurückgegangen. Mit einem wesentlichen Anwachsen der Infektionszahlen müsse allerdings aufgrund der Kriegsereignisse in Europa gerechnet werden. Denn die Syphilis war schon immer eine durch Kriege geförderte Seuche.

Kurz darauf, ab 7. Dezember 1941, wird auch Amerika

im Krieg sein. Die Japaner überfielen die amerikanische Pazifikflotte in Pearl Harbour. Zudem erklärte Hitler, im wahnwitzigen Vertrauen auf seine Stärke, den Amerikanern den Krieg. Und zwischen die Millionen-Heere auf beiden Seiten der Front schleicht sich wieder, wie so oft in der Geschichte, die »Krankheit der Venus« ...

Ein Film macht Ehrlich populär

Auch bei der breiten Bevölkerung in den USA ist der Name Ehrlichs zu jener Zeit recht populär. Nach dem großen Erfolg eines Films über »Louis Pasteur« haben die Warner Brothers 1939 ein Filmprojekt: »Doktor Paul Ehrlichs magic bullit«, in Angriff genommen. Edward G. Robinson, eigentlich mehr auf Gangsterrollen spezialisiert, verkörpert mit erstaunlicher Intensität und Überzeugungskraft die Titelfigur, Ruth Gordon, eine bekannte Film- und Theaterschauspielerin, übernahm die Rolle Frau Hedwig Ehrlichs. Dazu kam eine Reihe deutscher Emigranten für die Nebenfiguren, unter ihnen Otto Krüger als Emil von Behring, Albert Bassermann als Robert Koch. Regie führte Wilhelm Dieterle.

So gut der Film die Atmosphäre Berlins und Frankfurts jener Zeit wiederzugeben weiß, so stark Robinson in der Rolle des Forschers wirkt, leider kümmert sich das Drehbuch nur wenig um die historische Wahrheit. Der packenden Dramaturgie zuliebe werden wesentliche Teile arg verfälscht. So zeigt der Film zum Beispiel in einer fast an Zola erinnernden Szene den »Angeklagten« Paul Ehrlich in großer Not vor Gericht, Salvarsan soll Menschenleben gekostet haben. Erst das Zeugnis des eigentlich mit ihm verfeindeten, ihm im letzten Augenblick dann doch im Gerichtssaal zu Hilfe eilenden Freundes Emil von Behring rettet Ehrlich.

Die Rolle der Immunität hat nach dem Film Ehrlich bei seinem Krankheitsaufenthalt in Ägypten herausgefunden, als er erlebte, wie ein Junge am Schlangenbiß stirbt. Dem Vater hingegen, der schon öfters gebissen worden war, vermochte das Schlangengift nichts mehr anzuhaben. Auch Ehrlichs wirtschaftliche Verhältnisse werden nahezu ärmlich dargestellt. Als Ehrlich seine Stellung als Dermatologe – was er nie war – am Berliner Krankenhaus verliert, weil er sich nicht dem streng obrigkeitsmäßigen Stil unterordnen will, muß Frau Ehrlich sich Sorgen machen, wie sie angesichts der steigenden Preise ihren beiden Mädchen weiterhin die Milch zu den Mahlzeiten beschaffen kann.

Von solchen Dramatisierungen abgesehen, wurde der insgesamt sehr eindrucksvolle Streifen am 23. Februar 1940 im »Strand«-Kinotheater in New York uraufgeführt. Er wird noch heute gelegentlich im Fernsehen gezeigt.

Recht bezeichnend für die damalige Situation in den USA war, daß sich der Berichterstatter der »Herald Tribune« vor der Uraufführung Sorgen machte: Trotz seiner streng wissenschaftlichen Darstellung könnte der Film Protest erregen. »Das Wort ›Syphilis‹ fällt nämlich in mehreren Szenen.« Einmal bei einer Dinner-Party und der Unterhaltung zwischen Dr. Ehrlich und seiner Gönnerin, der Philantropin Frau Franziska Speyer in Frankfurt. Man sieht eine festlich geschmückte Tafel, an der Damen im Abendkleid und Herren im Frack dinieren. »Woran arbeiten Sie gegenwärtig?« fragt Frau Speyer. »An Syphilis«, antwortet Ehrlich.

Das Wort läuft wie ein Blitz die Tafel entlang. Alles wendet die Köpfe und blickt entsetzt auf Frau Speyer. »Er sagt ›Syphilis‹«, antwortet Frau Speyer ruhig.

Der Film über Dr. Paul Ehrlich und die »Magic bullit« erregte trotz mehrfacher Erwähnung des ominösen Wortes keinen Protest, vielmehr erhielt er ausgezeichnete Kritiken. Später wurde er unter die zehn besten Filme des Jahres eingereiht.

Frau Ehrlich wohnte die erste Zeit im Gästehaus von Bryn Mawr, dem bekannten Mädchen-College. Alte Freunde Ehrlichs haben sich ihrer angenommen. Überdies lebten ja ihre Töchter, dazu Dr. Ernst Schwerin, der Schwiegersohn, und die Enkel in den USA. Später zog Frau Ehrlich nach White Plains, N.Y.

Am 20. Dezember 1948, eine Woche nachdem sie einen Schlaganfall erlitten hatte, starb Hedwig Ehrlich im Gotham Hospital in der 76. Straße in New York. Ihr einfaches Grab ist auf dem Pleasent Cemetery in Westchester bei New York. Auch ihr Schwiegersohn, Dr. Ernst Schwerin, und ihre Tochter Stefanie sind dort begraben.

Das Haus in der Westendstraße 62, von dem Frau Ehrlich oft erzählte und das sie noch einmal besuchen wollte, hat sie nach dem Kriege nicht mehr gesehen. Hedwig Ehrlich ist 84 Jahre alt geworden und hat ihren Mann um 33 Jahre überlebt.

In einem kleinen Interview über ihr Leben hat Frau Ehrlich kurz vor Ende des Zweiten Weltkrieges ihres Mannes gedacht. Sie sagte, sie freue sich, wenn die Zeit anbreche, in der die Wissenschaft in Deutschland wieder frei arbeiten könne und der Name ihres Mannes in seiner Heimat wieder genannt werden dürfe.

Anhang

Ehrlich über sich selbst

Die folgenden Stichworte stammen von Paul Ehrlich. Er hat sie im Zusammenhang mit seinen autobiographischen Notizen für Christian A. Herter, USA, notiert. Wir geben sie in der gleichen Anordnung wieder, die Ehrlich für sein mit der Maschine geschriebenes Exemplar gewählt hatte.

Gymnasium, Familie, Freisein von täglichen Störungen, Familiensinn, Kinder.

Lehrer: Heidenhain	Cohnheim
Waldeyer	Frerichs
Berger	Carl Weigert.

Entstehung der mikroskopischen und chemischen Richtung

Allgemeine Prinzipien   Plurimität

Verteilungsgesetz

Übertragung der chemischen Gesichtspunkte auf die Medizin.

Harnreaktion   Blutforschung

Immunität   *Vitale Färbung*

Beziehungen zu Behring

Abrin   Vererbung

Diphtheriekurve   Wertbestimmung

Seitenkettentheorie

Amboceptoren   Pluralität

Kampf Gruber-Arrhenius – Blutstreit
       Diazokampf

Farbentheorie   Geschichte des Zufalls

Fixierung durch Hitze   Allgemeine Prinzipien

Befruchtung durch benachbarte Gebiete, in specie Chemie

Fernhalten von jeder Richtung, die ein schädliches
       Lieblingszentrum bildet. Barbarei

Rheusen-Theorie   Farbstoffe
  Methylenblau, Farbentherapie
  Diazoreaktion.

Methylenblau   Heilstoffe

Entwicklung durch Anatomie, Biologie zur Therapie

Centralisierung der Institutsaufgaben.

Einheitliche Richtung bei möglichst selbständigen
       Leistungen der Einzelnen

Beschränkung des Wissens auf das gerade Notwendige;
       jedes Mehr von Schaden

438

Überflüssigkeit der Hirnanatomie für einen Immunitätsforscher.

Vorteilhafte Benutzung der Literatur. Man muß gewisse
　　　Gesichtspunkte haben, aus denen man die Literatur
　　　studiert, dann ist sie befruchtend, sonst nur ver-
　　　wirrend.

Kenntnis möglichst vieler chemischer Stoffe und deren
　　　Eigenschaften

Große Präparatensammlung und viel Probieren.

Für Therapeuten klinische Vorbildung wegen der Gesichts-
　　　punkte sehr notwendig.

Möglichste Genauigkeit und Ausdehnung der Versuche,
　　　möglichst wenig Schätzung.

Viel arbeiten, wenig publizieren; pauca sed matura. Keine
　　　vorläufigen Mitteilungen.
　　　Keine Schätzungen, exacte Messungen. Tatsachen
　　　haben bei mir immer gestimmt.

Vergnügungen und Reaktion, jugendliche alkoholische Periode,
　　　confer Sauerstoffbedürfnis.

See von Bier, Cigarren-umwölkt, Foucauld'scher Regulator.

Musik, Ribaut (?) Physiologie l'Invention, Primäre
　　　chemische Begabung.

Lektüre. Criminalromane. Deduktion.

Keinen Sinn für Sprachen.　　　Kunstsinn Null.

Mathematik.

Geringe stilistische Begabung, erkennbar am deutschen
                      Aufsatz.
                      Lehrteilung und -Fähigkeit.

Wertschätzung der einfachen klaren Überlegung.

Mutterverstand   Natursinn nur für Kleinnatur;
                      keine Gegend etc.

Tierfreund   Freund der Unterhaltung á deux

Feind der grossen Geselligkeit.

Intelligenzmaximum in Jugend.

Unbegrenzte Horizonte.

Spätere Erfahrung ergänzt den Defekt. Es fehlt der Jugend
                      der Sinn für Entfernung, aber
                      Triebkraft ist am höchsten.
                      Beispiel: Cohnheim.

Periode der jugendlichen Bohème.

Amerika schätzt die Jugend, bei uns sybillinisches Buch.

Alter Jugendtraum des Instituts erst im späten Alter
            erreichbar.

In den Ocean geschifft mit tausend Masten.

26.5.1905

Bei den chemischen Prozessen gibt es zwei Methoden der Analyse:

1. die direkte Untersuchung der Komponenten auf chemischem Wege durch reine Darstellung und Analyse:
2. Kann man nicht ganz selten durch Variation der Reaktion, insbesondere Abänderung der Komponenten, indirekte Schlüsse über den wesentlichen Vorgang, wie er sich abspielt, machen. Diese beiden Methoden kann man, etwa durch Darstellung des Kreises durch den Zirkel einerseits, durch Ausschattierung andererseits, vergleichen.

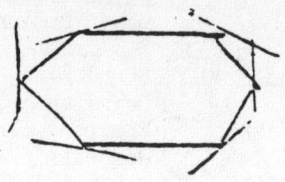

Die letzte Methode ist rein chemisch eine Schleich- oder Räubermethode, aber sie ist die einzig maßgebende bei gewissen biologischen Problemen, bei denen die reagierenden Substanzen unbekannter Art sind, in Spuren vorkommen und überhaupt nicht isoliert werden können. Unter diesen Umständen versagt eben die rein chemische Methode und bleibt nur die indirekte übrig. Wer also in dieser Denkungsweise große Übung besitzt, hat hier anderen gegenüber ein pré.

26.5.05.

Register